Identifikation und Repräsentation

Grenzüberschreitungen

Herausgegeben von

Alfred Schäfer
Michael Wimmer

Band 2

Alfred Schäfer/Michael Wimmer
(Hrsg.)

Identifikation und Repräsentation

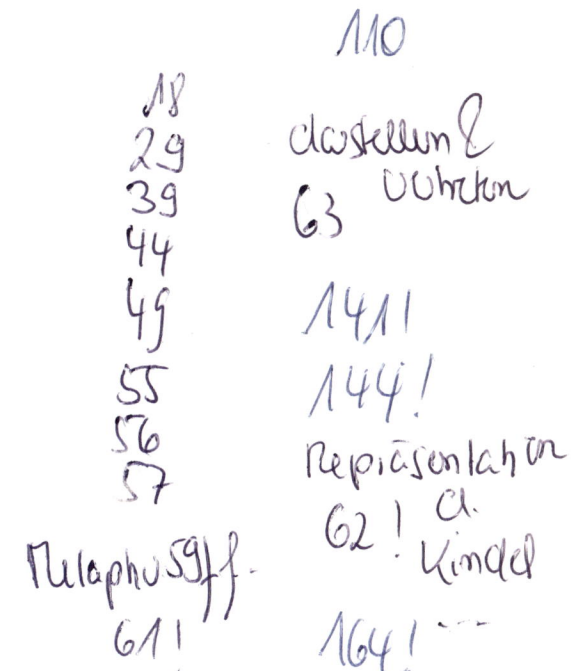

Springer Fachmedien Wiesbaden GmbH 1999

Die Deutsche Bibliothek – CIP-Einheitsaufnahme
Identifikation und Repräsentation / Hrsg.: Alfred Schäfer; Michael Wimmer . –
Opladen :
(Grenzüberschreitungen; Bd. 2)
ISBN 978-3-8100-2290-5   ISBN 978-3-663-10323-3 (eBook)
DOI 10.1007/978-3-663-10323-3

NE: Schäfer, Alfred [Hrsg.];

Das Werk einschließlich aller seiner Teile ist urheberrechtlich geschützt. Jede Verwertung außerhalb der engen Grenzen des Urheberrechtsgesetzes ist ohne Zustimmung des Verlages unzulässig und strafbar. Das gilt insbesondere für Vervielfältigungen, Übersetzungen, Mikroverfilmungen und die Einspeicherung und Verarbeitung in elektronischen Systemen.

© 1999 by Springer Fachmedien Wiesbaden
Ursprünglich erschienen bei Leske + Budrich, Opladen 1999

Reihe Grenzüberschreitungen

»Grenzüberschreitungen« können dazu dienen, die eigenen Erfahrungen in der Begegnung mit Fremdem zu erweitern und zu relativieren, denn wer nur das Eigene kennt, kennt auch das Eigene nicht. Kenntnis bedarf des Wissens um das Andere: das eigene Andere, das Eigene des Anderen, das andere Eigene. Seine eigene Grenze darf ihm nicht fremd bleiben. Dieser Grenze, von der die eigene Identität abhängt, haben die verschiedenen Wissenschaften vom Menschen immer die größte Aufmerksamkeit gewidmet. Überschritten wurde sie aber oft nur, um besser über sie verfügen zu können. Das Verhältnis zur Grenze war dann das der Herrschaft als Hierarchie oder als Umfassung, der Abschließung oder der Kolonisation.

In den letzten Jahrzehnten wurde jedoch das Selbstverständnis dieser Ordnung des Diskurses grundlegend in Frage gestellt. Die Pluralisierung hat Grenzen auch im Eigenen zum Vorschein gebracht, eine Heterogenität und wechselseitige Fremdheit unterschiedlicher Perspektiven, die einer Vereinheitlichung widerstehen. Damit einher geht ein neues Verhältnis zur Grenze. Statt sie zu sichern oder zu erweitern, wird durch Überschreitungen die imaginäre Einheit und Geschlossenheit des eigenen Diskurses aufs Spiel gesetzt, indem die Perspektiven der anderen Disziplinen und Fachrichtungen gerade in ihrer Differenz bedeutsam werden.

Mit »Grenzüberschreitungen« sollen hier nun die verschiedenen interdisziplinären Bemühungen bezeichnet werden, nach den Erschütterungen im Feld der Geistes-, Kultur-, Erziehungs- und Sozialwissenschaften und dem Verlust von einheitsstiftenden Metadiskursen in einen post-kolonialen Dialog zwischen den verschiedenen Diskursen zu treten. Dieser Dialog intendiert weder, die Grenzen zu negieren, noch das Differente bloß äußerlich-additiv aufeinander zu beziehen. Vielmehr soll, ausgehend von der reflexiv erfahrenen Selbstfremdheit der eigenen Disziplin, der Sinn von Inter-Disziplinarität erneuert werden durch Anerkennung der Grenzen und der durch sie erfahrbaren Differenzen.

Die Herausgeber

Inhaltsverzeichnis

Michael Wimmer / Alfred Schäfer
Einleitung: Zu einigen Implikationen der
Krise des Repräsentationsgedankens   9

David E. Wellbery
Schopenhauer, Nietzsche, Beckett:
Zur Krise der Repräsentation in der Moderne   27

Michael Wimmer
»Spiegel ohne Stanniol«
Zum Status der Repräsentation in der wissen-
schaftstheoretischen Grundlagendiskussion   39

Carsten Colpe
Plädoyer für einen Verzicht auf den Begriff
der Repräsentation in den Theologischen
und Religionskundlichen Disziplinen   69

Olaf Breidbach
Innere Welten - Interne Repräsentationen   107

Elena Esposito
Westlich vom Osten
Perspektivische Begriffe und Selbst-
beschreibung der Gesellschaft   129

Henning Schmidgen
Enthauptet und bewußtlos:
Zustände der lebenden Maschine
in der Psychologie um 1900   151

Thanos Lipowatz
Der Begriff der Identifizierung bei Freud und Lacan   169

Alfred Schäfer
Identifikation und Ver-Anderung   191

Bernhard Streck
Maskierte Expression
Zur Kommunikation des bloßen Anschauens   209

Rainer Kokemohr
Zur Funktion propositionaler und semi-propositionaler
Repräsentationen in Bildungsprozessen   225

Christoph Wulf
Mimesis in Gesten und Ritualen   255

Die Autoren   279

Danksagung   280

Michael Wimmer / Alfred Schäfer

Einleitung

Zu einigen Implikationen der Krise des Repräsentationsgedankens

1. Vorbemerkung zur Bedeutung des Verhältnisses von Identifikation und Repräsentation für den pädagogischen Diskurs

Im alltäglichen Diskurs stößt die Verwendung der Begriffe Identifikation und Repräsentation kaum auf Unverständnis, im Gegenteil, bedient man sich ihrer doch gern, um alltägliche Phänomene zu bezeichnen und, vor allem mittels des Begriffs der Identifikation, ihnen zugleich eine plausible psychologische Erklärung mitzugeben. So sind uns Aussagen wie die folgenden sehr geläufig, die ein Phänomen mittels eines psychologischen Mechanismus' charakterisieren: ›Die Arbeitslosigkeit hat ihn hart getroffen, zumal er sich doch so mit seiner Arbeit identifiziert hatte.‹, oder: ›Gewalttätige Jugendlichen brauchen positive Vorbilder, mit denen sie sich identifizieren können.‹, oder: ›Wenn Kinder gewalttätige Szenen im Fernsehen sehen, dann identifizieren sie sich nicht mit den Opfern, sondern mit den Tätern.‹ Aber auch in anderen Zusammenhängen begegnet der Begriff der Identifikation mit größter Selbstverständlichkeit, z.B. in Verbindung mit erkennungsdienstlichen Methoden der Polizei bei der Identifikation eines Täters mittels des genetischen Fingerabdrucks oder bei der Kontrolle des Personalausweises. Und auch, wenn vom Repräsentanten eines Konzerns, einer Institution oder eines Staates die Rede ist, weiß man in der Regel, was damit gemeint ist, oder wenn z.B. von einem Bauwerk gesagt wird, es sei repräsentativ. Was die beiden Begriffe allerdings miteinander zu tun haben, geht aus diesen Verwendungsweisen nicht ohne weiteres hervor, scheinen sie doch mit sehr unterschiedlichen Sachverhalten verknüpft zu sein. Am alltäglichen Sprachgebrauch ist deshalb in der Regel bestenfalls die Ahnung oder ein implizites Wissen ablesbar, daß Identifikationen mit Repräsentationen verbunden sind, aber in welchen Formen sich die Verbindung manifestieren kann und wie sie beschaffen ist, bleibt weithin unklar.

Im wissenschaftlichen Diskurs liegen die Dinge nicht ganz so einfach, auch wenn hier ebenso unkritische Begriffsverwendungen beobachtbar sind, indem z.B. auf das Konzept der Identifikation wie auf einen (sozial-) psychologisch völlig geklärten Mechanismus zurückgegriffen wird, bei dem sich ein Subjekt mit einem Objekt identifiziert und durch dieses eine Selbstmodifikation erfährt, oder wenn bei der begrifflichen Bestimmung oder bei Definitionen wie selbstverständlich davon ausgegangen wird, der in Frage stehende Gegenstand ließe sich ohne Probleme identifizieren, d.h. begrifflich fassen und als Wissen aneignen. Beide Verwendungsstrategien bilden bedeutsame und durchaus zentral zu nennende Bestandteile des pädagogischen Diskurses.

Wird im ersten Fall der Unterschied zwischen dem Objekt und der Vorstellung, die das Subjekt sich davon macht, vernachlässigt oder zwischen beidem eine Übereinstimmung oder Identität einfach unterstellt, dann läßt sich zwischen einer Identifikation und einer Kommunion kaum noch ein Unterschied erkennen. Die mit einer solchen Sichtweise gegebene Ausgrenzung von Konflikten, unterschiedlichen Interessen und möglichem Streit über die Legitimität von Handlungen im pädagogischen Feld erlaubt eine simplifizierende Alternative, die zum einen davon ausgeht, daß Erzieher immer mit ihrer ›ganzen Person‹ einstehen, und daß es unter dieser Voraussetzung nur noch darauf ankommt, daß sie - zum zweiten - ein vollkommenes Modell abgeben, welches wiederum vollkommene Kopien provoziert. Daß durch Identifikationsprozesse der Eine jedoch nicht ganz zum Anderen wird und im Anderen aufgeht, sondern der oder das Andere im Subjekt eine dieses selbst verändernde Anverwandlung erfährt, kann nur verständlich werden, wenn zwischen dem Anderen und seiner Repräsentanz im Subjekt unterschieden, wenn also das Problem der Repräsentation berücksichtigt wird. Es stellt wohl keinen Zufall dar, daß der Symbolische Interaktionismus, der von der pädagogischen Reflexion rezipiert worden ist und der von dieser Differenz von Repräsentation und Anderem ausgeht, in genau diesem zentralen Punkt nicht berücksichtigt worden ist, daß nämlich das wahrgenommene Bild der Erwartungen des Anderen von dessen Erwartungen unterschieden werden muß, und daß man allenfalls im Fortgang der Interaktion in der Lage sein wird, dieses virtuelle Bild für sich zu bestätigen, und zwar ohne die Sicherheit der Übereinstimmung mit der

Einleitung

unterstellten Perspektive des Anderen. Aus der radikalen Problematisierung der Identität, die von der uneinholbaren Differenz von Repräsentation und Perspektive des Anderen ausgeht (vgl. Goffman 1967; 1969), wurde schon in der sozialisationstheoretischen Rezeption ein Aushandlungsprozeß von Identitäten, der von ›souveränen Subjekten‹ durch Balancierungsakte zwischen den Erwartungen des jeweils Anderen und den eigenen Erwartungen oder Bedürfnissen zu gewinnen ist: Was in dieser Rezeption, die über Habermas (1968) und Krappmann (1969) einflußreich für Entwürfe einer kritischen Erziehungswissenschaft wurde, vollkommen verschwunden war, das war das mit der Differenz von Repräsentation und Repräsentiertem verbundene Problempotential. Vor diesem Hintergrund konnte dann die beruhigte Suche nach der ›gelingenden Identität‹ weitergehen.

Auch im zweiten Falle, der begrifflichen Definition, wird das Problem der Repräsentation vernachlässigt oder ganz übersehen und damit letztlich die Differenz zwischen alltäglichem und wissenschaftlichem Wissen eingeebnet, weil der Status des Wissens und seine Geltungsbegründung eben nur dann reflektiert werden können, wenn das Repräsentationsproblem nicht ausgeblendet wird, d.h. wenn das Wissen als Wissen gewußt wird und die Differenzen zwischen Begriff und Gegenstand bzw. Zeichen, Bedeutung und referentiellem Objekt mitreflektiert werden. Nun wird man sicherlich nicht generell behaupten können, daß diese Problematik in der pädagogischen Diskussion nicht gesehen worden wäre - auch wenn man dies einigen didaktischen Theorien durchaus vorwerfen kann: Die didaktische Reduktion wissenschaftlich produzierten Wissens auf das für altersadäquat gehaltene Maß und die methodischen Überlegungen seiner Vermittlung klammern die Geltungsproblematik dieses Wissens weitgehend aus. Auch seine angestrebte Verwendung zur Lösung von gesellschaftlich bedeutsamen ›Schlüsselproblemen‹ (vgl. Klafki 1990) geht noch von einer relativ unproblematischen Geltung solchen Wissens aus - auch wenn es vielleicht auf gesellschaftliche Interessenlagen zurückbezogen werden sollte. Und selbst noch bildungstheoretische Entwürfe wie derjenige, den Benner (1987) in seiner ›Allgemeinen Pädagogik‹ vorlegt und der von der Notwendigkeit ausgeht, daß das Lernen von Wissensinhalten zu seiner bildungstheoretischen Qualifizierung einer Vermittlung von deren Geltungsbedingungen bedarf, liegt noch eigentümlich versetzt zur hier verhandelten Problematik. Die von Benner geforderte Reflexion auf die Grenzen einer instrumentellen Vernunft trifft - so berechtigt diese Forderung auch ist - noch nicht die Problematik des Verhältnisses von Repräsentation und Repräsentiertem. Im Kontext eines Rückgriffs auf die kritische Theorie Frankfurter Provenienz hätte hier neben dem Konzept einer technologischen Rationalität und der in ihr implizierten instrumentellen Vernunft ein Verweis auf Adornos Kritik des identifizierenden Denkens und die Unausweichlichkeit der Nichtidentität nahegelegen. Daß dieses Konzept jedoch in der pädagogischen Rezeption ebensowenig eine Rolle gespielt hat wie die zynisch mit der Absurdität spielende Identitätskonzeption Goffmans, darf man wohl mit einigem Recht einer ›Reduktion von Komplexität‹ im pädagogischen Diskurs zurechnen, für den hier Grundannahmen auf dem Spiel stehen.

2. Zum Verweisungszusammenhang von Identifikation und Repräsentation

Eine explizite Verhältnisbestimmung von Identifikation und Repräsentation scheint nun gerade hinsichtlich der beiden bereits angesprochenen Diskurse bedeutsam, die um das Thema der Identität und das Problem des Anderen kreisen. Dabei geht es zum einen um die erkenntnistheoretische Relation, um die Möglichkeiten und Grenzen einer Identifizierung der Welt in Begriffen und Theoremen, die eben diese Identität repräsentieren sollen. Zum anderen ist damit eine Form der Identitätskonstitution angesprochen, die davon ausgeht, daß Identifikationsprozesse dazu führen, daß das sich so konstituierende Subjekte eine Repräsentanz dessen ausbildet, mit dem es sich identifiziert hat.

In der Erkenntnistheorie meint Identifizierung die Bestimmung von Etwas als Etwas vor dem Hintergrund einer Reflexion auf das Problem einer Subjekt-Objekt-Relation. Ein Kurzschluß von Identifikation und Repräsentation des Identifizierten als Bedingung der Möglichkeit von Wahrheit, wie er in den postulierten Identitäten von Denken und Sein, Subjekt und Objekt, Geist und Natur anvisiert war, erscheint dabei nach der Kritik an der identitätslogischen Vernunft kaum noch vertretbar. Daß das identifizierende Denken mitverantwortlich gemacht werden kann für Gewaltverhältnisse zwischen Subjekt und Objekt, Mensch und Natur sowie zwischen Selbst und Anderen, macht die Situation zusätzlich prekär. Die Wirklichkeit ›auf den Begriff zu bringen‹, bedeutet immer schon, das dem Begriff Fremde, Inkompatible als Nicht-Identisches zu negieren, womit andererseits die Repräsentationsfunktion des Begriffs fragwürdig wird. Wie ein

Einleitung

begriffliches Denken möglich sein kann, das diese Differenz von bestimmender Identifikation und (immer auch) verfehlender Repräsentation zum Ausdruck zu bringen vermag, stellt eines der zentralen Probleme der Erkenntnistheorie und damit auch jeder Form der Kritik dar.

In human-, sozial- und erziehungswissenschaftlichen Diskursen wird der Identifikationsbegriff häufig verwendet, um auf die Frage der Ich-Konstitution in Abhängigkeit vom Anderen zu antworten. Die Identifikation mit Anderen, mit Imagines, spezifischen Zügen, Attributen, Handlungen oder Haltungen soll dann (gemeinsam mit Prozessen der verweigerten Identifikation) klären, wie die Individuen sich als soziale Wesen konstituieren. Auch wenn das Bestechende eines solchen Konzepts auf den ersten Blick darin bestehen mag, daß es die Eigenaktivität des Individuums mit der prägenden Wirkung des Anderen (Personen, Bilder, Werte u.ä.) koppelt derart, daß sich in ihm intra- und interpersonale Beziehungen zu kreuzen scheinen, daß es eine gleichsam wissenschaftliche Reformulierung jenes Identitätskonzepts des Deutschen Idealismus zu sein scheint, nach der die eigene Identität nur über die (entfremdende) Identifikation mit der Widerständigkeit des Anderen und die verändernde Rückkehr aus dieser Entfremdung möglich sei - so ist doch die folgende Problematik nicht zu übersehen. Das Konzept der Identifikation unterstellt ein relativ unproblematisches, wenn nicht gar ein ungebrochenes Verhältnis der Identifikation mit dem Anderen und seiner anschließenden Repräsentanz im Ich. Wenn man demgegenüber - auch gerade vor dem Hintergrund der erwähnten erkenntnistheoretischen Problematik - davon ausgehen muß, daß schon in der Identifikation des Anderen eine Repräsentanz gebildet wird, die dem Anderen nicht zu entsprechen vermag, daß mithin das Identifizierte schon eine verzerrende Repräsentation ist, dann wird man zusätzlich berücksichtigen müssen, daß eine angenommene Repräsentation dieses Anderen im Individuum nicht dessen ungebrochene Einheit mit dem Anderen darstellt. Vor diesem Hintergrund erscheint der Mechanismus der Identifizierung, der sich um das Problem der Repräsentation nicht kümmert, als naiv: vermutlich sogar als naiv gegenüber der Selbstthematisierung der Sich-Identifizierenden, die die Differenz zum Identifizierten zumindest in der Schwebe zu lassen pflegen.

Gerade das vermeintliche Telos der Identifikation, nämlich die Identität des Subjekts mit den Objekten seiner Identifikation, scheint das zu verbergen, was an Prozessen der Identifikation rätselhaft bleibt und was an verschiedenen Phänomenen - wie der Besessenheit, der Maskierung, des Spiels, des Fetischismus, der Übertragung, des Starkults, der Einfühlung usw. - doch zugleich sichtbar wird: die Selbstfremdheit des Subjekts nicht trotz, sondern gerade aufgrund von Identifikationen. Die Spannung des Sich-Identifizierens-*mit*-etwas und der Identifikation dessen, mit dem man sich identifiziert, *als* etwas, hält sich nämlich bis in das Verhältnis des Subjekts zu sich selbst durch. Das Spannungsverhältnis zwischen Selbst und Anderem ist auch in der Identifikation mit dem Anderen nicht aufzulösen. Es zu thematisieren, verweist auf eine Betrachtung des Verhältnisses von Identifikation und Repräsentation.

Daß durch Identifikationen keine Kopien geschaffen werden, daß das Original der Identifikation schon kein Original mehr ist, sondern eher eine Ver-Fremdung des Anderen, die als Fremdheit gerade den Mechanismus einer Identifikation in Gang setzen kann, der sich über die angenommene Differenz zum Anderen in Gang hält - solche Überlegungen weisen in eine Richtung, in der Identifikation nicht als Assimilation und nachträgliche Repräsentation des Identifizierten zu sehen wäre, sondern eher als ein Prozeß einer Selbstfremdwerdung über die mimetische Veranderung. In eine solche Richtung zu denken, verlangt eine Berücksichtigung der Repräsentationsproblematik: der Frage des Stellenwerts des Anderen und damit der Möglichkeit von Kopien, Abbildern, Nachahmung, Mimesis usw. Daß das Problem der Repräsentation dabei doppelt zu beachten ist, auf der Seite des Objekts, der Identifizierung von Etwas *als* Etwas, wie auch auf der Seite des Subjekts, des Sich-Identifizierens *mit* Etwas, macht die Komplexität der Problemstellung deutlich.

Das Problem der Identifikation läßt sich also ohne Berücksichtigung des Problems der Repräsentation gar nicht klären, will man nicht unbefragte Voraussetzungen in Kauf nehmen und hier die philosophische, dort die psychoanalytische und soziologische Aufklärung, denen man doch auch in der oben charakterisierten Art der Begriffsverwendung zu folgen vorgibt, dem Raum der spekulativen Metaphysik wieder vollständig einzugliedern, zu dem sie kaum erst eine Distanz gewonnen haben.

Doch was kann »Berücksichtigung« bedeuten? Läßt sich das Verhältnis der Begriffe unabhängig von den jeweiligen inhaltlichen Bezügen bestimmen? Lassen sie sich überhaupt unabhängig voneinander definieren? Im wissenschaftlichen Bereich ist schon ihre disziplinäre Zuordnung schwierig. »Identifikation« scheint zwar zunächst am ehesten ein psychologischer Begriff zu sein, doch kann er, wie bereits gesehen, wenigstens mit gleichem Recht als ein philosophischer gelten, und ob »Repräsentation« überhaupt ein fachgebundener Spezialbegriff ist, ist mehr als zweifelhaft, findet man ihn doch in der Theologie genauso wie in der Mathematik, in der Äs-

Einleitung

thetik wie in der Ökonomie, in der Literaturwissenschaft wie den Rechtswissenschaften, in der Linguistik wie in der Philosophie oder der Politikwissenschaft, wobei das Bedeutungsspektrum sehr breit ist. So bedeutet Repräsentation fallweise »Vorstellung«, »Bild«, »Darstellung«, »Wiedergabe«, »Wiedervergegenwärtigung« und auch »(Stell-)Vertretung«, jeweils mit Assoziationskreisen und Konnotationen, die keineswegs deckungsgleich sind. Aber von dieser semantischen Mehrdeutigkeit einmal abgesehen, die nur im jeweiligen Verwendungskontext reflektiert werden kann, ist es erstaunlich, daß man, obwohl die beiden Begriffe sehr verbreitet sind, aufeinander verweisen und sich z.T. wechselseitig implizieren, nur selten eine explizite Reflexion ihrer Beziehung zueinander findet. Dies hängt möglicherweise mit dem Problem zusammen, sie kaum isoliert voneinander definieren zu können, so daß da, wo von Identifikation gesprochen wird, stillschweigend die mitlaufenden Repräsentationsprozesse vorausgesetzt werden, wie umgekehrt bei der Verwendung des Repräsentationsbegriffs die dabei sich vollziehenden Identifikationsprozesse implizit mitgemeint werden. Betrachtet man die formale Struktur der Begriffe Identifikation und Repräsentation, so fällt nämlich auf, daß beide doppelt relational sind. Zum einen bezeichnen sie jeweils einen Vorgang der Beziehungsstiftung zwischen zwei Polen oder Termen (zwischen Subjekt und Objekt, Ich und Anderem, bzw. zwischen Vorstellung und Vorgestelltem, Repräsentierendem und Repräsentiertem), zum anderen stehen sie selbst in einem wechselseitigen Implikationsverhältnis. Kompliziert wird dieses Relationsverhältnis zusätzlich nicht nur dadurch, daß die Begriffe sowohl für den jeweiligen Akt der Verbindung verwendet werden als auch für deren Resultate, in denen die Akte münden, sondern daß mit ihnen zugleich eine Qualifizierung der Relationen zwischen den Relata einhergeht und folglich eine bestimmte Wirkungsweise behauptet wird, bzw. eine implizite Hypothese über ein Phänomen (das »Resultat«) als Wirkung eben dieser Beziehungsstiftung. Ist also eine allgemeingültige Definition der Begriffe schon aufgrund dieser Problematik schwierig, so erscheint sie als um so aussichtsloser, wenn man bedenkt, daß diese Begriffe mit dem Begriff der Definition und selbst der Möglichkeit der Definition zusammenhängen, d.h. daß je nach Bedeutung des Begriffs der Repräsentation seine eigene Definitionsmöglichkeit entweder als möglich oder als problematisch erscheint, und daß je nach Bedeutung des Begriffs der Identifikation die Frage nach der Identifizierbarkeit auch dieses Begriffes der Identifikation selbst unterschiedlich beantwortet werden kann. Zielt die Definition eines Begriffs also auf die eindeutige Identifizierung eines Sachverhaltes, auf dessen Bestimmung und Abgrenzung, dann heißt Definieren nichts anderes als Identifizierung einer Bedeutung, die mit dem Begriff verbunden ist, oder einer Referenz, auf die er verweist. Wird jedoch diese Beziehung zwischen Begriff und Bedeutung nicht als ein Repräsentationsverhältnis verstanden, sondern als eine aus einem Signifikationsprozeß resultierende Beziehung, dann wird nicht nur die Übereinstimmung von Begriff und Gegenstand problematisch, sondern der Begriff des Begriffs selbst ist nicht mehr derselbe. M.a.W. sind die Begriffe Identifikation und Repräsentation nicht nur doppelt relational, sondern auch jeweils potentiell selbstbezüglich. Ob z.B. ein Repräsentant nur etwas repräsentiert, oder ob er zugleich sein Repräsentieren repräsentiert, schon in einer solchen Differenz verschieben sich die Relationen und damit die Bedeutung des Begriffs der Repräsentation selbst.

Kurz: Die Begriffe Identifikation und Repräsentation sind in sich spiegelbildlich verschränkt, und sie sind überdeterminiert, insofern sie bereits woanders begrifflich bezeichnete Phänomene und Probleme neu bezeichnen. Sie fungieren somit auch als Bezeichnungen für die Strukturen des Bezeichnens und Erkennens und ermöglichen damit, Unterschiede in der Bezeichnungspraxis zu markieren und verschiedene Strukturtypen zu systematisieren bzw. verschiedene Erkenntnisrelationen voneinander zu unterscheiden, in denen der Status des Wissens und das jeweilige Verhältnis zum Wissen variieren und damit zusammenhängend das Verhältnis des Subjekts zum Anderen.

3. Die Krise des Repräsentationsgedankens und das Problem der Identifizierung

Daß der Begriff der Repräsentation allerdings selbst höchst problematisch ist, hat nach dem »linguistic turn« Ende des 19. Jahrhunderts gerade die Theorieentwicklung der vergangenen Jahrzehnte deutlich gemacht, die in Deutschland pauschal als Strukturalismus und Poststrukturalismus benannt wurde. Der vorher in den Geistes- und Sozialwissenschaften kaum benutzte Begriff der Repräsentation wurde, wie auch der des Diskurses, erst mit den Schriften Foucaults und Deleuzes, Althussers und Lacans gebräuchlich und leitete eine Perspektivverschiebung ein. Wo vorher von Darstellung oder Komposition gesprochen wurde, wurde das Medium der Darstellung nun in seiner dem darstellenden Subjekt wie dem dargestellten

Einleitung

sujet gegenüber eigenständigen Existenz wahrgenommen: die Sprache und die Zeichen. Die sogenannten Strukturalisten hatten nämlich aus der Entdeckung, daß
- das Feld der Erkenntnis durch Gesetze sprachlicher Art determiniert ist,
- dieses Sinn-Apriori für jede Wissenschaft Geltung beanspruchen kann,
- folglich in der Semiotik die sinnkritische Methode der Wissenschaften zu sehen ist (vgl. Eco 1972),
- gegenüber der Bedeutung des Bezeichneten die Zeichenfunktion inhaltlich unbestimmt ist (vgl. Frege 1975),
- mithin der sprachliche Ausdruck der Erkenntnis keineswegs sekundären Charakter hat, sondern die Entstehung des Wissens selbst betrifft, anstatt es nur nachträglich zu bewahren,

die Konsequenzen für die Geistes- und Humanwissenschaften gezogen und gezeigt, daß die Ordnung der Bewußtseinsinhalte nicht durch die in ihnen repräsentierten Bedeutungen konstituiert wird, sondern durch selbst bedeutungs-lose, aber bedeutungsgenerierende Strukturen.

Ohne hier die Transformationen in der Linguistik, der Ethnologie und der Psychoanalyse im einzelnen rekonstruieren oder gar die Sprengung der Strukturen im sogenannten Poststrukturalismus aufzeigen zu können, die sich aus der Kombinatorik zwischen Linguistik und Ethnologie (Foucault), Linguistik und Psychoanalyse (Lacan) und Psychoanalyse und Ethnologie (Deleuze) ergab (vgl. Kittler 1980), läßt sich als fast allen gemeinsames Merkmal eine Distanzierung gegenüber der Sphäre der Repräsentation konstatieren, insofern die an ihr orientierten Positionen weitreichenden Verkennungen aufsitzen würden, als deren Kern Derrida selbst noch im Strukturalismus, insofern dieser die Begriffe »Zeichen« und »Struktur« selbst unproblematisiert läßt, ein grundlegendes kulturelles Vorurteil aufzeigte. Daß man dieses mit Gewalt verbundene und sich historisch in Gewalttätigkeiten manifestierende Vorurteil, dem Derrida den Namen des Phallo-Logo-Ethnozentrismus gab, nicht einfach abschütteln und überwinden kann, hängt seiner Auffassung nach gerade mit der sekundären Stellung zusammen, die die Repräsentation über weite Bereiche der abendländischen Metaphysik - und das heißt: auch noch in der westlichen Rationalität, mithin in unserem Denken - einnimmt (vgl. Derrida 1974; 1988, 291-314), wonach die Zeichen Repräsentationen von Ideen sind, die selbst wiederum das wahrgenommene Ding repräsentieren. Zwar funktioniert die Repräsentation nicht immer in derselben Art und Weise, weil sie unterschiedliche Komplexitätsgrade durchläuft und sich zusätzliche Stufen, Relais und Zwischenspeicher verschafft, so daß sie zur Repräsentation der

Repräsentation werden kann. Doch in der Zurücksetzung der Repräsentation gegenüber einer ursprünglichen Präsenz der Idee, der Wahrheit und des Seins, mit der die abendländische Philosophie anhebt, liegt für Derrida geradezu die »Identität« ihres Denkens, dessen »wesentlicher« Zug, der sich durch alle Transformationen durchhält als eine »Verdrängung der Schrift«. Die Kritik dieser auf der Verdrängung der Schrift basierenden Struktur der Repräsentation ist deshalb bei Derrida nur als Kritik der Metaphysik der Präsenz möglich, und so ist sie zugleich als *Kritik* unmöglich, weil wir immer noch in ihr befangen sind und uns keiner Position außerhalb ihrer, die radikal von ihr unterschieden wäre, sicher sein können. Was bei Derrida also »Dekonstruktion« heißt, ist dieser Problematik geschuldet und immer auch bezogen auf die paradoxale Stellung der Repräsentation als einer »ursprünglichen Nachträglichkeit« und einer »nachträglichen Ursprünglichkeit« als deren Präsenzeffekt.

Ein Denken, das nicht mehr ein »Identifizieren« wäre, sondern ein anderes Verhältnis zum Anderen einnimmt, durch das dieses(r) nicht seiner Andersheit beraubt würde - dies ist auch ein Horizont der Schriften Foucaults (vgl. z.B. Foucault 1974a). Doch anders als Derrida richtet er sein Augenmerk eher auf die Diskontinuitäten und Brüche, die sich in den Repräsentationsordnungen ereignet haben. Vor alle in *Die Ordnung der Dinge* (Foucault 1974b) analysiert er die epistemologischen Einschnitte seit dem 16. Jahrhundert, in denen die Ordnungsprinzipien der Repräsentation eine Mutation erfahren aufgrund einer Transformation des Zeichens selbst, d.h. seines Artikulationstypus, wenn sich die zeichenimmanente Relation zwischen den Relata verändert und sich die Beziehung des Zeichens zum Bezeichneten grundsätzlich wandelt, wenn also »Bezeichnen« nicht mehr dasselbe bezeichnet.

So konnte Foucault zeigen, daß in dem Moment, wo das Zeichen sich aus seiner mimetischen Beziehung zu den Dingen löst, das durch die Kraft der Ähnlichkeiten gestiftete Ordnungsgefüge Risse bekommt und das Zeichen fortan im Sinne einer Repräsentation funktioniert. Es hat am Bezeichneten nun keinen essentiellen Anteil mehr, mit dem es im 16. Jahrhundert über Markierungen verbunden gewesen ist und dem es substantiell zugehörte, weil die Wörter selbst Dinge waren. Die enge Verwandtschaft, die die beiden Termini des Zeichens in der Auffassung der Renaissance als natürliche Beziehung unterhielten, wird in den folgenden Epistemen gelöst und durch immer längere Artikulationen ersetzt, bis schließlich Saussure von einer Beliebigkeit des sprachlichen Zeichens sprechen kann. Der Abstand von Signifikant und Signifikat wird größer und der Repräsentant wird von jeder Präsenz des Repräsentierten entleert. Die Frage, wie ein Repräsentant mit dem verbunden sein kann, was er repräsentiert, markiert denn auch den Anbruch einer neuen Episteme, in der nicht die Ähnlichkeit, sondern das Zeichen die ordnungsstiftende Instanz ist. Zu Beginn des 17. Jahrhunderts wird, nach Foucault, die Welt durch ein Zeichensystem verdoppelt, das sich global von ihr unterscheidet. In diesem Übergang vom mimetischen Zeichenregime der Ähnlichkeiten hin zum Repräsentationsmodell des Zeichens liegt dann die strukturelle Differenz zwischen Epochen, die sich in allen Lebensbereichen manifestiert. Erkennen heißt hier: Herstellen der Relation durch Erfahrung, Analyse und Klassifikation. Es ist die Arbeit des Wissens in Beziehung zu den Zeichen, die ja um den Schnitt zwischen Repräsentierendem und Repräsentiertem gegliedert sind.

Obwohl wir diese Ära der binären Organisation noch nicht verlassen haben, hebt die Moderne um 1800 mit der Krise oder dem Zerbrechen des klassischen Repräsentationsmodells an, insofern die Repräsentationen nicht mehr gelesen und verstanden werden können ohne Bezugnahme auf die Bedingungen, die ihnen äußerlich sind. Was das Spiel der Repräsentationen lenkt, zeigt sich nicht in ihnen und läßt sich folglich auch nicht in ihnen finden, sondern muß erschlossen werden aus einer »Hinterwelt«. Die Symmetrie zwischen Zeichen und Repräsentationen ist gestört, ihre Ebenen sind auseinandergehakt, so daß die Verbindung zwischen den »tiefen« Signifikaten und den oberflächlichen Anhaltspunkten entziffert werden muß - was letztlich auf eine Konstruktion hinausläuft, die sich ihrer Geltung nicht mehr über eine Identitätsbehauptung mit dem Repräsentierten versichern kann. Was der Erkenntnis ihren Charakter als Erkenntnis verleiht, ist fortan die theoretische Praxis selbst, die die Beurteilungskriterien für ihre Produkte und Verfahren selbst mit hervorbringt (vgl. dazu Althusser/Balibar 1972, 78).

Diese komplexe Analyse Foucaults können wir hier natürlich weder detailliert rekapitulieren noch die Diskussionen, die sie auslöste, auf unser Thema bezogen einer Interpretation unterziehen. Erinnert werden sollte lediglich daran, daß das Verhältnis zwischen Identifikation und Repräsentation zum einen mit den Medien der Repräsentation verbunden ist, z.B. den Zeichen und der Sprache, und daß es zum anderen eine geschichtliche und kulturelle Dimension hat, insofern die strukturellen Differenzen als historische und Kultur-Differenzen interpretiert werden können, als irreduzible Unterschiede der Selbst- und Weltverhältnisse, die an verschiedene »Technologien des Zeichens« (Todorov 1985) gebunden sind. Womit sich die Individuen identifizieren, wie sich Identifikationen vollziehen und wie und ob sich diese *re*-präsentieren - diese Fragen lassen sich nicht allgemeingültig beantworten, als handele es sich um einen unausweichlichen und unwandelbaren anthropologischen Mechanismus.

So wurde erst mit der Distanz zwischen Zeichen und Dingen und dem Ende der klassischen Repräsentationsordnung die Position des Menschen als Subjekt im modernen Sinne möglich, dessen Identität sich nicht mehr über eine »mythische Identifikation« (Lacoue-Labarthe/Nancy 1997, 160f; 171ff) konstituiert, über eine mimetische Teilhabe des Subjekts an einem es selbst übergreifenden und totalisierenden Allgemeinen und Ganzen, das sich ihm als eine Repräsentation gibt oder gar als eine Inkarnation - der Gemeinschaft, des Seins, des Volkes, auf jeden Fall als eine Gestalt der Ganzheit. Welche Identifikations*art* es aber als modernes Subjekt durchlaufen muß, und *womit* es sich überhaupt identifizieren kann, wenn sich Ich-Identität im Sinne Krappmanns (1969) und Habermas (1976) doch gerade durch eine gewisse Leere auszeichnet, und ob es im Gegensatz zur »mythischen« so etwas wie eine »aufgeklärte« oder »demokratische« Identifizierung überhaupt geben kann, diese Fragen sind keineswegs geklärt.

Doch auch für diese Problematik lohnt es sich, Foucaults Analysen noch einmal unter dem thematischen Gesichtspunkt zu lesen. Schließlich hatte er den Zusammenhang zwischen Wissen, Wahrheit, Macht und der Struktur moderner Subjektivität deutlich gemacht. Auch wenn er selbst die Beziehung zwischen modernen Subjektivierungstechniken und der modernen Repräsentationsordnung nicht explizit ausgeführt hat, so spricht er doch stets den Zusammenhang zwischen Macht und Wissen an und das Dilemma des Subjekts mit seinen Autonomie- und Emanzipationsansprüchen, dessen vermeintlich Innerstes bereits »das Resultat einer Unterwerfung« sei und eine Repräsentanz der Macht (Foucault 1977, 42), was letztlich doch wohl bedeutet, daß diese Unterwerfung über eine Identifikation des Subjekts sich vollzieht, die es selbst auf die Bahn einer grundlegenden Selbstverkennung leitet. Doch bleibt die Frage offen, wie es dieser Selbstfremdheit heute entkommen könnte, auch wenn Foucault unter Rekurs auf die Antike eine »Ästhetik der Existenz« als ein zeitgemäßes ethisches Modell vorschlägt. (Vgl. dazu Schmid 1991)

Zwar können wir mit Foucault heute sagen, daß das Zeitalter der Repräsentation vorbei ist, daß unser Wissen nicht mehr das Sein repräsentiert, daß die Macht sich von den Repräsentationen, in denen sie inkarniert war, gelöst hat, daß die Wahrheit sich nicht in ihr adäquaten Repräsentationen ausdrückt, die sie wie in einem fleckenlosen Spiegel reflektierte. Statt dessen muß unser Wissen das Feld der Zeichen durchqueren, um verborgene

Einleitung

Strukturen aufzuspüren, in denen die Gegenstände unseres Wissens einen Halt und eine Ordnung finden. Die Macht läßt sich heute nur als Netz von Dispositiven verstehen, in denen die Individuen nicht mehr entweder als deren Inhaber oder als ihr bloß Unterworfene agieren, weil die Macht durch sie hindurchgeht. Und die Wahrheit wird in den verschiedenen Techniken der Entdeckung und Entbergung im eigentlichen Sinne nicht gefunden, sondern hervorgebracht. Aber können wir dieser Situation entkommen? Und läge eine Möglichkeit der Flucht aus dieser Umstellung und Blockierung der Freiheit in einer Rückwendung zur Fülle der Repräsentation, zur Authentizität, zum Eigentlichen? Dagegen spricht, daß das Festhalten am Repräsentationsmodell, das ja ein ursprüngliches Sein und eine Idealität des Sinns hinter den Erscheinungen postuliert, das zudem ein Wesen des Menschen als Seele und innere Wahrheit unterstellt, eine Verstrickung in Machtverhältnisse prolongiert, die selbst die Kritik an ihnen durchzieht, so daß man - zumindest in den Humanwissenschaften - hinter das von Kant vorgegebene Niveau eines über seine eigenen Täuschungen aufgeklärten Wissens zurückfällt.

Was die von Foucault analysierte Struktur der Repräsentation, deren Logik auch von Deleuze (1992, 329ff) einer radikalen Kritik unterzogen wurde, deutlich gemacht hat, ist ihre Verbindung mit einem Identitätsdenken, mit der identitätslogischen Vernunft, die das Andere und Differente stets nur als Wiederholung des Gleichen reflektieren kann und es dem Identischen letztlich subsumiert, bis hin zum Zeichen selbst, das sowohl dem von ihm zugerechneten Repräsentierten untergeordnet wird, weil es dieses nur wiederhole, das aber auch selbst als solches fast ausgelöscht wird, indem bezüglich seiner inneren Dynamik der Signifikant als bloße Verdopplung des Signifikats betrachtet wird. Nichtigkeit des Zeichens als Zeichen des Logozentrismus.

Für dieses Nicht-Denken des Zeichens rächt dieses sich, so daß letztlich nichts als Zeichen zurückbleiben. Ein Beispiel aus jüngster Zeit ist das, was man die »Krise der ethnographischen Repräsentation« nennt (vgl. Berg/Fuchs 1993; Gottowik 1997). Man entdeckte, daß die ethnologischen Beschreibungen, Schilderungen und wissenschaftlichen Darstellungen des kulturell Fremden dessen authentische Seinsweise verfehlten und diese nicht wahrheitsgetreu abbildeten. Die Darstellungen verzerrten das Fremde, und sie ent-fremdeten es nicht nur, indem sie es uns vertrauter machten, sondern sie generierten aufgrund der eigenen Sichtweise, der angewandten Darstellungsmittel und der narrativen Struktur und Muster ein dem Fremden fremdes Bild, so daß die angeblichen Repräsentationen des Fremden

21

den Status originärer Präsentationen, eigener Konstruktionen und Fiktionen erhielten. Daß dieses Problem nicht nur für die Erforschung fremder Kulturen gilt, sondern auch für die eigene, wird erst in jüngster Zeit erkannt; denn so wenig sich die beschriebenen Fremden mit ihrer Identifikation durch die europäischen Ethnologen identifizieren können, so wenig kann man erwarten, daß etwa Kinder die Kindheitskonstruktionen der Erwachsenen (vgl. Richter 1987; Scholz 1994; Baader 1996) als wahr bestätigen würden. Daß sie gezwungen sind, sich mit dem, als was sie durch die Erwachsenen identifiziert werden, zu identifizieren - was eben nicht »wieder«-erkennen bedeutet -, darin liegt selbst ein Machteffekt des »Wissens« bei ihrer Identitätsfindung, die deshalb von Anfang an mit Repräsentationen in Form von Vorstellungsbildern und Wissensinhalten der Erwachsenen verklammert ist: Am Grunde des Selbst findet sich immer ein Bild eines Anderen. Andererseits kann man aber auch davon ausgehen, daß dies auch im umgekehrten Fall gilt: Auch die Erwachsenen verfügen nicht über ihre Repräsentation durch die Kinder, womit sich - bei aller institutionell fixierten Asymmetrie - dennoch jenes Spiel entfaltet, in dem sich Wissen mit jener Produktivität von Macht verbindet, von der Foucault spricht.

Ein anderes Beispiel für diesen Referenzverlust des Zeichens und seine Verselbständigung ist der in den vergangenen Jahren immer stärker werdende Radikale Konstruktivismus (vgl. z.B. Schmidt 1987; 1992), in dem der Repräsentationsbegriff einerseits verabschiedet wird, andererseits aber eine z.T. von den bisher erwähnten Diskussionen weitgehend unberührte Renaissance erfährt. Es handelt sich dabei um Disziplinen, die sich der Untersuchung des menschlichen Bewußtseins widmen und entweder eine naturwissenschaftliche Erklärung des Erkennens und Wissens anstreben oder mit interdisziplinärer Ausrichtung das Zusammenspiel von Körper und Geist, Leib und Seele erforschen (vgl. Esken/Heckmann 1998). Denn die Frage, wie Materie zu Geist wird, wie die äußere Welt zur inneren Welt des Wahrnehmens, Fühlens und Denkens wird, beschäftigt nicht nur die Geistphilosophie, sondern auch die Neurobiologie, Kybernetik, Psychologie und Medizin. Bei allen Unterschieden der Ansätze und der disziplinären Zugriffsweisen und Perspektiven zentrieren sich viele Diskussionen um den Begriff der Repräsentation, insofern Bewußtsein immer als intentionales Bewußtsein verstanden wird, als Bezogenheit auf einen Inhalt (innere und äußere Objekte, Bilder, Vorstellungen, Empfindungen, Bedeutungen etc.), der sich in ihm befindet, aber nicht als solcher, sondern eben als eine Repräsentation. Bewußtsein als Innenwelt enthält in dieser Perspektive alles nur in Form von Repräsentationen, einschließlich des Selbst

Einleitung

als Bild von sich wie des Selbstbewußtseins - d.h. des Bewußtseins, das das Bewußtsein von sich hat - als Repräsentationsmaschine, Aufzeichnungsfläche, Bildschirm, Speicher von Denkinhalten oder als Ausstellungsraum von Vorstellungsbildern. Dabei soll den Repräsentationen die Kraft eignen, einen Präsenzeffekt zu evozieren, so daß das jeweils Repräsentierte dem Bewußtsein als (unmittelbar) gegenwärtig erscheinen kann bis hin zur Selbstgegenwart.

Gegenüber dieser Wiederkehr oder Fortdauer des Repräsentationsmodells plädieren andere für einen radikalen Bruch mit dem ontologischen Erkenntnismodell und für eine Abkehr vom Repräsentationsbegriff. Abgesehen von der Arroganz, die einige Autoren an den Tag legen und damit zugleich unwissentlich ihre Ignoranz gegenüber einer Tradition Ausdruck verleihen, die die Probleme z.t. gründlicher reflektiert hat als sie selbst - so schreibt z.B. Varela bezüglich dieser Forschungsrichtung: »Zum ersten Mal wird die westliche Gesellschaft in ihrer Lebenspraxis mit Problemen wie etwa den folgenden konfrontiert: Besteht Denken in der Handhabung von Symbolen?« (Varela 1990, 17) -, opfern sie die Begriffe der Repräsentation und des Symbols aber nur, um sie von jeder Differenz und Exteriorität gereinigt zu restituieren. Der Absage an die klassische ontologische Erkenntnisauffassung mit ihrem Äquivalenzmodell der Wahrheit - »1. Die Welt ist vorgegeben. 2. Unsere Kognition bezieht sich auf diese Welt - wenn auch oft nur auf einen Teil derselben. 3. Die Art, auf die wir diese vorgegebene Welt erkennen, besteht darin, ihre Merkmale abzubilden und sodann auf der Grundlage dieser Abbildungen zu handeln.« (Varela 1990, 100) - folgt die Wiedereinsetzung des im klassischen Repräsentationsbegriff enthaltenen Weltbegriffs als einer inneren Welt, allerdings von allem Bezug zum Realen entkoppelt und deshalb eine Welt aus Zeichen, die eine imaginäre Welt als eine reale fingieren. Das Gehirn bringe ständig selbst Welten im Prozeß gangbarer Geschichten von Lebewesen hervor, anstatt sie zu spiegeln, und »die einzige geforderte Bedingung ist die, daß sie erfolgreiche Handlungen ermöglicht: sie gewährleistet die Fortsetzung der Existenz des betroffenen Systems mit seiner spezifischen Identität.« (Ebda., 110) Viabilität statt Wahrheit. Doch so, wie die Repräsentation auf das Repräsentierte verkürzt wird, so wird auch das Symbol auf das Symbolisierte reduziert bzw. das Zeichen auf die Fülle des Signifikats. Damit sind sie nicht mehr, was sie waren: Medien der *Re*-Präsentation. Ihre Verabschiedung als tragende Begriffe scheint somit konsequent, weil die in ihnen artikulierte Relation selbst für nichtig gehalten wird.

Aber diese Annullierung der Differenz, als deren Träger diese Begriffe fungieren, dieses Nicht-Denken des Zeichens als Zeichen führt zu ihrer Totalisierung, indem sie selbst zur Welt werden. Durch die Wiederentdeckung der Intentionalität (ebda., 20) und den Rückgriff auf die Phänomenologie Husserls und Merleau-Pontys erfährt nämlich die Repräsentation eine Aufwertung bis hin zu ihrer Verselbständigung gegenüber der Welt, die sie vollständig ersetzt, so daß ihr Begriff selbst obsolet wird. Doch letztlich scheint es gerade so, als wolle man mit den epistemologischen Mitteln des 17. Jahrhunderts, als die Repräsentationen sich von den Dingen lösten und die Welt verdoppelten, eine Antwort auf die Probleme der Postmoderne geben, und diese Antwort erscheint als Inversion des Weltverständnisses des 16. Jahrhunderts: Nicht mehr sind die Wörter Dinge, sondern die Dinge sind Wörter, und anstelle einer Sprache, die als Spiegel der Welt fungiert, dient uns nun die Welt nur noch als Spiegel für unsere Konstruktionen von ihr.

Folgt man dieser Auffassung vom Erlöschen des Zeichens in den Konstruktionen, dann wissen wir nun nicht nur nicht, ob die Karte das Territorium richtig abbildet, weil es sie vollständig bedeckt und eine vergleichende Überprüfung nicht möglich ist. Wir wissen dann auch nicht nur nicht mehr, ob sich unter der Karte überhaupt etwas befindet oder nicht vielmehr nichts. Wir wüßten nun auch nichts mehr von einer Karte.

Was dies für ein pädagogisches Denken über Subjektivierungsprozesse, die damit zusammenhängenden Konzepte des Wissens und seiner Vermittlung, die Reflexion auf eine als ›pädagogisch‹ zu qualifizierende Intersubjektivität, die Geltungsbasis von Sozialisations-, Bildungs- und pädagogische Handlungstheorien sowie für ein Konzept pädagogischer Verantwortung zu bedeuten hat – dies sind weitgehend offene Fragen. Sie jedoch mit dem zumindest für die pädagogische Disziplin nicht unüblichen Gestus abzuwehren, daß, wo Lösungen nicht unmittelbar in Sicht sind, auch keine relevanten Probleme bestehen, stellt keine befriedigende Aussicht dar. Zu dieser Einsicht mag der Blick auf die Diskussion der Probleme von Identifikation und Repräsentation in unterschiedlichen wissenschaftlichen Disziplinen verhelfen.

Einleitung

Literatur

Althusser, L./Balibar, E.: Das Kapital lesen, Bd.I, Reinbek bei Hamburg 1982.
Baader, S.M.: Die romantische Idee des Kindes und der Kindheit, Neuwied/Kriftel/Berlin 1996.
Benner, D.: Allgemeine Pädagogik. Eine systematisch-problemgeschichtliche Einführung in die Grundstruktur pädagogischen Denkens und Handelns, Weinheim/München 1987.
Berg, E./Fuchs, M. (Hg.): Kultur, Soziale Praxis, Text. Die Krise der ethnographischen Repräsentation, Frankfurt am Main 1993.
Deleuze, G.: Differenz und Wiederholung, München 1992.
Derrida, J.: Grammatologie, Frankfurt am Main 1974.
Derrida, J.: Randgänge der Philosophie, Wien 1988.
Eco, U.: Einführung in die Semiotik, München 1972.
Esken, F./Heckmann, D. (Hg.): Bewußtsein und Repräsentation, Paderborn 1998.
Foucault, M.: Das Denken des Außen. In: Ders.: Von der Subversion des Wissens, hg. v. W. Seitter, München 1974 (a), 54-82.
Foucault, M.: Die Ordnung der Dinge, Frankfurt am Main 1974 (b)
Foucault, M.: Überwachen und Strafen. Die Geburt des Gefängnisses, Frankfurt am Main 1977.
Frege, G.: Funktion, Begriff, Bedeutung, Göttingen 1975.
Goffman, E.: Stigma. Techniken zur Bewältigung beschädigter Identität, Frankfurt am Main 1967
Goffman, E.: Wir alle spielen Theater. Die Selbstdarstellung im Alltag, München 1969.
Gottowik, V.: Konstruktionen des Anderen. Clifford Geertz und die Krise der ethnographischen Repräsentation, Berlin 1997.
Habermas, J.: Stichworte zur Theorie der Sozialisation (1968). In: Ders.: Kultur und Kritik. Verstreute Aufsätze, Frankfurt am Main 1973, 118-194.
Habermas, J.: Rekonstruktion des Historischen Materialismus, Frankfurt am Main 1976.
Kittler, F.A. (Hg.): Austreibung des Geistes aus den Geisteswissenschaften. Programme des Poststrukturalismus, Paderborn/München/Wien/Zürich 1980.
Klafki, W.: Abschied von der Aufklärung? Grundzüge eines bildungstheoretischen Gegenentwurfs. In: Krüger, H.-H. (Hg.): Abschied von der Aufklärung? Perspektiven der Erziehungswissenschaft, Opladen 1990, 185-203.
Krappmann, L.: Soziologische Dimensionen der Identität, Stuttgart 1969.
Lacoue-Labarthe, Ph./Nancy, J.-L.: Der Nazi-Mythos. In: Weber, E./Tholen, G.Ch. (Hg.): Das Vergessen(e). Anamnesen des Undarstellbaren, Wien 1997, 158-190.

Richter, D.: Das fremde Kind. Zur Entstehung der Kindheitsbilder des bürgerlichen Zeitalters, Frankfurt am Main 1987.

Schmid, W.: Auf der Suche nach einer neuen Lebenskunst. Die Frage nach dem Grund und die Neubegründung der Ethik bei Foucault, Frankfurt am Main 1991.

Schmidt, S.J. (Hg.): Der Diskurs des Radikalen Konstruktivismus, Frankfurt am Main 1987.

Schmidt, S.J. (Hg.): Kognition und Gesellschaft. Der Diskurs des Radikalen Konstruktivismus 2, Frankfurt am Main 1992.

Scholz, G.: Die Konstruktion des Kindes, Opladen 1994.

Todorov, T.: Die Entdeckung Amerikas. Das Problem des Anderen, Frankfurt am Main 1985.

Varela, F.J.: Kognitionswissenschaft - Kognitionstechnik, Frankfurt am Main 1990.

David E. Wellbery

Schopenhauer, Nietzsche, Beckett:
Zur Krise der Repräsentation in der Moderne

Für den Literaturwissenschaftler hat die Infragestellung - oder gar die Krise - des Repräsentationsbegriffs, die in unseren Tagen wohl ihre gültigste und einflußreichste Formulierung durch die dekonstruktivistische Philosophie Jacques Derridas erhalten hat, kaum Neuigkeitswert. Sie gehört vielmehr zu den Konstanten der Moderne, und zwar mit solcher Evidenz, daß man geneigt ist, zumindest aus literarhistorischer Perspektive, Moderne überhaupt als Dauerkrise der Repräsentation zu bestimmen. Diese Dauerkrise hebt an mit der Verabschiedung des hergebrachten Mimesiskonzepts durch die Romantik. Daß diese Verabschiedung nicht ohne schlechtes Gewissen geschah und sich gleichsam über sich selber erschrak, daß sie mit anderen Worten Krisensymptome auslöste, zeigen die Gespenster und Doppelgänger, die die Texte der Romantiker bevölkern. Diese sind als Figurationen der Eigenmacht und Eigenrealität eines von jeglichem Außenhalt freigesetzten künstlerischen Mediums zu verstehen. Theoretisch gab es freilich Versuche, die Krise zu überwinden. Als besonders durchsetzungsfähig erwies sich das romantisch-idealistische Geisteskonzept, dessen Funktion darin bestand, die Rekursivität des freigesetzten Mediums rückzubinden an ein Gesamtsubjekt, das als sich progressiv zur Darstellung bringend gedacht wurde. Mit anderen Worten: man rettete die Repräsentation durch Temporalisierung. Selbst Friedrich Schlegel denkt die uferlose Verschiedenheit literarischer Formen und Stilrichtungen als gesetzmäßige Entfaltung einer Setzung seitens eines transzendentalen Urdichters, der dann am unendlich aufgeschobenen Ende des historischen Prozesses mit seiner Selbstdarstellung zusammenfiele. Bis dahin mußte man sich mit Ironie, die das Bewußtsein des Bruches zwischen Selbst und Darstellung markiert, begnügen. Adäquate Repräsentation gab es also für Schlegel noch, aber nur als uneinholbar künftige. Die viel diskutierte Krise der Geisteswissenschaften hängt vermutlich damit zusammen, daß diese romantische Lösung heute nicht mehr greift. Schon oft hat man versucht, die durch die Dekonstruktion nochmals und nachdrücklich thematisierte Krise der Repräsentation auf romantische Gedankenfiguren - zumal die Ironie, die Verdopplung, die Allegorie, das Fragment - zurückzuführen. Insofern schließen sich die eben gemachten Beobachtungen an einen literarhistorischen Forschungskonsens an, der durch Arbeiten von de Man, Frank, Menninghaus und anderen gewonnen wurde (vgl. de Man 1991; Frank 1989; Menninghaus 1987). Über diesen Konsens gehen wir allerdings hinaus, indem wir an denjenigen unter den goethezeitlichen Philosophen anknüpfen, dem der romantische Ausweg verschlossen war. Schopenhauer nämlich verfügte über keinen Begriff des Geistes. Ihm genügten, wenn es darauf ankam, die Gemeinsamkeit von Auffassungen unter mehreren Individuen zu erklären, die Begriffe Mitteilung und Abstraktion, Sprache und Vernunft. Die Mitteilungen jedoch über ihre Mitteilungsfunktion hinaus einem Gesamtsubjekt zuzuschreiben, das sich durch sie porträtieren und zu Bewußtsein erheben will, hatte für Schopenhauer keinen angebbaren Sinn und zog daher nur sein berühmtes Hohngelächter auf sich. Nicht dieses Hohngelächter allein macht jedoch die genealogische Bedeutung Schopenhauers für die Dekonstruktion aus, sondern mehr noch die Tatsache, daß in seiner Philosophie die Infragestellung des Repräsentationsbegriffs rücksichtslos durchgeführt wird. Und zwar geschieht das mit einer Klarheit der Formulierung, die auch heute noch erhellend wirkt. Schopenhauer ist der erste Philosoph, der die Repräsentation nicht vom Objekt her, sondern in der Eigendynamik ihrer Form begreift. Diese Form erfaßt er mit der These, daß eine jede Vorstellung - dies der dem Repräsentationskonzept entsprechende Begriff bei Schopenhauer - ihren Sinn habe in der Verknüpfung mit einer zweiten Vorstellung. Und, da dies auch für die zweite Vorstellung gilt, kann Schopenhauer von der »gänzliche[n] und durchgängige[n] Relativität der Welt als Vorstellung« (Schopenhauer 1986, I,7, 71)[1] reden. Damit ist nicht bloß gemeint, daß die Repräsentation nur eine perspektivische Sicht auf ihr Objekt bietet, denn Objekthaftigkeit ist ihrerseits nur ein Artefakt der Repräsentation. Die These besagt vielmehr, daß die Repräsentation nie zur Ruhe kommen kann, daß sie mit jeder einzelnen Vorstellung über sich hinaus verweist auf eine andere Vorstellung, diese wiederum auf eine

---

[1] Zitate aus dieser Ausgabe werden hiernach im Text durch Buch- (römisch) und Paragraphenzahl (arabisch) angegeben, im vorliegenden Fall also: I,7.

dritte, und so weiter. Man könnte angesichts dieser Verweisstruktur von der durchgängigen Referentialität der Welt als Vorstellung sprechen oder, in Anlehnung an Pierce, von der Repräsentation als unendlicher Semiose. Denn das ist der modernitätsträchtige Kern von Schopenhauers These: die Einsicht, daß sich die Repräsentation nur aus der Repräsentation produziert und darüber hinaus nur zu einer weiteren Repräsentation - und niemals zum Sein selber - hinführt. Im ersten Paragraphen des zweiten Buches der *Welt als Wille und Vorstellung* findet diese Grundansicht Schopenhauers durch folgendes Gleichnis einen in ihrer Prägnanz kaum zu übertreffenden Ausdruck:

»Wir sehn schon hier, daß *von außen* dem Wesen der Dinge nimmermehr beizukommen ist: wie immer man auch forschen mag, so gewinnt man nichts als Bilder und Namen. Man gleicht einem, der um ein Schloß herumgeht, vergeblich einen Eingang suchend und einstweilen die Fassade skizzierend. Und doch ist dies der Weg, den alle Philosophen vor mir gegangen sind.« (II,17)

Aus diesen Sätzen, die Franz Kafka im Laufe seiner Beschäftigung mit Schopenhauer in den Jahren 1916-17 wird gelesen haben, ist - um es etwas übertrieben zu formulieren - einer der großen Romane der klassischen Moderne hervorgegangen. Das heißt - und diese These werde ich im Folgenden im Hinblick auf andere Modernisten zu erhärten versuchen - die Moderne knüpft dort an Schopenhauer an, wo er auf die sich ins Unendliche erstreckende Selbstreferentialität der Repräsentation aufmerksam macht.

Wie das geschieht, läßt sich beim jungen Nietzsche aufzeigen. Damit ist nicht der Verfasser der *Geburt der Tragödie aus dem Geiste der Musik* gemeint, sondern der noch jüngere Nietzsche, derjenige, der 1868 das »Fragment einer Kritik der Schopenhauerischen Philosophie« niederschrieb. Dieser Text, seit Schlechtas ihm gewidmeten Aufsatz von 1939 (Schlechta 1939) kaum zur Kenntnis genommen, bedürfte nicht zuletzt deswegen einer eingehenden Erörterung, weil er die vordergründige Abhängigkeit der später verfaßten Tragödienschrift von Schopenhauers Willensmetaphysik und Musikästhetik als fiktive Kulisse, hinter der sich etwas ganz anderes abspielt, erkennen läßt. Hier muß ich mich darauf beschränken, die Pointe von Nietzsches ingeniöser Lektüre herauszustellen.

Den Ansatz zu dieser Lektüre gewinnt er derjenigen Textstelle aus der *Welt als Wille und Vorstellung* ab, an der die Benennung des Willens als Willen motiviert wird. Sie lautet:

»Dieses *Ding an sich* ..., welches als solches nimmermehr Objekt ist, eben weil alles Objekt schon wieder seine bloße Erscheinung, nicht mehr es selbst ist, mußte, wenn es dennoch objektiv gedacht werden sollte, Namen und Begriff von einem Objekt borgen, von etwas irgendwie objektiv Gegebenem, folglich von einer seiner Erscheinungen: [...] diese aber eben ist des Menschen *Wille*.« (II,22)

Ein geborgter Name, ein Name, der nicht gemäß seinem eigentlichen und ursprünglichen Sinn, sondern uneigentlich oder, wie Schopenhauer auch später schreibt, im übertragenen Sinne gebraucht wird: ein solcher Name heißt in der hergebrachten rhetorischen Terminologie eine Metapher. Das weiß der junge Philologe natürlich, zu dessen Arbeitsgebieten auch die Rhetorik gehörte, und so entzündet sich seine Kritik Schopenhauers am rhetorischen Status des Willensbegriffs. Durch den geborgten Namen des Willens werde, so Nietzsche, »ein durchaus dunkles unfaßbares x mit Prädikaten wie mit bunten Kleidern behängt, die einer ihm fremden Welt, der Erscheinungswelt, entnommen sind.« (Nietzsche 1922, 396) Damit aber werde der Begriff des Dinges an sich »heimlich bei Seite geschafft und uns ein anderer in die Hand gedrückt« (ebda., 397). Bei dem von Nietzsche diagnostizierten rhetorischen Taschenspielertrick handelt es sich allerdings nicht um den bloßen Austausch von Begriffen, nicht um eine innersprachliche Bewegung, und aus diesem Grunde sollte man, um der Tragweite von Nietzsches Einsicht gerecht zu werden, nicht von einer Metapher reden, sondern vielmehr von einer Katachrese, und zwar von einer Katachrese im Doppelsinn des Terminus: a) als Metapher für etwas, das - wie das Bein des Tisches - selber keinen Namen hat, und b) als mißbrauchte Metapher, die das durch sie Gemeinte verfälscht. Beides trifft auf den Schopenhauerischen Willensbegriff zu, denn außer dem im übertragenen Sinn verwendeten Wort ›Wille‹ hat der Wille kein *nomen proprium*, und dieses Wort deformiert sein Gemeintes, weil es seine eigentliche Bedeutung im Bereich der Erscheinungen, der möglichen Objekte hat, und daher den Willen selber, der »nimmermehr Objekt sein kann« und als Erscheinung »nicht mehr [er] selbst ist«, verfehlt. Schon als Name - das heißt: unabhängig von seiner besonderen semantischen Bestimmung - trägt das Wort ›Wille‹ Implikationen gegenständlicher Feststellbarkeit mit, die dem Willen als solchem fremd sind. Beim Begriff des Willens handelt es sich um eine Bezeichnung, die aus dem Grunde scheitert, daß sie überhaupt Bezeichnung ist.

Dieser Haupteinwand Nietzsches gegen Schopenhauers Willensbegriff läßt sich als Vorgriff auf die einige Jahre später verfaßte, während

Nietzsches Lebzeiten gleichfalls unveröffentlichte Schrift *Über Wahrheit und Lüge im aussermoralischen Sinne* auffassen (Nietzsche 1980). Beide Texte beinhalten nämlich eine Radikalisierung der rhetorischen Tropenlehre, die diese von der Vorgabe einer neutralen, arhetorischen Bezeichnung abkoppelt. Man kann das gemeinsame Grundkonzept so formulieren: Zwar trägt Nietzsches Begriff der Rhetorizität die traditionelle Konnotation der Abweichung und damit der Verfälschung noch mit, ihm fehlt jedoch die Voraussetzung, die dieser Konnotation ihren traditionellen Sinn gab, nämlich die Prämisse eines nicht verfälschenden sprachlichen Ausdrucks, an dem sich die rhetorische Abweichung als Abweichung erkennen ließe. Für Nietzsche ist der rhetorisch geprägte Ausdruck als Substitut zu verstehen, aber als originäres, dem kein eigentlicher Ausdruck vorausgeht. Das gilt für den »aussermoralischen« Begriff der Lüge, der das ganze Feld sprachlicher Bezeichnungen - auch der als »wahr« kodifizierten - umfaßt; und es gilt ebenfalls für den Begriff der Willenskatachrese, der die notwendige Verfehlung des unbezeichenbaren »x« des Seins als des Dinges an sich markiert. Unter Nietzsches Händen verwandelt sich Schopenhauers These von der »gänzlichen und durchgängigen Relativität der Welt als Vorstellung« in die These einer Rhetorizität von Sprache, die kein Ideal repräsentativer Transparenz mehr zuläßt. Daß sich diese Rhetorizität nur durch paradoxe Begriffskonstruktionen wie »ursprüngliche Verfälschung« oder »originäres Substitut« erfassen läßt, deutet schon auf die bis in die Krise getriebene Strapazierung der hergebrachten Repräsentationssemantik, die Nietzsches Raissonements zur Folge haben. Auf die Gründe dieser Paradoxikalisierung wird gleich zurückzukommen sein.

Kehren wir zunächst zu Nietzsches Schopenhauer-Lektüre zurück. Ihre Strategie besteht darin, die Auswirkungen der Willenskatachrese - dieser unmöglichen und gleichwohl notwendigen Markierung - im Fortgang von Schopenhauers Text nachzuzeichnen. So konstatiert Nietzsche einen »diktatorischen Ton« (Nietzsche 1922, 396) bei Schopenhauer, einen imperativen Gestus also, der die Funktion hat, die textimmanenten Aporien der *Welt als Wille und Vorstellung* zuzudecken. Schopenhauers Schreiben ist von diesem Pathos der Wahrheit getragen, er will »die erlösende Formel für das älteste und wichtigste Rätsel der Welt« gefunden haben, und damit kein Zweifel darüber bestehe, daß ihm dies gelungen sei, stellt er jene Formel seinem Werk als Titel voran, »wie eine Tempelinschrift«, die »weit und breit in die Augen« falle (ebda., 392). Doch der behauptete Erfolg wird durch die Bewegung des Textes subvertiert. Der der Willenskatachrese eingeschriebene Fehl zwingt zu einer Textökonomie der ständig erneuten Supplementierung, die »fortwährend genötigt ist, ein Anlehen bei der Erscheinungswelt zu machen«, Prädikate der »Vielheit, Zeitlichkeit und der Causalität« auf den Willensbegriff »zu übertragen«, bis dieser sich selbst widerspricht (ebda., 398). Auch der Versuch, die Katachrese narrativ umzusetzen, die Vorstellungswelt gleichsam evolutionstheoretisch aus den niedrigeren Formen der Willensobjektivation herzuleiten, führt nur zur aporetischen Hypothese einer Zeit vor der Zeit. »Das Schopenhauerische Grundgewebe«, so das Fazit von Nietzsches Lektüre, »verstrickt sich in seinen Händen« (ebda., 395). Mit diesem als Text-Metapher formulierten Befund wird zwar die metaphysische Aussagekraft von Schopenhauers Philosophie dementiert, diese Philosophie jedoch gleichzeitig gerettet als Darstellung ihres eigenen sprachlichen Dilemmas. Der von Schopenhauer in den Willen verlegte selbstverzehrende Widerspruch erweist sich als Figuration der seinem Text innewohnenden Tendenz zur Autodestruktion. Man hat es bei Schopenhauer, so Nietzsche, mit einer »Gattung von äusserst wichtigen und kaum vermeidlichen Widersprüchen« zu tun, »die gewissermaßen noch unter dem Herzen der Mutter ruhend sich schon zum Kriege gegen sie rüsten und die, kaum geboren, ihre erste That thun, indem sie die Mutter töten.« (Ebda.) Der Versuch, den phänomenal nicht ausweisbaren Grund sprachlich einzuholen, zerbricht an den Folgen der Willenskatachrese. Somit kann Nietzsche jenen Satz Schopenhauers, der später auf Kafka wirken sollte, gegen Schopenhauer selbst wenden: »von *aussen* ist dem Wesen der Dinge nimmermehr beizukommen: wie immer man auch forschen mag, so gewinnt man nichts als Bilder und Namen.«

Diese geraffte Darstellung läßt erkennen, daß sich schon bei diesem frühen Text Nietzsches einige typische und grundlegende Reflexionsfiguren der Dekonstruktion im Stile Derridas abzeichnen: zunächst natürlich die Entgrenzung der rhetorischen Tropenlehre, die durch Streichung ihres Oppositionsbegriffs erreicht wird; damit einhergehend die paradoxe Zuspitzung der grundlegenden Konzepte im Sinne des originären Substituts; drittens der Verdacht gegenüber Hauptaussagen, die als Zudeckungs- und Selbsttäuschungsmaßnahmen gelesen werden; viertens die Auffassung des Textes im Sinne einer Ökonomie des unhintergehbaren und zur ständigen Supplementierung treibenden Mangels; fünftens die Tendenz, Textfiguren als Verdichtungen von textkonstitutiven Paradoxien zu lesen. Nicht das bloße Vorkommen dieser für die Dekonstruktion typischen Reflexionsfiguren macht jedoch Nietzsches Text für die genealogische Analyse interessant, sondern die Chance, die gemeinsame Verwurzelung dieser Figuren in einer spezifischen historisch-diskursiven Problematik zu erkennen, die sich in der modernen Auseinandersetzung mit Schopenhauer aufdrängt. Dieses Problem läßt sich umreißen als Differenzlosigkeit des Sinns.[2] Wenn Nietzsche das katachretische Moment am Schopenhauerischen Willensbegriff durch die Feststellung hervorkehrt, dieser sei als Gegensatz zur Erscheinungswelt gedacht, der Gegensatz selbst sei jedoch eine Struktur der Erscheinungswelt, oder wenn er behauptet, das ungelöste Problem von Schopenhauers Philosophie sei die Frage nach den Grenzen der Individuation, das heißt: nach den Grenzen der Begrenzung, dann meint er diese Differenzlosigkeit. Auch das Andere der Sprache ist als Anderes abgegrenzt und unterschieden, gehört mithin dem Bereich des Sinnes als dem Feld der Abgrenzungen und Unterscheidungen an. Man ist nicht in der Lage, die andere Seite des Sinns zu denken, weil auch diese, als Seite, als Unterschiedenes, sinnhaft ist. Die Willenskatachrese ist Surrogat dessen, was niemals Gegenwart werden kann; ist sie einmal vollzogen - und das ist, wie Nietzsche schreibt, »kaum vermeidlich« -, dann ist man schon im Gewebe der Figuren verstrickt. Mit dieser Deutung gewinnt aber der Schopenhauerische Willensbegriff einen gänzlich neuen Status: er bezeichnet nicht mehr das in der Welttiefe Treibende, läßt sich nicht mehr in Figurationen des ungestümen Dranges aufrufen. Vielmehr wird er zur Chiffre der eigenen Unsagbarkeit, entzieht sich jedem Versuch, auf ihn zu verweisen, und läßt »nichts als Bilder und Namen« zurück. Meine These ist also eine doppelte: erstens daß die entgrenzte Rhetorik, die aus Nietzsches Umdeutung des Schopenhauerischen Vorstellungskonzepts hervorgeht, sich als Versuch verstehen läßt, die Differenzlosigkeit des Sinns theoretisch zu erfassen; zweitens daß die Differenzlosigkeit des Sinns den einheitlichen Problemhorizont dekonstruktiver Reflexionsfiguren abgibt. Etwas bündiger läßt sich das so formulieren: in diesem Text Nietzsches vollzieht sich die Geburt der dekonstruktivistischen Lektüre aus dem Geiste der Schopenhauerischen Philosophie.

Nicht weniger als bei Nietzsche läßt sich bei Samuel Beckett eine intensive Beschäftigung mit Schopenhauers Philosophie feststellen, die sowohl für Becketts ästhetische Ansichten als auch für seine schriftstellerische Praxis von grundlegender Bedeutung ist. Bekanntlich interpretiert Beckett in seinem 1931 erschienenen *Proust*-Essay das Romanwerk des Franzosen im Sinne der Ästhetik Schopenhauers, aber auch die späteren Dramen und

---

[2] Den Begriff übernehme ich von Niklas Luhmann (1987, 96).

Fiktionen sind von Becketts Schopenhauerlektüre maßgeblich geprägt. Ich bin der Auffassung, daß diese Lektüre parallel läuft zur skizzierten Lektüre Nietzsches. Anders ausgedrückt: die Ausgestaltung der Differenzlosigkeit des Sinns als eines Formproblems, ihre Einbindung in eine werkhafte Prägnanz, macht das künstlerische Verdienst Samuel Becketts aus.

Becketts Schopenhauer-Rezeption hebt sich allerdings von der Nietzsches dadurch ab, daß er sich den Schopenhauerischen Gestus der globalen Negation von Erfahrungsinhalten, dessen Blick auf das Leben als monotone Wiederholung nichtiger Charaden, zueigen machen konnte. Mit der Übernahme der pessimistischen Grundhaltung - unvergeßlich ausgedrückt und gleichzeitig komisch gebrochen im Titel des späten Textes *Worstward Ho* - geht auch eine produktive Anverwandlung der Schopenhauerischen Askesethematik, und zwar durchaus im Sinne der Willensverneinung, der Erlösung im Leeren, im Nichts, einher. Diese pessimistisch-asketische Grundhaltung verbindet sich mit der eigentümlichen Wendung gegen die Sprache, die Beckett in einem Brief an einen deutschen Korrespondenten aus dem Jahr 1937 als ästhetisches Programm formuliert. »Es wird mir«, schreibt Beckett (übrigens auf Deutsch), »tatsächlich immer schwieriger, ja sinnloser, ein offizielles Englisch zu schreiben. Und immer mehr wie ein Schleier kommt mir meine Sprache vor, den man zerreissen muss, um an die dahinterliegenden Dinge (oder das dahinterliegende Nichts) zu kommen.« (Beckett 1984, 52) Die Welt der Vorstellungen, die Schopenhauer als den über das wahrhafte Sein geworfenen Schleier der Maja beschrieben hat, wird von Beckett als Sprachschleier umgedeutet, mit der Konsequenz, daß die künstlerische Absicht nicht mehr wie für den Beckett des 1931 verfaßten *Proust*-Essays darauf hinzielen kann, die Idee als zeitloses Urbild des Seienden sprachlich zu evozieren. Nunmehr geht es um die andere Seite der sprachlich ausgelegten Welt: »Ein Loch nach dem andern in [die Sprache] zu bohren, bis das Dahinterkauernde, sei es etwas oder nichts, durchzusickern anfängt - ich kann mir für den heutigen Schriftsteller kein höheres Ziel vorstellen.« (Ebda.) Ein Ziel, das freilich nicht auf Anhieb zu erreichen ist, sondern nur durch eine negative Arbeit an der Sprache, die sich gleichzeitig in der Sprache vollzieht. Es kommt, so Beckett, darauf an, »irgendwie eine Methode zu erfinden, um diese höhnische Haltung dem Worte gegenüber wörtlich darzustellen. In dieser Dissonanz von Mitteln und Gebrauch wird man schon vielleicht ein Geflüster der Endmusik oder des Allem zu Grunde liegenden Schweigens spüren können.« (Ebda., 53) Auch Schopenhauer sah bekanntlich in der musikalischen Dissonanz eine von jeder Vorstellbarkeit gereinigte Vergegenwärtigung des Willens; auch er sprach vom »Schweigen des Willens« in der erlösenden ästhetischen Kontemplation. Diese semantischen Vorgaben transformiert Beckett aber dahingehend, daß er sie als unendlich ferngerückte Zielvorstellungen verwendet, die nur im Zeichen der Vergeblichkeit auftauchen. Diese ihre Vergeblichkeit verdanken sie der Differenzlosigkeit des Sinns.

Das im deutschen Brief skizzierte ästhetische Programm wird im dritten Band von Becketts Romantrilogie ins Werk gesetzt. Dessen Titel läßt schon die Strategie erkennen, die den Roman als ganzen prägt. Französisch: *L'Innomable*, englisch: *The Unnamable*: Wir haben es hier zu tun mit einer Katachrese durchaus im Sinne von Nietzsches Schopenhauerkritik, aber die Katachrese von Becketts Titel harrt nicht ihrer protodekonstruktivistischen Lektüre, um als solche kenntlich gemacht zu werden. Vielmehr wird sie aufgrund der Dissonanz zwischen benennender Funktion und semantischem Inhalt simultan mit ihrem Vollzug durchgestrichen, sowohl in ihrer Notwendigkeit wie auch in ihrer Unmöglichkeit ausgewiesen. Mit diesem Sprachgestus hebt eine Arbeit des Schreibens an, die ihre eigene Vergeblichkeit inszeniert, indem sie versucht, mit dem Schweigen, das immer schon sprachlich gebrochen ist, mit dem Ende, das sich mit jedem beendenden Wort entzieht, zusammenzufallen. Es ist nicht zu übersehen, daß diese Arbeit in Anlehnung an Schopenhauerische Philosopheme ausgelegt wird, so zum Beispiel wenn der Erzähler meint:»My crime is my punishment«; oder: »I was given a pensum, at birth perhaps, as a punishment for having been born perhaps.« (Beckett 1994)[3] Fast im gleichen Atemzug jedoch verwirft der Erzähler die herbeizitierten Deutungsmuster als tröstende und daher auch täuschende Fiktionen: »I invented it all, in the hope it would console me, help me to go on, allow me to think of myself as somewhere on a road, moving, between a beginning and an end, ... All lies.« (Ebda., 316) Auch die Thesen Schopenhauers, die als Prämissen in die Formulierung der ästhetischen Aufgabe eingehen, werden ihres Sinnes entleert, weil sie nichts als Sinn, nichts als »stories« bieten.

Das gilt auch für die letzte Fiktion, die sich der Erzähler erlaubt, für die Fiktion, die alle Vorhergehenden ablöst. In *L'Innomable* werden bekanntlich Murphy, Molloy, Moran und Malone, die Handlungsträger der

---

[3] Die drei Romane erschienen zuerst auf französisch: Molly (1950); Malone meurt (1951); L'Innomable (1952). Becketts englische Übersetzungen erschienen erstmals 1955, 1956, 1959.

früheren Romane, durch die groteske Doppelfigur von Mahood und Worm ersetzt. Mahood, der letzte aus der M-Reihe, ausgestellt in einem Topf vor einem Restaurant, das sich gegenüber von einem Schlachthof befindet. Auch wenn die Topographie an Becketts Pariser Wohnung erinnert, ist diese Plazierung durchaus im Anklang an Schopenhauer erfunden: »Here all is killing and eating.« (Ebda., 343) Und Mahood selber, fast nur noch Rumpf, Rumpf mit einem Kopf versehen, verkörpert ein Schopenhauerzitat: »Dem Dienste des Willens bleibt nun die Erkenntnis in der Regel immer unterworfen, wie sie ja zu diesem Dienste hervorgegangen, ja dem Willen gleichsam so entsprossen ist wie der Kopf dem Rumpf.« (III,33) Mahood, der von den Essensresten der Restaurantgäste lebt und damit den Dünger abgibt für die im Restaurant angebotenen Salate, ist selber die Restfigur des durch die Individuation auseinandergerissenen, sich fressenden Lebens. Und sein Gegenpart Worm, dessen Initial ihn schon als Inversionsfigur von Mahood ausweist, der Bewußtlose, Ungeborene, der Hungernde, der Nichts-Habende, ja Nichts-Seiende, der, wie es heißt, wir am Ende immer waren unser langes vergebliches Leben lang, »[w]ho crouches in their midst who see themselves in him and in their eyes stares his unchanging stare« (ebda., 349): dieser Worm, das »Dahinterkauernde« des vorhin zitierten deutschen Briefes an Axel Kaun, ist die Figuration des Schopenhauerischen Willens. Damit soll allerdings nicht gesagt sein, daß *L'Innomable* als fiktive Darstellung philosophischer Konzepte verstanden werden soll. Vielmehr geht es bei dieser letzten Fiktion um »zwei Falschheiten, zwei Kostüme, die bis ans Ende getragen werden müssen, bis ich losgelassen werden kann, allein, im undenkbaren Unaussprechlichen.« (Ebda., 337; Übers. v. D.W.) Es geht mit anderen Worten um die Inszenierung einer unausweichlichen Fiktionalität, die das Ich als Unbenennbares notgedrungen auf die eine oder die andere Seite einer sinnhaften Unterscheidung wirft, wo es nicht mehr Ich, nicht mehr es selbst ist. Mahood/Worm: »Is it not the fault of one that I cannot be the other?« (Ebda., 341) Auch das Ich, das zurückbleibt, nachdem die fiktive Zweiheit von Mahood und Worm vergessen worden ist, erweist sich nur noch als Neuauflage der alten story, als »neuestes Surrogat« (ebda., 396). Der »fault« der unvermeidlichen Alternative - und man soll bedenken, daß dieses Wort sowohl »Spalt« als auch »Schuld« bedeutet - kehrt als »fault of the pronouns« wieder. »It's the fault of the pronouns, there is no name for me, all the trouble comes from that, that, it's a kind of pronoun too, it isn't that either, ...« (ebda., 408). Schon die semantische Nullform der Deixis liefert den Namenlosen dem heillosen Entweder/Oder als der Differenzlosigkeit sinnhafter Differenzierung aus. Ihm ist jeder Name ein Pronomen und als solches katachretisch. Somit läßt sich Becketts Roman als Inszenierung einer Aporie verstehen, die folgendermaßen formuliert werden kann: Mit jeder Selbstidentifizierung - besser: aufgrund der Selbstidentifizierung - ist das Ich mit sich unidentisch. *The Unnamable* führt ein Sich-Sprechen vor, das nicht umhin kann, sich im Sprechen zu verfehlen.

An der hier skizzierten Reihe: Schopenhauer-Nietzsche-Beckett sollte eine Dimension der modernen Krise des Repräsentationsbegriffs sichtbar gemacht werden, die mit der Entdeckung zusammenhängt, daß der Sinn, weit davon entfernt, das Sein oder das Ich zugänglich zu machen, seine Funktion darin hat, weiterhin Sinn zu produzieren. Sinn verweist nur auf anderen Sinn und gerade das macht seine Sinnhaftigkeit aus. Der entscheidende Schritt, der schon von Schopenhauer vollzogen wurde, ist also die Abkopplung der Repräsentation sowohl vom Subjekt als auch vom Objekt, denn durch diese Abkopplung wird die Repräsentation zu einem geschlossenen System. Geschlossenheit als struktureller Faktor reicht jedoch nicht hin, um die moderne Krise der Repräsentation zu erklären. Vielmehr scheint es so zu sein, daß die Krisenhaftigkeit ihre Brisanz aus einer mitgetragenen Erinnerung gewinnt, deren Gegenstand nicht mehr faßlich ist. Repräsentation als geschlossenes System ist mit anderen Worten durch eine strukturbedingte Nostalgie gekennzeichnet; sie ist gezwungen, das innerhalb ihrer Geschlossenheit Undenkbare ständig als undenkbar zu denken. Mit der Geschlossenheit der Repräsentation - das läßt sich ebenfalls an der Reihe: Schopenhauer-Nietzsche-Beckett nachweisen - geht der Bezug zu einem Unvordenklichen, sich der Repräsentation Entziehenden einher. Erst dieser Bezug treibt das Bewußtsein des Mangels, des Verlusts, des Beraubtseins hervor, das in die Krisenerfahrung einmündet. Zur Krise der Repräsentation gehört, daß die Krise die einzig mögliche Selbst-Repräsentation ist, über die das geschlossene System der Repräsentation verfügt. Nur so - als verfehlte - ist moderne Erfahrung möglich.

Literatur

Beckett, S.: Brief an Axel Kaun vom 7.9.37. In: Samuel Beckett, Disjecta. Miscellaneous Writings and a Dramatic Fragment, hg. v. Ruby Cohn, New York 1984.

Beckett, S.: Molloy/Malone Dies/The Unnamable, London. Montreuil/New York 1994.

Frank, M.: Einführung in die frühromantische Ästhetik, Frankfurt am Main 1989.

Luhmann, N.: Soziale Systeme, Frankfurt am Main 1987.

Man, P. de: Blindness and Insight, New York 1971.

Menninghaus, W.: Unendliche Verdopplung. Die frühromantische Grundlegung der Kunsttheorie im Begriff der absoluten Reflexion, Frankfurt am Main 1987.

Nietzsche, F.: Fragment einer Kritik der Schopenhauerischen Philosophie. In: Gesammelte Werke (Musarion Ausgabe), Bd. I: Jugendschriften, hg. v. Max Oehler und Richard Oehler, München 1922.

Nietzsche, F.: Über Wahrheit und Lüge im aussermoralischen Sinne. In: Sämtliche Werke, Kritische Studienausgabe in 15 Bänden, hg. v. Giorgio Colli und Mazzino Montinari, München und Berlin/New York 1980, Bd. 1, 873-890.

Schlechta, K.: Der junge Nietzsche und Schopenhauer. In: Schopenhauer Jahrbuch 26 (1939), 289-300.

Schopenhauer, A.: Die Welt als Wille und Vorstellung I, Sämtliche Werke, hg. v. Wolfgang Freiher von Löhneysen, Bd.I, Frankfurt am Main 1986.

Michael Wimmer

»Spiegel ohne Stanniol«
Zum Status der Repräsentation in der wissenschaftstheoretischen Grundlagendiskussion

> »Versuchen wir, den Spiegel an sich zu betrachten, so entdecken wir endlich Nichts als die Dinge auf ihm. Wollen wir die Dinge fassen, so kommen wir zuletzt wieder auf Nichts als auf den Spiegel.«
> (F. Nietzsche)

1. Einleitung

In den Kultur-, Human- und Erziehungswissenschaften lassen sich jeweils dort die heftigsten Auseinandersetzungen aufweisen, wo ihr Verständnis des Objekts in Abhängigkeit von der theoretischen Praxis seiner begrifflichen Erfassung eine Wandlung erfährt. Die Divergenzen der verschiedenen Positionen innerhalb der jeweiligen Disziplinen lassen sich deshalb weniger an den inhaltlichen Bestimmungen ihrer Gegenstände, ihren Definitionen und theoretischen Aussagen festmachen als vielmehr an ihrem theoretischen Zugriff und den damit verbundenen Verhältnissen zum Gegenstand wie zu seiner Repräsentation in oder durch die Theorie. Weil davon nicht nur der (implizite oder explizite) Begriff der Gegenständlichkeit des Gegenstandes, der Status der theoretischen Aussagen (auch in Bezug zur Praxis) und der Begriff des Begriffs selbst abhängen, sondern auch das Wirklichkeits- oder Realitätskonzept sowie die Geltungsbedingungen der Theorien und letztlich das Selbstverständnis des wissenschaftlichen Weltverhältnisses, verbreiten diese Auseinandersetzungen nach außen oft den Schein, als handele es sich um weltfremde und abgehobene Diskussionen im Elfenbeinturm, die von nichts anderem als Realitätsblindheit und Eitelkeiten zeugten und nur Eingeweihten etwas bedeuteten.

Daß es in diesen Methoden- und Grundlagenstreitigkeiten jedoch keineswegs nur um eine Beschäftigung der Wissenschaften mit sich selbst geht oder um ein ideologisches Spiel zwischen verschiedenen Schulen, das mit dem Hinweis auf unsere wirklichen Probleme beendet werden könnte, erkennt man spätestens dann, wenn bei der Identifikation dessen, was »unsere wirklichen Probleme« denn eigentlich sind, gerade diejenigen Probleme sich bemerkbar machen, um die gestritten wird. Denn schon die Frage, welche Probleme die dringlichsten sind, wie sie sich exakt definieren lassen, wie man sie von anderen abgrenzen kann und welchem Bereich sie zugehören, sind keineswegs leicht zu beantworten. Und da es perspektivabhängig immer mehrere Arten der Problembestimmung gibt, welcher soll man den Vorzug geben? So wie es z.B. in der Politik kaum noch eine Problemexplikation und einen ihr zugehörigen Lösungsversuch gibt, der allgemeiner Zustimmung sicher sein könnte, so gibt es auch in der wissenschaftlichen Diskussion kaum noch eine Theorie, deren Anspruch auf Allgemeingültigkeit nicht auf Widerspruch stieße. Kann man dann überhaupt noch den wissenschaftlichen Aussagen trauen? Wenn alles bloße Konstrukte und Interpretationen sind, verliert dann nicht alles wissenschaftliche Wissen seine Glaubwürdigkeit, weil es seine Kraft eingebüßt hat, die Wirklichkeit besser, d.h. sicherer und zuverlässiger als das Alltagswissen zu repräsentieren? In solchen die Grundlagen des modernen Wissenschaftsverständnisses berührenden Fragen artikuliert sich nicht mehr nur die Frage nach der richtigen Theorie oder der richtigen Methode wissenschaftlicher Wissensproduktion, sondern auch die Frage nach der Möglichkeit und Grenze wissenschaftlicher Erkenntnis überhaupt sowie nach dem Sinn der modernen Wissenschaften jenseits ihrer Funktion als wichtiges Subsystem innerhalb westlicher Gesellschaften.

Die Bedeutung der sogenannten Methodendiskussionen erschließt sich jedoch nicht erst dann, wenn die Sinnfrage gestellt wird, sondern schon auf der Ebene des Umgangs mit wissenschaftlichem Wissen und den entsprechenden Theorien, denn die Bedeutung des Wissens ist gebunden an seine Produktionsbedingungen und daran, welches Verhältnis das Wissen zum jeweils Gewußten hat, d.h. zum Gegenstand, der in ihm repräsentiert wird, sowie welches Verhältnis der Wissende, d.h. das Subjekt, zu seinem Wissen - und damit zum Gewußten - einnimmt.

Die signifikantesten Einschnitte und Differenzen in den kultur-, human- und erziehungswissenschaftlichen Diskursen treten also dort auf, wo sich in diesen Verhältnissen eine Transformation vollzieht. Deshalb ließe sich entlang den geschichtlich sich wandelnden Konstellationen von Identifikation und Repräsentation eine Geschichte dieser Wissenschaften überhaupt entwerfen, wobei die Konstellation dieser Begriffe sich immer dann verändert, wenn sich, wie z.B. Foucault gezeigt hat (Foucault 1974), das ihnen zugrundeliegende Konzept von Sprache verschiebt. Denn beide Begriffe bezeichnen keine spezifizierbaren Objekte, sondern Relationen und mit ihnen verbundene Operationen des Bezeichnens, Benennens, Bestimmens, Darstellens, (Wieder-) Vergegenwärtigens, d.h. sie bezeichnen Bezeichnungsfunktionen. Indem sie Zeichen- und Sprachfunktionen bezeichnen, wird mit ihnen jeweils ein - wenigstens - zweipoliges Verhältnis angesprochen, dessen Spaltung entweder zu einer Vereinigung und Einheit in einer Identität drängt, oder als Differenz evoziert und weitergetragen wird, insofern das in den Repräsentationen abwesend Bleibende als Moment stets mit aufgerufen ist.

Die folgenden Ausführungen sollen diesen Zusammenhang verdeutlichen. Zu zeigen wäre, wie in den verschiedenen Positionen jeweils die Grenze zwischen Sprache und Realität durch das Verhältnis von Identifikation und Repräsentation konfiguriert wird, wobei diese Grenze eine Serie von Verdoppelungen durchläuft. So zieht sie sich schon durch das Verhältnis der Begriffe Identifikation und Repräsentation, z.B. als Relation zwischen identifiziertem Inhalt und repräsentierender (Darstellungs-) Form (Äquivalenzthese). Zugleich spaltet sie aber auch den Begriff der Repräsentation selbst, z.B. in Gestalt eines Gegensatzes zwischen einer ursprünglichen Bedeutung und ihrem sprachlichen Ausdruck (Expressionsthese). Und weiterhin setzt sie sich fort im Verhältnis der Repräsentation zu ihrem Anderen, sei dies die lebensweltliche Unbegrifflichkeit hinter ihrer metaphorischen und terminologischen Erschließung (These von der Unhintergehbarkeit der Sprache) oder die außersprachliche Realität (disjunktive These). Die diese Problemskizze tragende Idee besteht darin, daß der Poststrukturalismus im Unterschied etwa zur Ideologiekritik und zur Hermeneutik (äquivalente Verweisung) oder zum Strukturalismus (Transformation), aber auch zum Konstruktivismus (Omnipräsenz und Verabsolutierung) die Grenzen des Repräsentationsbegriffs (und damit die Möglichkeit der Identifikation) nicht neu definiert sondern überschreitet, indem die ihm inhärente Paradoxie als Paradoxie der Grenze entfaltet wird[1].

Diese Zusammenhänge und Übergänge können hier natürlich nicht in der ihnen angemessenen Komplexität dargestellt, sondern nur skizzenhaft angedeutet werden, wobei ich auf viele Theorieentwicklungen und Diskus-

---

[1] Zur Focussierung der Perspektive auf das Problem der Paradoxie der Grenze wurde ich von David E. Wellbery angeregt (s.u.).

sionen gar nicht eingehen kann[2]. Insofern sich die Transformationen in den vergangenen Jahrzehnten beschleunigt und zu einer Pluralität von Perspektiven, Theorien und Methoden geführt haben anstatt zu einem generellen Wechsel durch Ablösung des einen Paradigmas durch ein anderes, wäre eine systematische Darstellung der Entwicklung dieser Situation auf so gedrängtem Raum auch gar nicht zu leisten. An dieser Stelle ist also nur eine grobe und kursorische Kontrastierung von Positionen möglich, ohne sie in ihrer inneren Struktur, ihren kontextuellen Verwebungen und Konsequenzen würdigen zu können, so daß es eher um eine Erinnerung an einige Knoten der Diskussionen der vergangenen dreißig Jahre geht als um deren lückenlose und systematische Rekonstruktion.

Das Thema, unter das ich diese Skizze gestellt habe, möchte ich daher eher als ein Motto verstanden wissen, mit dem ich den Nachhall einer Diskussion zum Ausdruck bringen möchte, die um das Problem der Repräsentation und ihre Kritik geführt wurde, mithin um ein Denken, das in der hiesigen Diskussion anfangs heftig abgewehrt und dem Irrationalismus zugeschlagen wurde, wobei die systematischen Mißverständnisse und das Nicht-verstehen-wollen derart massiv waren, daß die bekämpfte These vom epistemologischen Einschnitt unwillentlich von ihren Gegnern geradezu empirisch bewiesen wurde. Wie jedes Motto reduziert auch das hier gewählte die Problemkomplexität auf ein einfaches Merkzeichen und focussiert ihre Verstreuung in der für das Erkennen wie das Verkennen gleichermaßen bekannten Metapher des Spiegels.

2. Identität und Ideologiekritik

Im Zuge der Studentenunruhen von 1968 rückte in der Bundesrepublik Deutschland das Problem der Ideologiekritik ins Zentrum des Interesses. Schematisch verkürzt könnte man in dieser Phase der Theorieentwicklung das Verhältnis von Repräsentation und Identifikation folgendermaßen als Problem charakterisieren. Die marxistische Gesellschaftskritik sah - vor

---

[2] Man denke nur an den Positivismusstreit (vgl. Adorno u.a. 1969), an die Diskussionen um die Hermeneutik (vgl. Apel u.a. 1971), an die Auseinandersetzungen des Marxismus mit dem Strukturalismus (vgl. z.B. Schmidt 1971; Jaeggi 1976), der Kritischen Theorie mit der Systemtheorie (vgl. Habermas/Luhmann 1971) und dem Poststrukturalismus (vgl. Habermas 1985) oder an die Abwehr des Poststrukturalismus durch die Hermeneutik (vgl. Frank 1984; 1986).

allem in der von Lukács Interpretation marxistischer Dialektik (vgl. Lukács 1970) geprägten Ausrichtung - in der Ideologie eine Form notwendig falschen Bewußtseins, eine Selbstrepräsentation der Gesellschaft, in der 1. ihre realen Funktionsprinzipien eine verkehrte Gestalt angenommen hätten, und die 2. ihre eigene Genese und damit die wahren Verhältnisse systematisch verschleierte. Was diese marxistische Ideologiekritik voraussetzte bzw. außer acht ließ, war die Frage des Subjekts, d.h. wie sich die ideologischen Formen, Werte, Normen und Moralvorstellungen tradieren und in den Subjekten wirksam werden bzw. wie sie Subjektivität als eine bürgerliche prägen konnten. Mittels einer bestimmten Freudinterpretation versuchte man deshalb, die Genese bürgerlicher Subjektivität zu rekonstruieren, wobei dem Mechanismus der Identifikation (Ödipuskomplex, Über-Ich etc.) eine Schlüsselfunktion zukam. Dieses Theorem der identifikatorischen Übernahme von Normen, Werten und Rollen wurde vermittelt über die Sozialisationstheorie u.a. auch für die Pädagogik bedeutsam, insofern es Erklärungsmuster sowohl für die pädagogische Interaktion als auch für das Verhältnis von Individuation und Vergesellschaftung bereitstellte, auf die z.T. bis heute zurückgegriffen wird.

Realer Schein der Ideologie als falsche Repräsentation der gesellschaftlichen Verhältnisse hier und identifikatorische Übernahme ideologisch geprägter Rollenmuster und Moralstrukturen in der Familie als Sozialisationsagentur der Gesellschaft (Fromm 1936) dort - aber alle damaligen Versuche, Marx und Freud in einer konsistenten Theorie zusammenzuführen (vgl. z.B. Bernfeld u.a. 1970; Gente 1970; 1972; Schneider 1973) scheiterten bekanntlich. Doch obwohl beide Perspektiven theoretisch letztlich nicht ineinander integrierbar waren - die Psychoanalyse wurde des Subjektivismus bezichtigt und damit selbst als eine bürgerliche Ideologie stigmatisiert, wie umgekehrt der Marxismus in seiner subjektlosen Kapitallogik als dogmatischer Objektivismus kritisiert wurde - ‚verstanden sich beide Positionen in ihrer Gegensätzlichkeit und wechselseitigen Vorausgesetztheit. Sie lagen in einverständigem Streit und konnten einander antworten, weil sich ihre Termini entsprachen und sie in einem weitgehend homogenen Bezugsrahmen argumentierten. Sowohl der Begriff der Ideologie als auch der Begriff der Identität und des Über-Ich wurden von ihrer inhaltlichen Bestimmtheit her verstanden, als Inhalte des Bewußtseins, und zwar auch da, wo vom Unbewußten die Rede war, da auch dieses als Reservoir von Vorstellungen, Bildern, Bedeutungen aufgefaßt wurde. M.a.W. die Kommunikation war möglich, weil man sich im selben Raum und in derselben Ordnung der Repräsentation bewegte. Beide Interpretationen, die von Marx wie die von Freud, blieben in gewisser Weise substantialistisch und stellten ihre erkenntnistheoretischen Voraussetzungen kaum in Frage. Wurde das ideologische Verhältnis von Begriff und Gegenstand naiv empiristisch als ein sich selbst auslöschendes Repräsentationsverhältnis bestimmt, wobei sich im Begriff der Gegenstand spiegele (weshalb die bekannte Marx'sche Formel »Das Sein bestimmt das Bewußtsein« auch immer für die Begründung der »Widerspiegelungstheorie« herhalten mußte), so nahm die Ideologiekritik da, wo sie sich erkenntnistheoretisch legitimierte, letztlich die Hegelsche Position ein, der gemäß die Erkenntnis die objektive Wesenslogik des Gegenstandes in sich nachzubilden, ihre Geltung folglich ebenfalls über die inhaltliche Begründung und die Begründung der Inhalte des Bewußtseins auszuweisen habe (vgl. Hegel 1969).

Nicht zuletzt auch gegen diese dogmatische Form der Ideologiekritik, die sich ihres Wahrheitskriteriums als Identität von Begriff und Gegenstand sicher glaubte, richtete sich die Kritik Adornos an der Gewalt des identifizierenden Denkens. Gegenüber dem scheinhaften Aufgehen des Begriffenen im Begriff insistierte er auf dem Nicht-Identischen: »Der Schein von Identität wohnt dem Denken selbst seiner puren Form nach inne. Denken heißt identifizieren. Befriedigt schiebt begriffliche Ordnung sich vor das, was Denken begreifen will.« (Adorno 1970, 15). Soll das Nicht-Identische aber als das begrifflich Nicht-Repräsentierbare gedacht werden, so muß es exterritorial, als vom Diskurs unerreichbar situiert werden, und zugleich als etwas, das erfahrbar bleibt, d.h. in seiner Präsenz erscheinen könnend. Für Adorno war sein privilegierter Ort bekanntlich das Kunstwerk, das der Ästhetischen Theorie als seiner Explikation bedürfe, welche es aber nicht erreichen könne. So hält er gegen eine Identifikation von Begriff und Ding an der Differenz beider fest, wobei die Sprache als *Ausdrucks*geschehen für die Erfahrung des Nicht-Identischen konstitutiv, Sprache in ihrer *Bezeichnungs*funktion aber für seine Verdinglichung verantwortlich sei. Wenn das Nicht-Identische mittels Sprache bezeichnet und so vom Begriff repräsentiert wird, wird es zu einem Identischen, so daß Repräsentation des Anderen und Identifikation des Selben hier nicht einen Gegensatz bezeichnen, sondern in Form einer Wiederholung dasselbe.

Adornos Kritik des identifizierenden Denkens als Kritik verdinglichender Gewalt und seine Selbstkritik des Begriffs treibt die Dialektik in der Hegelschen Struktur der Selbstreflexion zwar an ihre Grenzen, doch bleibt er dieser Wesenslogik insofern verbunden, als auch für ihn eine der Repräsentation vorgelagerte Präsenz der Bezugspunkt bleibt. Gegen den von der begrifflichen Identifizierung evozierten Schein der falschen, verdinglichten

Präsenz hält er an der nicht-diskursiven metaphysischen Präsenz der Wahrheit fest. Dagegen konnte erst eine radikalisierte Analyse der Sprachlichkeit des Subjekts und des Sinns diese selbst noch dem Repräsentationsmodell der Sprache verhaftete Kritik des Begriffs und der Ideologiekritik weiterführen und zeigen, daß das Nicht-Identische, das Andere und Heteronome nicht als Widerspruch zur Identität zu denken ist, sondern diese von innen zersetzt. Damit wandelte sich zugleich das Verständnis des Anderen (vgl. Wimmer 1988, 196ff), Nicht-Identischen, Nicht-Repräsentierbaren, das bei Adorno wie in der Metaphysik die Position eines transzendentalen Signifikats inne hatte, welches von der Sprache nicht erreichbar ist, obwohl es deren Signifikanz erst konstituiert.

3. Gegensatz und Strukturalismus

Diese Diskussion um Marxismus und Psychoanalyse wie auch diejenige zwischen Dialektik und Hermeneutik war in gewisser Weise medienblind, insofern in die Kraft der Sprache, die Wahrheit mittels des Begriff erfassen zu können, ein ungetrübtes Vertrauen gesetzt wurde. Der Primat des Objekts, der originären Anschauung, der Idee, des Gedankens in ihrer ursprünglichen Präsenz vor den sprachlichen Mitteln des Ausdrucks, der sie adäquat zu repräsentieren hatte, folgte letztlich der Hegelschen Logik des Begriffs als Erinnerung eines ursprünglich Gewesenen, der phänomenologischen Konstitutionslogik oder dem hermeneutischen Sinnverstehen als Rekonstruktion der Bewußtseinsinhalte. Bei allen Unterschieden, die im geisteswissenschaftlichen Methodenstreit zu Tage traten, blieb man auf der Ebene der Bedeutungen und des Sinns und ignorierte im Feld der Bezeichnungen das Fehlen dessen, was nur bezeichnet.

Im marxistischen Diskurs hatten - überspitzt gesagt - die Begriffe ihren Dienst getan, wenn das Bewußtsein die objektiven Gegenstände aufgenommen und in der Subjektivität angeeignet hatte. Obwohl der Begriff der Repräsentation, der mit der Rezeption des Strukturalismus in den Sozialwissenschaften Einzug hielt, einerseits nur als ein allgemeiner Name für alle Inhalte des Bewußtseins verstanden wurde, gestattete er zugleich, die bewußte theoretische Praxis als eine repräsentierende zu qualifizieren und die Ordnung der Inhalte des Bewußtseins woanders als in ihnen selbst zu suchen oder in der Logik des Seins, d.h. in einer Ontologie. Die Repräsentationen wurden erkennbar als abhängig vom Medium der Repräsentation, der Sprache und den Zeichen. Der strukturale Einschnitt bestand in der Auflösung der naiven Ontologie, die der Widerspiegelungstheorie zugrunde lag, denn das Repräsentierte konstituierte sich nun nach Maßgabe der Struktur von Zeichenelementen in ihrer jeweiligen Kombination. Zwischen die Objektivität des Seins und die Subjektivität des Bewußtseins trat das Symbolische in seiner Eigenlogik, die eine Identität von Denken und Sein im Begriff problematisch werden ließ, weil die bis dahin vom Begriff erwartete Vermittlung nicht mehr garantiert war. Das, was nur vermitteln sollte zwischen Subjekt und Objekt, wurde in seiner Heteronomie sowohl diesem wie jenem gegenüber erkennbar, durch die die Identitätsstiftung zwischen Subjekt und Objekt zwangsläufig scheitern muß. Eine irreduzible Alterität schob sich zwischen die Logik des Seins und die Logik des Begriffs und gefährdete die Möglichkeit, durch die Arbeit am Begriff der Wahrheit der objektiven historischen Verhältnisse ansichtig zu werden und den ideologischen Schein zu durchschauen und abzustreifen. Der bis dahin von vielen geteilte Glaube, die Ideologie mittels begrifflicher Erkenntnis vollständig aufheben und einen freien Blick hinter den Spiegel erlangen zu können, wurde von der strukturalen Marxlektüre durch Althusser und Balibar erschüttert. Zum einen artikulierte sich im Begriff zwar immer noch die Erkenntnis einer Logik, die jedoch nicht mehr unmittelbar als die der Objekte selbst galt. Und zum anderen war die semiologisch aufgeklärte Theorie des Erkennens folgenreich für die Abgrenzung zwischen Ideologie und Theorie. Fallen nämlich in den sprachlich produzierten Repräsentationen die Menge ideologischer Vorstellungen und die Menge begrifflich erzeugter Bedeutungen zusammen, muß die Grenze zwischen Ideologie und Wissenschaft neu definiert werden. Sie verläuft fortan durch den Begriff selbst, weil sich seine inhaltliche Bestimmtheit, d.h. das, was er repräsentiert, nicht mehr über eine Identität mit dem Objekt selbst herstellt, sondern durch die strukturalen Bedingungen der theoretischen Praxis (vgl. Althusser 1968, 100ff; bes. 124ff), d.h. durch eine Arbeit nicht mit, sondern *im* Symbolischen und als Kritik an theoretischen Illusionen und dessen imaginären Effekten, die eine unmittelbare Nähe zum Tatsächlichen suggerieren: Kritik an ideologischen Repräsentationen als Vertiefung in falsche Andersheit.

Es ist also nicht verwunderlich, daß Althussers Relektüre von Marx[3] und Lacans Rückkehr zu Freud[4] in der Diskussion für Turbulenzen sorgten. All

---

[3] D.h. die Kritik an einem vorstrukturalen Lektüre- und Textbegriff und an der alten Phantasie eines immer gleichen Subjekts, das einem immer gleichen Objekt seine

diese Überlegungen standen z.T. konträr zur deutschen Ideologie der Ideologiekritik und ihren Utopien vom nicht-entfremdeten, autonomen und mit sich identischen Subjekt, von der Aufhebung der Ideologie durch ihre Kritik seitens einer marxistischen Wissenschaft, von der endgültigen Befreiung von Herrschaft durch die bewußte Gestaltung der Geschichte, von einem Leben in der Wahrheit.

Diese Umstellung von der dialektischen Ableitung bzw. der phänomenologischen Konstitution und der hermeneutischen Rekonstruktion hin zur strukturalistischen Transformation und Konstruktion (vgl. Barthes 1966; Deleuze 1975) mitsamt ihren Konsequenzen, dieser Einschnitt, der das ganze Feld mit seinen Problematisierungen verwandelte und die Perspektiven verschob, vollzog sich entlang des Zeichens als Grundlage des Denkens und einer damit zusammenhängenden Problematisierung der Stellung der Repräsentation (Foucault 1974) bzw. ihrer radikalen Kritik (Deleuze 1992).

Diese Verschiebungen und ihre Verzweigungen kann ich hier natürlich nicht nachzeichnen, erst recht nicht die von Foucault analysierte Geschichte vom vollen Zeichen der Renaissance (Foucault 1974, 46ff), d.h. der Präsenz des Repräsentierten im Repräsentanten, über den Verlust des Glücks des Zeichens (ebda., 78ff), als fragwürdig wird, wie ein Repräsentant mit dem Repräsentierten verbunden sein kann, d.h. der Trennung der Zeichen von den Dingen, bis hin zum modernen Aushaken der Zeichensysteme in Bezug auf die Inhalte des Bewußtseins, die Ideen, das Repräsentierte (ebda., 269ff). Dieser Gegensatz zwischen der Struktur der Zeichen und der Ordnung der Repräsentation, der aus der Sprache eine logische Maschine macht, deren Gesetze nicht in psychologischen Akten liegen und deren Produkte die geistige Praxis übersteigen, in die sie sich einschreibt - dieser Gegensatz führt zwar zur Ohnmacht des Sinns im Akt, der ihn aus-

---

Geheimnisse entlockt, mithin an der Erkenntnis als einer äußeren Prüfung und im Gegenzug die Differenzierung von Erkenntnis- und Realobjekt, die Neubestimmung der Erkenntnis als Ausdruck ihrer strukturalen Bedingungen und damit die Qualifizierung einer theoretischen Praxis als Produktion von bisher nicht wahrgenommenen Objekten (vgl. Althusser/Balibar 1972, 11-93), die Neukonzeption des Begriffs vom Begriff, die Bestimmung der Ideologie als unauflösbares imaginäres Verhältnis der Menschen zur gelebten Wirklichkeit (Althusser 1968, 181ff).

[4] D.h. seine Theorie einer ursprünglichen und unaufhebbaren Entfremdung im Spiegelstadium, der irreduziblen Spaltung und Dezentrierung des Subjekts, der Differenz zwischen Realem, Symbolischem und Imaginärem, seine Einführung von nicht-ontologischen Objekten (wie z.B. Objekt a) (vgl. Lacan 1973; 1975; 1980).

spricht. Aber die Semiologie hat mit der Repräsentation nicht Schluß gemacht, auch wenn das Zeichen, d.h. die Relation zwischen Signifikant und Signifikat, nicht nur als keine repräsentative Beziehung mehr angesehen, sondern auch als der Ordnung der Repräsentation fremd erkannt wurde. Der Bruch zwischen der Dimension des Seins und dem Feld des Bedeutens, zwischen den Dingen und den Wörtern ist für uns konstitutiv und folgenreich, insofern damit ein Entzug des Realen gekoppelt ist. Steht nämlich das Wort außerhalb des Bezugs zum Ding, weil es sich nicht auf dieses, sondern nur auf andere Wörter bezieht, dann wurzelt in ihm eine Abwesenheit des Dings. Die Wörter sprechen, indem sie sich von dem trennen, was sie sagen, und genau so sagen sie auch sich, so daß die Sprache immer nur der Sprache zum Wort verhelfen kann. So ist zwar jede Rede geprägt von den Funktionen, die sie beherrschen seitens der formalen Organisation der Zeichen, die nichts den Repräsentationen entlehnt und als vom Realen gänzlich abgesetzt funktioniert. Doch die Repräsentationen bleiben als Erscheinen erhalten, als das, was zur Region des Bewußtseins gehört.

Die sich daraus ergebende Problematik zeigt sich besonders in den Humanwissenschaften, die den Menschen als Gegenstand des Wissens erforschen und ihn zugleich als dessen Zentrum begreifen, indem sie die realen Bedingungen des Bewußtseins erforschen und Darstellungen menschlicher Seinserfahrungen als deren Interpretationsmuster hervorbringen. Doch, wie Foucault schreibt, das »Sein des Menschen als Begründung aller Positivitäten« (Foucault 1974, 414) ist selbst bereits eine Repräsentation, die deshalb nur denselben Status beanspruchen kann wie die Ideologie im Sinne Althussers, nämlich »ein System von Vorstellungen (Bildern, Mythen, Ideen oder Begriffen) [zu sein], das im Schoß einer gegebenen Gesellschaft mit einer geschichtlichen Existenz und einer geschichtlichen Rolle begabt ist.« (Althusser 1968, 181)[5] Die von den Humanwissenschaften hervorgebrachten Repräsentationen spiegeln also den Menschen im Sinne einer imaginären Verdopplung, und zugleich sind diese Repräsentationen ihr Gegenstand, deren Bedingung der Möglichkeit sie bewußt machen

---

[5] Für Foucault trifft jedoch im Unterschied zu Althusser der Begriff der Ideologie für die Humanwissenschaften nicht zu, weil es sich bei ihnen nicht um bloße Bewußtseinsphänomene handele, sondern um Realitäten. (Vgl. Foucault 1974, 436f; siehe auch Dauk 1989, 52f)

wollen. Dabei bleiben die Repräsentationen - wie die Ideologie⁶ - in dem Sinne unbewußt, als sie nicht als Repräsentationen verstanden werden, sondern als das Repräsentierte selbst. So ist das Verhältnis der Humanwissenschaften zur Repräsentation dilemmatisch, weil sie ein Interpretationsverhältnis zwischen den Inhalten des Bewußtseins (z.B. sprachlichen Bedeutungen) und den tieferen unbewußten Ordnungen (z.B. der Sprache als semiologisches System) konstituieren, wobei sie die Repräsentation als das allgemeine Fundament des Wissens betrachten und zugleich als ihren Gegenstand, als Möglichkeitsbedingung des Wissens und zugleich als dessen Realisierung (vgl. Foucault 1974, 435; vgl. auch Dauk 1989, 49ff). Dabei vermittelt die von den Humanwissenschaften entschlüsselte »tiefere« Bedeutung, d.h. die zweite Repräsentation, die Illusion eines Verhältnisses der Repräsentation zum Realen als solchem.

Der Kern der Kritik am anthropologischen Denken und an den Humanwissenschaften (vgl. Foucault 1974, 367ff) bezieht sich also auf dieses Zusammentreffen von Erscheinen und Gesetz, wobei das Zeichen in dem Moment zurückgewiesen wird, als man bereit schien, ihm seinen begründenden Platz zuzugestehen. Die Frage, wie sich das Zeichen auf der Ebene des Bewußtseins bemerkbar macht, wie in der Rede das System (oder in der biologischen Funktion die sie durchdringende Norm, im ökonomischen Konflikt die ihn beherrschende Regel) aufgespürt werden kann, das sie von außen regiert, führt letztlich dazu, daß das humanwissenschaftliche Wissen jederzeit wieder repräsentativ zu werden droht, indem das, was die Repräsentation möglich macht, wieder als Repräsentation gedacht wird, als etwas dem Bewußtsein Homologes. Einerseits wird zugestanden, daß die Repräsentation des Sinns (sein Erscheinen) sich ohne das System der Sprache (ihr Gesetz) nicht konstruieren läßt. Andererseits aber stellt die vom System ermöglichte Bedeutungswelt für die Humanwissenschaften in nichts den Primat der Repräsentation in Frage (vgl. Foucault 1974, 435ff).

---

⁶ »In Wahrheit hat die Ideologie recht wenig mit dem ›Bewußtsein‹ zu tun, wenn man annimmt, daß dieser Begriff einen eindeutigen Sinn hat. Sie ist von Grund auf *unbewußt* [...] Die Ideologie ist zwar ein System von Vorstellungen; aber diese Vorstellungen haben in den meisten Fällen nichts mit dem ›Bewußtsein‹ zu tun: sie sind meistens Bilder, bisweilen Begriffe, aber der Mehrzahl der Menschen drängen sie sich vor allem als *Strukturen* auf, ohne durch ihr ›Bewußtsein‹ hindurchzugehen. Sie sind wahrgenommene-angenommene-ertragene kulturelle Objekte und wirken funktional auf die Menschen ein durch einen Vorgang, der ihnen entgeht. Die Menschen ›leben‹ ihre Ideologie [...] Die Ideologie betrifft also das *gelebte* Verhältnis der Menschen zu ihrer Welt.« (Althusser 1968, 183f)

Aus der Repräsentation heraus wird versucht, die unbewußten Bedingungen des Bewußtseins (des Erscheinens, der Repräsentationen) als etwas dem Bewußtsein Homologes zu erreichen, wobei das, was dieses und seine Inhalte konstruiert, verfehlt wird, d.h. das Zeichen, die Sprache-als-Gesetz.[7] So stehen die Humanwissenschaften weiter unter dem Primat der Repräsentation als Negation des Zeichens, das seinerseits die Repräsentation denunziert.

Daß, wie François Wahl zeigen kann, Foucault selbst eine »Voreingenommenheit für das Volle« (Wahl 1973, 338) erkennen läßt und von einem »Sein des Zeichens« spricht, dessen Funktionen von einer Selbstbezeichnung abhängen: das Repräsentierende repräsentiert, daß es das Repräsentierte repräsentiert, dieser nicht hinterfragte Rückgriff auf die Repräsentation, die, wie bei Husserl, die Modifikation einer Präsenz ist und ihre eigene Repräsentationskraft manifestiert, führt zu Problemen aufgrund einer Verdopplung: Neben den Zeichen gibt es noch die Bedeutung, neben der Repräsentation noch die Ordnung der Sprache, obwohl sich in der Sprache und ihrer Kombinatorik doch alles findet, was das Sein bildet, und nur in ihr. Der Sinn taucht nicht zusätzlich auf, er gehört zum System, ist darin relativ zum Signifikanten. So entsteht das Problem, daß die erscheinende Bedeutung nicht dasselbe sein kann wie das Zeichen, daß sie aber auch nichts anderes sein kann als das Zeichen.

Foucaults Analyse als Verklammerung einer Untersuchung der Episteme - als geheimes Netz und stumme Ordnung Objekt einer Archäologie - mit einer Treue zum Repräsentativen als Entfaltung ihres eigenen Sinns schließt, nach Wahl, letztlich doch nicht aus, daß das Zeichen und die Struktur etwas mit dem Natürlichen zu tun haben, mit dem Erleben und den Dimensionen der Repräsentation (vgl. Wahl 1973, 369). Damit verlöre der Begriff des strukturalistischen Konstruierens seine Differenz zur phänomenologischen Konstitution, denn die tiefste Unvereinbarkeit zwischen Phänomenologie und Strukturalismus besteht ja gerade in der Irreduzibilität der formalen Systeme auf die Sedimente des Repräsentierens (Sehens) und weniger in der Kritik des transzendentalen Subjekts, das schon die Nachfolger Husserls geopfert hatten. Die Verwischung der Grenze zwischen den Zeichensystemen und den Inhalten des Bewußtseins, zwischen der signifikanten Organisation (episteme) und den Verkettungen der Re-

---

[7] Dagegen überschreitet z.B. die Psychoanalyse die Repräsentation, indem sie sich auf die äußeren Grenzen der Repräsentation bezieht und die Strukturbedingungen des Bewußtseins benennt.

präsentationen (Ideen, Vorstellungen, Bilder, Bedeutungen) scheint in Foucaults Analyse selber als Möglichkeit auf. Schuldig bleibt er die Antwort auf die Frage, warum die Struktur im Erscheinen zurückweicht, warum das Zeichen verkannt wird. So besteht der Strukturalismus, der seinem Selbstverständnis nach weder interpretiert noch versteht, sondern lediglich transformiert, vielleicht im wesentlichen darin, immerfort diesen Schnitt zwischen Repräsentation und Zeichen, zwischen Ideologie und Wissenschaft (Althusser 1972, 73f) neu zu bestimmen, der von den Humanwissenschaften stets aufs Neue verwischt zu werden droht.

In diesem Kontext gegeneinander autonomer Ordnungen der Zeichen und der Repräsentation verliert der Spiegel die Kraft, eine Verbindung zwischen dem Bewußtsein und dem Realen, dem Wissen und den Dingen herzustellen. Weder spiegeln die Zeichen die Dinge, noch spiegeln sich die Ideen, Vorstellungen und Gedanken in den Zeichen. Zwischen der Repräsentation des Anderen, dem Anderen selbst und dem Zeichensystem als dem Anderen der Repräsentation verlaufen irreduzible Risse, die nicht mehr zu einer Identität vermittelbar sind. Wenn man mit Lévi-Strauss und Lacan sagen kann, daß jeder Bezug zum Realen wie zum Imaginären über die symbolische Ordnung verläuft, dann bedeutet das nicht mehr, daß die Spaltung dialektisch vermittelt und reflexiv aufgehoben werden kann, sondern daß diese Risse jede natürliche Einheit zersetzt haben und daß an die Stelle einer ontologischen Garantie konventionelle Lösungen getreten sind, die als kulturell und historisch unterschiedliche Arten der Kontingenzbewältigung verstanden werden können. Das Symbolische garantiert nicht mehr irgendeinen Sinn, es vermittelt nicht mehr zwischen Denken und Sein, es überwindet nicht die Grenze, weil es als Zeichenrelation von Signifikant und Signifikat und deren Operationen selbst ein differentielles System ist. Es hat selbst die Funktion einer Grenze inne, die spaltet und verbindet in einem, was aber in der Dimension der Repräsentation als Identifikation des Selben erscheint, in der das Funktionieren des Zeichens verborgen bleibt.

4. Differenz und Dekonstruktion

Die durch die Humanwissenschaften inszenierte Vermittlung zwischen System und Bewußtsein resultiert jeweils in der Abschaffung des Außen in einer geschlossenen Struktur, so daß die Repräsentation die Einheit ge-

51

währleistet. In dieser durch eine selbstreflexive Hermeneutik konstituierten Einheit vollzieht sich eine Selbstidentifikation und Rezentrierung des Menschen als Subjekt dieser Bewegung, die sich als ein Spiegeleffekt des Wissens verstehen läßt, durch den zugleich die den Menschen dezentrierenden (unbewußten) Strukturen der Alterität (des Körpers, der Sprache, des Begehrens) abgewehrt werden. Für Foucault ist in seinen späteren Schriften diese Hermeneutik weniger wissenschaftlich als strategisch bedeutsam, d.h. nicht ihre Nicht-Wissenschaftlichkeit ist das Problem, sondern in welcher Weise über die Repräsentationen als Gegenstände des Bewußtseins verfügt wird, wobei Wissen und Macht eine unlösbare Verbindung als Erkenntnispraxis und »Erkenntnispolitik« (vgl. Seitter 1985) eingehen: Das, was scheinbar nur erkannt und verstanden werden soll, wird in dieser Erkennungspraxis als Repräsentation erst hervorgebracht, die aber als Eigenleistung dissimuliert wird, so daß das Repräsentierte, das Andere selbst als ihre Ur-Sache erscheint.

Diese mit Machteffekten gekoppelte mythische Funktion der Humanwissenschaften in ihrer Komplizität mit metaphysischen Prämissen und kulturellen Vorurteilen durch eine Infragestellung der Möglichkeit der Identifikation und des Status sprachlicher Repräsentationen verdeutlicht zu haben, ist nicht zuletzt das Verdienst des Poststrukturalismus. Von der ursprünglichen Identität über einen Gegensatz zur Differenz, die nicht zur Identität zurückkehrt, sondern deren ursprüngliches Fehlen als fehlenden Ursprung markiert - so ließe sich vielleicht der Weg schematisieren von der Phänomenologie über den Strukturalismus zum Poststrukturalismus, der die Begriffe der Struktur und des Zeichens selbst infrage stellt und damit die Grundoperationen des strukturalistischen Konstruierens. Im Aufweis der metaphysischen Prämissen der Begriffe Struktur und Zeichen (vgl. Derrida 1972, 422ff; 1974) wird die dualistische Opposition in eine differentielle Verkettungslogik umgeschrieben mit dem Resultat, daß die Spaltung nicht mehr zwischen zwei gegensätzlichen Ordnungen liegt, sondern als Spur der Differenz in den Zeichen und letztlich in den Repräsentationen selbst, wodurch sie ihre Grenzen, Festigkeit, Bestimmtheit und Identität verlieren.

Kann man nämlich kein Zentrum der Struktur mehr angeben, in dem ihr Bauplan als transzendentales Prinzip gründete und dem sie ihre Identität verdankte, - und zwar deshalb nicht, weil auch die Bedeutung eines solchen begründenden Zentrums oder Prinzips der Struktur nur innerhalb des Verweisungsspiels der Signifikanten einer Struktur sich konstituieren und diese also nicht von außen bestimmen kann -, dann löst sich die Vorstellung einer Opposition zwischen zwei geschlossenen Ordnungen (Signifikanten und Signifikate) zugunsten eines unendlichen Spiels von Differenzen auf. Nichts ist der Struktur äußerlich und diesem Spiel entzogen, weder der Sinn noch die Bedeutungen noch die Weltansichten. Dem Raum der Repräsentation kann nicht eine von diesem getrennte Ordnung der Zeichen präsidieren, so daß man auch nicht unter einer textuellen Oberfläche eine feste Bedeutung identifizieren kann. Wenn die Opposition zwischen Signifikant und Signifikat und damit die Idee des Zeichens selbst fragwürdig wird (vgl. Derrida 1974, 29ff), dann deshalb, weil »es kein sprachliches Zeichen gibt, das der Schrift vorherginge« (ebda.). M.a.W. gibt es kein Signifikat (und keine Repräsentation), das diesem Spiel der Signifikanten entkäme (ebda., 17), so daß jedes Signifikat immer schon als Signifikant fungiert.[8]

So wird der Sinn jeder Repräsentation in gewisser Weise unentscheidbar und ihr Status als Repräsentation wandelt sich von Grund auf. Sie verdoppelt nicht mimetisch eine ihr vorhergehende Präsenz einer Bedeutung oder eines Dings, sondern signifiziert deren ursprüngliches Fehlen, das sie supplementiert, so daß - verkürzt gesagt - alles mit der Repräsentation anfängt, die die Präsenzvorstellung als ihren Effekt evoziert. Sie ergänzt einen ursprünglichen Mangel, den sie gerade dadurch verstellt, daß sie als eine Interpretation das fehlende Zentrum zwecks Identifikation ersetzt und dadurch das, was sie zu finden vorgibt, im eigentlichen Sinne erst erfindet. Die Nicht-Präsenz ermöglicht so die Präsenz (-Illusion) des (Re-) Präsentierten, aber nur mittels ihres eigenen Ausschlusses, den sie in ihm zugleich markiert.

Diese die beiden Seiten der strukturalistischen Opposition spaltende Bewegung läßt sich in den Texten von Derrida nachvollziehen, zeigt sich aber z.B. auch in der Lacanschen Geste der Subversion des Subjekts als Metapher[9] wie auch in der Metonymie des Objekts[10]. Obwohl hier weder diese Überlegungen Lacans ausgeführt noch Derridas Logik der Dekon-

---

[8] Das führt zu der oft mißverstandenen Aussage Derridas, daß es kein Außerhalb des Textes gibt: »Es gibt nichts vor dem Text, es gibt keinen Prätext, der nicht bereits ein Text ist.« (Derrida 1995, 371)

[9] D.h. als das, was ein Signifikant für einen anderen repräsentiert, wie Lacans Formel lautet, so daß das Subjekt zwar von jeder Rede repräsentiert wird, aber gleichzeitig verschwindet, weil es nur als Repräsentiertes ist.

[10] D.h. daß das nicht hinter der Rede liegt, sondern das ist, was in ihr zurückkehrt, weil es das ist, was ihr fehlt.

struktion (vgl. Frank 1998) oder die Affirmation der Dekonstruktion gegenüber dem ausgeschlossenen Anderen (vgl. Chritchley 1992) und seine sogenannte performative Wende (vgl. dazu Gondek/Waldenfels 1997) sozusagen in der »Nußschale« (vgl. dazu Caputo 1997, 31-49) rekonstruiert werden können, möchte ich doch im Umriß einige Konsequenzen des sogenannten Referenzverlustes der Zeichen für den Stellenwert der Repräsentation verdeutlichen.

In der Auffassung, mittels (sprachlicher oder bildlicher) Repräsentationen die durch sie und in ihnen repräsentierten Sachverhalte identifizieren zu können, nimmt die Repräsentation den Status der Nachträglichkeit ein, der ihr schon in der Sprachtheorie Platons und Aristoteles zugewiesen wurde. Dagegen spürt Derrida in einer grundlegenden Problematisierung des Zeichenbegriffs dessen metaphysische Implikationen auf und zeigt, daß die Repräsentation weniger ein nachträglicher Ausdruck einer ursprünglichen Präsenz (eines Dings, einer Idee) ist. Vielmehr erscheint die Präsenz als ein Effekt, den die Repräsentation evoziert, in welchem sie selbst ihre eigene Selbständigkeit verbirgt (vgl. Derrida 1974; 1995, 193ff u. 323ff; vgl. dazu auch Frank 1984, 573ff).

In Kommentaren zu Platon und Aristoteles zeigt Derrida am Begriff der Mimesis deren prinzipielle Zweideutigkeit, zugleich notwendig und überflüssig zu sein. Als Verdopplung eines an sich selbständig bestehenden Originals gewinnt sie allein durch den Bezug auf die Wahrheit einen Wert, indem sie diese erst zur Erscheinung bringt. Die Wahrheit besteht zwar als solche, ist aber bezüglich ihres Erscheinenkönnens und ihrer Erkenntnis auf ihre Repräsentation angewiesen, wodurch sie sich erst als Identität von Denken und Sein, Idee und Wirklichkeit manifestieren kann. Dadurch gewinnt die Repräsentation schon für Platon und Aristoteles eine gewisse Selbständigkeit, die deshalb kontrolliert werden muß. Diese Kontrolle wird mittels eines Wahrheitskriteriums vollzogen, das es gestattet, die Identität der Ideen (Urbild) mit ihrem Widerschein (Abbild) festzustellen, der Adäquation (Ebenbildlichkeit).

Gegen diese Vorstellung, daß die Wahrheit, die Idee, das Sinnzentrum einer Wissensordnung zuerst sich selbst gegenwärtig sein muß, bevor es sich in einer Repräsentation entäußert[11], kann Derrida zeigen, daß die Re-

---

[11] Dies ist eine Vorstellung, auf der, wie jedes am Modell des Spiegels orientierte Theorieverständnis (vgl. die Hinweise in Konersmann 1991, 15ff; 75ff), auch das klassische Reflexionsschema basiert, demzufolge sich der Gedanke in seiner Wahrheit spiegele.

präsentation als Supplement die Wahrheit nicht nur ergänzt, indem sie ihr zur Erscheinung verhilft, sondern in gewisser Weise ersetzt. Sie muß nämlich erst repräsentiert werden, bevor ihre originäre Präsenz einleuchtet, wodurch sie jedoch genau um ihre supponierte Gegenwärtigkeit gebracht wird. Und außerdem gewinnt damit die Differenz zwischen Urbild und Abbild einen zeitlichen Vorsprung vor dem Original, weshalb diese Differenz der Identität der Wahrheit zuvorkommt. Von den damit verbundenen Konsequenzen möchte ich hier nur zwei hervorheben.

Zum einen verliert die Repräsentation ihren Status der Sekundarität gegenüber einer ihr vorhergehenden Präsenz des von ihr bloß Re-präsentierten. Wie nämlich Gedanken (auch für den Denkenden) erst durch ihren medialen Ausdruck wahrnehmbar und identifizierbar werden und ihre Bedeutungen sich erst durch ihre Berührung mit den Signifikanten konstituieren[12], so gewinnt auch die Wahrheit erst durch ihre Repräsentation ihre Identität. Die Repräsentation ist folglich keine Kopie eines Originals, sondern ein Abbild ohne Urbild, ohne aber selbst zum Original und seinerseits selbständig zu werden (wie dies einige Anhänger des Radikalen Konstruktivismus annehmen), wodurch sie an die Stelle der Wahrheit rückte und selbst zum Ursprung avancierte, womit das metaphysische Schema nur prolongiert würde. Kurz: Das der Repräsentation vorhergehende Gegenwärtige erscheint nicht mehr, so daß die Zeit aus den Fugen gerät und die Differenz zwischen der Wahrheit (der Idee, des Seins etc.) und ihrer Repräsentation problematisch wird. In Derridas Worten: »Im selben Schlag, wenn man das so sagen kann, gibt es keine textuelle Differenz mehr zwi-

---

[12] Das Sprachsystem besteht aus Differenzen. Es gibt in ihm nur Verschiedenheit, und allein durch sie können sich Signifikant und Signifikat kristallisieren. Vor dem Differenziationsprozeß sind die Vorstellungen und das Denken nur konturlos und unbestimmt. »Das Denken, für sich allein genommen, ist wie eine Nebelwolke, in der nichts notwendigerweise begrenzt ist. Es gibt keine von vornherein feststehenden Vorstellungen, und nichts ist bestimmt, ehe die Sprache in Erscheinung tritt.« (Saussure 1967, 133) Durch die Artikulation werden weder präexistente Ideen oder Vorstellungen ausgeschmückt, indem ihnen ein Name gegeben wird, noch werden die Gedanken gezwungen, sich einer zuvor bestehenden Lautgestalt anzupassen. Denn »es findet weder eine Verstofflichung der Gedanken noch eine Vergeistigung der Laute statt, sondern es handelt sich um die einigermaßen mysteriöse Tatsache, daß der ›Laut-Gedanke‹ Einteilungen mit sich bringt, und die Sprache ihre Einheiten herausarbeitet, indem sie sich zwischen zwei gestaltlosen Massen bildet.« (Ebda., 134) Die Sprache fügt sich also nicht einer ursprünglichen Präsenz hinzu, sondern als formales System von Differenzen produziert sie erst *nachträglich Identitäten als Effekte* (vgl. auch Wimmer 1988, 110ff).

schen dem Bild und der Sache, dem leeren Signifikanten und dem vollen Signifikat, dem Nachahmenden und dem Nachgeahmten, etc. Das hat nicht zur Folge, daß es [...] nur mehr einen Term, ein Unterschiedenes allein gibt; es hat also nicht zur Folge, daß allein das Volle des Signifikats, des Nachgeahmten oder der leibhaftigen Sache selbst, des schlechthin Gegenwärtigen übrig bleibt. Sondern die Differenz zwischen den beiden Termen funktioniert nicht mehr. [...] Beseitigt wird also nicht die Differenz, sondern das per Differenz Unterschiedene, die Unterschiedenen, die entscheidbare Äußerlichkeit der voneinander Unterschiedenen.« (Derrida 1995, 234) Eine solche »(reine und unreine) Differenz ohne entscheidbare Pole«, eine »solche *différance* ohne Gegenwärtigkeit erscheint oder eher vereitelt das Erscheinen, indem sie eine auf die Gegenwart als Zentrum ausgerichtete Zeit aus den Fugen geraten läßt. Die Gegenwart ist nicht länger eine Mutter-Form, um die herum die Zukunft (die zukünftige Gegenwart) und die Vergangenheit (die vergangene Gegenwart) sich unterscheiden und sich versammeln.« (Ebda.)

Zum zweiten steht die Repräsentation nicht mehr im Dienste einer ihr äußerlichen Instanz, z.B. der Wahrheit, als deren Spiegelbild sie fungierte. Ist nämlich die Wahrheit als solche unsichtbar und nur als Spiegelbild, Ausdruck, Repräsentation wahrnehmbar, dann gibt es keinen Ort, von wo aus man das sich Spiegelnde und sein Spiegelbild zugleich vergleichend beobachten könnte. Dieses platonische Sprachspiel der Wahrheit wird folglich selbst unwahr und an seine Stelle tritt ein neues Sprachspiel, in dem sich die Wahrheit konstituiert. Es gibt so noch die Wahrheit, aber ihre Referenz ist in die Immanenz der Schrift und der Repräsentation verschoben. In seiner Lektüre von Mallarmés »Mimique« schreibt Derrida: »Jedes Mal muß die *mimesis* dem Vorgang der Wahrheit folgen. Ihre Norm, ihre Ordnung, ihr Gesetz ist die Gegenwärtigkeit des Gegenwärtigen. Im Namen der Wahrheit, ihrer einzigen Referenz - *der Referenz* -, wird sie beurteilt, verworfen (*proscrite*) oder vorgeschrieben (*prescrite*), in einem geregelten Wechsel. / Der invariante Zug dieser Referenz zeichnet die Abschließung (*clôture*) der Metaphysik: nicht als eine einen homogenen Raum umgebende Einfassung, sondern einer nicht-zirkulären, ganz anderen Figur gemäß. Nun (*Or*), diese Referenz wird in der Operation einer bestimmten Syntax diskret, aber absolut verschoben, sobald eine Schrift die Markierung durch einen unentscheidbaren Zug markiert und verdoppelt. Diese doppelte Markierung entzieht sich der Trefflichkeit oder Autorität der Wahrheit: ohne sie zu verkehren, sondern indem sie sie in ihr Spiel als ein Stück oder eine Funktion einschreibt.« (Ebda., 215) Eine solche Verschiebung findet Derrida im Text von »Mimique«: »wenn das Nachahmende in letzter Instanz kein Nachgeahmtes, der Signifikant in letzter Instanz kein Signifikat, das Zeichen in letzter Instanz keinen Referenten hat, so kann ihre Operation nicht mehr im Vorgang der Wahrheit einbefaßt werden, sondern befaßt im Gegenteil diesen ein, wobei das Motiv der letzten Instanz untrennbar ist von der Metaphysik als Suche nach der *arche*, dem *eschaton* und dem *telos*. [...] Die Operation, die nicht mehr zum System der Wahrheit gehört, bekundet, bringt hervor, entschleiert keine Gegenwart; sie stellt nicht länger eine an Ähnlichkeit oder Adäquation orientierte Gleichförmigkeit zwischen einer Gegenwart und einer Wiedervergegenwärtigung her. Sie ist dennoch keine Einheit, sondern das mannigfaltige Spiel einer Szene, die, indem sie nichts, nicht Wort noch Tat, illustriert außer sich selbst, nichts illustriert.« (Ebda. 232)

Die Repräsentation spiegelt nicht mehr das Außen, nichts, was zu ihr in radikaler Opposition stünde. Statt einem Durchbruch zur radikalen Andersheit (des Originals, des Wirklichen, des Seins, des Ursprungs, des Anderen etc.) wie eine Sprachmauer im Wege zu stehen, ist die Vorstellung von einem Draußen selbst einem Effekt der spekularen Reflexion geschuldet (vgl. ebda., 40). Spiegelt nun aber die Repräsentation nicht mehr das Außen, dann wird nicht nur die Wahrheit unentscheidbar, weil die Differenz zwischen Urbild und Abbild eingezogen ist, sondern letztlich der Sinn jedes Textes, jeder Repräsentation, weil die Differenz im Inneren der Repräsentation in Form einer Rekursivität wiederkehrt, als doppelte Markierung, insofern jede Repräsentation sowohl auf sich selbst als Repräsentation und zugleich endlos auf andere Repräsentationen verweist und damit in einer Struktur funktioniert, die zugleich offen und geschlossen ist (vgl. ebda., 225).

Das Spiegelbild verselbständigt sich in gewisser Weise gegenüber dem Blick, den es verschluckt, und das Bild ist nicht mehr eine Reflexion eines Ursprünglichen. So muß die Repräsentation als etwas verstanden werden, das nichts nachahmt, als eine Kopie, die nichts kopiert, der nichts zuvorkommt, was nicht selbst schon eine Repräsentation wäre. Es gibt keine einfache Referenz auf ein Objekt, das es zudem noch als solches gäbe. So fungiert die Repräsentation als eine Anspielung auf Anspielungen, ohne den Spiegel zu zerbrechen oder ein Jenseits des Spiegels zu erreichen. Wie der Mime die Referenz mimt und nichts nachahmt, sondern die Nachahmung mimt (vgl. ebda., 245), so reflektiert die Repräsentation in letzter Instanz keine Realität, vielmehr bringt sie Realitätseffekte hervor. Die differentielle Struktur der Repräsentation wird beibehalten, aber es ist eine

57

Differenz ohne Referenz oder eine Referenz ohne Referenten, d.h. ohne eine anfängliche Identität oder eine abschließende Einheit (vgl. ebda., 230). In diesem Spiel aus Anspielungen, das sich, wie Derida schreibt, »allein seinen eigenen formalen Regeln gegenüber konform verhält« (ebda., 245), gibt es kein Kriterium mehr für die Identität des Sinns eines Ausdrucks oder der Repräsentation mit dem Repräsentierten. Statt von Reflexion spricht Derrida deshalb von einer Faltung, einer Rückbeugung des Ausdrucks auf sich selbst, ohne sich jedoch berühren oder mit sich koinzidieren zu können. Ist die Sprache als Medium der Repräsentation der Spiegel, dann vereint er nicht das Ich mit seinem Bild und die Welt mit ihrer Repräsentation, sondern verwandelt, was er spiegelt, weil es sich um einen Spiegel handelt, »dessen Stanniol die ›Bilder‹ und die ›Personen‹ durchläßt, indem er sie mit einem gewissen Transformations- und Permutations-Index versieht« (ebda., 355).

Das Zerbrechen des letztlich auf Aristoteles zurückgehenden Repräsentationsmodells der Sprache und das ursprüngliche Fehlen eines authentischen Repräsentats - »Die Gegenwärtigkeit ist nicmals gegenwärtig.« (Derrida 1995, 340) - hat also nicht nur Konsequenzen für die Möglichkeit, den Sinn sprachlicher Äußerungen eindeutig identifizieren zu können, sondern auch für den modernen Begriff des Subjekts als eines den Repräsentationen zugrundeliegenden selbsttransparenten Bewußtseinszentrums, sowie für die Begriffe der Geschichte, der Erfahrung und der Wahrheit. Die Reflexion verliert damit tendentiell ihre Fähigkeit, ihre eigene Identität kontrollieren zu können. Denn wenn die Sprache nicht mehr das Sein reflektiert, das Band zwischen dem Sinn und dem sprachlichen Ausdruck zerrissen ist und die Sprache zu einem »Spiegel ohne Stanniol« geworden ist, dann erfaßt man sich nur noch als ursprungslose Verwandlung und nicht mehr durch eine Rückgewinnung und Wiedervergegenwärtigung eines Bekannten. Jeder Versuch, hinter einer Repräsentation die verborgene oder verlorene Präsenz zu rekonstruieren, das authentische Sein oder den eigentlichen Sinn, bleibt in dieser Perspektive unwissentlich metaphysisch und vormodern.

5. Repräsentation und Dissimulation

Diese vor allem entlang einer Lektüre von Mallarmés Texten entwickelten Überlegungen gelten keineswegs nur für die Literatur. Ohne hier auf die

Diskussion um die Differenz zwischen Philosophie, Literatur und Wissenschaft eingehen zu wollen, ist doch hervorzuheben, daß dieser Unterschied nicht in zwei völlig differenten Sprachfunktionen gründet, einer semiotischen und einer poetischen, die man streng voneinander trennen könnte und die zu radikal gegeneinander abgeschlossenen Diskursen gehörten. Vielmehr sind die Wörter doppelt markiert, semiotisch und poetisch, ohne die Ebene der Semiotik verlassen zu müssen, wo sie Sinn und Bedeutung gewinnen.[13] D.h. die Möglichkeit identifizierbarer Bedeutungen und referentieller Verweisungen bleibt immer erhalten, nur verliert beides seine Identitätsgarantie in eben diesen Bedeutungen und Referenten, und damit können Repräsentationen *als* Repräsentationen und Interpretationen *als* Interpretationen verstanden werden, d.h. als Supplemente eines unterstellten Gesamtsinns, der stets neu angefochten und verändert werden kann.

Dies hat die Diskussion um den Begriff der Metapher als einem neuralgischen Punkt der Sprachtheorie deutlich werden lassen (vgl. zum Folgenden Wellbery 1998), insofern am Begriff der Metapher erkennbar wird, daß die poetische Dimension durch die Re-markierung, die Faltung der Sprache auf sich selbst nicht erst sozusagen als Zusatzeffekt entsteht, sondern eher umgekehrt eine grundlegende Funktionsweise der Sprache offenbart. In Abgrenzung zu Positionen der sprachanalytischen Philosophie, die von einer Omnipräsenz metaphorischer Bezeichnungen ausgehen und dadurch in Widerspruch geraten, indem sie für diese Aussage über die Sprache den Status einer ganz unmetaphorischen Prädikation beanspruchen, und in Abgrenzung sowohl von der Tradition der Rhetorik, die den metaphorischen Sinn als sekundär gegenüber dem wörtlichen dachte, als auch von der anthropologisch oder phänomenologisch orientierten Hermeneutik, die umgekehrt in der Metaphorik einen gegenüber begrifflicher Abstraktion frühere und der ursprünglichen lebensweltlichen Bedeutungsfülle

---

[13] In der Darstellung von Frank wird diese doppelte Markierung, wie in der Tradition der Rhetorik, als eine Reihenfolge darstellt und dadurch doch voneinander getrennt: »Die Wörter sind doppelt markiert: sie funktionieren einerseits auf der semiotischen Ebene: d.h., sie sind diakritisch gegeneinander profiliert, sie verweisen unter einem bestimmten Gesichtspunkt - das ist ihr Sinn - auf einen weltlichen Sachverhalt (das ist ihre Bedeutung). Aber nun fälteln sie sich und zeigen, ohne ihre semantische Identität dabei zu erreichen, auf sich selbst; und das ist eine Erfahrung, die Sie nur ästhetisch beurteilen [...] können. Ohne die Ebene der Semiotik zu verlassen, springt das poetisch überdeterminierte Wort gleichsam aus der Reihe und biegt sich auf seine semiotische Bedeutung zurück, sie spaltend und in die Schwebe bringen: es ist doppelt markiert: semiologisch und poetisch.« (Frank 1984, 600)

nähere Schicht sieht, die es wiederzugewinnen gelte, in Abgrenzung also von diesen Auffassungen zeigt Derrida (vgl. Derrida 1988, 205ff; 1987), daß es unmöglich ist, unmetaphorisch über die Metapher zu sprechen. Vielmehr verwickele man sich notwendig in selbstreferentielle Verstrickungen ohne einen metasprachlichen Ausweg. Weil man mit den traditionellen Unterscheidungen wörtlich-figurativ, eigentlich-uneigentlich, wahr-falsch die Metapher letzlich nicht bestimmen könne, ohne stets selbst wieder auf eine Metapher rekurrieren zu müssen, bedeutet das, »daß Derrida *die Metapher als Funktion der Unterscheidung, der Grenze, der Differenz* denkt« (Wellbery 1998, 201), durch die erst die beiden Unterscheidungen garantiert werden. So fungiere die Metapher als »Thematisierung der Grenze als Paradoxie, als Einheit der Differenz und differentielle Einheit der metaphorisch relationierten Begriffe. Diese Paradoxie wird zunächst erfahren als Gleichzeitigkeit von ›ist‹ und ›ist nicht‹, ›wahr‹ und ›falsch‹, als eine Oszillation, die zu keinem Ergebnis - keinem ›Sinn‹ - führt. Aufgelöst wird die Paradoxie erst dadurch, daß der Rezipient eine zweite Grenze zieht« (ebda., 201f), bei der beides auf die gleiche Seite fällt. »Dieser Schritt zu einer zweiten Unterscheidung [...] hat den Effekt, die Paradoxie der Grenze zuzudecken: er leistet eine Nominalisierung - und damit eine Dissimulation der Differenz« (ebda., 202).

Ohne hier die Paradoxie des Metaphernbegriffs, der, wie Wellbery zeigt, von Derrida auf die Spitze getrieben und so zugleich überschritten wird, hier entfalten zu können, möchte ich auf zwei Konsequenzen seiner Interpretation hinweisen. Zum einen wird der Aspekt der Verstellung deutlich, »der der Metapher deswegen zukommt, weil sie die Grenze, die die Möglichkeit des Sinns öffnet und daher nicht mit diesem zusammenfällt, als Sinn erscheinen läßt. Alle Metapherntheorien, die sich an der Integrationsebene der Metapher orientieren und die Metapher daher als eine Präsentation von Sinn betrachten, erliegen diesem Schein.« (Ebda., 204) Die Grenze selbst läßt sich nämlich nicht metaphorisieren. Und zum anderen erleidet die Metapher durch diejenige strukturelle Paradoxie, die sie aktualisiert, selbst einen Entzug. D.h. daß sie sich von dem durch sie Unterschiedenen unterscheiden muß und durch diese Rück-Faltung auf sich selbst und das paradoxe Moment des In-Sich-Enthaltenseins einer identifikatorischen Bestimmung widersteht.

Folgt man diesen Überlegungen, dann ist es nicht möglich, eine klare Grenze zwischen einem metaphorischen und einem nicht-metaphorischen Sprachgebrauch zu ziehen. Der alte philosophische und der moderne wissenschaftliche Traum von einer ganz und gar unmetaphorischen Darstellung der Wahrheit oder der Realität erscheint damit zwar einerseits als unerfüllbar. Andererseits lassen sich jedoch all diejenigen Repräsentationen, die sich als die Verwirklichung des Traumes ausgeben, tatsächlich als Träume verstehen, die diesen Wunsch, der Paradoxie entkommen zu können, erfüllen, aber eben träumend. So liegt der Verdacht nahe, daß sich die Überzeugungskraft der in den Repräsentationen liegenden Sinnangebote gerade der Dissimulation der ihnen zugrundeliegenden Paradoxie verdankt, ein Verdacht, den schon Nietzsche gegenüber der Sokratischen Daseinsrechtfertigung hegte (vgl. dazu Wellbery 1997).

6. Der Status der Repräsentation nach ihrer Krise

Die jüngsten Diskussionen um das Problem der Repräsentation lesen sich wie eine Bestätigung der Diagnose Nietzsches, derzufolge die Moderne als Legitimationskrise der Erkenntnis als kultureller Lebensform zu verstehen ist. Die Repräsentationen wie die Erkenntnis selbst geben sich, ganz im Sinne Nietzsches, als Täuschung und Verbergung, d.h. als Masken zu erkennen (vgl. ebda., 171). So gehört das Wissen, daß man es nicht mehr mit natürlichen oder universalen Phänomenen, sondern mit kulturellen Zeichen und Konstruktionen zu tun hat, heute zum methodologischen Selbstverständnis der kulturwissenschaftlichen Disziplinen. Damit kehrt ein Problem wieder, das bereits gelöst schien, nämlich die Aufhebung der Fremdheit des Realen in seinen Repräsentationen. In der Diskussion um das Scheitern der ethnographischen Repräsentation des Fremden z.B. wird die Tragweite dieses Problems sichtbar. Wie ist die Repräsentation des Anderen möglich als eine, die ihn nicht seiner Andersheit beraubt? Und wie kann man noch von Identifikation sprechen, wenn das, womit man sich identifiziert, oder das, was identifiziert wird, fremd bleibt oder gar nicht erreicht wird in seiner irreduziblen Exterritorialität? Womit findet da eine Identifikation statt, mit dem Bild, mit dem Ort des Anderen?

Um ein Beispiel aus der Pädagogik zu geben: In unserer Kultur wurde z.B. das Kind als Fremder nicht nur entdeckt, sondern auch in seinen Repräsentationen zum Verschwinden gebracht, wodurch die Fremdheit des Kindes zu einem Gespenst geworden ist, das den pädagogischen Diskurs durchgeistert, das man nicht los wird, das man aber auch nicht in den Griff bekommen kann. Wenn die Fremdheit des Kindes wie diejenige jedes Anderen sich nicht auf den Begriff bringen läßt, wenn sie sich jeder Ontologie entzieht, aber in ihrem prä-ontologischen Status jede ihrer Repräsentationen heimsucht, dann müßte man den Diskurs der Ontologie verlassen und eine ›hauntology‹ (Derrida 1995b) begründen, eine Gespensterkunde also, eine Wissenschaft des Fremden, das kein Wesen ist, aber auch kein Un-Wesen im ontologischen Sinn, eine Wissenschaft des Anderen, das kein anderes Seiendes ist, aber auch nicht das Andere des Seins, sondern »anders als Sein« (Lévinas 1992).

In den Kindheitsbildern repräsentiert sich dagegen das kollektive Imaginäre der Erwachsenen, das, verbunden mit dem wissenschaftlichen Wissen vom Wesen und Werden des Kindes, eine »Mythologie der Kindheit« (Lenzen 1985) bildet. Die Fremdheit des Kindes, in Wissen, Metaphern und Bildern aufgelöst, strukturiert den Diskurs als implizite und explizite Anthropologie. Dieser Diskurs hat gewalttätige Züge, weil er Imaginäres und Reales kurzschließt und das, worüber er spricht, nicht nur repräsentiert, sondern zugleich konstituiert und darüber verfügt. Er bildet nicht eine prädiskursive Wirklichkeit des Kindes ab, sondern generiert sie und konstituiert damit in eins eine Sozialform, sofern ein Diskurs etwas ist, was eine Form sozialer Bindung bestimmt (vgl. Lacan 1986, 89). Repräsentationen des Kindes als Vorstellungen, Darstellungen und Stellvertretungen (vgl. Derrida 1982) machen es verfügbar und berechenbar selbst da, wo es als selbsttätiges Wesen repräsentiert wird, denn die Vorstellung der Selbstverwirklichung ist auch nur eine, die das Kind im Akt der Repräsentation menschlich vermißt und in ihrer Repräsentationsfunktion das menschliche Maß selber besitzt.

Nun hat man heute die Fremdheit des Kindes neu entdeckt. Man erkannte, daß es sich bei den Theorien über und Bildern vom Kind um Konstruktionen handelt (vgl. Wimmer 1984; Richter 1987; Scholz 1994; Dracklé 1996; Gottowik 1997). Wir befinden uns daher in einer postkolonialen Situation, in der das scheinbar Bekannte wieder fremd wird, ohne aber ein neues Bild abzugeben. Denn das Kind als Fremder ist keine neue Konstruktion, sondern Bedingung der Möglichkeit aller anderen Konstruktionen und zugleich das, was sich in jedem Bild entzieht. Das Fremde, das als solches nicht Repräsentierbare, hinterläßt damit in jeder Repräsentation seine präontologischen Spuren wie eine Gespensterschrift. Jede Darstellung eine Verstellung des Fremden und zugleich seine An-Abwesenheit als Spur.

Die Frage nach dem Anderen verlangt also nach einer anderen Frage, einem anderen Diskurs, der der bipolaren Oppositionslogik des kolonialen Diskurses entkommt. Heißt Repräsentieren im (kolonialen) Sinn: Der Andere, Fremde wird vom Subjekt vorgestellt, als Vorgestellter (in einer Konstruktion, in einem Bild, Begriff, Schema, Sinn etc.) dargestellt, als Dargestellter vom Subjekt stellvertreten - denn es handelt sich immer um Darstellungen, die auf den inneren Vorstellungen des Subjekts basieren -, dann manifestiert sich innerhalb dieser Repräsentationslogik die Tendenz des europäischen ethnozentrischen Subjekts, den oder das Andere als marginal zu konstituieren und den Anderen nur durch Assimilation anzuerkennen, d.h. in der Komplizität von Darstellen und Vertreten (vgl. Derrida 1982).

Wenn wir aber ohne Darstellungen des Fremden nicht einmal um seine Existenz wissen könnten, welchen Status können diese dann haben (vgl. Berg/Fuchs 1993)? Wie kann ein postkolonialer Diskurs (vgl. Weimann 1997; Riese 1997) aussehen, der das Fremde zwar zugänglich macht, ohne aber dabei seine Unzugänglichkeit zu tilgen? Es geht also um eine Darstellung des Anderen, in der das Dargestellte nicht ohne weiteres stellvertreten und assimiliert werden kann, in der es eine Eigenaktivität behält, eine Widerständigkeit. Dies ist nicht in einer Beobachtung zweiter Ordnung möglich, wenn überhaupt die Metaphorik des Sehens angemessen sein sollte, weil es um den Beobachteten selbst geht, der den sich beim Beobachten beobachtenden Beobachter beobachtet. Wenn wir in einer Kultur der Stellvertretung des Anderen leben - und gerade die Pädagogik kennt die damit zusammenhängenden Paradoxien -, und wenn jede Repräsentation gar nicht anders kann, »als das Repräsentierte wie sich selbst als kulturell determiniert darzustellen« (Riese 1997, 315), dann kann dieses Spiegelgefängnis der Immanenz vielleicht nur vom unassimilierbaren Anderen geöffnet werden.

Die bloße Verabschiedung des Essentialismus durch den Konstruktivismus löst dieses Problem postkolonialer Repräsentation also nicht. Zwar wissen wir nun, daß das Leben, alles - Nation, Kind, Geschlecht usw. - Konstruktionen und Erfindungen sind, aber warum erscheinen sie dann so unveränderlich und Kultur so natürlich? Was wäre das Andere von Konstruktionen und was kann an die Stelle von Konstruktionen treten? Keine Erfindungen mehr oder mehr Erfindungen? Lassen wir unserer Phantasie vielleicht deshalb keinen freien Lauf, weil wir doch noch an das echte, authentische Fremde glauben, es vielleicht brauchen? Dann bleibt uns, in den Worten von Michael Taussig, »die blöde und oft verzweifelte Lage, unbedingt das Unmögliche zu wollen. Während wir dies für unsere rechtmäßige Aufgabe halten und so als Komplizen des Wirklichen handeln, wissen wir aber in unserem tiefsten Inneren genauso, daß Vorstellung und Sprache an eine ganze Reihe von Repräsentationstricks gebunden sind, die

[...] bloß eine willkürliche Beziehung zum wendigen Referenten haben, der sich heimlich, still und leise der Verständlichkeit entzieht.« (Taussig 1997, 14)

Welchen Status haben also die Konstruktionen, wenn sie das Reale nicht erfassen? Obwohl ursprungslose Verwandlung des in ihnen Repräsentierten, lassen sie sich nur schlecht als Phantasien, Fiktionen, Phantasmen oder Illusionen begreifen, denn wir haben keinen letzten Maßstab, um falsche von wahren Repräsentationen unterscheiden zu können. Deshalb sind Repräsentationen eher als zu Institutionen gewordene kulturelle Interpretationen zu verstehen, die befragt werden können hinsichtlich ihres Richtungssinns, ihres phantasmatischen Kerns, ihrer Ausschlußmechanismen, ihrer - mythischen, ideologischen, symbolischen oder imaginären - Identifikationsangebote. Denn es ist gerade heute[14] nicht unwichtig zu wissen, »worin die Operation der Identifizierung besteht und ob sie sich heute tatsächlich wieder einmal der Herstellung eines Mythos bedienen muß - oder ob im Gegenteil die mythische Funktion mit ihren nationalen, völkischen, ethischen und ästhetischen Wirkungen nicht das ist, wogegen die Politik in Zukunft neu erfunden werden muß« (Lacoue-Labarthe/Nancy 1997, 161). Dazu müßten diese zur Institution geronnenen Interpretationen in ihren politischen und ethischen Implikationen lesbar gemacht werden (vgl. z.B. Derrida 1997), wobei mit der Aufmerksamkeit der Dekonstruktion an die Tradition der Ideologiekritik angeknüpft werden könnte.

Literatur

Adorno, Th.W. u.a.: Der Positivismusstreit in der deutschen Soziologie, Neuwied/Berlin 1969.
Adorno, Th.W.: Negative Dialektik, Frankfurt am Main 1970.
Althusser, L.: Für Marx, Frankfurt am Main 1968.
Althusser, L./Balibar, E.: Das Kapital lesen, Bd.I, Reinbek bei Hamburg 1972.
Apel, K.O. u.a.: Hermeneutik und Ideologiekritik, Frankfurt am Main 1971.

---

[14] Man denke nur an die Diskussionen um Individualisierung, Desintegration, Wertezerfall, Enttraditionalisierung, Globalisierung, Fundamentalismus etc., d.h. - auch wenn man die in diesen Diskursen vorgebrachten Theorien für nicht treffend hält - an Symptome, die die Vermutung nahelegen, daß es den Individuen moderner Gesellschaften nicht gelungen ist, sich *in* der Demokratie zu identifizieren, weil sie sich *mit* ihr *nicht* identifizieren können, da eine Demokratie im Unterschied zu einer geschlossenen Gemeinschaft gerade keine imaginäre Ganzheit darstellt.

Barthes, R.: Die strukturalistische Tätigkeit. In: Kursbuch 5, Berlin 1966, 190-196.

Berg, E./Fuchs, M. (Hg.): Kultur, Soziale Praxis, Text. Die Krise der ethnographischen Repräsentation, Frankfurt am Main 1993.

Bernfeld/Reich/Jurinetz/Sapir/Stoljarov: Psychoanalyse und Marxismus. Dokumentation einer Kontroverse, mit einer Einleitung von H.J. Sandkühler, Frankfurt am Main 1970.

Caputo, J.D.: Deconstruction in a Nutshell. A Conversation with Jacques Derrida, New York 1997.

Critchley, S.: The Ethics of Deconstruction. Derrida and Levinas, Oxford UK/ Cambridge USA 1992.

Dauk, E.: Denken als Ethos und Methode. Foucault lesen, Berlin 1989.

Deleuze, G.: Differenz und Wiederholung, München 1992.

Deleuze, G.: Woran erkennt man den Strukturalismus? In: Châtelet, F. (Hg.): Geschichte der Philosophie, Bd.VIII, Das XX. Jahrhundert, Frankfurt am Main/ Berlin/Wien 1975, 269-302.

Derrida, J.: Die Schrift und die Differenz, Frankfurt am Main 1972.

Derrida, J.: Grammatologie, Frankfurt am Main 1974.

Derrida, J.: Sending: On Representation. In: Social Research, vol 49, 1982, 294-326.

Derrida, J.: Der Entzug der Metapher. In: Bohn, V. (Hg.): Romantik. Literatur und Philosophie, Frankfurt am Main 1987.

Derrida, J.: Randgänge der Philosophie, Wien 1988.

Derrida, J.: Dissemination, Wien 1995.

Derrida, J.: Marx' Gespenster, Frankfurt am Main 1995 (b).

Derrida, J.: Interpretations at War. Kant, der Jude, der Deutsche. In: Weber, E./ Tholen, G.Ch. (Hg.): Das Vergessen(e). Anamnesen des Undarstellbaren, Wien 1997, 71-139.

Draklé, D. (Hg.): jung und wild. Zur kulturellen Konstruktion von Kindheit und Jugend, Berlin 1996.

Foucault, M.: Die Ordnung der Dinge, Frankfurt am Main 1974.

Frank, H.: Logik der Dekonstruktion? Derrida als Logiker. In: Simon, J./Stegmaier, W. (Hg.): Fremde Vernunft, Zeichen und Interpretation, Frankfurt am Main 1998, 103-112.

Frank, M.: Was ist Neostrukturalismus? Frankfurt am Main 1984.

Frank, M.: Die Unhintergehbarkeit von Individualität, Frankfurt am Main 1986.

Fromm, E.: Theoretische Entwürfe über Autorität und Familie. Sozialpsychologischer Teil. In: Fromm, E./Horkheimer, M./Mayer, H./Marcuse, H. u.a.: Autorität und Familie, Bd. 1, Paris 1936, 77-135.

Gente, P.: Marxismus, Psychoanalyse, Sexpol, Bd.1, Frankfurt am Main 1970.

Gente, P.: Marxismus, Psychoanalyse, Sexpol, Bd.2, Frankfurt am Main 1972.
Gondek, H.-D./Waldenfels, B.: Derridas performative Wende. In: Dies. (Hg.): Einsätze des Denkens. Zur Philosophie von Jacques Derrida, Frankfurt am Main 1997, 7-18.
Gottowik, V.: Konstruktionen des Anderen. Clifford Geertz und die Krise der ethnographischen Repräsentation, Berlin 1997.
Habermas, J./Luhmann, N.: Theorie der Gesellschaft oder Sozialtechnologie - Was leistet die Systemforschung? Frankfurt am Main 1971.
Habermas, J.: Der philosophische Diskurs der Moderne, Frankfurt am Main 1985.
Hegel, G.W.F.: Wissenschaft der Logik I, Theorie Werkausgabe, hrsg. v. E. Moldenhauer u. K.M. Michel, Bd.5, Frankfurt am Main 1969.
Jaeggi, U.: Theoretische Praxis. Probleme eines strukturalen Marxismus, Frankfurt am Main 1976.
Konersmann, R.: Lebendige Spiegel. Die Metapher des Subjekts, Frankfurt am Main 1991.
Lacan, J.: Schriften I, Olten 1973.
Lacan, J.: Schriften II, Olten 1975.
Lacan, J.: Schriften III, Olten 1980.
Lacan, J.: Encore. Seminar Buch XX, Weinheim/Berlin 1986.
Lacoue-Labarthe, Ph./Nancy, J.-L.: Der Nazi-Mythos. In: Weber, E./ Tholen, G. Ch. (Hg.): Das Vergessen(e). Anamnesen des Undarstellbaren, Wien 1997, 158-190.
Lenzen, D.: Mythologie der Kindheit, Reinbek bei Hamburg 1985.
Lévinas, E.: Jenseits des Seins oder anders als Sein geschieht, Freiburg/München 1992.
Lukács, G.: Geschichte und Klassenbewußtsein. Studien über marxistische Dialektik, Neuwied/Berlin 1971.
Richter, D.: Das fremde Kind. Zur Entstehung der Kindheitsbilder des bürgerlichen Zeitalters, Frankfurt am Main 1987.
Riese, U.: Repräsentation, postkolonial. Eine euro-amerikanische Assemblage. In: Weimann, R. (Hg.): Ränder der Moderne. Repräsentation und Alterität im (post)kolonialen Diskurs, Frankfurt/Main 1997, 301-354.
Saussure, F.d.: Grundfragen der allgemeinen Sprachwissenschaft, hg. v. Ch. Bally u. A. Sechehaye, Berlin 1967.
Schmidt, A.: Geschichte und Struktur. Fragen einer marxistischen Historik, München 1971.
Schneider, M.: Neurose und Klassenkampf. Materialistische Kritik und Versuch einer emanzipativen Neubegründung der Psychoanalyse, Reinbek bei Hamburg 1973.

Scholz, G.: Die Konstruktion des Kindes, Opladen 1994.
Seitter, W.: Menschenfassungen. Studien zur Erkenntnispolitikwissenschaft, München 1985.
Taussig, M.: Mimesis und Alterität, Hamburg 1997.
Wahl, F.: Die Philosophie diesseits und jenseits des Strukturalismus. In: Ders. (Hg.): Einführung in den Strukturalismus, Frankfurt am Main 1973, 327-480.
Weimann, R. (Hg.): Ränder der Moderne. Repräsentation und Alterität im (post)kolonialen Diskurs, Frankfurt/Main 1997.
Wellbery, D.E.: Die Strategie des Paradoxons - Nietzsches Verhältnis zur Aufklärung. In: Schmiedt, H./Schneider, H. (Hg.): Aufklärung als Form. Beiträge zu einem historischen und aktuellen Problem, Würzburg 1997, 161-172.
Wellbery, D.E.: Retrait/Re-entry. Zur poststrukturalistischen Metapherndiskussion. In: Neumann, G. (Hg.): Poststrukturalismus. Herausforderung an die Literaturwissenschaft, Stuttgart/Weimar 1998, 194-207.
Wimmer, M.: Erziehung und Leidenschaft. Zur Geschichte des pädagogischen Blicks. In: Kamper, D./ Wulf, Ch. (Hg.): Der Andere Körper, Berlin 1984, 85-102.
Wimmer, K.-M.: Der Andere und die Sprache. Vernunftkritik und Verantwortung, Berlin 1988.

Carsten Colpe

Plädoyer für einen Verzicht auf den Begriff der Repräsentation in den Theologischen und Religionskundlichen Disziplinen[*]

A. Oft Dargestelltes, Unverzichtbares

I. Einführungen 1: Ein gemeinsamer Denominator für Kultur- und Sozialwissenschaften in Einzel- und in Doppelrolle

1. Keine *wissenschaftliche Nomenklatur* von einigem Anspruch[1] dürfte ein Wort enthalten, das mit gleicher Selbstverständlichkeit zu ihr gehört wie »Repräsentation«. Mehr noch, nach allen in Frage kommenden Nomenklaturen weist dieses Wort nahezu immer auf denselben, gleichbleibender

---

[*] Dieser Text ist zuerst erschienen in: Klaus Bajohr-Mau/Ilk Eva Jobatey/Heribert Süttmann (Hg.): Vom Zentrum des Glaubens in die Weite von Theologie und Wissenschaft. Festschrift für Dietrich Braun zum 70. Geburtstag, Schäuble Verlag: Rheinfelden 1998. Wie danken dem Schäuble Verlag für die Genehmigung des Wiederabdrucks.

[1] Gleich zu Anfang muß mitgesagt werden, daß es auch einen anspruchslosen Gebrauch dieses Wortes gibt. Es ist dann als Begriff ganz einfach. Seine Einbettung in den Alltagsjargon ist ein gar nicht so seltener, sehr seltsamer Tatbestand. Sollte ich ihn übertreiben, was möglich ist, dann kann ich wenigstens soviel sagen: Wenn es ein Kennzeichen des Alltagsjargons ist, entweder daß man unwidersprochen behaupten darf, was man will, oder daß ein etwa doch Widersprechender fest damit rechnen kann, der Kontrahent werde seine Behauptung unverändert wiederholen, dann besteht eine Verwandtschaft mit dem Repräsentations-»Diskurs«. Man kann der Aufzählung der Meinungen (nicht nur in dem in Anm. 4 zitierten Artikel) einen Absatz mit beliebigem Inhalt anhängen und wird akzeptiert werden. Denn es gibt hier (und auch sonst, aber nicht überall) keine Kriterien für Zugehörigkeit (mehr). Wer in einer solchen Situation etwas schreiben will, das nach jedermann's Urteil Unsinn ist, muß sich anstrengen.

Benennung bedürftigen Gegenstand oder Sachverhalt hin: so in der Philosophie (methodologisch besonders in der Erkenntnistheorie, inhaltlich, natürlich jeweils ganz anders, in der scholastischen Metaphysik und in der neukantianischen Kulturanalyse), auch in der Politikwissenschaft, in der Jurisprudenz (besonders im Staats- und im Bürgerlichen Recht), sehr reich in der Geschichtswissenschaft und ganzen Domänen der ihr anvertrauten Gegenstände[2], von da aus noch heute in der Soziologie, in der Psychologie und lange Zeit auch in (eher der katholischen als in) der (evangelischen) Theologie[3]. Konstruiert man nicht die innere Notwendigkeit nach, mit der es immer wieder zur Verwendung dieses Begriffs kommt, sondern nimmt ihn als eigene, Sinn erzeugende und verbreitende Entität, dann ist seine Rolle auf Übereinstimmung und Harmonie zwischen den Wissenschaften angelegt, positiv und eindeutig, wie nur ein Einzelner sie spielen kann. Die 63 Spalten mit dichtem Text, die im *Historischen Wörterbuch der Philosophie* (vgl. Scheerer u.a. 1992) diesem Stichwort zugebilligt wurden[4], sollen das gewiß bestätigen, würdigen und damit jedermann ermutigen, den stets willfährigen Begriff fleißig weiter zu verwenden. Gleichzeitig aber macht dies den sicher unbeabsichtigten Eindruck, daß die beteiligten Philosophen mit einem in der Luft liegenden Bedürfnis nach Eindämmung der Verwendungsflut rechnen und einen dadurch verursachten, regelrechten Stillstand der Produktion der für Weiterbau und Reparaturen am Haus des Geistes doch auf ewig unentbehrlichen Denkbausteine befürchten. Da will dieser Beitrag einen diskutablen Nutzen ermitteln helfen, den die Theologie z. Zt. vom Repräsentationsbegriff haben oder entbehren könnte. Bemerkungen zur Religionsgeschichte, die manchmal die Problematik der Theologie teilt und manchmal ihre eigene hat, sind jeweils angehängt.

2. Als *vorläufige Wiedergabe von »Repräsentation«* darf man, bis (in V und VI) Nachprüfungen vorgenommen werden können, eine Umschreibung annehmen, deren Sinn nahe bei oder rings herum um »Herbeiführung

---

[2] Der unbeschreiblich gute Artikel von Adalbert Podlech (1984) hat es schwer wie selten gemacht, auf den Genuß und die Genugtuung zu verzichten, wenigstens eine wichtige Passage samt von Quellennnachweisen strotzenden Anmerkungen zu zitieren.

[3] Erwin Fahlbusch (1992) faßt das heute noch - und manchmal auch schon wieder - Wichtige zusammen. Davon fällt der juristische und der soziologisch-politische Sprachgebrauch mit unter die obigen allgemeinen Überlegungen, jedoch »ein andauerndes, gegenwärtiges unsichtbares Wirken«, dem in der Repräsentation »sichtbare Gestalt verliehen werden soll«, gehört eng zum Thema, insbesondere der Teile IX und XI dieses Beitrages.

[4] Dies ist als Information ein vorzüglicher Überblick.

von Gegenwärtigkeit« liegt. Einige Wissenschaften sind insofern grundsätzlich damit befaßt, als sie gleichzeitig das »Abwesend Gebliebene«, das non repraesentatum, bedenken müssen, so z.B. die Philosophie »in«, »mit« und »unter« einer Ansammlung stofflicher Dinge die Symbolwelt (vgl. Cassirer 1954, 125-325)[5], die Psychologie »hinter« dem Bild das Bewußtsein[6]. Blickt man jeweils vom einen auf das andere, kann je nach der Richtung das eine evident und sein Gegenteil nicht evident sein. Blickt man jeweils auf nur eines von beiden, so ist es als solches je nach Fragestellung evident oder nichtevident. Die Verhältnisse zwischen Evidenz und Nichtevidenz, vielleicht sogar zwischen den Evidenzen wie auch zwischen den Nichtevidenzen, sind dialektische.

3. Überall, wo *dialektische Verhältnisse* solcher Art vorliegen, ist der Begriff der Repräsentation unentbehrlich: das sind die oben genannten Sachgebiete, die man noch differenzieren kann, indem man sie etwa in formale (das wären unter dem philosophischen z.B. noch das semantische) und inhaltliche (am wichtigsten das gesellschaftliche, das politische und das rechtliche) Teilgebiete aufgliedert. Andere Wissenschaften (Kunst-, Literatur-) schenken der Repräsentation von vornherein nur insoweit Beachtung, als sie z.B. an der semasiologischen Problematik im ganzen teilhaben, es sei denn, die Forschung deckt dort zusätzlich Verhältnisse auf, die sich ebenfalls als dialektische, und zwar wieder von anderer Eigenart, erweisen.

4. *Eine Dialektik der Repräsentation* direkt oder als solcher kann sich prinzipiell nicht ergeben (siehe Teile VIII und XI). Wenn es sich darum zu handeln scheint, oder wenn sich der Eindruck von Überschwierigkeit und sonst von Ungenauigkeit in den wissenschaftlichen Aussagen ergibt, dann hat das sicher mehrere Gründe. Aber es erhebt sich insgeheim der Verdacht, daß dergleichen ihnen gemeinsam vom Repräsentationsbegriff zu-

---

[5] In diesem Kapitel von Cassirer - »Das Problem der Repräsentation und der Aufbau der anschaulichen Welt« - ist meine Voraussetzung für die gedankliche Bewältigung des ganzen hier verhandelten Themas enthalten. Es kann leider nicht referiert werden. Was für das Verhältnis zwischen Repräsentation und Symbol thesenhaft zu sagen ist, folgt in Teil VII 1.

[6] Ludwig Binswanger schreibt, »daß das, was Jetzt als ›Bild von etwas‹ oder als bloßer ›Repräsentant eines Gegenstandes‹ dient, im nächsten Augenblick auch selbst Gegenstand werden kann, natürlich kein physischer, sondern ein psychischer. Natürlich darf hier nicht etwa an Brentanos physisches und psychisches Phänomen gedacht werden!« (Binswanger 1922; 167). Grundsätzliches zum psychologischen Repräsentationsbegriff vgl. ebda., 177.- Zum hier vertretenen Verhältnis zwischen Symbol und Phänomen siehe Teil VII 2.

mindest mitbeschert worden ist. Denn die Vielfalt seiner Bedeutungen geht bis zu Homonymie und Verundeutlichung manchen einst klaren Wortsinnes. Dieser Mißstand könnte dadurch begünstigt worden sein, daß sich mit der *theologischen* Kategorie der Repräsentation, soweit sie mit dem alten Terminus selbständig ausgedrückt wird, nur noch mühsam arbeiten läßt (siehe Teil IX a), und daß dadurch, auch für andere Wissenschaften, eine Norm verloren gegangen ist. Möglich ist auch, daß die einst klar theologische Kategorie inzwischen ganz andere Termini aufweist, oder aber daß sie so allgemein geworden ist, daß sie mit der religionskundlichen Repräsentationskategorie faktisch zusammen gelegt werden kann. Damit wäre einer freien Tansferierbarkeit der Begriffe grundsätzlich Tür und Tor geöffnet, und die jeweilige neue Umgebung mußte darauf, wie es bei dergleichen die Regel ist, mit Begriffserweichungen reagieren. Sollte sich dies wirklich so verhalten haben, dann hätte der Begriff in dieser Hinsicht eine negative, im ganzen also eine Doppelrolle gespielt.

5. Wenn die *Repräsentation ein Denominator*[7] genannt wird, dann soll das heißen, daß mittels ihrer, wie mit der Ziffer unter dem Strich in einer Bruchzahl, etwas übereinstimmend gleich Bleibendes »benannt« wird, nämlich die Weise des Ausdrucks, die bei der Repräsentation anders vonstatten geht als z.B. die Weise der Abstraktion. Der Ausdruck verhält sich dann zu dem, was per definitionem immer »hinter« ihm stehen muß, anders als z.B. zum Erlebnis. Was an nicht Übereinstimmendem »über dem Strich« »gezählt« wird, ist dann nicht gerade genug, um jedes Verstandesbedürfnis nach Differenzierung zufrieden zu stellen. Nein, es ist unermeßlich viel. Die entscheidende Frage muß man nun a) vom als Denominator oder anderweitig einzusetzenden Repräsentationsbegriff aus, b) vom Bedarf oder Nichtbedarf nach letzterem aus formulieren:

---

[7] Mir ist nicht bekannt, warum dieser Terminus im deutschen Sprachbereich aus der logischen und mathematischen Fachsprache praktisch ausgeschieden ist, während er im angelsächsischen Bereich nicht nur in der Fach-, sondern auch in der Umgangssprache wächst, blüht und gedeiht. »Common denominator« gehört zur Fachsprache und heißt nicht »gemeinsamer Nenner« (was im Deutschen zur Umgangssprache gehört), sondern »Generalnenner«. Unser »gemeinsamer Nenner« ist in den USA »a common trait«. Mit dem »Gemeinsamen Denominator« in der Überschrift des Teiles I habe ich bewußt einen Mischterminus riskiert und erhebe damit keinen Anspruch auf Präzision. Er soll eher die Ausleierung sämtlicher Nomenklaturen bzw. Terminologien zum Ausdruck (beileibe nicht »auf den Begriff«) bringen. Zur Zeit der Scholastik hätte man wahrscheinlich nach einer »denominatio extrinseca« gesucht, und diese war wegen ihres mindestens dreifachen Sinnes auch umstritten. Trotzdem folgt ein Vorschlag am Ende von Teil XI 4.

a) *Haben die beiden Disziplinengruppen genügend neutrales, widerstandsfähiges Begriffsmaterial in Reserve, das in einem »methodologischen Ernstfall« nicht als genau so »Gleich Gebliebenes« benannt werden dürfte, wie es mehreren Disziplinen widerfuhr?*
b) Haben die beiden Disziplinengruppen angesichts der zahllosen Einzelheiten, die nur ihnen zu zählen aufgetragen sind, Anspruch auf einen (oder mehrere) andere(n) (Be-)Nenner, Namengeber oder Denominator(en), als der Repräsentationsbegriff einer ist?

II. Einführungen 2: Die veränderte theologische und religionskundliche Problematik

1. *Die von den theologischen und die von den religionskundlichen Disziplinen zu bearbeitende(n) Repräsentation(en)* sind im frühesten Sachstand noch nicht selbständig thematisierbar, da Wissenschaften, die hier Unterschiede setzen könnten, noch nicht existieren. Was einmal ihre Gegenstände sein werden, hängt noch miteinander und mit Begriffen, die für einen bestimmten (gleich unter Punkt 4 zu charakterisierenden) Typus von Philosophie wichtig geblieben sind, zusammen. Doch in späteren Argumentationsphasen werden sich mehrere Arten Repräsentation voneinander trennen, unter denen die verfassungsrechtlich-politologische (vgl. Leibholz 1975)[8] die respektabelste sein wird. Das alles ist längst geschehen. So darf im folgenden der heutige Sachstand einfach vorausgesetzt werden.

2. Auf das groß angelegte *Durchhalten sämtlicher Unterscheidungen zwischen zwei* - der Differenz zwischen theologischen und religionskundlichen Disziplinen entsprechenden - *Repräsentationsarten* kommt es bei dieser Fragestellung ausnahmsweise nicht an. Nur der Unterschied zwischen normativer Begriffsverwendung in den theologischen und deskriptiver Begriffsverwendung in den religionskundlichen Disziplinen ist verbindlich, solange die Entscheidung für oder gegen die Verwendung des Begriffs noch nicht gefallen ist. Im Falle eines »Pro« muß dieser Unterschied streng aufrecht erhalten bleiben.

3. Von »*der Theologie*« und von »*der Religionsgeschichte*« und/oder *Religionskunde* als definierten Wissenschaften wird in dieser Arbeit nicht gesprochen, sondern nur von theologischen und religionskundlichen Dis-

---

[8] Von Leibholz stammen auch ausgezeichnete, inhaltlich oft weit über sein Fachgebiet hinausgreifende Monographien (vgl. Leibholz 1973; 1929; 1966).

ziplinen. Es soll kein Gedanke an eine monolithische Einheitlichkeit dieser Wissenschaften aufkommen, weder daß sie bestehe noch daß sie durch einen sprachregelnden Appell hergestellt werden könne. Die Erwartung von Streit innerhalb der Wisssenschaften, der ja auch zu einer Erneuerung des Repräsentationsbegriffs führen kann, wird am einfachsten aufrecht erhalten, wenn man an die Streitenden über die einzelnen Disziplinen denkt. Bei diesem Ausdruck sollen die evtl. partikularen oder rivalisierenden wissenschaftlichen Fortschritte von Teildisziplinen ebenso wie die Genese des zur vollständigen Wissenschaft drängenden Habitus einschließlich der Gewinnung und Vermittlung des Wissens mitgehört und mitveranschaulicht werden. Das hält zugleich die Chancen lebendig, die Grenzen beider Wissenschaften notfalls in andere hinein zu ziehen bzw. Aussagen der letzteren, die der Sache nach letztlich sogar in die Theologie und/oder in die Religionskunde gehören, mitzuberücksichtigen.

4. Der *Theologe* und der *Religionshistoriker* haben früher *andere Wissenschaften* gern zum Nutzen der eigenen *beliehen* (Näheres Teil XII 1). Beide Disziplinen bergen aber so viel eigenartiges theoretisches Potential in sich, daß möglicherweise damit sogar umgekehrt den anderen Wissenschaften, und dann nicht nur bei der Auf*füllung*, sondern sogar bei der Auf*findung* methodischer Lücken, geholfen werden kann (siehe IX-XII). Vielleicht demonstriert schon das hier behandelte Thema, wie das geschehen könnte. Das Problem im ganzen läßt sich mit Aussicht auf wissenschaftstheoretischen Erfolg am ehesten der Federführung einer Philosophie anvertrauen[9], die ohne entsprechende Aufgabenstellung auch ohne einen Begriff von Repräsentation auskommt, zumal es häufig um Tatbestände des Neben-, Über- oder Untereinander, der Beziehung oder Beziehungslosigkeit solcher Dinge zueinander geht, die zunächst nach einem kategorialen Charakter verlangen. Ist ein solcher ihnen erst einmal zugeschrieben, also dann, wenn die *Kategorien* der Repräsentation einwandfrei festgestellt und begründet sind, brauchen sie sich deshalb dennoch nicht unbedingt in Repräsentations*begriffen* auszudrücken. Wenn sie es aber tun - es spielen dabei noch andere Motive mit, die wir hier auf sich beruhen lassen müssen -, dann liegt hier, gleichsam »rechts« von der kategorialen, eine präzisere Fassung vor. Dies Nebeneinander reizt zu der Frage, ob

---

[9] Christiane Schildknecht (1995, 589f), Dietfried Gerhardus (1995, 590f), Uwe Oestermeier (1995, 591ff) geben an dem besten Material ein darstellerisches Vorbild und demonstrieren zugleich, wie man sich die Neugründung einer analytischen Religionsphilosophie vorstellen könnte, die inhaltlich das Denken von Heinrich Scholz weiterführt.

denn »links« von der kategorialen eine noch *unpräzisere Fassung* denkbar ist.

5. Nur mit Zögern sei es gesagt: *denkbar ist sie schon*. Es muß einen Grund haben, daß die Rede von der Repräsentation für sehr viele Menschen so eingängig ist. Dieser Tatbestand läßt sich weder auf der Seite der Kategorie, noch auf der Seite der Terminologie, noch auf der Seite des Alltagsjargons oder der Umgangssprache voll verrechnen. Eine Erwartung ohne Beispiel richtet sich hier auf etwas im ungünstigsten Falle jedenfalls Eingebildetes, von dem manch einer wünscht, es möge sich als etwas unerhört Apriorisches oder Axiomatisches erweisen. Es soll mit allen Vorbehalten, und nur damit man ein Etikett hat, das eventuelle Bezugnahmen erleichtert, eine *summa parva politica naturaliter in mente contenta* genannt werden[10]. Unanfechtbare Proben aufs Exempel lassen sich noch

---

[10] Ich kann zur Zeit nichts Besseres tun, als dilettantisch aus dem letzten Buch des verstorbenen Freundes Klaus Holzkamp (1995, 177-337) das dritte Kapitel, »Grundbegrifflichkeit einer subjektwissenschaftlichen Theorie lernenden Weltaufschlusses«, für Selbstbeobachtungen auszubeuten, die mit einer bis heute andauernden, viele Personen beeinflussenden Popularisierung der Hobbes'schen Gedanken sicherlich besser zu erklären sind als mit der folgenden Konstruktion. Aber da man eine solche oft im Kopf hat, bevor man sie Stück für Stück vernichtet und durch eine seriöse Erklärung ersetzt, gebe ich sie hier preis, damit auch noch andere, denen es ähnlich ergangen sein mag wie mir, erkennen, daß es sich um keine *R*ekonstruktion handelt. Ein empirisch unbegründetes, psychologisch ungeklärtes Ur- oder Vorwegvertrauen, gesetzt in die Verheißungen gegenseitiger, schon vom bloßen Nebeneinanderleben ermöglichter Vertretung aller an schweren Situationen Beteiligten, muß irgendwann bereit geworden sein, auf einen Begriff gebracht zu werden. Indem dieser sich zu einem Begriff der Repräsentation entwickelte, wurde die verbliebene Fähigkeit, mit etwas vertraut zu werden, auf Sachverhalte gelenkt, mit denen sich anderweitig erworbene Kenntnisse aller Art verbinden ließen. Sie brachten Klärung in die Diffusität der Lernanfänge und bedeuteten zugleich das Auf- und Erfinden einer Sachmitte. In derselben ist vom Willen und vom Gedächtnis jedes Einzelnen immer wieder der Staat anzutreffen, wenn es um etwas so Elementares wie das Politische geht. Der Staat steht dann in der Mitte einer Mitte. Damit ist ein dritter Grad von Mitte erreicht, den man sich nun als Zentrum eines konzentrisch gewordenen Kreises vorstellen kann. Dies Zentrum ist ein Sinnfeld, das erklärt, wie ein Staat entstehen, und wie er beschaffen bleiben kann. Dies wiederum konkretisiert sich in einem Modell, das einfachste Formen von Repräsentation - etwa eines Volkes oder einer Herrschaft in einer bestimmten Person, oder des Willens Vieler in der Abordnung Weniger, nebst meistens zu beidem gehörigen Delegierungen - zu lehrreicher und wirksamer Betrachtung nebeneinander enthält. Wer also hinzu erlernen kann, kann vielleicht noch eine Lebensform hinzu erahnen, in der sich dieses alles mehr als in etwas anderem wie ein *inneres Sprechen* präsentiert, das nun als eine relativ selbständige »Metaebene« erscheint, auf der man ein »Metagedächtnis« (Holzkamp 1995, 304)

nicht machen. Man versuche, ob das Folgende unter Inanspruchnahme dieses nur zu erhoffenden, nicht nachzuweisenden Apriori besser verständlich wird als ohne dieses.

III. Anwendungen des Begriffes 1: Nicht thematisiert, traditional, ein Fallbeispiel

1. Wenn *die Zulässigkeit oder Unzulässigkeit einer Darstellung* schlechthin, einer Nomenklatur, einer logischen Prozedur und dergleichen zu einer Prüfung ansteht, dann kann es berechtigt sein, daß man auch Wertungen vornimmt. Eine Wertung wäre es z.B., wenn man die Vollständigkeit eines Begriffes höher schätzt als seine Genauigkeit; oder wenn man den/das repraesentans für wichtiger hält als das repraesentandum; oder wenn man sich müht, die sinngebende Ausstrahlung eines Begriffs durch Stilmittel möglichst weit in seine Umgebung auszudehnen, weil einem dies a priori besser gefällt als die Konzentration der Sinngebung in einem Punkt, die sich durch die syntaktische Plazierung des Begriffs natürlich ebensogut vermitteln ließe.

2. Diesmal soll indessen nur *Neutralität in der Kategorien- oder Begriffsbildung gelten,* gleichviel ob »neutral« bedeutet, daß es in die Mitte zwischen positiver und negativer Wertung, oder daß es in ein wertendes Verfahren überhaupt nicht hineingehört. Es ist also entweder nach einem Zeugnis zu suchen, das die Kategorie oder einen Begriff der Repräsentation zwar enthält, aber nicht so zentral, daß sie bzw. er als Schlüssel zum ganzen Sinn des Zeugnisses aufzufassen wäre, oder nach einer wissenschaftlichen Darstellung, die denselben Charakter anstrebt, selbst wenn er ihrem Gegenstand als solchem nicht zukommt. Am besten wäre ein Ensemble von Zeugnis und Darstellung, in dem beide einen ebensolchen Charakter haben, ohne daß man zu befürchten hätte, der Quellen- und der Darstellungstext würden einander durch Einsatz und unbemerkbares Unterschieben semantischer Antinomien korrumpieren.

3. *Ein* solcher *Idealfall* liegt offensichtlich im *Leviathan* von Thomas Hobbes und seiner Untersuchung durch Dietrich Braun vor. Eigentlich müßte jetzt eine Untersuchung erfolgen, ob die christliche Ethik - einmal angenommen, sie sei als akademisches Fach mehrheitlich akzeptiert - bei

---

und mittels dessen eine - nicht besser zu benennende - »Metaempfangsbereitschaft« entwickeln kann (dazu gleich Teil IV Einleitung und Teil II 5).

Braun (vgl. Braun 1963)[11] eine klare Diagnostizierbarkeit von Staat und Handeln darin voraussetzt (manche Systematiker deklarieren ja einfach ihr Handwerk als staatspolitische Praxis!), und ob bei seiner inhaltlichen Füllung des Politikbegriffes Hobbes Pate gestanden hat. Leider ist der Schreiber dieser Zeilen dazu nicht imstande. Möge man ihm bei einer Schulübung folgen. Das Buch beginnt - nach einer *Introduction,* also mit dem ersten Satz des ersten Kapitels (»Of Sense«) - folgendermaßen:[12]

»Concerning the Thoughts of man, I will consider them first *Singly,* and afterwards in *Trayne,* or dependance upon one another. *Singly,* they are every one a Representation or Apparence, of some quality, or other Accident of a body without us; which is commonly called an *Object.* Which Object worketh on the Eyes, Eares, and other parts of man's body; and by diversity of working, produceth diversity of Apparences.« Kann man sich eine programmatischere Einführung des Begriffes der Repräsentation vorstellen? Und doch ist es hier zu Anfang nichts weiter als ein Ausweis des anthropologischen Hintergrundes von Hobbes, seines Sensualismus (vgl. dazu Braun 1963, 56)[13]. Er wird natürlich immer wieder sichtbar, doch ist die Repräsentation dafür keineswegs konstitutiv. Sie ist es auch nicht in Braun's Darstellung.

4. Der *Begriff* begegnet auch im Zusammenhang der *Trinität,* z.B. »To conclude, the doctrine of the Trinity, as far as can be gathered directly

---

[11] Als Dietrich Braun mir dieses Buch, seine Dissertation, zum fünfzigsten Geburtstag schenkte, begann eine Freundschaft. Sie gewann einen von uns nicht vorauszuahnenden Charakter hinzu, seit ich bei Oliver Sacks (1989) den Satz gelesen hatte: »Bereits zur Zeit Galens hatten Ärzte einzelne Merkmale und Symptome der Parkinson'schen Krankheit beschrieben, beispielsweise das charakteristische Schütteln oder den Tremor und die charakteristische Hast oder die Festination im Gehen und Sprechen. Auch in der nichtmedizinischen Literatur waren detaillierte Darstellungen zu finden, etwa in Aubreys Beschreibungen von Hobbes' Schüttellähmung.« (Ebda., 25) Ich habe Dietrich Braun für sehr Vieles zu danken.

[12] (Was in Anm. 11 steht, hatte auf Zustandekommen und Tenor des Folgenden keinen Einfluß.) Braun zitiert nach der Ausgabe von M. Oakeshott (1948). Ich benutze die Ausgabe von C. B. Macpherson (1968). Diese hat als Minikonkordanz im Inhaltsverzeichnis neben den Seitenziffern diejenigen der Erstausgabe von 1651, von denen einige auch in den Text gesetzt sind, doch stelle ich gleich beide Neuausgaben (mit eigenen Paginierungen) nebeneinander, dazu zur Sicherheit die Kapitelzahlen. Nur die originalen Interpunktionen (vgl. zu Macpherson's Editorentreue die zu Teil IX 3 zitierte Facsimile-Ausgabe) habe ich etwas modernisiert.

[13] Leider fehlt hier der Platz, die an Ausblicken reiche Darstellung der empiristisch-sensualistischen Anthropologie so ausführlich zu referieren, wie es der Ausgewogenheit von Braun's Darstellung zukäme.

from the Scripture, is in substance this: that God who is alwaies One and the same, was the Person Represented by Moses; the Person Represented by his Son Incarnate; and the Person Represented by the Apostles. As Represented by the Apostles, the Holy Spirit by which they spake, is God; As Represented by his Son (that was God and Man), the Son is that God; As Represented by Moses, and the High Priests, the Father, that is to say, the Father of our Lord Jesus Christ, is that God: From whence we may gather the reason why those names *Father*, *Son*, and *Holy Spirit* in the signification of the Godhead, are never used in the Old Testament.« (Hobbes 1968, 524; 1948, 324; Braun 1963, 197, Anm.16 - Kap.42)

Das ist gerade in seinem staatstheoretischen Zusammenhang ein eindeutiges Dokument der theologischen Repräsentation. Sie wird von Braun dogmengeschichtlich dem Modalismus in der Ausprägung durch Sabellius zugewiesen. Beachtenswert ist es, daß er dann seine eigene Interpretation ganz über die Einführung und durch die Vermittlung des Personbegriffs anlegt (vgl. Braun 1963, 20)[14]: »Person ist derjenige, dessen Worte oder Handlungen entweder als seine eigenen betrachtet werden (*persona naturalis*), oder derjenige, dessen Worte oder Handlungen als solche angesehen werden, die die Worte oder Handlungen eines anderen repräsentieren (*persona repraesentativa*). Weil eine repräsentative oder künstliche Person demnach als ein Relationsbegriff zu verstehen sei, könne sie als solcher auch auf eine Mehrheit von Repräsentanten angewendet werden. Auch von Gott, sofern er nach dem Dogma dreifach in Erscheinung trete, dürfe demzufolge durchaus zweifelsfrei behauptet werden, daß er in verschiedenen Personen existiere«. Jedoch »zielt Hobbes' Lehre von der Trinität nachgerade auf das Gegenteil einer aus der Heilsgeschichte abgelesenen, als ihre eigenste Voraussetzung oberhalb derselben selbständig entfalteten, theologisch denknotwendigen Realität. Was Gott ist, ist er in der Offenbarung seiner selbst ad extra in der zeitlichen und ökonomischen Individuation der ihn repräsentierenden geschichtlichen Personen.«

Aber während für die Trinitätslehre im Mittelalter die Repräsentationskategorie mehr oder weniger unabdingbar war, kann sie bei Hobbes auch in einem ganz anderen »Stil« vorgetragen werden. Das läßt sich zeigen, indem man sich eine Eigenheit relativ vieler Autoren, darunter auch Hobbes', zunutze macht. Sie sind Schritt für Schritt so gedankenreich, daß die

---

[14] Es folgt der in der nächsten Anmerkung belegte Text, von dem ich aber im Sinne des oben Ausgeführten das weglasse, was Braun wörtlich anführt, und statt dessen wörtlich die Fortsetzung bringe, die Braun nicht mehr brauchte. Der Text aus dem 16. Kapitel, auf das Hobbes hier selbst verweist, folgt erst in Teil IV, da der Argumentation dort ohne ihn noch schwieriger zu folgen wäre.

Nachfolgegedanken des Lesers auf Schritt und Tritt in mehrere Richtungen gehen können - durchaus nicht immer, aber manchmal doch in die vom Autor selber eingeschlagene. In eine deutet Hobbes hier, indem er nach einer ersten Variante (= der zweiten Fassung) seiner reichen Reflexionen zur Trinität, nämlich: »Here wee have the Person of God born now the third time [...] But a Person, (as I have shown before, chapter 16) is he that is Represented, as often as hee is Represented; and therefore God, who has been Represented (that is, Personated) thrice, may properly enough be said to be three Persons« (Hobbes 1968, 522; 1948, 323; Braun 1963, 20 u. 197) auf eine zweite Variante (= dritte Fassung) verweist. Diese behandeln wir inhaltlich nicht, sondern lassen uns von ihrem Vorhandensein gestatten, (mit Teil IV) eine andere Richtung einzuschlagen, als Hobbes und Braun es tun. Vorher verfolgen wir Brauns Argumentationsgang zu Ende - hin zu dem Ziel, um dessentwillen sich ohnehin die meisten Leser in hohe Spannung versetzen lassen.

5. Die *Lehre von der Entstehung des Staates* stellt Braun so dar, daß man sie in einer Art Schwebebalance neben alles Bisherige stellen kann, das thematisch den gleichen Rang hat. Das wird sich implizit als außerordentlich begründet erweisen. So faßt Braun zusammen: »Für die Erzeugung der Staatsgewalt wird der Begriff der künstlichen Person nun dadurch unentbehrlich, daß eine Vielheit menschlicher Willen einen einheitlichen Willen überzeugend nur auf dem Wege der Repräsentation zu bilden in der Lage ist. Danach wird eine Menge zu einer natürlichen Person, wenn sie sich als solche durch eine repräsentative Person gleichzeitig verkörpern läßt, und zwar in Kraft ausdrücklicher Zustimmung jedes einzelnen als einer Partikel der Menge. Der Akt ihrer Konstituierung zu einer natürlichen Person fällt demnach zusammen mit dem der Autorisierung einer repräsentativen Person. Logisch, dem Zug des konstruierenden Gedankens folgend, wäre die persona naturalis der sich einigenden Vielen von der künstlichen Person zu unterscheiden. Faktisch - das ist Hobbes' scheinbar überzeugende, logisch jedoch schlechterdings so schwer vollziehbare Behauptung - seien beide unauflöslich eins und bildeten eine große Person, die des Repräsentanten. ›For it is the unity of the representer, not the unity of the represented, that maketh the person one‹.« (Braun 1963, 135f)

Mit dem letzten, wörtlich zitierten Satz kommt dann auch Braun zum 16. Kapitel (Hobbes 1968, 220; 1948, 107). Aber vorher haben seine »Umwege« Folgendes gelehrt. Zu den drei Sachbereichen a) psychologischer Sensualismus, b) Apostellehre und Trinitätstheologie, c) Machtdelegation und Herrschaftslegitimation werden von Hobbes die wesentlichen

Aussagen mit Hilfe der *Kategorie* der Repräsentation gemacht, seltener mit der *Terminologie* derselben. Es liegt in einer jedesmal etwas anders begründeten »Natur der Sache«, ob Hobbes so oder so verfährt. Aber er will offensichtlich keine allgemeine Theorie der Repräsentation voraussetzen oder im Leser bilden. Eine Theorie hätte nur per Systemzwang die Aussagen vereinheitlichen und die drei Bereiche in eine ontologische Ordnung bringen und in ihren Aussagen voneinander abhängig machen können. Dies geschieht nicht. Das muß bedeuten, daß für Hobbes *keine* universale Repräsentation besteht, d.h. daß sie kein autonomes Thema für ihn ist.

Die Vorbildlichkeit der Darstellung Brauns besteht darin, daß er gleichfalls keine Repräsentationstheorie entwickelt, indem er ihren Inhalt thematisiert, obwohl er eine Theorie für *sein* Thema gut hätte gebrauchen können. Seine faszinierende Hervorhebung eines rein christlich-theologischen Systems aus dem *Leviathan* kann nur deshalb so klar ausgefallen sein, weil er den Repräsentationskomplex in seiner Hilfestellung beläßt.

Wie sieht es nun aus, wenn dieser Komplex bewußt thematisiert wird?

IV. Anwendungen des Begriffes 2: Thematisiert, funktional, dasselbe Fallbeispiel

Die *Repräsentation* ist neuerdings gleichsam per decretum *thematisiert* worden[15], indem sie in einer äußerst lehrreichen Monographie gewürdigt wurde. Titelei und Name des Autors geben sie als eine öffentlich-, staats- und verfassungsrechtliche Untersuchung zu erkennen und steigern die Erwartung des Neuen beträchtlich - vielleicht deshalb, weil diese Spezifikation des Gegenstandes auf eine besondere »Meta-Empfangsbereitschaft« trifft (siehe Teil II 5), sicherlich aber wegen der hier angebotenen Verbreiterung und Vertiefung von Kenntnissen.

---

[15] Vgl. Hasso Hofmann (1974). Über Hobbes dort S. 87-92, 382-392 und ein dutzendmal passim. Einzelzitate daraus bringe ich nur wenige und kurze, da mehr nach einem Vergleich mit Braun aussähe, der angesichts eines Umfangsverhältnisses von 1:17 unfair wäre. Daß Hofmann das zwölf Jahre vor dem seinen erschienene Buch von Braun nicht zu kennen scheint, sei immerhin vermerkt. Gerade unter den für Hofmanns andere Fragestellung wichtigen Aspekten wäre bei Berücksichtigung von Brauns Beobachtungen der Paragraph über Hobbes vielleicht noch ein bißchen besser geworden. - Da diese Arbeit sich auf die Repräsentationen in zwei Wissenschaften der Neuzeit beschränkt und keine Hobbes-Arbeit werden soll, müssen die vorzüglichen Ausführungen Hofmann's in grausamer Kürze referiert werden.

Plädoyer für einen Verzicht auf den Begriff der Repräsentation

1. Endlich begreift man, warum der *Begriff der Repräsentation* in der Sache ein einfacher ist und in der Darstellung bis zur Banalität *simplifiziert* werden kann, und warum er ebenso in der Sache sowohl ein komplizierter ist als auch in der Darstellung bis zur Subtilität *kompli(fi)ziert* werden kann. Es liegt an der Simplizität oder Komplizität der Zusammenhänge, innerhalb derer er - häufig eher neu gebildet als seine Substanz verändernd - rezipierbar ist. Wenn es angängig ist, den künstlerischen Ton als Repräsentation dessen zu bezeichnen, was der Komponist innerlich hört, dann repräsentiert der Klang eines Violinsolos eine einfache, einer Orchestersymphonie eine komplizierte musikalische Komposition.

2. Die in Rede stehende Untersuchung geht nur von komplizierten Zusammenhängen aus. Gäbe es nur diese, dann hätte der Repräsentationsbegriff eine schlechthin *erhabene Geschichte*. Zu seinen Hintergründen zählen mehr als die Gebiete, die mit den folgenden sieben Beispielen ineins genannt werden. Die Beispiele stellen ihrerseits notgedrungen eine Auswahl dar, die nur den Zweck hat, den Blick auf neue Charakteristika zu lenken und damit seine Wahrnehmungsfähigkeit überhaupt zu erweitern. Repräsentation ist gegeben a) in der römischen Jurisprudenz heidnisch und christlich; b) als letztere bei Tertullian argumentativ auch im Abendmahlssakrament lebendig; c) von der Repräsentation des Herrenleibes aus eine immer schwierig bleibende, später auf Anderes applizierbare erkenntnistheoretische Problematik eröffnend; d) in Spätantike und Mittelalter nicht nur das eucharistische, sondern auch das kirchliche *corpus* deutend; e) das vom *corpus Christi mysticum* vermittelte Heil dann dem *corpus saeculare* des Absolutismus gönnend; f) die damit für eine Korporation erwiesene Heilkraft auch für solche Korporationen selbstverständlich annehmend, die als Volk neben dem Volk Gottes und als Volk des Herrschers unter des Herrschers Staat stehen; g) die Herrschaft, die *potestas* an sich, als *repraesentanda* legitimierend.

3. Man steht hiermit kurz vor dem *Eintritt in Hobbes' Staat*. Dessen Darstellung zu referieren, ist hier nicht mehr der Ort. Doch in Wahrnehmung des Themas der Repräsentation ist darauf hinzuweisen, daß die Delegation der Macht an den Herrscher und deren Ausübung zum Nutzen der nunmehrigen Untertanen im Rahmen der Kategorie und nur wenig dazu auch mittels der Repräsentationsterminologie erfolgt. Am lehrreichsten für den Nichtjuristen ist die Interpretation des Staatsrechtlers da, wo sie sich derjenigen Repräsentativcharaktere annimmt, die von Hobbes ohne die Terminologie im engeren Sinne abgehandelt wird (vgl. Hofmann 1974, 383-389). Was dann das Hinsteuern seines kundigen modernen Interpreten nun auch auf Kap. 16 anlangt, wo es mit der »Definition« doch auch um

81

die Terminologie gehen müßte, läßt Wichtiges erwarten: »Hobbes bedient sich, wie man sieht, der Termini der Stellvertretung, um damit den Gedanken der Verkörperung der politischen Einheit zu entwickeln und auszudrücken.« (Das bezieht sich auf Kap. 17.) »In der Tat thematisiert ja das zuletzt herangezogene, unmittelbar die Staatsdefinition des 17. Kapitels zu Beginn des zweiten Teils (*De civitate sive republica*) vorbereitende Kapitel 16 mit der Überschrift *Of Persons, authors, and things personated* bzw. *De personis et autoribus* das Problem der Stellvertretung. Der Beginn dieses Kapitels, dessen zentrale Bedeutung schon Tönnies hervorgehoben hat, macht sogleich klar, wovon die ein wenig seltsamen Titel eigentlich reden, nämlich ›von den Handelnden, den Berechtigten und der Personifizierung von Sachen‹«. (Ebda., 389)

Hier hätte man darauf vorbereitet werden sollen, daß etwas höchst Merkwürdiges ins Spiel kommen wird, nämlich eine ganz andersartige Terminologie, die in einer auch der Repräsentationsterminologie gewidmeten Untersuchung besonders beachtet werden muß. Es beginnt: »There are few things, that are uncapable of being represented by Fiction. Inanimate things, as a Church, an Hospital, a Bridge, may be Personated by a Rector, Master, or Overseer. But things inanimate, cannot be Authors, nor therefore give Authority to their Actors: Yet the Actors may have Authority to procure their maintenance, given them by those that are Owners, or Governoours of those things. And therefore, such things cannot be Personated, before there be some state of Civill Government.« (Hobbes 1968, 219 Abs.3)

Die Wendung »to be personated« fällt hier besonders auf. Sie bedeutet nicht »personifiziert sein«, und es ist Unsinn, von der »Personifizierung von Sachen« zu reden. Die letzte deutsche Übersetzung, der Hobbes' lateinische Version zugrunde liegt (vgl. Hobbes 1980), hat am Anfang, in der Mitte und am Ende dieses Absatzes: »Es gibt wenige Dinge, die man sich nicht als Person denken könnte [...] So kann eine leblose Sache, wie z. B. eine Kirche, ein Krankenhaus, eine Brücke ihren Stellvertreter haben, und dies ist gewöhnlich der Aufseher oder Vorsteher [...] Personen der Art gibt es also nicht, solange keine bürgerliche Gemeinschaft besteht.« (Hobbes 1980, 144f)

Die neueste deutsche Übersetzung, die den englischen Text von 1651 als Vorlage nimmt, liest sich so: »Es gibt wenige Dinge, die sich nicht fiktiv durch Personen vertreten lassen. Leblose Dinge wie eine Kirche, ein Hospital, eine Brücke lassen sich durch die Person eines Pfarrherrn, Vorstehers oder Aufsehers vertreten. Aber leblose Dinge können keine Urheber sein [...] Und deshalb können solche Dinge nicht durch Personen vertreten werden, bevor es einen Zustand staatlicher Regierung gibt.« (Hobbes 1996, 136f)

Daraus ist zunächst die Konsequenz zu ziehen, daß nicht nur die Ausdrücke (»Vorstellung einer«) »Repräsentation«, »Lehre von der R.«, »R.sterminologie«, »R.skategorie« der Metasprache zuzuordnen sind - das verstand sich bisher so von selbst, daß es nicht gesagt zu werden brauchte -, sondern auch das Wort »Repräsentation« allein. Es ist zwar in der Objektsprache gebildet und benutzt worden, aber es eignet sich zugleich, wie es bei Ausdrücken solcher Art unendlich oft vorkommt, so gut als metasprachlicher Ausdruck, daß seine Zugehörigkeit sowohl zur Objekt- wie zur Metasprache zweideutig wird. Man kann daran nichts ändern. Umso genauer muß man sich überlegen, welche Äquivalente man benutzen will, wenn es nötig wird. So ist es hier. Für Dinge benutzt man keine »Termini der Stellvertretung« (siehe oben), sondern solche des Mandats oder der Procura. Der Repräsentant wäre dann ein Mandatsträger (Mandatar, lat. *mandator*) oder Prokurist (lat. *procurator*), Bevollmächtigter[16]. Weiter: »Likewise Children, Fooles, and Mad-men that have no use of reason, may be Personated by Guardians, or Curators; but can be no Authors (during that time) of any action done by them, longer then (when they shall recover the use of Reason) they shall judge the same reasonable.« (Hobbes 1968, 216)

Die Vertretung von Kindern, Schwachsinnigen und Verrückten ist also von gleicher Qualität wie die Vertretung von Gebäuden und Gegenständen. Hobbes' Argumentation zielt immer auf den Punkt, daß nichts ohne Staat, ohne Institution, ohne Beauftragung (hier, ohne Zusammenhang, braucht nicht einmal gefragt zu werden, durch wen) geht. Fragen, wie er sich eine »Personifikation« vorstellt, und welche Verwandlungs- oder Beharrungsfähigkeit das bei Dingen oder minderwertigen Menschen voraussetzt, sind falsch gestellt. Es genügt, daß man für »representation« den richtigen metasprachlichen Ausdruck wählt. Das Fremdwort beizubehalten, ist auch erlaubt. Aber im Deutschen ist gar nicht so wenig möglich. »Vertretung« verlangt neben »Stellvertretung« besondere Aufmerksamkeit: Es handelt sich meist nur um eine Interessenvertretung. »Stellvertretung« schließt die ganze personale Existenz ein. Diese wird *coram Deo* am

---

[16] Die in Klammern gesetzten lateinischen Ausdrücke stammen nicht aus Hobbes' lateinischer Version, sondern sollen auf den morphologischen Zusammenhang der deutschen auf -*ar* endenden Fremdwörter nicht mit den lateinischen Substantiven auf -*or*, sondern mit den französischen auf -*aire* aufmerksam machen. - Hobbes' Begabung, simultan in zwei Sprachen zu schreiben, hat sein (und vieler anderer Gelehrter) Freund John Aubrey (1626-1697) unnachahmlich geschildert (vgl. Aubrey 1984).

wichtigsten, und wenn man ihr nicht durch »Beauftragung« oder »Verantwortliche Wahrnehmung« gerecht werden kann, dann muß man eine Erläuterung von der Art folgen lassen, wie Hobbes es tut, wenn sie auch heute nicht mit einem solchen Gewicht versehen werden kann, daß implizit die Person zum Indikator für Orthodoxie und Häresie wird: »An Idol, or meer Figment of the brain, may be Personated; as were the Gods of the Heathen, which by such officers as the State appointed, were Personated, and held Possessions, and other Goods, and Rights, which men from time to time dedicated and consecrated unto them. But Idols cannot be Authors: for an Idol is nothing. The Authority proceeded from the State: and therefore before introduction of Civill Government, the Gods of the Heathen could not be Personated.« (Hobbes 1968, 320 Abs.1)

Das muß zugleich bedeuten, daß bei allen bis zur Äquivokation gebrauchten Termini an einen direkten Bezug, wie er z.B. zwischen explanandum und explanans besteht, nicht gedacht ist. Deshalb handelt es sich, anstatt von Repräsentation, wieder nicht um Personifikation, eher um »Personalisierung« (daran läßt auch das »three persons«, oben III 4 am Ende, denken). Man vergesse nicht, daß diese vier Absätze in demselben Katechismus stehen - so hat man das 16. oder das 16. und 17. mit Recht genannt -, in dem auch die für klassisch und rein sinngebend gehaltene Repräsentationsterminologie vertreten ist. Sinngemäß richtig faßt man das wohl so zusammen: Der Repräsentant *wird* Person, oder: er ist am wichtigsten *als* Person. Dabei ist der Personbegriff aus der Trinitätslehre vorgegeben. »The true God may be Personated. As he was, first, by *Moses*, who governed the Israelites, (that were not his but God's people) not in his own name, with *Hoc dicit Moses;* but in Gods Name, with *Hoc dicit Dominus.* Secondly, by the Son of man, his own Son our Blessed Saviour *Jesus Christ* that came to reduce the Jewes, and induce all Nations into the Kingdome of his Father; not has of imselfe, but as sent from his Father. And thirdly, by the Holy Ghost, or Comforter, speaking, and working in the Apostles: which Holy Ghost, was a Comforter that came not of himselfe; but was sent, and proceeded from them both.« (Hobbes 1968, 320 Abs.2)

4. Beschränkt auf den Repräsentationsbegriff kommt man zu dem Resultat, daß er sich nicht einmal, wenn er thematisiert wird, als Systemträger, Zentrum einer Weltanschauung, Quintessenz einer Universalstruktur, oder wie umfassend auch immer zu erkennen gibt, sondern als aus einem Wortfeld mit Trägern ähnlicher Bedeutungen hervortretendes, nicht präzises, aber zur Präzision herausforderndes Interpretament für Verhältnisse, in denen sehr elementare Gegebenheiten zueinander stehen. Es ist wichtig,

daß man gerade dann, wenn es sich einmal wieder aufdrängt, daß alles mit Allem zusammenhängt, sich nicht durch die Spezifikation dieser Einsicht, daß dann ja auch Jedes für Alles stehe, zu der Meinung verleiten läßt, die ganze Welt sei ein einziges, massives Repräsentativsystem.

B. Meist Unbemerktes, Widersprüchliches

V. Terminologische Nachprüfungen 1: Das bloße Wort »Repräsentation«

1. *Für Deutsche* ist »Repräsentation« weiterhin *ein Fremdwort*. Das Merkwürdige ist, daß man schon beim Aufspüren der Etymologie oder der frühesten Bezeugung nicht an eine Grundbedeutung herankommt (nach Walde/Hofmann 1982, 355). Das lateinische Adjektiv *praesens* »gegenwärtig«, »anwesend«, »jetzig«, »sofortig«, »dringend«, »wirksam« ist wohl die älteste Form. Das Substantiv *praesentia* »die Anwesenheit« soll es seit Terenz, die Verbal-, Substantiv- und Adjektivbildungen mit re- seit Cicero geben. In den Atticusbriefen des letzteren (12, 31, 2; 13, 29, 3 u.ö.) heißt *repraesentatio* »die Barzahlung« (Merguet 1905). Von den romanischen Sprachen wird das lateinische Wort innerhalb der jeweiligen Phono- und Morphologie weitergeführt bzw. -verwendet. Die Einbettungen in das germanisch-romanische Nebeneinander und in die globale Ausbreitung des Englischen dürften die Entwicklung des Wortes zum Allerweltsbegriff begünstigt haben.

2. Die prinzipielle *Unerkennbarkeit eines Grundsinnes* kann man durch dekretierte Übersetzungen einigermaßen unterlaufen. Die Wortbildung *repraesentatio* wird gemeinhin mit »Gegenwärtig- (=praesens) Machung« wiedergegeben. Die Nuance, die in re- »wieder-« oder »zurück-« steckt, bleibt dabei unberücksichtigt. Wörter wie »Vergegenwärtigung«, »Vorführung«, »Vorstellung«, »Abbildung« sind bereits als erste, sehr feine Differenzierungen der sog. Grundbedeutung anzusprechen. In dem durchschnittlichen oder allgemeinen Sinn, der sich ergibt, kann »Repräsentation« von allem gesagt werden, was den Stand der Abwesenheit von Etwas in irgendeine Weise von Anwesenheit überführt bzw. ersteren durch letztere ersetzt.

3. *Verallgemeinerungen des Wortsinnes*. Eine »Repräsentation« kann zu einem neu konkretisierbaren Akt verallgemeinert werden. Dafür kann man, sinngemäß aufeinander folgend, definitorisch zweierlei festsetzen, nämlich

a) daß eine Repräsentation ein semasiologischer Akt sein soll. Formal wird damit der Umstand genutzt, daß das Wort Repräsentation von seiner Bildung her ein *nomen actionis* ist. Inhaltlich wird es damit möglich, die Bezeichnung eines gedanklichen Vollzuges innerhalb derjenigen Wissenschaft, der eine zur Wahl oder in Rede stehende Repräsentation zugeteilt werden soll, als Namen für die letztere zu übernehmen (Beispiel: »Schutzmacht«); b) daß eine Repräsentation das hypostasierbare Resultat nicht nur eines semasiologischen, sondern *jedes* repräsentierenden Aktes sein soll. Denn es gibt auch Verallgemeinerungen zu einer neu konkretisierbaren Objektivation. Beide Verallgemeinerungsarten, die zu einem Akt und die zu einer Objektivation führende, gelten gleich viel.

VI. Terminologische Nachprüfungen 2: Der *Begriff* der Repräsentation

1. *Modalitäten der Begriffsbildung.* Wie weit man sich durch das bloße Suchen nach einem allgemeinen Grundsinn der fast immer gleichzeitigen Tendenz zur Preisgabe desselben ausliefert, mögen die folgenden vier Variationen des Grundsinnes zeigen.[17] Sie geben zugleich darüber Aufschluß, wo die Eigenschaften bereit liegen, die außerdem die potentiellen Merkmale sind, die ein Begriff möglicherweise zur Erlangung der Autonomie seiner Bedeutung benötigt. Als wichtigste Voraussetzung für die Bildung bestimmter Begriffe von Repräsentation erweist sich damit die prinzipiell mögliche Zugehörigkeit des Wortes zu einem kohärenten Gegenstandsbereich.

2. *Kunsttheorie.* Ein Gegenstand befindet sich an einem dritten Ort, er wird aber in einer Abbildung so gegenwärtig gemacht - dort ist dann der »zweite Ort« -, wie es am »ersten Ort« die Person ist, welche die Abbildung zu sehen bekommt. Deshalb heißt hier »Repräsentation« auch direkt »bildliche Darstellung«. Wo diese zur »Sache selbst« geworden ist (dazu Teil VII 3), hat sich in der gegenwärtigen Kunstwissenschaft z.B. für eine

---

[17] Hier ist es wichtig, daß der ursprüngliche, oben »dritter« genannte Ort des abwesend Gemachten im Beispiel unter Nr.2 materiell (durch die beteiligte Person), in den Beispielen unter Nr. 3 (als Depot des Geldes) und Nr. 4 (als Aufenthaltsort oder Wohnsitz) virtuell belegt bleibt. Zwischen Repräsentation (als dem zum Gegenstand gewordenen Vorgang) und Repräsentiertem besteht also eine gewisse Duplizität ständig weiter.

Darstellung eines fürstlichen Aufwandes o.ä. die Bezeichnung »Repräsentationsbild« eingebürgert.

3. *Erbrecht*. Eine Hinterlassenschaft steht der Person, die sie eigentlich bekommen soll, nicht zur Verfügung, weil sie nach bestimmten, dagegenstehenden Gesetzen nicht zum Erben eingesetzt werden darf; statt dessen kann ein Erbberechtigter, welcher das Vertrauen des Erblassers genossen hatte, der benachteiligten Person die Hinterlassenschaft unter einem zwar weniger werten, aber de facto doch vollen Gebrauch ermöglichenden Rechtstitel zur Verfügung stellen. Dafür sagt man sinngemäß, er mache sie ihr »gegenwärtig«. Deshalb heißt *repraesentatio* in den Digesten (35,1,36. § 1; Marcellus) auch direkt »Übergabe eines *fideicommissum*«[18].

4. *Finanzwirtschaft*: Wenn Geld (noch) nicht das Eigentum dessen (geworden) ist, der Anspruch darauf hat oder es schon besitzt (= bei dem es sich bereits befindet), dann kann es ihm irgendwann vorgelegt bzw. zunächst für ihn verauslagt werden. Das heißt: Es wird so gegenwärtig gemacht, wie es der akute Gebrauchszweck erfordert. Deshalb heißt *repraesentatio* hier auch direkt »Vorausbezahlung von etwas Gekauftem« oder »sofortige bare Erstattung einer geschuldeten Summe«. Nach anderer Auffassung handele es sich hier um die *repromissio,* eine Art der Schuldübernahme, für die aus dem Schuldrecht kein Bereich ausgegrenzt worden sei, der dem »Repräsentationsrecht« analog wäre (letzteres gehöre in dessen für Erbangelegenheiten reservierten Teil) (vgl. Sohm 1923, 226; 483; 580; 654-657; 674f; Anm.3; 718-723; 734).

5. *Rhetorik*. »Verschobene« Bedeutungen bilden ein für die »Redekunst« sehr charakteristisches Repertoire. Eine gleich zweifache Bedeutungsverschiebung ergibt sich z.B., indem man nicht nur von einem Gegenstand, sondern von einer Gegebenheit (also einschl. Sachverhalt und Ereignis) überhaupt spricht, ferner, indem man die Gegenwart, die herbeigeführt werden soll, im Verhältnis zum zu Vergegenwärtigenden nicht nur als Möglichkeit, sondern auch als Notwendigkeit ansieht. Das heißt: Diejenige Realisierung, durch die eine Repräsentation geschaffen wird, läßt nicht mehr nur deshalb durch ihre bloße Faktizität auf eine gewisse Notwendigkeit der Repräsentationsschaffung schließen, weil die letztere ohne

---

[18] Beleg aus Georges, *Ausführl. Handwörterbuch* ... Sp.2329. Zur Sache ausführlich Kaser (1986, 342-344), § 77. »Die Fideikommisse«. Der erste Satz gibt die Definition: »*Fidei commissum* ist ursprünglich eine formlose Bitte des Erblassers, deren Erfüllung er ›der Treue‹ des anderen ›überläßt‹. In der Republik sieht man darin noch keine klagbare rechtliche Bindung, sondern nur eine sittliche Verpflichtung für jeden, dem der Erblasser etwas, beschwert mit solcher Bitte, hinterlassen hat, diesem Wunsch zu entsprechen.« (Ebda.)

eine solche Notwendigkeit unterblieben wäre. Die gegenwärtig machende Faktizität kann vielmehr auch ein über das Notwendige hinaus- oder an ihr vorbeigehendes Moment an sich haben. In diesem letzteren Sinne wurde die Repräsentation in die Rhetorik übertragbar: Die *repraesentatio* geht über die Tugenden der Klarheit und der Wahrscheinlichkeit, welche für die Rede ohnehin notwendig sind, hinaus und gewinnt damit den Rang der *evidentia* (vgl. Lausberg 1973, §810). Die Klarheit oder Durchsichtigkeit (*perspicuitas*) ist dann etwas, was offensteht, sichtbar ist, einfach vor Augen liegt (*patet*). Die *repraesentatio* ist also etwas, das sich dem Auge entgegenstreckt, sehen läßt, veranschaulicht, zeigt, erklärt (*ostendit*).[19] Dazu können sinnfällige Einzelheiten aufgezählt werden.[20]

Kunsttheorie, Erbrecht, Finanzwirtschaft und Rhetorik stellen nur eine Auswahl aus einer viel größeren Anzahl von Sachgebieten dar, die nicht identisch ist mit der Anzahl der (in Teil I 1 genannten) Wissenschaften. Es gibt vielmehr in jeder von ihnen Bedeutungsskalen, die für sich genommen als lexikographisch normal anzusprechen sind, durch ihre Kumulierbarkeit als solche aber für eine unverhältnismäßig große Zahl von Anwendungsäquivalenten im ganzen verantwortlich sind. Es könnte für das Ganze nützlich sein, weitere Bedeutungsvermehrungen möglichst zu verhindern.

---

[19] »Das Schmuckvolle (*ornamentum*) ist das, was mehr ist als nur durchsichtig und einleuchtend. Seine ersten Stufen bestehen darin, das, was nach deinem Wunsch herausgearbeitet werden soll, deutlich zu erfassen und herauszuarbeiten, die dritte ist die, die zu dem gesteigerten Glanz (*nitidiora*) des Ausdrucks führt, den man im eigentlichen Sinne gepflegt nennen kann. Deshalb wollen wir die Anschaulichkeit (energeia), deren ich schon bei den Regeln für die Erzählung Erwähnung getan habe, zu den Schmuckmitteln stellen, weil die Veranschaulichung (*evidentia*) oder, wie andere sagen, Vergegenwärtigung (*repraesentatio*) mehr ist als die Durchsichtigkeit, weil nämlich die letztere nur den Durchblick gestattet, während die erstere sich gewissermaßen selbst zur Schau stellt.« (Quintilianus 1975, [VIII 3,61] 2/174-177)

[20] »Erreichen aber werden wir, daß die Dinge so handgreiflich wirken, wenn sie wahrscheinlich wirken, und man darf dann sogar fälschlich alles Mögliche dazuerfinden, was gewöhnlich dabei geschieht. Die gleiche Deutlichkeit gelingt auch durch die Verwendung beiläufiger Einzelheiten: ›eisiger Schauer schüttelt die Glieder mir, das Blut gerinnt mir kalt vor Bangen‹ (Vergil, Aen. 3, 29) sowie ›Ängstlich preßten die Mütter die Kleinen fest an die Brust sich‹(Vergil, Aen. 7, 518).« (Quintilianus 1975, [VIII 3,70] 2/178f)

VII. Kategoriale Nachprüfungen 1: Repräsentation als Symbol, Phänomen und »Sache selbst«

1. *Repräsentation als (statisches* und/oder *dynamisches) Symbol.* Dieses Begriffspaar gibt gewichtigen Relationen bestimmte Konnotationen mit. Es sind, jedenfalls teilweise, andere als in sonstigen Wissenschaften und ihren Gegenstandsbereichen hermeneutisch genutzt werden. Repräsentation und Symbol bleiben dabei so eng beieinander, daß man sie unter gewissen Aspekten als Synonyme auffassen kann. In der rekognitiven Grundfunktion laufen Symbol und Repräsentation völlig gleich. Unterschiede fallen aus, wie der Philosoph sie haben will, etwa: Das Symbol tritt zeitloser, jedenfalls nicht so kontingent auf wie die Repräsentation. In der Repräsentation erscheinen konkrete Merkmale spontan und effektiv mit, das Symbol hingegen läßt noch erkennen, unter welchen Bedingungen es entstanden ist, und es bietet keine Handhaben für eine etwaige konkretere Verwirklichung.

2. *Repräsentation als Phänomen.* Die Duplizität, die von Grund auf zwischen der Repräsentation (nicht als Vorgang, sondern als Resultat desselben) selbst und dem von ihr vor Augen Geführten besteht, erfordert die hypothetische Annahme eines imaginierten Raumes, der Repräsentiertes und Repräsentation, je nach Blickrichtung, ebenso voneinander trennt wie miteinander verbindet. Repräsentation und Phänomen werden sich dann strukturell zum Verwechseln ähnlich. Aber Phänomene kann man bestimmen bzw. von der Repräsentation unterscheiden, indem man die Repräsentation etwas anderes, das Phänomen hingegen sich selber darstellen läßt, obwohl das letzere der prominentesten »Phänomenologie«, die es gibt, nämlich der »des Geistes« bei Hegel, widerspricht. Beim Phänomen kann man die Identität seiner selbst mit seinem Wesen im Husserl'schen Sinne immer überzeugend mitschwingen lassen, während die Repräsentation gar nichts derartiges erfordert. Das Problem berührt sich hier mit dem der Identität (Teil VIII 3).

3. *Repräsentation als die »Sache selbst«.* In diesem Zusammenhang ist dann auch Repräsentation nicht mehr die Vergegenwärtigung von irgendetwas, sondern die »Sache selbst«. Das heißt: Die ursprüngliche Sache wäre gar nicht existent, wenn sie nicht eben repräsentiert »würde« (= als repräsentiert gelte). Ihre Existenz liegt in ihrer Repräsentation. Von der Repräsentation aus können sonst zwar Rückschlüsse auf die Existenzweise des Repräsentierten gezogen werden, aber die in diesem Punkt Engagierten tun es nicht, weil dann der Repräsentation vom Charakter der »Sache

selbst« wieder etwas genommen wäre. Man pflegt, wenn man will, diese Möglichkeit auszuschließen, indem man vom *Aspekt der Anwesenheit* ausgeht. Da ein Gegenstand oder ein Sachverhalt für den, zu welchem er irgendwie gehört oder eine vorgängige Beziehung hat, wichtiger ist, wenn er gegenwärtig ist oder stattfindet, als wenn er abwesend ist oder ausbleibt, wird Repräsentation als »die Sache selbst« eher von solchen Gegenständen oder Sachverhalten gesagt, bei denen nicht nur ihre Wichtigkeit, ihre Bedeutsamkeit und ihr Hinausgehen über das Notwendige, sondern ihre gesamte (Seins- oder Ereignis-) Qualität in der Tatsache liegt, daß sie vergegenwärtigt oder herbeigeführt werden; hingegen machen ihre Abwesenheit oder ihr Ausbleiben sie nicht nur unanschaulicher und unwirksamer, sondern stellen ihre gesamte Existenz oder Möglichkeit in Frage. Das mag der unbewußte Grund dafür sein, daß als »Sache« stets nur etwas Anspruchsvolles ist. Für viele ausschließlich, für manche von Fall zu Fall nach Gefühl, bedeutet »Repräsentieren« etwa »Aufwand für seine Stellung machen«. Repräsentationskosten sind, für die Verwaltungssprache selbstverständlich, der finanzielle Aufwand für den geselligen Verkehr, zu dem gewisse hohe Stellungen ihre Inhaber nötigen, ja zwingen können.

Nur selten ist dieser uneigentlich gewordene Sprachgebrauch in einer Wissenschaft zu Ehren gekommen. »Repräsentieren« bedeutet dann nicht mehr »jemanden vertreten« (oder was auch immer aus dem ganzen bisher besprochenen Gedankenreich), sondern »etwas vorstellen«, und zwar immer etwas Prächtiges. »Gerade auch für den Schmuck gilt, daß er zur Darstellung gehört. Darstellung aber ist ein Seinsvorgang, ist Repräsentation.« (Gadamer 1990, 164)[21] In derselben ontologischen Festlegung, die hier eine Philosophie der Kunst mitbegründet, kann auch für den Bereich des Politischen theoretisiert werden. (Der Zugang zu diesem erfolgt, merkwürdig genug, von einem bestimmten Verständnis der Kunst her, das auch im politischen Sprachgebrauch duchklingen kann.) »Die Romantik erhob den Anspruch, wahre, echte, natürliche, universale Kunst zu sein. Niemand wird den eigenartigen ästhetischen Reiz ihrer Produktivität leugnen. Trotzdem ist sie als Ganzes der Ausdruck einer Zeit, die, wie auf anderen geistigen Gebieten, auch in der Kunst keinen großen Stil aufbringt und, im prägnanten Sinne, keiner Repräsentation mehr fähig ist. Bei aller Verschiedenartigkeit der Beurteilung romantischer Kunst wird man sich doch

---

[21] Es gibt bei Gadamer nur diesen Repräsentationsbegriff. Er hat seinen Ort nur im »Erster Teil. Freilegung der Wahrheitsfrage an der Erfahrung der Kunst« (7-174), insbesondere in den Erörterungen der »Seinsart des Ästhetischen«.

über eines vielleicht einigen können: Die romantische Kunst ist nicht repräsentativ.« (Schmitt 1988, 19f)[22]

VIII. Kategoriale Nachprüfungen 2: Repräsentation in Analogie, Dialektik und Identität

1. *Repräsentation in einer Analogie.* Die redundante Verwendung des Repräsentationsbegriffs geschieht nicht zuletzt auf Grund von Analogien. Theoretiker, die es mit der Religionswissenschaft gut meinen, legen ihr deshalb nahe, ihren Repräsentationsbegriff dem semasiologisch-philosophischen, dem soziologischen, dem politischen oder dem juristischen möglichst analog zu halten. Ein Beispiel, mit dem sie argumentieren, besticht zunächst: Wenn es sich um eine Person handele, die eine Gruppe sonstiger Personen an anderer Stelle noch einmal gegenwärtig macht, sei der religiöse Repräsentant dem politischen in der Beziehung, die ihn als das erscheinen läßt, was er ist, völlig gleich; denn wie der Parlamentarier die Bevölkerung seines Wahlkreises repräsentiert oder der Botschafter die seines Landes, so der Priester seine Gemeinde. Dieses Beispiel deckt den Aspekt, unter dem der politische Repräsentant zu sehen ist, in der Tat völlig, nicht aber den, unter dem der Priester als Mittler außerdem zu sehen ist: Er repräsentiert auch Gott vor der Gemeinde. Hierhin reicht die Analogie nicht. Sie ist also aus dem Fundus dessen, was die religionskundlichen Disziplinen entleihen müssen (siehe Teil X), auszuscheiden.

2. *Repräsentation in einer Dialektik.* Eine auf der gleichen Linie liegende These besagt, wie andere Disziplinen hätten es auch die religionskundlichen mit dialektischen Verhältnissen der (in Teil I) genannten Art zu tun. Man mag dabei an einen großen Religionsforscher denken, der neben der »Manifestation des Heiligen«, die einer Repräsentation des Heiligen in etwa gleichkommt, ausführlich von einer »Dialektik der Hierophanien« reden kann (vgl. Eliade o.J., 34-37).[23] Ein Beispiel: »Obschon eine bestimmte Art von Ojekten den Rang einer Hierophanie annehmen kann, gibt es doch immer auch Objekte derselben Art, die dieses Ranges nicht teilhaftig sind. Dort, wo man etwa vom sogenannten ›Steinkult‹ spricht, wer-

---

[22] Schmitt's eigenen Repräsentationsbegriff findet man z. B. in seiner *Verfassungslehre* (1954, 200-220; 303-319).

[23] Ich habe mich mehrmals damit auseinandergesetzt und darf mir hier der Kürze halber erlauben, auf die Zusammenstellung in Carsten Colpe (1990, 75-93 oben, zweite Hälfte von Anm.48) zu verweisen.

den nicht alle Steine als heilig angesehen. Wir begegnen immer *bestimmten*, wegen ihrer Form, ihrer Größe oder ihrer kultischen Bedeutung verehrten Steinen [...] Die Dialektik der Hierophanie setzt eine mehr oder minder deutliche *Auswahl*, eine Besonderung voraus. Ein Gegenstand wird sakral in dem Maß, in dem er etwas ›anderes‹ als sich selbst verkörpert (das heißt offenbart) [...] Was wir deutlich machen wollen, ist, daß eine Hierophanie eine *Erwählung* (choix) voraussetzt, eine klare Abscheidung des hierophanen Objekts in Bezug auf den es umgebenden Rest [...] Diese Abscheidung des hierophanen Objekts vollzieht sich zumindest in Bezug *auf sich selbst,* denn es wird erst Hierophanie, wenn es aufhört, ein gewöhnlicher, profaner Gegenstand zu sein, wenn es eine neue ›Dimension‹ annimmt, die des Sakralen - ganz klar ist diese Dialektik auf der elementaren Ebene der Blitzhierophanien, die in der ethnologischen Literatur so häufig erscheinen.« (Ebda., 34f - kursiv von C.C.)

Dieses Verständnis von Dialektik entspricht nicht der opinio communis der Philosophen und Logiker. Wenn, äußerstenfalls, eine Sache A zugleich eine Sache B ist, dann kann, je nach Zusammenhang, eine contradictio in adiecto, eine Ambivalenz oder eine semantische Antinomie vorliegen, aber keine Dialektik. Eine Dialektik im Zusammenhang des Repräsentationsproblems sieht anders aus (siehe Teil I 2 und 3): sie betrifft nicht die Existenz, sondern die Evidenz.

3. *Repräsentation und Identität.* a) Es ist nicht das Zusammenfallen, oder die Identifikation, von *repraesentans* und *repraesentandum* gemeint, also nicht die »Sache selbst«. Es ist vielmehr an Identitätsbegriffe zu denken, die in mehreren kultursoziologischen und erziehungswissenschaftlichen Disziplinen entwickelt worden sind. Die Identitätsfaktoren sind sehr verschiedene (Imagines, Attribute, Haltungen). Potenzierte Verwendung der beiden Begriffe erlaubt dann Aussagen wie »Das Problem der Repräsentation ist ein doppeltes, auf der Seite des Objekts, der Identifizierung von Etwas als Etwas, und auf der Seite des Subjekts, des Sich-Identifizierens-mit-Etwas.« Aussagen solcher Art sind semasiologisch sekundär, bzw. zu einem nächst höheren Grad abstrahiert, als die in dieser Arbeit in Rede stehende Repräsentation es ist. b) Man kann festsetzen, daß eine Repräsentation sowohl das hypostasierte Resultat des Repräsentationsaktes als auch dieser Akt selbst sein soll. Damit ergäbe sich auch auf dieser Ebene nicht mehr als Identität, natürlich anderen Inhalts als die unter a genannte, aber wie diese in keiner höheren Potenz als der ersten. c) Soweit der grundsätzliche Unterschied der Repräsentation von der Identität erfragbar ist, liegt er darin, daß Rückschlüsse von der Repräsentation auf das Repräsentierte immer möglich und insoweit sinnvoll, aber nie nötig sind.

Wer sich doch einer Rückschlußmöglichkeit bedient, um der Identität einer Repräsentation gewahr zu werden, der treibt ein bloßes Gedankenspiel.

C. Neu Eingegrenztes, Aufzugebendes

IX. Anwendungen des Begriffs 3: Mit normativer, aber inkonsequenter Tendenz; theologisch

1.a) *Die auffällige Seltenheit* des Begriffes in seinem qualifizierten Sinn könnte Gründe haben, die sich von den hier erwogenen nur dadurch unterscheiden, daß sie nicht explizit sind. Was die *Geschichte* der Repräsentationsbegriffe und -kategorien anlangt, von denen man sich vorstellen könnte, daß sie heute theologisch relevant wären, so ist es nicht sinnvoll, sie bis zur Reformationszeit als eine und von da an als doppelte zu betrachten. Fassen wir das, was wir bisher als etwas kennen lernten, das zu repräsentieren ist, mitsamt dem, das repräsentiert, wie Seinsbereiche oder wie Vorstellungen von zwei Sphären zusammen, so stellen sie sich im christlichen Denken als himmlische und als irdische, oder als göttliche und als kreatürliche Wirklichkeit dar.

b) So allgemein muß man bleiben, bevor man die Repräsentation der einen Sphäre durch Gegebenheiten aus der andern untersucht, und in solcher Allgemeinheit gibt es noch *keine konfessionellen Unterschiede.* In letzterer Hinsicht wäre es allenfalls interessant, ob eine Aussage wie »Repräsentation ist zwar noch kein wirklicher terminus technicus in der Theologie *geworden* (Hervorhebung von C. C.), aber geeignet«, die von prominentester katholischer Seite kommt - es grenzt ans Wundersame, wie eine einzelne Person auf Grund eines schlechthin umfassenden Konsenses für eine Weltkonfession als »repräsentativ« gelten kann -, eine Einsicht voraussetzt, wann und warum der Begriff ein solcher t.t. einmal *gewesen* sei (vgl. Rahner 1963, Sp.1244f)[24], während es der protestantischen Theologie die Redlichkeit gebietet, darüber nachzudenken, ob ihr nicht gerade der Siegeszug des Begriffes der Repräsentation durch die Kulturwissenschaften Angst gemacht hat, ein Festhalten »des« Repräsentations-

---

[24] Dieser kurze Artikel bringt eine Fülle von *Möglichkeiten* für die Anwendung eines Repräsentationsbegriffs, und so, statt »Anwendungen«, müßte es auch hier in der Überschrift von Teil IX heißen, wenn nicht schon die Erwägung eines Karl Rahner ein, vorläufig noch akademischer, Anwendungsfall wäre.

begriffes liefere sie dem Kulturprotestantismus aus. Die folgende Aufzählung nur der wichtigsten Punkte muß von dieser Problematik ganz absehen.

2. Eine einfache Durchmusterung der *Dogmengeschichte* würde zahlreiche Repräsentationen erbringen, die, weitergedacht, letztlich alle zur *analogia entis* führen würden. Auf der geschöpflichen Ebene liegt der Sache nach eine doppelte Repräsentation im Amt des *katholischen Priesters* vor. Der Bischof handelt in Christi Namen und macht an seiner Statt zeichenhaft die Gegenwart Gottes sichtbar, er vertritt aber auch in seiner Person als Zeichen für das Haupt des Leibes Christi die Gemeinde vor Gott[25]. Hiermit ist zugleich, außer auf die *Trinitätslehre* (oben Teile III und IV)[26], auf die Sakramente verwiesen.

3. Die katholisch-ekklesiologische »Repräsentation« kann man in die Bedeutungen des Papstes und der Eucharistie auseinanderlegen. Zum Papst siehe den Exkurs zwischen den Teilen X und XI. Mit der *Realpräsenz im Abendmahl* bringt sich die Repräsentation eindeutig in Erinnerung[27]. Weder die protestantische noch die katholische Theologie gehen heute freilich so weit, daß sie die Elemente, oder die Hostie, zum Repräsentanten Jesu Christi erklären. Aber solche Überlegungen, denen ein symbolischer Sinn des Abendmahls-, des eucharistischen Geschehens nicht genügt, bedienen sich für die Deutung des hinter den Sakramenten liegenden Erlösungsgeschehens gerade im Umgang mit dem Sakrament einer theologischen Sprache, deren Sinn mit demjenigen des Wortfeldes »Repräsentation« übereinstimmt.

---

[25] Es ist auffällig, daß in der Constitutio dogmatica de Eecclesia des Zweiten vatikanischen Konzils (vgl. Breuning 1967) der Ausdruck *repraesentatio* nicht vorkommt, während die Bischöfe sogar *vicarii (*plur.!) *et legati Christi* genannt werden.

[26] Hobbes ist historisch, d.h. für ein Stück anglikanischer Kirchengeschichte durchaus »repräsentativ«, aber: »Hobbes' *Leviathan* wurde fast von Anfang an von Legionen von Klerikern wegen seiner blasphemischen Beschreibung des Menschen verurteilt« (Moss 1990, 50). In diesem Begleitband zur Facsimile-Ausgabe der »Verlag Wirtschaft und Finanzen GmbH« stehen noch drei weitere instruktive Aufsätze.

[27] Zur klassischen, in Bindung an das Verbum *repraesentare* und seine Ableitungen grundlegend gebliebene Position Tertullians siehe Hofmann (1974, 58-64). Es sei bemerkt, daß der - vor Erscheinen von Hofmanns Untersuchung verfaßte - Exkurs von Gadamer (1990, 146, Anm. 220) den Satz erläutert: »Mir scheint, daß man dessen (sc. »die Seinsvalenz dessen, was wir ein Bild nennen«) Seinsweise nicht besser als durch einen sakralrechtlichen Begriff charakterisieren kann, nämlich durch den Begriff der Repräsentation. - Offenbar stellt sich der Begriff der Repräsentation nicht von ungefähr ein, wenn man den Seinsrang des Bildes gegenüber dem Abbild bestimmen will.«

X. Anwendungen des Begriffs 4:
Mit deskriptiver Absicht; religionskundlich

1. In einem Handbuch wird die biblische *Erzählung von Jakob in Bethel* (Gen. 28) zum Ausgangspunkt für eine aufschlußreiche theoretische Erörterung genommen. Einleitend heißt es: »Symbol kann alles werden, was für ein Subjekt zu einer von sich selbst verschiedenen, im Symbol gemeinten Sinnwirklichkeit in ein Verhältnis der Repräsentation gesetzt wird.« Dann wird der Traum zusammengefaßt, den Jakob hat, während sein Kopf auf einem Stein liegt, und so interpretiert: »Nun ereignet sich hier für Jakob eine Theophanie, und der Stein, der in dieser Erlebnissituation nur eine äußerliche Bedeutung hatte, wird von Jakob durch jenen Weiheakt zum ›Malstein‹, d. h. zum sakralen Symbol dadurch, daß er mit der Wirklichkeit des Heiligen in ein bestimmtes Verhältnis gesetzt wird, das in unserer Definition als Verhältnis der Repräsentation bezeichnet wird.« (Mensching o.J., 244)

2. Die *theoretischen Überlegungen*, die sich daran anschließen (vgl. ebda., 245-248), kann man folgendermaßen *zusammenfassen*. Repräsentation ist die entscheidende Wesensstruktur des Symbols. Jedes Symbol besteht aus dem vordergründigen Gegenstand und der gemeinten Sinnwirklichkeit. Die letztere wird durch den ersteren repräsentiert. Deshalb wird das Verhältnis zwischen beiden Schichten Repräsentation genannt. Es gibt Symbole im strengen Sinne nicht an sich, sondern nur, indem sie ein Subjekt voraussetzen. Die Repräsentation schließt andere denkbare Beziehungen (z. B. die wirklichkeitsgetreue Abbildung) zwischen den beiden Schichten aus. Diese müssen »zusammenkommen«, der Charakter des Vorganges, der in dem Wort *Vergegenwärtigung* liegt, darf nicht vergessen werden. Es handelt sich um *Gegenwartswerdung*. Die umfassendste Sinnwirklichkeit, die repräsentiert werden kann, ist das Heilige. Seine Repräsentation kann auch seine Manifestation heißen. Der darin enthaltene Symbolcharakter entsteht mit Beteiligung eines Subjekts wie Jakob, bleibt bestehen, indem sich Menschen angesichts des Malsteins der Wirklichkeit Jahwes gegenüber fühlen, und kann aufgehoben werden, indem die gemeinte Wirklichkeit mit dem Symbolgegenstand ineins gesetzt wird (letzterer wird dann magisch). Wenn die Wirklichkeit einer Repräsentation in eigener Erfahrung besteht, kann ihr Bestand durch einen Akt wie das Glaubensbekenntnis erhalten bleiben. Die religiöse Erfahrung kann die Sinnwirklichkeit auf andere Weise und dann nur ausführlicher zur Geltung bringen, die Repräsentation kürzt sie ab.

Exkurs
Kumulierung der Repräsentationen zum Sonderfall: Die Theokratie und ihre Repräsentanten

1. *Begriff.* Das Wort »Theokratie« bedeutet wörtlich »Gottesherrschaft«, und da bestimmte menschliche Herrschaftsgebilde so genannt werden, ist die Repräsentation, die hiermit vorliegt, eigentlich schon vom Wort »Theokratie« als solchem definiert. Wo, wie am rigorosesten in der Theokratie, das Repräsentierte unsichtbar ist - oder als unsichtbar ausgegeben wird! -, wird es in der Regel in einer sehr mächtigen, wenn nicht übermächtigen Gestalt vergegenwärtigt oder sichtbar gemacht: so a) »von unten« der Staat in einem Hohenpriester (antikes Judentum), einer Art König (zeitweise in Tibet), einer Art von Präsidenten (wie Oliver Cromwell), einem wahrhaft gerechten Rechtsgelehrten (zeitweise im schiitischen Iran), oder einem sonstigen Typ von Herrscher (hier gibt es bis zu Absolutismus und Gottkönigtum viele Steigerungsgrade), b) »von oben« Gott in denselben Gestalten.

2. *Bezeichnungen.* Zwei theokratische Repräsentanten führen »Stellvertreter« direkt als Titel, der christliche Papst mit einem lateinischen Wort, *vicarius,* ein islamisches Sippen- oder Gemeindeoberhaupt mit einem arabischen Wort, *khalifa.*[28] Die Bedeutungsveränderungen und -erweiterungen, die beide sprachlichen Formen des Titels im Laufe der Zeit durchgemacht haben, und besondere Geschicke, die einzelnen unter den Trägern des Titels widerfuhren, haben indessen eine solche Vielfalt von Verständnismöglichkeiten gebracht, daß die Urbedeutung der Repräsentanz ganz in den Hintergrund getreten oder vergessen worden ist. So konnten unter dem Titel »Stellvertreter« Streitigkeiten ausgetragen werden, ob der Stellvertreter Christi bzw. des Mohammed oder ob - in beiden Religionen! - der Stellvertreter Gottes gemeint sei. Seit zur Bedeutung »Stellvertreter« die Bedeutung »Nachfolger« hinzugekommen ist, hat solch ein Streit keinen Gegenstand mehr.

3. *Bewertungen der Personen* sind selbstverständlich nur auf Grund dessen möglich, was auf dem Papier steht, also was sie nach Meinung ihrer Anhänger sein sollen, bzw. was ihr Amt politisch-ethisch bedeutet. So ist der Papst kaum mehr ein Repräsentant in der in diesem Artikel vorliegenden Bedeutung des Begriffs zu nennen, da mindestens im Deutschen der Begriff der Stellvertretung viele positive Bedeutungen hinzubekommen

---

[28] Beide haben dieselbe semitischsprachige jüdisch-christliche Vorläuferschaft; Näheres bei Colpe (1990, 81-89).

hat. Auch dem Kalifen werden, wenn er nicht als Statthalter Gottes, sondern als Nachfolger des Propheten gilt, unvergleichlich gute Eigenschaften zugeschrieben; bei ihm werden sie als »Herrschertugenden« verstanden und können so formuliert werden, als stammten sie aus einem Fürstenspiegel, wie ihn auch die hellenistisch-christliche Welt kennt (siehe Hadot 1972) - eine ungenutzte Möglichkeit der Verständigung zwischen Ost und West.

4. *Bewertungen der Institutionen* brauchen sich nicht auf das zu beschränken, was auf dem Papier steht, sie dürfen empirisch sein. Dann sieht man: Die Herrschertugenden sind kollektiv nicht zu vergegenwärtigen; deshalb ist schon die angestrebte, erst recht die »realisierte« Theokratie als verderblicher Fall der Repräsentation in die »Sache selbst« zu beurteilen. Wenn dergleichen seitens eines Prätendenten bereits im Umgang mit sich selber geschieht, ist die herauskommende »Sache selbst« eine potentielle Charakterskala vom Typus des Fanatikers über den vom Gotteskomplex Heimgesuchten bis zu dem Gläubigen, der einer theokratischen Anmaßung erlegen ist.

XI. Begründungen für einen Begriffsverzicht 1: In praktisch- und systematisch-theologischen Disziplinen

1.a) *Vorbemerkung.* Die folgenden Überlegungen gehören zu dem *theoretischen Potential* eigener Art, auf das (in Teil II 4) hingewiesen wurde. Es gehören schon ganz einfache Dinge dazu, z. B. ob »Wahre Sätze« nicht besser »Richtige Sätze«, und »Falsche Sätze« nicht besser »Verkehrte Sätze« heißen sollten. Oder: Wenn die »Metaphysik [...] eine Theorie (ist), für welche gezeigt werden kann, daß die Sätze, die dieser Theorie angehören, in einem wohlbestimmten signifikanten Sinne als metaphysische Wahrheiten interpretiert werden können« (Scholz 1965, 11) - gibt es dann auch »Repräsentation als Wirklichkeitsbeweis« - etwa gar im Sinne von »Richtigkeitsbeweis«? - oder »-hinweis?« Wegen dieses Potentials sind religionskundliche Disziplinen berechtigt, von einem gewissen Punkte an eigene Wege zu gehen, und zwar nicht nur in der Verwendung des Repräsentationsbegriffs, sondern auch in einem begründeten Verzicht auf ihn. b) Es liegt auf der Hand, daß hier nur von solchen Disziplinen die Rede sein kann, die Theologie wirklich zur Theologie machen. Die Exegese würde, wenn nötig, unter irgendeiner Text- oder Sprachwissenschaft, die Kirchengeschichte unter der Geschichtswissenschaft mitbehandelt werden. Der konventionelle Titelteil »praktisch-theologisch« steht nur aus Gründen der Kürze da. Er soll hier Theologisch-Anthropologisches und Theologisch-Ethisches zusammenfassen.

2. Zur Grundlegung der Anthropologie. Einige Modalitäten der Repräsentation sind nur mit dem Substantiv möglich, bzw. das Substantiv »Repräsentation« entwickelt leicht wie eine Hypostase eine gewisse Eigenmacht und tritt damit konkurrierend neben die Aussage, der es doch interpretierend dienen soll. Das verdirbt jeden freien anthropologischen Ansatz, namentlich wenn damit ein Rahmen für die Begründung einer Ethik unter dem Vorzeichen von Freiheit geschaffen werden soll. Will man hier Unterscheidungen zwischen Begriffen vornehmen, so muß man sich starker Mittel bedienen, als ginge es um eine Hypostasenspaltung. Solche Prozeduren sind in diesem Zusammenhang durchaus irreführend. Das gilt namentlich, wenn Identifikationen von beauftragtem (oder befohlenem) und (überzeugtem oder nicht überzeugtem) gehorsamem, willkürlichem und freiwilligem Handeln betroffen sind - oder was die neueren Handlungstheorien sonst an Feinheiten herausbringen mögen:[29] man bekommt unter von der Repräsentation diktierten Voraussetzungen nicht mehr auseinander, was man auseinanderbringen will. Hingegen eröffnet es neue Einsichten, daß sich dieselben, ihrerseits zu unterscheidenden Identifikationen mittels der Verben »repräsentieren« (im Gerundium = Repräsentation!), »symbolisieren«, »zur Erscheinung bringen« mit gleicher Deutlichkeit - und Zwanghaftigkeit! - *nicht* ergeben. Steht es so, dann macht der bloße *Vorgang* des einstmaligen Repräsentierens den Weg frei, das Ergebnis als *geglaubte oder für wahr gehaltene Gleichung* zu verstehen. Man kann dafür das anderweitig aufgestellte Postulat zu Hilfe nehmen, daß der Vollzug einer Repräsentation am meisten überzeugt sowohl, wenn dabei ein Zeichen mit Symbolqualität gesetzt wird, als auch, wenn eine Person als ihr Subjekt dahinter erkennbar wird und bleibt. Die Tätigkeit dieser Person kommt dann in manchem der Tätigkeit des Repräsentierens gleich, aber sie ist selbst kein(e) Repräsentant(in) mehr. An dieser Stelle ist darauf hinzuweisen, daß sich neuere religionspsychologische Untersuchungen (vor allem Sundén 1968) implizit bereits überzeugend mit den Möglichkeiten beschäftigt haben, an die Stelle statischer und von Selbstverfälschung gefährdeter Manifestationen (d. h. hier: vermeintlicher ethischer Repräsentationen) die Übernahme einer lebensgestaltenden Rolle treten zu lassen.

3. Zur Ethik des Sollens. Es sei vorausgesetzt, daß die Ethik des Sollens wegen ihrer Apodiktik und mit ihrem Apriorismus einer genuin christli-

---

[29] Besonders ergiebig für das hier Gemeinte - und auf denselben theoretischen Grundlagen beruhend - ist Rüdiger Bubner (1984).

chen Ethik am nächsten kommt. Wenn man nun meint, eine *Repräsentation habe kraft ihres bloßen Daseins einen affirmativen Charakter,* dann hat man nicht nur formal die Notwendigkeit von Postulaten für einschlägiges Handeln schlechthin behauptet, sondern auch schon eine Affirmation a posteriori vorbereitet, die dem Handeln jeder anderen Seite nur die Selbsttäuschung beläßt, ihrem Tun sei ein noch anderes Postulat zur Wahl vorgegeben (gewesen). Dann kann sich a posteriori nur ein Handeln zeigen, dessen Subjekte der Meinung sind, sie hätten sich anstatt frei für das eine vielmehr frei für das andere Postulat entschieden, unter dem sich jetzt freilich, ohne daß dazu die Absicht bestand, im Angesicht der affirmierenden die eigene als eine negierende Seite präsentiere. Damit macht jede Affirmation, die nichts weiter zu tun braucht als zu erfolgen, letztlich jede ethische Neutralität von vornherein unmöglich. Über den Mißkredit, in den jede positive Alternativposition konsequenterweise gebracht wird, braucht man dann gar nicht mehr zu reden. Im Nachhinein ist außerdem die mittels einer gleichsam präexistenten Affirmation entstandene Seite durch ein ponderables ethisches Übergewicht begünstigt, dessen Nutzen unwiderruflich und ausschließlich in dem Zwang für alle weiterhin erfolgenden Repräsentationen besteht, sich auf die eine oder die andere Seite drängen zu lassen. Diesem Zwang ist nie zu entkommen, sondern nur zuvorzukommen, und das nur durch Verzicht auf jede Aufstellung einer Repräsentation.[30]

4. *Zur Systematischen Theologie.* Genau so, wie selbst in der Demokratie die gewählten Parlamentarier vergessen können, daß sie das Volk zu repräsentieren haben, und dann nur noch sich selbst repräsentieren und selbstherrlich werden, so kann man auch in theologischen Disziplinen so mit den Repräsentationen umgehen, daß es dem Vergessen ihres Charakters gleichkommt und sie zur »Sache selbst« werden. Das bedeutet für den Gottesglauben äußerste Gefährdung, da ja der oder das, welcher oder welches repräsentiert werden will oder muß, und der Repräsentant, der diesen Part wahrnimmt, bis zur Ununterscheidbarkeit schlechthin zusammenfallen. Während man aber sonst immer die Mittel zur Korrektur hat, weil das *repraesentandum* ja noch da ist und empirisch erreichbar bleibt, ist dies nicht möglich, wenn es sich beim repraesentandum/-us um den unsichtbaren Gott handelt. Dann kann die Repräsentation geradezu zu ihrer

---

[30] Der Abschnitt »Vom Wesen des Sollens« bei Nicolai Hartmann (1949, 170-210) enthält harte Urteile über die - von Hartmann natürlich nicht so genannte - »religiöse«, einschließlich der christlichen Ethik. Gerade weil Hartmann vom in seinem ganzen Werk bestehenden atheistischen Standpunkt aus am schärfsten gesehen hat, habe ich als Paradigma die Sollensethik gewählt.

schlimmsten denkbaren Perversion verkommen, zur Fiktion. Man bekommt sie aus diesem Status nicht wieder heraus, weder indem man denen, die an dieser Fiktion leiden, neu einschärft, als was eine Repräsentation ursprünglich gemeint war, noch wenn man denen, die ob dieser unverhofften, übernatürlichen und damit unwiderleglichen Legitimation ihres brüchig gewordenen Atheismus ganz aus dem Häuschen sind, die Freude verdirbt. Also erspare man es der Repräsentation, zur Fiktion zu werden, indem man sie gar nicht erst aufstellt.

XII. Begründungen für einen Begriffsverzicht 2: In religionssystematischen und -geschichtlichen Disziplinen

1. *Reichweite der Begriffsverwendung überhaupt.* Die Grenze für eine allgemeine, *unbeschränkte Verwendung des Repräsentationsbegriffs* ergibt sich aus nichts weiter, als daß die »repraesentandi/-ae/-a« *grundverschieden* sein können. Wo der kleine Mann sich in einer Weise zur Schau stellt, daß man ihm ansieht, er wolle etwas Größeres oder einen Größeren darstellen, da gilt der/das Größere nur dann als solches für wirklich, wenn es (und von möglichst vielen!) gesehen wird. Das auf solchem Niveau Repräsentierte kann von der irdischen Institution bis zur supranaturalen Entität reichen. Nicht zu vergessen sind die kleinen Repräsentationen der göttlichen Gegenwart im Tempel, Altar, Kruzifix und Heiligenbild. Alle dergestalt geschehenden Repräsentationen sind aber dermaßen anders als solche, wo das Repräsentierte ganz voller unsichtbarer Macht ist, daß keine Seins- oder Gestaltanalogie hinreicht, beide unter einem einzigen Repräsentationsbegriff zu vereinigen (deshalb wird der »machtvollere« Teil im Exkurs besprochen).

2. *Zur systematisierbaren[31] Phänomenologie.* Die wichtigste Eigenart der Religion, die zur Begründung des Begriffsverzichts unbedingt festzuhalten ist, besteht darin, daß der *Bereich* dessen, was nur durch Repräsentation erfaßbar sei, *unermeßlich groß* ist, größer als alles, was man überhaupt unter den Aspekt der Repräsentation stellen kann. Das bedeutet, a) daß die Dinge, die u.a. gezählt werden müssen, *unzählbar* sind, und b) daß

---

[31] Es liegt kein Systembegriff, sondern ein einfacher Ordnungsgedanke zugrunde. Doch wäre gegen ein Phänomenensystem, auch ohne vertikal-historische Orientierung, nichts einzuwenden, wenn man damit etwas Vernünftiges anfängt. (Vgl. Colpe 1992)

das Unzählbare unvorstellbar, und das heißt *unsichtbar* ist. Dieser doppelte Tatbestand sollte etwa folgendermaßen behandelt werden.

Zu a) Wir stehen bei der am Schluß von Teil I gestellten Doppelfrage, deren hier zum Zuge kommender Teilsinn meint, ob diese Disziplin angesichts der zahllosen in ihre Zuständigkeit fallenden Einzelheiten Anspruch auf einen anderen Nenner, Namengeber oder Denominator hat, als der Repräsentationsbegriff einer ist. Die Frage kann jetzt so beantwortet werden, daß für die in diesem Bereich vorkommenden Begriffe, Merkmale, Elemente und Eigenschaften ein solcher Anspruch in der Tat besteht. Unter einer Fremdwort- oder einer rein deutschen Bezeichnung würde man freilich heute einen Ersatz vergeblich suchen. Unter einer lateinischen Bezeichnung aber kommt das in der Scholastik wohlbedachte »Immensum«, resp. die »Immensitas« in Frage.[32]

Zu b) In der vorgetragenen Deduktion des Unvorstellbaren liegt ein nicht wegzubringender Rest von Brauchbarkeit der alten, simplen, oft kritisch gemeinten, aber ebenso oft mit Recht affirmativ festgehaltenen These, daß Religion es nicht zu ihrem kleinsten Teile mit dem Unsichtbaren zu tun hat. Die Einwände, mittels eines Repräsentationsbegriffes gleichsam dagegen anzuarbeiten, sind in verkleinertem Maßstab dieselben, die oben (Teil XI 4) gegen ein solches Verfahren beim Gottesbegriff vorgetragen wurden. Daraus ergibt sich die Aufgabe für eine künftige, die Linguistik nicht außer Acht lassende Phänomenologie nun nicht mehr des religiösen Bewußtseins, sondern des religiösen Gegenstandes. Die Verhältnisbestimmungen (in Teil VII) zwischen divergierenden Repräsentationen hier, diversen Symbolen dort drücken wie eine reine Definitionssache im Hinblick auf die Wirklichkeit letztlich dasselbe aus. Für die Identität der an der Repräsentation beteiligten Personen und Sachen ergibt sich dann nicht mehr die »Sache selbst«, sondern eine ontisch-logische (nicht: ontologische!) Sonderstellung.

3. Zu den Disziplinen, die (wie die Religionspsychologie und die Religionssoziologie) mit Typen-, Phänomen- und Symbolbegriffen arbeiten.

a) Schon die *Verwendungsmöglichkeiten des Symbol- und des Phänomenbegriffes* sind in den Wissenschaften zu verschieden, als daß in etwaiger Allgemeinheit der Beschreibung Definitionen gegeben werden könnten, die einander analog wären, und an denen man dann den religionsge-

---

[32] Zum Problem siehe Anm. 6. Zur *denominatio* und ihrem komplementären Gegenteil, der *denotatio,* haben die größeren philosophischen Lexika Artikel mit Quellennachweisen, zum *immensum* aber wohl nur die Encyclopédie Philosophoque Universelle (vgl. Weber 1990, 1242).

schichtllichen Begriffsgebrauch einfach teilhaben ließe. Zu den religionsgeschichtlich gemeinten Thesen in Teil X ist zu sagen, daß der Sprachgebrauch des Autors eine Variante des (in Teil VIII 3) besprochenen semasiologischen Sekundärschrittes darstellt. Sie kann mit dem (unter VII 1) vertretenen Symbolverständnis nicht konsistent gemacht werden, weil - falls der Autor korrekt referiert worden ist - Symbol und Repräsentation nicht so verstanden werden, daß eines an die Stelle des anderen treten kann, sondern daß eines die Verdoppelung des anderen darstellt - denn darauf läuft es hinaus, wenn man die Repräsentation in erster Linie als einen Nexus versteht, durch dessen besondere Beschaffenheit die beiden Pole, die er verbindet, zu A^1 und A^2 werden. Selbst ein so vollständiger Repräsentationsbegriff wie der Cassirer'sche würde an dem, was die religionskundlichen Disziplinen heute nötig haben, weit vorbeiführen. Bei der Analogie (VIII 1) und bei der Dialektik (VIII 2) hatte sich das schon gezeigt. (Auf den Typenbegriff kann hier leider nicht mehr eigens[33] eingegangen werden.)

b) Erst recht ist in diesem Zusammenhang eine historische Arbeit mit dem Repräsentationsbegriff - der hier für alle Grundlagen stehe - nicht möglich, zumal die Religionskunde im ganzen (also nicht jede religionskundliche Disziplin) außer als Bewahrerin theoretischen Potentials auch - in bisher nicht genauer untersuchten Proportionen - als eine Mangelwissenschaft zu charakterisieren ist, die sich, um überhaupt für mehr als für sich selbst zu taugen, durch Anleihen bei Nachbarwissenschaften von Verpflichtungen, die sie eigentlich selber erfüllen sollte, in einem zuweilen peinlichen Ausmaß entlasten muß. Was die Nachbarwissenschaften, von der Sprachwissenschaft bis zur Psychoanalyse, den religionskundlichen Disziplinen alles zur Verfügung gestellt haben, ist bekannt. Zur Lösung großer Probleme der letzteren wäre eine regelrechte Instrumentalisierung z.B. jener Wissenschaften vonnöten, die nur durch Umsetzung in umfassende Anleihen verwirklicht werden könnten. Das aber müßte in einer Hinsicht geschehen, die gerade bei der Repräsentation in einen definitorischen Zirkel führen würde: die Operation hätte doch nur Sinn, wenn man die Herkunft des Entliehenen irgendwie bewußt halten, d.h. auf sie immer mit hinweisen würde. Dies wiederum wäre nur möglich, indem man den frisch erworbenen Begriff (etc.) etwas in oder aus der Verleihinstanz re-

---

[33] Ich habe mich festgelegt in »Religionstypen und Religionsklassen. Von der Verwechslung zur Unterscheidung« (Colpe 1990). Der Begriff paßt noch, doch wäre dazu im Rahmen des Obigen jetzt noch mehr zu sagen.

präsentieren lassen könnte - was eine Mehrdeutigkeit derselben Art herstellen oder wiederherstellen würde, derer man sich entledigen wollte.

4. *Zur Allgemeinen Religionsgeschichte.* Auf einer ganz anderen Ebene stellt sich die Frage, ob die religionskundlichen Disziplinen überhaupt einen Begriff aus dem Wortfeld »repräsentieren« benötigen. Bestimmte andere Begriffe, die bei den für den Repräsentationsbegriff angesetzten Untersuchungen auftauchten und insofern unter derselben Fragestellung standen, müßten nicht nur als Alternative vollauf genügen, sondern der Sache, um die es geht, sogar dienlicher sein. Es stehen mindestens drei Kategorien (plur.!) oder: drei Varianten der Kategorie (sing.!), eher wohl: drei nicht nur begriffliche, sondern auch sachhafte, praktikable Concreta zur Verfügung, nämlich a) das dynamische Symbol. Es war (in VII 1) geklärt worden, daß nur mit »Symbol«, nicht mit »Phänomen« wie für eine Repräsentation gearbeitet werden kann, ohne daß das Symbol damit inhaltlich zu einem Wechselbegriff oder Synonym für die letztere entleert werden muß. Als dynamisches kann sich das Symbol durch die Zeiten verändern; und b) die Rolle. Sie war (in Teil XI 2) in den Rahmen dieser Untersuchung gerückt, und es erscheint sinnvoll, sie in Auseinandersetzung mit der Repräsentation noch genauer zu untersuchen, namentlich, wie verschiedenes Aussehen das Spielen derselben Rolle bei Veränderung der äußeren Umstände annehmen kann; sowie c) die Stellvertretung. Diese war mit einem sehr eigenen Sinn (in Teil IV 3) zutage getreten und ist jetzt frei dafür, daß Untersuchungen, wie sie ihr bereits zahlreich von anderer Seite gewidmet worden sind, durch Aufnahme der hiermit hinterlassenen weiteren Charakteristika die Stellvertretung noch reichhaltiger als bisher beschreiben können, von der theokratischen Anmaßung bis zum stellvertretenden Sühneleiden. Es handelt sich hier um Phänomene, die einen vertikalen oder in historische Tiefen reichenden Bedeutungsvektor in sich haben. Damit sind sie hier aber nicht als Phänomene für sich interessant, sondern als *virtuelle Präsenzen*[34] im historischen Prozeß, die die Religionsgeschichte erst zu dem machen, was ihr Name sagt. Mit einer Repräsentation von irgendwas haben sie nichts zu tun.

---

[34] »Virtuelle Präsenzen sind eng begrenzte, materielle oder situative Gegebenheiten in der Geschichte, die sich durch historisch-phänomenologische Analyse so herausarbeiten lassen, daß sie für die Feststellung der Anwesenheit besonderer Qualitäten offen bleiben, darunter auch der des Heiligen.« Zu dieser Formulierung - in Hubert Cancik (1993, 98) - hat ein gründliches Gespräch mit Dietrich Braun beigetragen.

Literatur

Aubrey, J.: Thomas Hobbes, übersetzt von Henning Ritter, Berlin 1984.

Binswanger, L.: Einführung in die Probleme der Allgemeinen Psychologie, Berlin 1922.

Braun, D.: Der sterbliche Gott, oder Leviathan gegen Behemoth, Teil 1: Erwägungen zu Ort, Bedeutung und Funktion der Lehre von der Königsherrschaft Christi in Thomas Hobbes' »Leviathan«, Zürich 1963.

Breuning, W. (Hg.): Lumen Gentium, Trier ²1967.

Bubner, R.: Geschichtsprozesse und Handlungsnormen, Frankfurt am Main 1984.

Cancik, H. et al. (Hg.): Handbuch religionswissenschaftlicher Grundbegriffe, Bd. 3, Stuttgart 1993.

Cassirer, E.: Philosophie der symbolischen Formen, Dritter Teil: Phänomenologie der Erkenntnis (1929), Darmstadt ³1954.

Colpe, C.: Das Siegel der Propheten, Berlin 1990.

Colpe, C.: Religionsphänomenologie. In: EKL Bd. 3, Göttingen 1992, Sp. 1577-1580.

Colpe, C.: Religionstypen und Religionsklassen. Von der Verwechslung zur Unterscheidung. In: Ugo Bianchi (Hg.): The notion of »Religion« in Comparative Research (Selected Proceedings of the XVIth IAHR Congress Rom 3.-8.9.1990), Rom 1994, 645-660.

Colpe, C.: Über das Heilige. Versuch, seiner Verkennung kritisch vorzubeugen, Meisenheim/Frankfurt am Main 1990.

Eliade, M.: Die Religionen und das Heilige. Elemente der Religionsgeschichte, Salzburg o. J.

Fahlbusch, E.: Repräsentation. In: Evangelisches Kirchenlexikon, Bd. 3, Göttingen 1992, Sp. 1631-1633.

Gadamer, H.-G.: Hermeneutik I: Wahrheit und Methode. Grundzüge einer philosophischen Hermeneutik (Gesammelte Werke Band 1), Tübingen ⁶1990.

Gerhardus, D.: Repräsentation. In: Enzyklopädie Philosophie und Wissenschaftstheorie, Bd.3, Stuttgart/Weimar 1995.

Hadot, P.: Fürstenspiegel. In: Reallexikon für Antike und Christentum, Bd. 8, Stuttgart 1972, Sp. 555-632.

Hartmann, N.: Ethik, Berlin ³1949.

Hobbes, Th.: Leviathan, hrsg. v. M. Oakeshott, Oxford 1948.

Hobbes, Th.: Leviathan, hrsg. v. C. B. Macpherson, Harmondsworth 1968.

Hobbes, Th.: Leviathan, übers. v. Jacob Peter Mayer (1936), wieder abgedruckt in der Reclam-Ausgabe 1970, bibliographisch ergänzt und mit einem Nachwort versehen von Malte Dießelhorst, Stuttgart 1980.

Hobbes, Th.: Leviathan, übers. v. Jutta Schlösser, mit einer Einführung hrsg. von Hermann Klenner, Hamburg 1996.

Hofmann H.: Repräsentation. Studien zur Wort- und Begriffsgeschichte von der Antike bis ins 19.Jahrhundert (Schriften zur Verfassungsgeschichte Band 22), Berlin 1974.

Holzkamp K.: Lernen, New York/Frankfurt 1995.

Kaser, M.: Römisches Privatrecht. Ein Studienbuch (Reihe Kurzlehrbücher), München ^{14}1986.

Lausberg, H.: Handbuch der literarischen Rhetorik Band 1, München ^{2}1973.

Leibholz, G.: Das Wesen der Repräsentation und der Gestaltwandel der Demokratie im 20. Jahrhundert, Berlin ^{2}1960, 3. erw. Aufl., Berlin 1966.

Leibholz, G.: Das Wesen der Repräsentation, unter besonderer Berücksichtigung des Repräsentativsystems. Ein Beitrag zur allgemeinen Staats- und Verfassungslehre, Berlin 1929.

Leibholz, G.: Die Repräsentation in der Demokratie, Berlin ^{3}1973.

Leibholz, G.: Repräsentation. In: Evangelisches Staatslexikon, Stuttgart/Berlin ^{2}1975, Sp. 2194-2199.

Mensching, G.: Die Religion. Erscheinunsformen, Strukturtypen und Lebensgesetze, München (Goldmanns Gelbe TB 882/3) o.J.

Moss, L.S.: Thomas Hobbes' »Leviathan« und die ökonomische Analyse in der politischen Wissenschaft. In: Vademecum zu einem Klassiker der Geistes- und Naturwissenschaft, Düsseldorf 1990.

Oestermeier, U.: Repräsentation, mentale. In: Enzyklopädie Philosophie und Wissenschaftstheorie, Bd.3, Stuttgart/Weimar 1995.

Podlech, A.: Repräsentation. In: Geschichtliche Grundbegriffe, Bd. 5, Stuttgart 1984 (ND 1994), 509-547.

Quintilianus: Inst. Orat., hrsg. und übers. v. Helmut Rahn, Bd.2, Darmstadt 1975.

Rahner, K.: Repräsentation. In: Lexikon für Theologie und Kirche, Bd. 8, Freiburg 1963.

Sacks, O.: Bewußtseinsdämmerungen, Weinheim 1989 (Übersetzung von Awakenings, London 1982).

Scheerer, E./Meier-Oeser, S./Haller, B./Scholz, O.R./Behnke, K.: Repräsentation. In: Historisches Wörterbuch der Philosophie, Bd. 8, Basel 1992, Sp. 790-854.

Schildknecht, Ch.: Repraesentatio. In: Enzyklopädie Philosophie und Wissenschaftstheorie, Bd.3, Stuttgart/Weimar 1995.

Schmitt, C.: Politische Romantik, Berlin (^{2}1925) ^{4}1988.

Schmitt, C.: Verfassungslehre, Berlin (^{1}1928) ^{6}1954.

Scholz, H.: Metaphysik als strenge Wissenschaft, (Köln 1941) ND Darmstadt 1965.

Sohm, R.: Institutionen. Geschichte und System des Römischen Privatrechts, bearb. v. Ludwig Mitteis, hrsg. v. Leopold Wenger, Berlin ^{17}1923.
Sundén, H.: Die Religion und die Rollen, Berlin 1968.
Walde, A./Hofmann, J.B.: Lateinisches etymologisches Wörterbuch, Bd.2, Heidelberg ^{5}1982.
Weber, E.: Immensum. In: Encyclopédie Philosophique Universelle, tome II: Les Notions Philosophiques, tome 1, Paris 1990, p. 1242.

Olaf Breidbach

Innere Welten - Interne Repräsentationen

Innen und Außen[1]

Was heißt es wahrzunehmen? Haben die Naturwissenschaftler recht, die bei allem Bedenken gegen die kulturellen, von ihnen gerne als ›philosophisch‹ apostrophierten Normierungen ihres Tuns doch den ihnen eigenen Meßapparaten vertrauen, meinend, in diesen das dann objektiv zu nennende Bild des »Realen« zu finden? Löst sich die Subjektivität des Wahrnehmens in der Objektivierung des Organes auf, über das wir wahrnehmen: in der Analyse des Gehirns (vgl. Churchland, P.M. 1984; Churchland 1988; Dennett 1985)[2]?

In der Untersuchung der Mechanismen, mit denen dieses Organ die Reize verarbeitet, die ihm die Sinnesorgane vermitteln, können wir die Prozesse erfassen, mit denen unser Wahrnehmungsraum strukturiert wird. Die Neurobiologie offeriert uns ein Methodenspektrum, mit dem wir diese Mechanismen identifizieren und charakterisieren können. Damit werden uns die subjektiv erscheinenden Momente unseres Wahrnehmens als Resultat physiologischer Prozesse deutbar. Die Physik des Wahrnehmens, auf die diese Analyse letztlich zurückführt, scheint damit die vermeintliche Subjektivität des Wahrnehmens zu objektivieren (vgl. Sellars 1971; 1981; Dennett 1987). Der Wahrnehmungsprozeß wäre demnach seziert, die Unsicherheit des nur bei sich befindlichen Innens wäre derart selbst veräußerlicht und in einen Raum gestellt, der auch die zunächst nur subjektiv erscheinende Wirklichkeit des Erlebens dem analytischen Instrumentarium der Naturwissenschaft zugänglich macht. Das im Schädelraum verborgene

---

[1] Elemente des ersten Teils dieses Aufsatzes basieren auf einem Vortrag, den der Verfasser auf der Interface IV in Hamburg 1997 gehalten hat.

[2] Einen guten Einblick in die Diskussion geben die beiden Paper: Churchland/ Churchland (1990) sowie Searle (1990); vgl. auch Desimone/Posner (1994); vgl. hierzu Breidbach (1997, 392-402).

Innen hätte sich entäußert; ja, wir könnten noch weiter gehen, denn da sich in diesem Innen die in ihm abgebildete Welt nunmehr analytisch greifen läßt, hätten wir es mit einem derartigen Vorgehen Alexander gleich getan und den Knoten der Selbstbezüglichkeit unseres Denkens zerschnitten (vgl. Beckermann/Flohr/Stephan 1992). Die Elemente dieses zunächst so verschlungenen Gefüges von Innen und Außen wären uns demnach zugänglich. In der Analyse der Hirnwelt wäre die Außenwelt begriffen.

Geben uns die Elemente dieses dann zerschnittenen Selbstbezuges aber wirklich mehr als nur eine Reihe von Innenansichten unseres Hirnes? Ist der Schluß von diesem Innen auf das Außen so wirklich haltbar? Wir könnten doch - gerade von dieser Analyse her - die Argumentation auch umdrehen und das Denken, das sich im Hirn Ereignende, eben nur als physiologischen Prozeß sehen, der nichts anderes darstellt als eine Reaktionsform unseres Organsystems, das wir - analog der Konzeption der evolutionären Erkenntnislehre (vgl. Riedl 1979; Vollmer 1981; Oeser/Seitenberger 1988; vgl. dazu Breidbach 1988) - nur als Resultat einer Anpassung der Species an ihre Umweltsituation zu begreifen hätten. Dennett und Churchland zeichnen denn auch gleich ein derartiges Szenario, in dem sie zu erklären suchen, wie eine solch komplexe Struktur wie unser Cortex entstanden sei (vgl. Dennett 1984). Wichtigstes Charakteristikum dieser Struktur ist die in ihr mögliche Selbstabbildung der Binnenerregungen dieses Organs, die wir in Erinnerungsbildern, erregungsinduzierten Stimmungen u.a. schon in der Introspektion dingfest machen können. In dieser Struktur, die Außenreize in ein komplexes Binnengefüge von Erregungsvorgaben einfüttert, wäre der Effekt eines etwaigen Sinnesreizes auf das Verhalten des Individuums für eine zweite Person nicht mehr direkt vorhersagbar. Damit - so Churchland - ergab sich ein Selektionsvorteil: Ein Gegner oder ein möglicher Freßfeind konnte die Reaktion seines neuronal derart ausgestatteten Gegenübers nicht mehr voraussehen (vgl. Churchland 1984).

Nehmen wir dies Bild auf, ohne uns zunächst um dessen mögliche neurobiologische Grundlage zu kümmern. Zwangsläufig folgt damit doch, daß die Wahrnehmungsprozesse im weiteren Evolutionsverlauf zusehends durch die Innenwelt Hirn geprägt wurden, daß also am - vorläufigen - Ende dieses Prozesses ein Hirn steht, das primär sich selbst und erst sekundär den Außenraum der es umgebenden Welt abbildet (vgl. Pylyshyn 1984;

Innere Welten - Interne Repräsentationen

Sayre 1986; Bieri 1987; Fodor 1987; Edelman 1990; Kurthen 1990)[3]. Wir müssen also davon ausgehen, daß die sich der Neurophysiologie zeigende Außenwelt eine stark abgeleitete Außenwelt darstellt, die wir zunächst und im wesentlichen als innenbestimmt darzustellen haben.

Wollen wir ein »Außen« erkennen, können wir uns demnach nicht darauf verlassen, daß dieses sich im Hirn einfach »abbildet«. Das Hirn ist keine Wachsplatte, in der das Außen einen Abdruck hinterläßt, der dann in den neuronalen Ensembles archiviert wird (vgl. Abeles 1982). Das, was von den Sinnesorganen nach »Innen« ins Hirn gemeldet wird, streut vielmehr in einen schon aus seiner Binnenbestimmtheit vorstrukturierten Raum ein, in dem diese außeninduzierten Eingaben gewichtet und auf den Binnenzustand des Hirnes hin »geeicht« werden. Daraus folgt, daß wir in den Registrierungen einer Neurobiologie den Außenraum nicht einfach ablesen können. Wir finden zwar Korrelationen zwischen einer - etwa experimentell exakt bestimmten - Reizeingabe und einzelnen Reaktionen in dem Hirngewebe. Doch können wir aus den dabei gewonnenen neuro-

---

[3] Die hier angeführte Literatur, die sich mit Problemen der Repräsentation von Außenweltzuständen in unserem Bewußtsein und mit dem der Intentionalität in unserer Verhaltensausrichtung beschäftigt, greift in ihrer Problematisierung weit über die im Text skizzierte, sehr nahe bei der Darstellung physiologischer Prozesse verbleibende Beschreibung hinaus. Verblüffend ist allerdings, daß sich in einer adäquaten, die Konnektivität des Hirns ernst nehmenden Beschreibung die Ansätze zu Antworten formieren, in denen die in diesen globalisierenden Darstellungen formulierten zentralen Fragen in neuem Licht erscheinen. Es zeigt sich, daß auch so different organisierte zentrale Verrechnungsstrukturen, wie das Hirn einer Fliege und das Gehirn eines Rhesusaffen, gleichen Funktionsprinzipien gehorchen, obwohl beide Organe in der Evolution unabhängig voneinander entstanden sind. Die Eigenschaften, die wir an ihnen studieren, sind - zumindest in Teilen - prinzipielle Eigenschaften hochvernetzter Systeme (s.u.). Deren Konnektivität ist entscheidend für ihre spätere Performance. Demnach ist jeder Eingriff in das Entwicklungsprogramm eines solchen Systems ein Eingriff, der die späteren Verhaltenspräsentationen einer solchen Art beeinflußt. Lern- und Ontogenesevorgänge sind demnach nicht mehr so unbedingt klar abzugrenzen. Im Phänomen der Prägung finden wir sie direkt überlagert. Daten, die uns Aussagen über die Effekte der Veränderungen von Konnektivtäten im neuronalen Gefüge für spätere Verhaltensäußerungen der betroffenen Individuen vermitteln, können damit für die Diskussion der angesprochenen prinzipiellen Fragen besonders wichtig werden. Damit kann die Darstellung der Neurogenese auch im Zusammenhang der Frage nach mentalen »Repräsentationen« zentrale Bedeutung erlangen; wähle ich als Objekt derartiger Analysen einfach organisierte Tiere, ist es möglich, entsprechende Untersuchungen auf der Ebene identifizierter Zellen oder zumindest gut charakterisierter Zellfraktionen anzusetzen.

physiologischen Daten noch nichts über die Qualität der sich in diesen Reaktionen abbildenden Außenwelt ableiten. Niemand würde etwa auch erwarten, daß er aus den mit einem Spannungsprüfgerät gemessenen Widerständen im Verdrahtungsgefüge eines Fernsehens eine Aussage darüber gewinnen kann, ob gerade ein Krimi oder eine Sportsendung ausgestrahlt wird.

In der Darstellung der Wahrnehmungsfunktionen des Hirnes ist vielmehr umgekehrt vorzugehen. Wir setzen exakt definierte Reize, registrieren die Antwort der der Analyse zugänglichen Hirnbereiche und qualifizieren so die Verrechnungseigenschaften des Hirnes. Wir müssen unsere Charakterisierung der Binnenstruktur des Hirnes also im Außenraum verankern: Wir studieren die Effekte definierter Reizeingaben, um uns die Verrechnungseigenschaften des Hirnes klarzulegen.

Die neurowissenschaftliche Methodik scheint also die eingangs benannte Paradoxie eines auch in seinem Wahrnehmen nur bei sich verbleibenden Hirnes hinwegzuwischen. Das »Außen« wird vorausgesetzt, um das »Innen« zu erklären. Zeigt uns dieser, der Naturwissenschaft eigene Pragmatismus dann nicht, wie wir aus dem zu Beginn aufgespannten Zirkel einer in sich verkrochenen Selbstbestimmung auszubrechen haben? Können wir die Bewertung unserer Wahrnehmung nun nicht explizit auf die Nadel nehmen, d.h. uns den mit entsprechend feinen Sonden gewonnenen Daten dieser Wissenschaft überantworten (vgl. Bower/Koch 1992)?

Wie gewinnen wir aber diese Daten, mit denen das Problem lösbar scheint? Wir vertrauen auf unsere Wahrnehmung, setzen also das voraus, was wir doch zu erklären suchten. Allerdings haben wir unser Wahrnehmen reduziert; wir operieren nicht mit den komplexen und von uns nur schwer quantifizierbaren Konturen des der naiven Erfahrung zugänglichen Umfeldes; wir schauen auf Messungen, die einer mathematischen Analyse zugänglich sind. Wir sehen Differenzen und Analogien in den Antwortcharakteristika der studierten Elemente und können Ähnlichkeiten und Differenzen in dem im Experiment präsentierten Gefüge von Reizen nun auf der Ebene der neuronalen Antwortcharakteristika definieren. Zwei Objekte im Außenraum gelten demnach als ähnlich, wenn sie gleichartige Antwortcharakteristika in den Apparaturen evocieren. Korrelationsrechnungen erschließen ein Gefüge von Relationen zwischen derartigen Reizpräsentationen und den Antwortcharakteristika der neuronalen Elemente. Wir haben somit im Experiment das »Innen« und das »Außen« aufeinander bezogen. Wir haben diesen Bezug objektiviert, indem wir unseren Blick reduzierten, und uns den Skalierungen der Meßapparaturen überantworteten:

Innere Welten - Interne Repräsentationen

Das »Außen« wie auch das »Innen« bilden wir im Instrumentarium des Physiologen ab.

Haben wir uns damit der Schlinge entwunden, die das eingangs skizzierte reflexive Verhältnis von Innen und Außen aufzuspannen schien? Können wir uns also in den mit neurophysiologischen Methoden gewonnenen Abbildungen der Hirnreaktionen unserer Wahrnehmung versichern? Das Hirn schaut hier - wie es Crick formulierte (vgl. Crick 1979)[4] - auf sich selbst. Ist es sich damit - da es so bei sich verbleibt - nicht sicher? Die Kritik, daß die Abbildungen, die wir hierbei studieren, selbst wiederum der Wahrnehmung überantwortet werden, verliert in der sich derart in sich setzenden Bestimmung des Neuronalen ihre Schärfe. Allein, was »sehen« wir in diesem Wahrnehmen unseres Selbst? Wir schauen in das Innere, versichern uns aber nur der Bestimmungen des Apparates und verlieren dabei das Subjekt, das die Wahrnehmung als ein ihm eigenes Verhalten erfährt. Diese - zunächst eher naiv wirkende - Bestimmung des Defizits einer sich derart aus der Schlinge windenden Betrachtung von Wahrnehmung hat durchaus ihr neurophysiologisches Korrelat. Das Hirn, das in sich selbst blickt, hat sich nicht mehr in Gänze im Visier. Sein Blick in sich verändert es selbst. Es ist sich nur insoweit Objekt, als es sich selbst augenfällig ist. Dies Betrachten selbst, die Funktion des sich derart in einen Bezug zu sich Setzens, kann dabei nicht Moment einer solchen Betrachtung werden. Das, was es zum Betrachter werden läßt, ist dem Hirn in seiner Nabelschau nicht einzusehen. Nach Penrose ist demnach die Selbstanalyse des Hirns nur in einer unvollständigen, unscharfen Abbildung möglich, da das in sich blickende Hirn sich ja immer schon selbst verändere, es in dem Blick auf sich die ihm eigenen Erregungsstrukturen verschöbe. Damit baut sich dieser Introspektion eine auch für den Physiologen nicht hintergehbare Barriere auf dem Weg einer umfassenden »Selbstanalyse« des Hirnes auf (vgl. Penrose 1991). Penrose leitet von daher ab, daß wir uns im Blick auf uns selbst notwendigerweise als nicht in allem bestimmte Wesen erfassen müssen; schließlich wäre dieser Reflex auf uns selbst nie als einfache 1 zu 1 Abbildung möglich, vielmehr ist dieser Akt des In-Beziehung-Setzens selbst wieder ein Prozeß, der Hirnstrukturen aktiviert. Die durch dieses In-Mich-Hineinblicken induzierten Verlagerungen in der Physiologie meines Hirns sind in dieser Nabelschau nicht mit umgriffen. Damit entzieht sich das Hirn in diesem Blick in sich selbst; es konstituiert einen (in diesem

---

[4] Zu diesem Denkansatz vgl. auch Jackendorff (1987) und Churchland/Sejnowski (1992).

Blick in sich selbst) nicht einzusehenden Raum, ein »Eigenes«, in dem dies (auf sich schauende) Ich seine Unbestimmtheit bewahrt. Diese in der Mechanik des Tuns notwendige Unschärfe der Selbstanalyse bedingt dann - nach Freeman -, daß sich dieses Organ als unbestimmt, nicht determiniert erlebt.

Kann sich ein derart in sich verlaufendes Organ dann aber noch objektivieren? Seine Totalität ist ihm selbst verschlossen. Die Wahrnehmung seines Eigenen vollzieht sich vor einem Rest von Unbestimmtheit, der nun auch das Ganze des in der selbstreflexiven Schau gewonnenen Bildes ins Unbestimmte setzt. Kann dieses so in seiner Freiheit verankerte Bild des Eigenen dann aber noch das ihm selbst nicht direkt Eigene, d.h. ein Außen objektivieren? Das vermeintlich Objektive, das daraus erkennbar wäre, daß es eben nicht aus der Binnenbestimmtheit des agierenden Organs erklärbar ist, bleibt in der entsprechenden Erklärung genauso Desiderat wie auch die in Freiheit gesetzten Elemente der hirninternen Verrechnungsstrukturen. Objektiv ist dies Außen nur in seinem Nicht-Subjekt-Sein. Reicht diese Bestimmung aber zu, um dies Objektive in einer Analysis zu fangen? Oder bleibt in einer derartig rein negativen Bestimmung das so zu gewinnende ›Objektive‹ doch nur eine - wie auch immer zu fassende - Eigenschaft des Subjektes?

Die Reduktion, die in unserer Analyse gefordert ist, besteht also nicht im Absehen von dem Subjektiven; vielmehr wird das Objekt, das diesem Subjekt Äußere, erst dann wahrnehmbar, wenn sich die Wahrnehmung selbst objektiviert hat. Diese Objektivierung leistet der Blick auf das Subjektive, auf das Innenleben des Kopfes, der Blick in das Hirn. Thesis ist, das sich erst in diesem Organ die Wirklichkeit konstituiert, die - zwar angestoßen durch die Sensorik - ein Außen mit einbringt, das aber zunächst als solches nur in einer Qualität, nämlich darin, durch das Subjekt selbst nicht erklärbar zu sein, erfaßt ist. Wie kann ich in den Reaktionen des Subjektes die Aktion erkennen, die auf ein derart Äußeres zurückzuführen ist? Klar werden kann mir dies erst, wenn das Subjekt in seine ihm eigenen Hirnreaktionen zerlegt ist, und so der Innenraum des Schädels wahrnehmbar wird[5]. Die Konstitution des Wirklichen ist also eine Produktion des

---

[5] Die Thesis wäre, daß die Wahrnehmungsfunktionen als Funktionen des Hirns verständlich werden. Die besondere Qualität des Verrechnungssystems »Gehirn« findet sich nun darin, daß es schon in der Aufnahme von Wahrnehmungen nur als selbstreferentielles System zu verstehen ist (vgl. Maturana/Uribe/Frenk 1985). Zentral wird damit die Frage nach einem Ansatz für die mögliche Analyse der Selbstreferentialität

Inneren, das ich hier durchgehend - und vielleicht verkürzt - als Subjekt bezeichne. Die Pointe eines solchen hier skizzierten Vorgehens ist die Schliche, mit der sich das damit auf sich verwiesene Subjekt aus der es be-

---

des Hirns. Diese Selbstreferentialität ist, wie weiter noch ausgeführt wird, durch eine relationistische Darstellung der Verrechnungsprozesse im Hirngewebe einzuholen. Damit läßt sich eine Neurosemantik erarbeiten, derzufolge Modelle zu einem Verständnis der Systemeigenschaften des Gehirns zu formulieren sind (vgl. Ziemke/ Breidbach 1986). Wie ist diese Semantik nun »abzuleiten«? G. Roth vertritt die Auffassung, daß man zeigen kann, daß die semantische Selbstreferentialität des Gehirnes eine Folge seiner funktionalen Selbstreferentialität ist. Für ihn ist diese Funktionalität in den »*besonderen* (hervorgehoben durch G. Roth) selbstreferentiellen Organisationsprinzipien« des Hirnes zu erklären (Roth 1987, 241). Der von mir vertretenen Auffassung zufolge sind die speziellen Struktureigenschaften des Hirnes allerdings nur insoweit konstitutive Eigenschaften dieser Selbstreferentialität, als sich in ihnen die prinzipiellen Systemeigenschaften hochvernetzter Systeme realisieren. Schon in den Modellierungen zeigt sich, daß die Spezifika der physiologischen Realisierungen des Hirns dessen Semantik eben nicht erklären. Auch eine vergleichende neurobiologische Analyse, die analoge Performances bei neuronalen Strukturen darlegen kann, die unabhängig voneinander entstanden sind, muß gegenüber einer etwaigen zu schnellen Physiologisierung unserer Vorstellungen über die Organisation der Wahrnehmung skeptisch machen. Hierbei ist keineswegs intendiert, eine Art von neurobiologischem »Idealismus« zu entwickeln (Breidbach 1998). Es zeigt sich allerdings, daß ein vorschneller Verweis der Argumentation auf die vermeintlich konstitutiven Eigenschaften der Biologie etwaiger Verrechnungssysteme zu Argumentationsbrüchen führt. Strukturelle Prinzipien werden in diesen Darlegungen eben nicht abgeleitet, sondern gesetzt; dies scheint für einen Biologen mit Verweis auf die Evolution zunächst auch plausibel. Allerdings steckt hinter diesen Auffassungen ein sehr verkürztes, letztlich aus der funktionsmorphologischen Tradition erwachsenes Evolutionsverständnis. Dies ist so nicht haltbar (vgl. Sober 1984). Es wäre sinnvoll, würde aber den Rahmen der vorliegenden Studie vollends sprengen, dem Stellenwert solcher verkürzender, letztlich noch stark idealistisch geprägter Evolutionsvorstellungen im Argumentationsgang der Theorieentwürfe des Radikalen Konstruktivismus nachzuspüren. Die Brüche in der Argumentation Maturanas etwa entstehen letzthin aus dem changierenden Hin und Her zwischen einer Analyse der Systemcharakteristika selbstreferentieller Systeme, die er unabhängig von ihrer real strukturellen Organisation in ihrer Logizität zu erfassen sucht (hieraus verstehen sich denn auch die Verweise auf Kant), und den Exkursen in die diese generellen Aussagen vermeintlich exemplifizierende neurobiologische Befundsituation. Die Brüche entstehen daraus, daß die zunächst nur illustrativ genutzten Aussagen der Neurobiologie in diesem Argumentationsstrang auf einmal erklärenden Status besitzen sollen. In der Darstellung wurde aber jeweils nur aufgewiesen, daß sich die biologischen Phänomene in einen vorgegebenen Erklärungsrahmen (eine eben nicht induktiv gewonnene Systemtheorie) einpassen (Maturana 1985; vgl. auch Foerster 1985).

drohenden Verklammerung in sich befreit. Es seziert sich, zergliedert sich und legt sich damit selbst als Objekt frei. Der Blick in das Innere des Schädelkastens, diese im Instrumentarium erfolgende Nabelschau des Hirns ist doch nichts anderes als die Objektivierung jenes Inneren, das sich derart wie ein Handschuh umstülpt und sich selbst zum Außenraum einer Analyse macht, die nun so das Subjekt objektivierbar findet. Aus dieser Objektivierung, die in ihrer Zerstückelung auch jeden Freiraum abtrennt, wird das Innenleben des Eigenen augenfällig. Das Selbst wird wahrnehmbar, in Bilder »übersetzbar«, die eine Entgegensetzung, eine Auseinandersetzung erlauben, und demnach die Inszenierung des Ichs in seinen Elementen zu einem Theater machen, in dem die Skalenausschläge der Registraturen die Bühne ersetzen, auf der die Außenwelt sich in das Innenleben des Hirnes eingeholt und zugleich in der Analyse auch ausgliederbar findet. Der Physiologe registriert die Auftritte, Vorhänge und den Beifall der Umgebung, die ein im Außen induziertes Ereignis im Hirnraum findet. Er skizziert die Elemente, die sich auf dem Bühnenraum Hirn zusammenfinden, sagt etwas über Akzeptanz oder Nichtakzeptanz eines bestimmten Auftretens und kann so doch zumindest die Konturen eines Regieplans rekonstruieren. Die Sprache, in der die Stücke abrollen, interessiert ihn nicht, das Publikum, das auf die reale Inszenierung im Hirn reagieren würde, ist denn auch im Hirnversuch nicht präsent; es wird nicht in den Focus genommen oder ist - etwa in slice-Experimenten - auch von vorneherein weggeschnitten[6].

Außen

Wenden wir die Analyse noch einmal zurück. Der Innenraum Hirn schafft sich sein Außen, indem er die Bedingungen erstellt, in denen sich Erregungsumschichtungsaktionen ereignen, die uns dann zu einer Sensation führen. Was heißt dabei dann aber neurobiologisch gesehen »außen«?

Naiv formulieren wir, daß wir mit unseren Augen Dinge wahrnehmen, die wir dann im Hirn verrechnen, und wir so etwas von der Umwelt an-

---

[6] In brain-slice-Präparationen werden dicke Schnitte von noch »lebendem« Hirnmaterial physiologisch untersucht. Der Vorteil entsprechender Präparate ist, daß das untersuchte Gewebe von anliegenden Hirnbereichen nicht mehr mit beeinflußt wird (deafferentiert ist). Besondere Bedeutung hat diese Technik in der Analyse des Hippocampus gewonnen (vgl. etwa Andersen/Sundberg/Sveen/Wigström 1977).

Innere Welten - Interne Repräsentationen

schauen. Was passiert aber »wirklich«? Im Auge spiegelt sich nur ein kleiner Bereich des Spektrums möglicher Bezüge zwischen zwei physikalischen Objekten. Dieses Spektrum strukturiert das Auge nun weiter, indem es in seinem Sensorium die weiterzuleitenden Teilmomente dieses Spektrums selektiert, bestimmte Bereiche spreizt, andere kondensiert (vgl. Shepherd 1988). Ein entsprechend vorgefiltertes Spektrum an Photonen fällt nun in den Augenhintergrund ein und trifft auf ein Ensemble nebeneinanderliegender Sinneszellen. In diesen Sinneszellen liegen Stapel von Membranen, in die diese Photonen »einschlagen«, makromolekulare Strukturen verändern und dabei das elektrische Potential einer Sinneszelle variieren. Die makromolekularen Strukturen in einzelnen Zelltypen sind verschieden, damit haben sie unterschiedliche Empfindlichkeiten. So sprechen sie nur auf Photonen mit bestimmten Energien »an«. Damit selektiert sich das abgebildete Ernergieverteilungsspektrum, das wir als Bild unserer Umwelt registrieren, weiter. Die Potentialschwankung der Sinneszelle führt nun zur Erregung einer nachgeordneten Nervenzelle, die allerdings zugleich auch von anderen Seiten in bestimmten Erregungs-Schwingkreisen eingebettet ist. Unter bestimmten Bedingungen öffnet aber diese nachgeordnete Sinneszelle ihrerseits eine Kaskade von Aktivierungen, die nun in das Nervenzellgefüge des Auges einspeisen. Hierbei kommt es zu Querverrechnungen, in denen sich verschiedene, durch differente Sinneszellen initiierte Erregungsbahnen überlagern. Zugleich wird von der Zentrale her Erregung in dieses Schichtsystem von Neuronen eingefüttert. In solch einer - vereinfacht als Erwartungshaltung zu veranschaulichenden - Rückkopplung in die Peripherie werden die Aktivierungen in der Sehbahn noch weiter gewichtet. Schließlich wird nach mindestens zwei bis drei weiteren Verrechnungsschritten im Neuronengeflecht des Auges, der Retina, die Erregung des Augenhintergrundes in eine pulsartige Signalabfolge einer Vielzahl nebeneinanderliegender Nervenzellen umgewandelt, die nun diese Erregung - in einer ihrer Anordnung im Auge entsprechenden topologischen Schichtung - an untere Verrechnungsebenen im Hirn weiterleiten. Hier wird diese einkommende Erregung über verschiedene, durch die Anordnung der neuronalen Elemente bestimmten ›Regeln‹ weiter »verrechnet« und zu höheren Hirnarealen, der sogenannten Sehrinde, geleitet, wo sich diese Erregung in einer die Anordnung der Ganglienzellen im Auge abbildenden räumlichen Schichtung des Hirngewebes fängt. In mehreren Ebenen wird dieser primäre Erregungseingang nun weiter gefiltert, mit Binnenerregungsmustern überlagert und schließlich in ein Netzwerk von neuronalen Verbindungen eingespeist. Hier integriert er sich das Gesamterregungsgefüge des Hirngewebes und wird nun in den miteinander verwobenen Verbindungen der einzelnen Hirnregionen weiter verschoben, um sich schließlich in den komplex überlagernden Sequenzen von Erregungskaskaden endgültig einer weiteren Verfolgung zu entziehen. Diesen gesamten Prozeß nennen wir dann verkürzt »Wahrnehmung«.

Was wir für wahr nehmen, ist damit zunächst das komplexe Organsystem, von dem wir allein registrieren, ob es in einer ihm genehmen Art und Weise angeregt wurde. Ein »placit« der primären Reizeingangsstrukturen setzt dann den geschilderten Apparat in Gang, um derart ein »Außen« abzubilden.

Stellen wir die Frage nach der Qualität etwaiger Repräsentationen dieses Außenraumes in der Innenwelt des Hirnes zunächst noch zurück, und fragen wir als erstes nach der Grenze zwischen Innen- und Außenraum, wie sie sich für den Neurobiologen darstellen mag. Das von den Sinnesorganen Erfahrene wird erst, nachdem die Sinneszellen die ihnen nachgeordneten Neuronen aktiviert haben, zum Element neuronaler »Erfahrung«. Auf dieser schon diesseits der Körperoberfläche liegenden Ebene wird das Primärereignis generiert, das ich dann für wahr nehme. Es folgt nun eine Kaskade von Filter- und Verrechnungsfunktionen, in denen die Raumschichtung des Primärereignisses allerdings beibehalten wird. Charakteristikum nahezu aller sensorischen Reizeingaben in das Hirn scheint diese Konservierung der topologischen Repräsentation von Reizeingangsbereichen zu sein[7]. Erst in dem Moment, wo sich diese Abbildung des Sensoriums auflöst, und die Erregungseingabe nicht mehr nur weitergefiltert, sondern auch prozessiert wird, entstehen die für uns als Sinnesempfindungen wahrgenommenen Erregungsverlagerungen im Hirn. Scheidet sich demnach dann erst hier - in den höheren Hirnregionen - Innen und Außen?

Pragmatisch gesehen könnte ich meine Argumentation auch anders ansetzen, und die durch das Sensorium getroffene Selektion möglicher Reizeingaben als das Kriterium setzen, an dem sich Innen und Außen scheiden. Mein Körper - im Falle der visuellen Orientierung die Hornhaut des Auges - schiede demnach also Innenwelt und Außenraum. Zur Not kann ich für Brillen- oder Kontaktlinsenträger diesen Innenraum auch noch nach vorne verlagern. Wenn ich die Analysemöglichkeiten eines Elektronenmikroskopes oder eines Echolots nutze und das in diesen Maschinerien entworfene Bild der Umwelt in meinen Wahrnehmungsbereich integriere, verlagere ich

---

[7] Zu entsprechenden Untersuchungen des akustischen Systems vgl. etwa Knudsen/ Konishi (1978) und Konishi (1992, 47-64).

diese erste Ummünzungsinstanz, in der solche, meinen »natürlichen« Sensoren verschlossenen Weltbilder geformt werden, allerdings noch weiter nach »vorne«. Die Techné, der Umgang mit solchen, meinen Abbildungshorizont erweiternden Methoden erweitert nicht nur unseren Lebensraum, sondern auch die Sphäre des uns Eigenen. Der Raum unserer Wohnung, das Private - die hier geschaffene Ordnung -, gehört mit zu unserem Selbst.

Und schon für das Tier gilt diese Erweiterung des Eigenraumes nach außen. Das Verhalten des Tieres, sein sich Ausrichten auf eine bestimmte Umwelt, seine Veränderung der Welt, die »aktive« Sensualisierung des Umfeldes zeigt, daß es voreilig wäre, Innen und Außen an der Körperoberfläche zu scheiden. Unser Tastraum wird erst in den Bewegungen des Begreifens eine uns verfügbare Modalität. Der elektrische Fisch registriert Verschiebungen des elektrischen Feldes, das er induziert hat. Die Fledermaus stößt die Laute aus, die ihr dann eine Echolotung ihres Umgebungsraumes erlauben. Die einfache Grenze zwischen Außen und Innen verwischt sich. Diese wird vollends unklar, wenn wir dieses Problem in einer evolutionsbiologischen Perspektive in den Blick nehmen.

Das Sensorium und den reizweiterverarbeitenden Apparat haben wir als einen Organkomplex zu deuten, der sich so entwickelt hat, daß die durch ihn initiierbaren Verhaltensmuster für das Fortkommen einer Art sowohl in der Flucht vor möglichen Beutegreifern, in dem Einheimsen von Nahrung und in der Produktion von Nachkommen zumindest nicht behindert wurden. Das Sensorium entwickelt sich also immer in der Rückkopplung auf das initiierte Verhalten, das heißt in der Verankerung einer Art in einem Umweltzusammenhang. Verhalten, aber auch das Wahrnehmen eines Organismus stehen in diesem Systemkontext. Sie sind nicht als Einzelheiten aus diesem Gefüge zu lösen, da ihre Entstehung nur in diesem Zusammenhang begreifbar ist. Zugleich aber konstituieren sie den Reaktionsraum eines Individuums, den wir dann seine Umwelt nennen.

So ist die Umwelt der Hundezecke vergleichsweise bescheiden[8]. Deren visuelle Umwelt erschöpft sich in den vertikalen Strukturierungen, die das Geäst eines Baumes oder eines Strauches zeigen; ihr Duftraum strukturiert sich in buttersäurehaltigen und buttersäurefreien Atmosphären. Es gibt Temperaturpräferenzen, einen taktilen Raum und vielleicht auch optische Signale, auf die etwaige Kanten- oder Konturdetektoren ansprechen. Dieses Umweltkonzept ist mit dem der Welt eines Rehfelles derart in Deckung

---

[8] Das Beispiel der Lebenswelt einer Zecke stammt in seiner Grundanlage von J. von Uxküh1 (vgl. Uxkühl 1921).

zu bringen, daß dieses in einem vertikal strukturierten »Raum« herumlaufende, schwitzende Objekt mit einer bestimmten Körpergrundtemperatur und einer definierten taktilen Qualität ein Zielobjekt für die Hundezecke bildet. Spricht sie auf die ihr derart gebotenen Sinneskombinationen an, befällt sie also ein Reh, so wird die Hundezecke - bei geeignetem Geschmack des Rehblutes - subjektiv in »ihrer« Welt verbleiben (sie reagiert so, als ob sie einem Hund in den Pelz gefallen wäre). Im Effekt erschließt sich ihr hier aber eine ganz neue (Reh-) Welt, die von ihr doch nur als etwas gänzlich Bekanntes wahrgenommen wird. Kurz, der Prozeß, der in der Evolution einen Wahrnehmungsapparat konsolidiert, ist nicht darauf angelegt, einen außerhalb der Verhaltenskonstitution der Art »realen« Weltraum abzubilden, es kommt allein darauf an, eine Reizverrechnung so zu gestalten, daß die in Folge der Verrechnung dieser sensorischen Eingänge induzierten Verhaltensmuster in einer Weise greifen, die für den Organismus nicht schädlich ist. Verträgt etwa die Hundezecke kein Rehblut, und kommt sie in einer Gegend vor, in der Rehe gegenüber Hundeartigen überwiegen, wird eine entsprechende Population nur überleben, wenn sich in ihr eine Möglichkeit entwickelt, Hundeartige und Reh zu unterscheiden. Es kann sein, daß die Zecken mit einer verfeinerten Duftorientierung erfolgreich sind, in der dann nur die Tiere überleben, die sich einzig beim Nahen eines Hundes fallen lassen. Es könnte aber schon sein, daß die besonders faulen Tiere, die nur wenige cm in die Strauchschicht emporklettern und demzufolge mit hoher Wahrscheinlichkeit auf einen Rauhhaardackel, aber nur mit geringer Wahrscheinlichkeit auf ein Reh fallen können, im Überlebenskampf reüssieren. Dies zeigt, daß nur Opportunität, keineswegs aber Objektivität - in dem naiven, eingangs verwandten Sinne - die Zielvorgabe der Entwicklung eines Organsystems zur Wahrnehmung darstellt. So ist es denn auch verständlich, daß so einfach gebaute Insekten wie unser Hausbockkäfer zu einem - allerdings nicht für den betroffenen Hausbesitzer - ausgesprochen erfolgreichen Kulturfolger werden konnte (vgl. Breidbach 1986; 1989). Diese Tiere haben nicht etwa nach Bau der ersten Häuser beraten, wie nun der Existenzbereich der Käferfamilie auf Kosten der entstehenden Dachstühle zu erweitern wäre, vielmehr war ihr - vergleichsweise einfach aufgebautes - Umweltkonzept derart offen, daß das Innere eines Dachstuhls für sie »paßte«.

Es zeigt sich also, daß Wahrnehmung in diesem Sinne eine Entäußerung des Innenlebens einer Art darstellt. Das Außen, in dem sich ein Organismus befindet, ist die Projektion der ihm eigenen Wahrnehmungs- und Verhaltensfunktionen. Insofern ist es denn auch völlig berechtigt, unsere Welt in unserem Kopf zu suchen.

Innen

Kommt nun die Welt in den Kopf hinein oder generiert sich die Welt im Kopf? Die Antwort der Sensorik kommt nicht aus sich selbst, es ist nicht ein Traum, in dem wir sehen, vielmehr ist der Traum selbst nur der Reflex unseres Sehens (vgl. Breidbach 1997a). Was ihn so ähnlich zu dem macht, was wir Wahrnehmungen nennen, ist, daß er in den Binnenstrukturen generiert wird, die auch eine Reizeingabe zum Klingen bringt. Die Erregungskreise, die im Traum angeworfen werden, agieren im Reflex einer Reizeingabesituation. Der Traum zeigt uns hierbei, wie stark die Binnenbestimmung des Hirnes ist, die zureicht, daß sich dies selbst eine Wirklichkeit generiert, die dann - etwa im Wahn - derart bestimmend sein kann, daß diese hirngenerierte Realität die Wahrnehmung verdrängt, und ein Außen nurmehr als Resonanz dieses im Wahn eigengenerierten Wirklichkeitsraumes erscheint (vgl. Lurija 1992; Sacks 1988).

Bewegen wir uns demnach in unserer Darstellung dessen, was wir Wirklichkeit nennen, nicht auf einem schmalen Grat, der nur schwer erkennen läßt, wo Wahn und Traum beginnen? Wir hatten gesehen, daß die Wirklichkeit des Außenraumes sich weitgehend in der Architektur der Neuronen verfängt, daß die Selektion, das Filtern und Vermischen der Bahnen, die wir sensorisch nennen, das Signal, das uns das Außen zu bestimmen schien, ganz weitgehend zu einem Fanal der eigenen Bestimmtheit werden ließ. Das Außen - sofern wir dies in einer eher pragmatischen Bestimmung überhaupt noch von dem Innenraum absetzen können - reduziert sich zum Induktor dieser primär aus der Eigenentwicklung des Hirnorgans zu erklärenden Bahnung von Aktivitätswellen. Die Bahn, nicht der Ausgangsreiz bestimmt, was ich wahrnehme. Schlägt die Faust aufs Auge, sehe ich die bekannten Sternchen. Die Verformung der Rezeptoren, hier durch einen unspezifischen Reiz verursacht, bewirkt nur das Anspringen der Bahnen, an deren Ende die einkommende Erregung als Sehen interpretiert wird. Der Druck auf das Auge erzeugt so die Sterne. Die Kodierung der Rezeptoren ist deshalb ›Licht‹, weil die Bahnen des Sehorganes in einem Bereich des Hirnes enden, der einen dort erfolgenden Eingang immer als Sehqualität interpretiert; ich »sehe« die Sterne, weil mein Apparat auf

»sehen« programmiert ist. Was zeigt diese »Fehl«-Funktion? Wahrnehmung ist nicht der Transfer eines Stimulus über einer Kaskade von Neuronen nach Innen. Das Hirn ist nicht deswegen so komplex gebaut, um zu gewährleisten, daß etwaig einkommende Sinneseindrücke möglichst unverfälscht (objektiv) im Hirn selbst abgebildet werden. Das Hirn ist genau gegenteilig gebaut. Schon auf der ersten Stufe der Verrechnung - im Umschalten der Sinneseindrücke (in den Sinneszellen) ins Nervengewebe - wird die Qualität des »ursprünglichen«, das Auge erreichenden physikalischen Ereignisses radikal neu interpretiert (vgl. Breidbach 1993, 26-76). Das Ereignis im Rezeptor wird in die Sprache der Nervenzellen übersetzt. Die Qualität des Licht-Photons findet sich abgebildet in dem uniformen Morsekode der Nervenzellen. Im Signal, das im Nervengewebe weitergeleitet wird, ist die Spezifität des Primärereignisses verloren, das diese Erregung induzierte. Allein durch den »Ort« (im Nervengewebe), in den diese Erregung hineingeführt wird, ist diese Erregung qualifiziert. Die enge und präzise Zuordnung zwischen Reizeingangselementen und den nachfolgenden Neuronen, die in der ganzen folgenden Verrechnungskaskade nicht durchbrochen, sondern selbst in höheren Hirnbereichen in höchst präziser Weise beibehalten wird, allein diese Topologie garantiert, daß in der Folge von Erregungssignalen, die durch die sensorischen Bahnen laufen, noch eine in ihrer Qualität wichtbare ›Aussage‹ verborgen ist. Nur insofern ist es denn auch berechtigt, in Blick auf die Sinneswahrnehmung von ›Repräsentation‹ zu sprechen. Die höheren Hirnzentren sind in ihrer anatomischen Organisation direkte Abbilder der topologischen Ordnung der reizaufnehmenden Strukturen in den Rezeptoren. Deren Raumschichtung, ihr relativer Bezug zueinander, bleibt erhalten (vgl. Hubel/Wiesel 1987). Im ersten Schritt der neuronalen Verrechnung, in der Übersetzung des physikalischen Ausgangssignales in das dem Hirn zugängliche Vokabular - den Morsekode der Neuronen -, wurde die Eingangsqualität des zu registrierenden Ereignisses selbst vernichtet. Was blieb, ist ein Hauch, ein Reflex dieses Reizeinganges. Dieser Hauch ist nur insofern repräsentiert, als es auf ihn eine Antwort gibt. Die Qualität dieser Antwort ist abhängig von hirneigenen Strukturbestimmungen. Nicht der Reiz, der aufgenommen wurde, sondern vielmehr das reizaufnehmende Organ ist in den höheren - cortikalen - Hirnstrukturen repräsentiert.

Interne Repräsentation

Wie ist dann in einem solchen System das Außen repräsentiert (vgl. Bell/ Sejnowski 1995)[9]? Es fehlt uns eine Korrekturfunktion, eine schon allwissende Instanz, die die Reaktionen des Hirnorganes mit einem möglichen Katalog variierender Wirkungen des Außen zu vergleichen in der Lage ist. Ein entsprechendes Kontrollorgan ist neurowissenschaftlich nicht zu benennen.

Funktioniert das Hirn ggf. aber auch anders? Ist es möglich, Hirnreaktionen allein als systeminterne Funktionen zu beschreiben und dabei auch ein schlüssiges Konzept einer Repräsentation von Welt als hirnintern generiertem Vorstellungshorizont zu erschließen?

Das Konzept einer Internen Repräsentation sucht hier eine Antwort. Diesem Konzept zufolge ist die Informationsverarbeitungscharakteristik des Hirnes nicht im Rahmen einer klassischen Informationstheorie, d.h. unter der Voraussetzung einer externen Bewertungsfunktion zur Evaluierung der Güte einer spezifischen Abbildungsfunktion zu verstehen[10]. Dem Konzept der Internen Repräsentation zufolge ist die Signalverarbeitung innerhalb eines neuronalen Systems allein auf Grund interner Systemcharakteristika zu bewerten. Entsprechend macht dieser Ansatz die Einführung eines »externen Beobachters«, wie er in klassischen KI-Ansätzen notwendig ist, überflüssig. Die Integration sensorischer Eingaben erfolgt - so die These - einzig auf Grund systemintrinsischer Vorgaben. Es ist nun zu zeigen, daß rein systemintrinsische Bewertungsfunktionen zu definieren sind; zu zeigen ist weiter, daß über diese systemintrinsischen Bewertungsfunktionen eine alternative Informationstheorie zu fassen ist, die auch nicht indirekt Randvorgaben in die entsprechenden Bewertungsoperationen einführt (vgl. Holthausen 1995).

Dies bedeutet, daß in einem entsprechenden Anatz keine globalen Optimierungsfunktionen zu definieren sind, über die ein entsprechendes System in seinen Verarbeitungsfunktionen gewichtet würde. Zu fordern ist demnach, daß sich ein derartiges System nur in seinem jeweiligen lokalen

---

[9] Zu dem mathematischen Hintergrund der im weiteren vorgelegten Theorie vgl. Bongard (1970).

[10] Das Konzept weist zurück auf eine durch Pfaffelhuber initiierte Tradition, die dann bei Palm zur Diskussion von systembezogenen Bewertungsfunktionen für die Darstellung der Systemkapazitäten führte (vgl. Linsker 1997; Palm 1981; Pfaffelhuber 1972).

Verrechnungsfunktionen in sich bewertet (vgl. Holthausen/Breidbach 1997). Diese lokalen Verrechnungsfunktionen ersetzen demnach umfassende Systemvorgaben. Die physikalische Analyse derart lokal strukturierter Verrechnungssysteme zeigt, daß der strikt lokale Ansatz ausreicht, Zuordnungen von Systemgrößen zu kennzeichnen und zu bewerten. Dabei ergibt sich ein Regelwerk, in dem sich die Grundbausteine einer elementaren Logik abbilden. Diese Logik läßt sich insoweit auf Operationen zurückführen, die als physikalische Charakteristika parallelverarbeitender Systeme zu kennzeichnen sind. Insoweit formuliert sich in konsequenter Anwendung des Konzepts der Internen Repräsentation eine Neurologik und in deren Konsequenz eine Neurosemantik[11].

Neurosemantik

Ausgangspunkt der Analysen ist ein Ansatz, der das Nervensystem nicht als eine speziell an bestimmte Verhaltensstrukturen adaptierte Struktur begreift, deren funktionelle Charakteristika als neuronale Implementierung kausaler Handlungsfolgen (die unter Zwang einer sie über Generationen hinweg prüfenden Selektionsinstanz) entstanden sind. Die Analyse der Nervensysteme zeigt vielmehr, daß deren spezifische Strukturen keineswegs als derartige, festen Adaptationsgefügen Rechnung tragende Teilkonstruktionen zu sehen sind[12]. Nervensysteme entwickeln sich vielmehr nach entwicklungsbiologischen Vorgaben; sie bauen ein Grundgerüst möglicher Kontakte auf, in denen Nervenerregungen sich bewegen. Das Nervensystem bildet insoweit eine Landschaft möglicher Kopplungsfunktionen. Charakteristikum assoziativer Nervengewebsbereiche ist dabei eine numerisch komplexe lokale Vernetzung der Einzelelemente des Nervengewebes. Die Funktion des Nervengewebes wird durch diese lokalen Kopplungen gewährleistet. Eine Erregung, die an einem Ort A in das Nervengewebe eingebracht wird, wird sich entsprechend diesen numerisch komplexen lokalen Kopplungen in dem Gewebe verteilen. Schon in dieser einfachen Situation kommt es durch Rückerregungen der erreichten Teil-

---

[11] Der Term Neurologik rechtfertigt sich allein dadurch, daß das neuronale System *eine* Realisation prinzipieller physikalischer Charakteristika parallelverarbeitender Systeme mit lokaler Kennung darstellt.

[12] Vgl. hierzu den Ansatz einer evolutionären Neurobiologie in Breidbach/Kutsch (1995).

elemente des Nervengewebes zu komplizierten Überlagerungen der Einzelerregungen, die bei einer Vielfacherregung des Nervengewebes an Orten A, B, C ... nurmehr komplizierter werden. In einem Nervengewebe zu einer Zeit x ist demnach immer eine vergleichsweise komplizierte Erregungslandschaft »aufgespannt«, die - dies läßt sich physikalisch zeigen - in charakteristischer Weise oszilliert.

Eine neue Erregung wird sich demnach in eine schon kompliziert gestaltete dynamische Erregungssituation des Nervensystems einlagern. Da die neu eingelesene Erregung auf der Ebene der Nervenzellen keine besondere Kennung erfährt, wird sie sich dem vorhandenen Erregungsspektrum überlagern. Sie moduliert demnach die vorliegende Systemdynamik. Dabei ist eine neu eingelesene Erregung danach zu bewerten, wie sie die von ihr überlagerte Dynamik modifiziert. Paßt sie sich in eine vorhandene Schwingungsstruktur ein, wird sie als ein bekanntes, d.h. innerhalb des Systems auf schon vorgegebene Eigenschaftsräume treffendes Signal eingeordnet; modifiziert sie das Spektrum der vorhandenen Oszillationen, wird sie als ein neues, im System bisher nicht abgebildetes Signal registriert. Bleibt sie ohne einen der beiden Effekte, wird ein Ereignis nicht als solches vermerkt. Die Konsequenz dieser hier nur grob umschriebenen Einpassung von Außenreizen ist, daß ein entsprechender Dateneingang in seiner internen Bewertung vom Systembinnenzustand abhängig ist. Konkret: Eine Reizeingabe wird nach der Systembinnencharakteristik bewertet. Diese auch analytisch darstellbare Situation hat mehrere Konsequenzen[13].

1. Zu einer adäquaten Bewertung der Systemverrechnungscharakteristika in diesem Modell ist die Vorstellung einer bloßen Abbildung der Außenwelt hinfällig.
2. Die klassische Informationstheorie erweist sich als unzureichend, um dieses Systemverhalten in adaequater Weise zu erklären (vgl. Jost/Holthausen/Breidbach 1997; Shannon/Weaver 1949).

Eine interne Bewertung erfolgt demgegenüber nicht in Referenz auf ein Außen. Maßstab der Reaktion ist die interne Systemabstimmung. Eine derartige interne Abstimmung läßt sich auch bemessen. Zu quantifizieren ist die relative Veränderung in der Metrik des Systems (vgl. Holthausen 1998). Hierzu kann aber keine Skalierung vorgegeben werden. Es gibt allerdings eine interne Maßfunktion für die lokale Optimierung der Verrechnungsqualität. Hierfür gibt es ein physikalisches Maß, die lokale Entropie:

---

[13] Zur Einführung in das Problem vgl. Breidbach (1997); Rusch/Schmidt/Breidbach (1996); Breidbach/Holthausen/Jost (1996).

Ein optimaler Systemzustand ist erreicht, wenn sich eine optimale, d.h. gleichmäßige Schichtung der entsprechenden Entropiewerte einstellt. In Konsequenz formuliert sich damit der Neuansatz einer Informationstheorie, die Information nicht mehr auf ein vorgegebenes Raster hin definiert, sondern sie an der internen Gewichtung des Systems bemißt. Konsequenz dieses Vorgehens ist insgesamt eine relationale Fassung interner Repräsentationen. Möglich wird der Versuch, das reizverarbeitende System als eine dynamische, sich selbst in der Strukturierung der Außenwahrnehmung bestimmende Größe zu erfassen. Resultat dieser Überlegungen sind die Konturen einer Neurosemantik sowie - damit verwoben - eine umfassende, mathematisch fundierte Bewertung von Systemgrößen (vgl. Jost 1998). Dabei zeichnet sich eine auch operativ nutzbare mathematische Fassung von Emergenz ebenso ab wie die Möglichkeit, Sprache als eine system-generierte Größe zu verstehen. Weiterführende Konsequenzen für eine Kognitionswissenschaft sind absehbar.

Literatur

Abeles, M.: Local Cortical Circuits, Berlin/New York 1982.

Andersen, P.S./Sundberg, S.H./Sveen, O./Wigström, H.: (1977) Specific long-lasting potentiation of synaptic transmission in hippocampal slices. In: Nature 266, 1977, 736-737.

Beckermann, A./Flohr, H./Stephan, A.: Emergence or Reduction - Essays on the Prospects of Nonreductive Materialism, Berlin 1992.

Bell, A.J./Sejnowski, T.J.: (1995) An information-maximization approach to blind separation and blind deconvolution. In: Neural Computation 7, 1995, 1129-1159.

Bieri, P.: (1987) Pain; a case study for the mind-body-problem. In: Brihaye, J./ Loew, F./Pia H.W. (Hg.): Pain: a Medical and Anthropological Challenge, Acta Neurochirurgica Suppl. 38, 1987, 157-164.

Bongard, M.: Pattern Recognition, New York 1970.

Bower, J.M./Koch C.: Experimentalists and modelers: can we all just get along? In: Trends in Neurosciences 15, 1992, 458-461.

Breidbach, O.: Studies on the stridulation of Hyiotrupes bajulus (L.): Communication through support vibration - morphology and mechanics of the signal. In: Behavioural Processes 12, 1986, 169-186.

Breidbach, O.: Vorstellungen von Vorstellungen. In: Der Rabe 19, 1988, 55-70.

Breidbach, O.: Zur Struktur des Aggressionsverhaltens des Cerambyciden Hylotrupes bajulus L. (Insecta: Coleoptera). In: Dtsch. ent. Z., N.F. 37, 1989, 23-30.

Breidbach, O.: Expeditionen ins Innere des Kopfes. Von Nervenzellen, Geist und Seele, Stuttgart 1993.

Breidbach, O.: Die Materialisierung des Ichs. Frankfurt am Main 1997.

Breidbach. O.: Denken in neuronalen Netzen. In: Dencker K.P. (Hg.): Labile Ordnungen. In: Interface 3, Hamburg 1997 (a), 40-53.

Breidbach, O.: Bausteine zu einer Neurosemantik. In: Rusch, G. (Hrsg.) Zur Wirklichkeit des Konstruktivismus. Festschrift für Ernst von Glasersfeld. Frankfurt am Main 1998. (Im Druck)

Breidbach, O./Holthausen, K./Jost, J.: (1996) Interne Repräsentationen - Über die »Welt«generierungseigenschaften des Nervengewebes. Prolegomena zu einer Neurosemantik. In: Ziemke, A./Breidbach, O. (Hg.): Repräsentationismus - Was sonst? Braunschweig/Wiesbaden 1996, 177-196.

Breidbach, O./Kutsch, W. (Hg.): The Nervous Systems of Invertebrates: An Evolutionary and Comparative Approach, Basel 1995.

Churchland, P.M.: Matter and Consciousness. A Contemporary Introduction to the Philosophy of Mind, Cambridge (Mass.)/London 1984.

Churchland, P.M./Churchland, P.S.: Ist eine denkende Maschine möglich? In: Spektrum der Wissenschaft 1990, 3, 47-54.

Churchland, P.S.: Neurophilosophy - Toward a Unified Science of the Mind-Brain, Cambridge (Mass.)/London 1988.

Crick, F.H.C.: Gedanken über das Gehirn. In: Spektrum der Wissenschaft 11, 1979, 147-150.

Dennett, D.C.: Elbow room. The Varieties of Free Will worth Wanting, Cambridge (Mass.) 1984.

Dennett, D.C.: Brainstorms. Philosophical Essays on Mind and Psychology, Brighton 1985.

Dennett, D.C.: The Intentional Stance, Cambridge (Mass.) 1987.

Desimone, R./Posner M. (Hg.): Cognitive Neuroscience. Current Opinion in Neurobiology 4 (2), 1994.

Edelman, G.M.: The Remembered Present; A Biological Theory of Consciousness, New York 1990.

Fodor, J.A.: Psychosemantics. The Problem of Meaning in the Philosophy of Mind, Cambridge (Mass.) 1987.

Foerster, H.v.: Ansicht und Einsicht, Braunschweig 1985.

G. Roth: Erkenntnis und Realität: Das reale Gehirn und seine Wirklichkeit. In: Schmidt S.J. (Hg.): Der Diskurs des Radikalen Konstruktivismus, Frankfurt am Main 1987, 229-255.

Shepherd, G.M.: Neurobiology, New York/Oxford 1988.

Holthausen, K.: Neuronale Netzwerke und Informationstheorie. Ph. D. Thesis, Münster 1995.
Holthausen, K.: Evolution of internal representations generated by unsupervised self-referential networks. In: Theory Biosci 117, 1998, 18-31.
Holthausen, K./Breidbach, O.: Self-organized feature maps and information theory. In: Network: Comput. Neural Syst. 8, 1997, 215-227.
Hubel, D.H./Wiesel, T.N.: Die Verarbeitung visueller Information. In: Reader Gehirn und Nervensystem. Spektrum der Wissenschaften, Heidelberg, 1987, 123-133.
Jackendorff, R.: Consciousness and the Computational Mind, Cambridge (Mass.) 1987.
Jost, J./Holthausen, K./Breidbach, O.: On the mathematical foundation of a theory of neural representation. In: Theory Biosci 116, 1997, 125-139.
Jost, J.: On the Notion of Complexity. In: Theory Biosci 117, 1998, 161-172.
Knudsen, E.I./Konishi M.: A neural map of auditory space in the owl. In: Science 200, 1978, 795-797.
Konishi, M.: The neural algorithm for sound localization in the owl. The Harvey Lectures 86, 1992, 47-64.
Kurthen, M.: Das Problem des Bewußtseins in der Kognitionswissenschaft. Perspektiven einer kognitiven Neurowissenschaft, Stuttgart 1990.
Linsker, R.: A local learning rule that enables information maximization for arbitrary input distribution. In: Neural Computation 9, 1997, 1661-1665.
Lurija, A.R.: Das Gehirn in Aktion. Einführung in die Neuropsychologie, Reinbek 1992.
Maturana, H. R./Uribe, G./Frenk S.G.: Eine biologische Theorie der relativistischen Farbkodierung in der Primatenretina. In: Maturana, H.R.: Erkennen: Die Organisation und Verkörperung von Wirklichkeit, Braunschweig 1985, 88-138.
Maturana, H.R.: Autopoetische Systeme: eine Bestimmung der lebendigen Organisation. In: Maturana, H.R.: Erkennen: Die Organisation und Verkörperung von Wirklichkeit. Braunschweig 1985, 170-235.
Oeser, E./Seitenberger, F.: Gehirn, Bewußtsein und Erkenntnis, Darmstadt 1988.
Churchland, P.S./Sejnowski T.J.: The Computational Brain, Cambridge (Mass.) 1992.
Palm, G.: Evidence, information, and surprise. In: Biol. Cybern. 42, 1981, 57-68.
Penrose, R.: Computerdenken, Heidelberg 1991.
Pfaffelhuber, E.: Learning and information theory. In: Intern. J. Neuroscience 3, 1972, 83-88.
Pylyshyn, Z.: Computation and Cognition. Toward a Foundation for Cognitive Science, Cambridge (Mass.) 1984.

Riedl, R.: Biologie der Erkenntnis. Die stammesgeschichtlichen Grundlagen der Vernunft, Berlin/Hamburg 1979.

Rusch, G./Schmidt, S.J./Breidbach, O. (Hg.): Interne Repräsentationen, Frankfurt am Main 1996.

Sacks, O.: Der Mann, der seine Frau mit seinem Hut verwechselte, Reinbek 1988.

Sayre, K.M.: Intentionality and information processing: An alternative model for cognitive science. In: Behavioral and Brain Sciences 9, 1986, 121-166.

Searle, J.R.: Ist der menschliche Geist ein Computerprogramm? In: Spektrum der Wissenschaft 1990, 3: 40-47.

Sellars, W.: Science, sense impressions, and sensa: A reply to Cornman. In: Review of Metaphysics 24, 1971, 391-447.

Sellars, W.: Foundations for a metaphysics of pure process. The Carus Lectures of W. Sellars. In: The Monist 64, 1981, 3-90.

Shannon, C.E./Weaver: The Mathematical Theory of Communication, Urbana-Campaign, Il. 1949.

Sober. E.: The Nature of Selection. Cambridge (Mass.)/London 1984.

Uxkühl, J.v.: Umwelt und Innenwelt der Tiere, Berlin 1921.

Vollmer, G.: Evolutionäre Erkenntnislehre, Stuttgart 1981.

Ziemke, A./Breidbach, O. (Hg.): Repräsentationismus - Was sonst? Braunschweig 1986.

Elena Esposito

Westlich vom Osten
Perspektivische Begriffe und Selbstbeschreibung der Gesellschaft[*]

Rein formal gesehen, ist der Begriff vom Westen ein leerer Begriff. Der Westen an sich ist bloß eine räumliche Lokalisierung, die außerdem vom Bezug auf eine bestimmte Perspektive abhängig ist: Es gibt keinen Westen an sich, sondern nur das, was aus der Sicht eines ihn betrachtenden Ostens westlich ist. Und dasselbe gilt natürlich auch für den Osten. Der Westen ist also westlich von einem Osten, der nur für den Westen ein solcher ist. Als reine Gegenüberstellung von Perspektiven beinhaltet dann die Unterscheidung Westen/Osten nur die gegenseitige Negation beider Seiten: Die Bezeichnung als westlich impliziert keine andere Bedeutung als die Negation des Ostens und umgekehrt - wobei der Westen selbst östlich von einer anderen räumlichen Lokalisierung ist. In diesem Sinne kann man sagen, daß es sich um einen perspektivischen Begriff handelt.

Bemerkenswert ist allerdings, daß ein dermaßen nicht-selbständiger und zirkulärer Begriff als Formel für die Selbstbeschreibung einer ganzen Gesellschaft (die sogenannte westliche Gesellschaft) angenommen worden ist und anscheinend informativ wirkt. Etwas oder jemanden als westlich zu bezeichnen, wirkt nicht als leere Konnotation, und man braucht auch nicht zu spezifizieren, aus welcher Perspektive man spricht.

Aus der Sicht der Gesellschaftstheorie im Sinne Luhmanns stellt sich die interessante Frage, warum seit einem gewissen historischen Zeitpunkt unsere Gesellschaft eine perspektivische Selbstbeschreibung eingeführt hat, die keine eigenständigen Inhalte hat, denn jeder Bezug auf unterschiedliche Formen

---

[*] Dieser Artikel ist eine überarbeitete deutsche Fassung von »Ad occidente dell'oriente: concetti prospettici e autodescrizione della società« (Esposito 1993).

des sozialen Lebens, der Religion, der Kultur usw. muß der Grundunterscheidung hinzugefügt werden. Wann ist eine Form mit dieser Eigentümlichkeit eingeführt worden? Auf welche Eigenschaften der Gesellschaft muß sie zurückgeführt werden? Welche Beschränkungen hängen von dieser Form der Selbstbeschreibung ab? Anders gesagt: Womit ist ein perspektivischer Begriff wie der Begriff des Westens kompatibel bzw. inkompatibel? Von der Antwort auf diese Fragen hängt unter anderem ab, wie der gängige Gebrauch des Begriffs bewertet wird.

Hier möchte ich versuchen, eine Antwort auf diese Fragen vorzuschlagen. Dabei werde ich zuerst verschiedene Formen der Selbstbeschreibung betrachten, die im Laufe der gesellschaftlichen Evolution bezüglich der Frage aufeinanderfolgten, wie die Perspektive desjenigen behandelt wird, der jeweils der »Andere« ist.

I.

Im Laufe der gesellschaftlichen Evolution haben die verschiedenen gesellschaftlichen Formationen unterschiedliche Begriffspaare benutzt, um den Gegensatz zwischen dem Inneren und dem Äußeren, zwischen den Zugehörigen der Gesellschaft und den »Anderen« zu beschreiben. Diese Begriffe, die die im Außen Befindlichen bezeichneten, lieferten zugleich eine Selbstbeschreibung der eigenen Gesellschaft. Diese Begriffspaare, die Reinhart Koselleck »Gegenbegriffe« nennt, sind von einer asymmetrischen Struktur gekennzeichnet. Die Beschreibungen sind nicht reversibel: Die Art, wie die Anderen intern beschrieben werden, stimmt nicht damit überein, wie diese Anderen sich selbst beschreiben. Anders als im Fall von Unterscheidungen wie denjenigen von Mann/Frau oder Stadt/Land, handelt es sich hier um Beschreibungen, die auf beiden Seiten der Opposition »auf ungleiche Weise konträr« sind (vgl. Koselleck 1979, 213). Unter dieser Voraussetzung kann man jedoch mehrere Arten der Negation der entgegengesetzten Seite unterscheiden, die verschiedenen Möglichkeiten entsprechen, sich mit dem Äußeren auseinanderzusetzen. Sie sind vor allem mit der Art und Weise verbunden, wie die gegenübergestellte Perspektive innerhalb der eigenen Perspektive dargestellt wird.

Westlich vom Osten

Koselleck unterscheidet drei grundlegende Formen als Muster für die unterschiedlichen Paare von Gegenbegriffen. Auf den folgenden Seiten werden wir seinem Schema folgen, ohne jedoch dadurch seine historische Perspektive zu übernehmen. Es handelt sich in unserem Fall um eine rein formale Analyse[1]: Das Schema bietet die Möglichkeit, verschiedene Unterscheidungsmodelle auf unterschiedlichen Abstraktionsebenen zu betrachten.

Diese Freiheit gegenüber den historischen Daten ist sofort im Fall der ersten Unterscheidung offensichtlich, die bei Koselleck dem Modell Hellenen/Barbaren folgt - ausgehend natürlich von der Seite der Hellenen. Die Negation ist in diesem Fall exklusiv: der Barbar ist vor allem Nicht-Grieche, weil er etwas ganz anderes als ein Hellene ist, und diese Andersartigkeit wird einer naturalen Grundlage zugeschrieben. Es handelt sich um eine andere Spezies, so daß die Frage der Übernahme der Perspektive der Gegenseite sich nicht einmal stellt. Wir wollen hier nicht die historische Angemessenheit des Modells in Frage stellen, obwohl sie zu Zweifeln Anlaß gibt. Es sei nur angemerkt, daß die Texte der griechischen Historiker eine viel artikuliertere Art und Weise zeigen, die Perspektiven anderer Völker mitsamt ihrer Andersartigkeit (gegebenenfalls, wie bei Herodot, als Sonderbarkeit dargestellt) zu berücksichtigen. Es sieht vielmehr so aus, daß die reisenden und kolonisierenden Griechen einen Begriff von »foreigness« nötig hatten, der es ihnen ermöglichte, eine Vielheit von Traditionen zu betrachten, während Kosellecks Schema eher für eine Gesellschaft wie das alte Mesopotamien vor der Einrichtung eines breiten Reichs geeignet ist[2]. Dort wurden anscheinend alle Unterscheidungen auf räumliche Kategorien zurückgeführt - und der Raum hat als erste Eigenschaft die Ausschließlichkeit[3]. Der Raum wurde ausgehend von der Unterscheidung »own/other« definiert: Das, was als »Eigenes« erkannt wurde, war geographisch »hier«, während das »Andere« »far away«

---

[1] Nach Luhmanns Formbegriff (siehe Luhmann 1997, 50f).

[2] Mit den Worten von Luhmanns Gesellschaftstheorie: vor dem Übergang zu asymmetrischen Differenzierungsformen wie Zentrum/Peripherie oder Stratifikation (vgl. Luhmann 1997, 613).

[3] Georg Simmel hat dies sehr deutlich zum Ausdruck gebracht: »Wie es nun einen einzigen allgemeinen Raum gibt, von dem alle einzelnen Räume Stücke sind, so hat jeder Raumteil eine Art von Einzigkeit, für die es kaum eine Analogie gibt. [...] jedes (Objekt) nimmt einen anderen Raumteil ein, von denen keiner jemals mit einem anderen zusammenfallen kann« (Simmel 1992, 690).

war - hinter den Bergen, auf der anderen Seite der Wüste, über den Fluß usw. (vgl. Jonker 1995, 35f).

Das Interessante dieses Schemas liegt allerdings darin, daß innerhalb dieser Opposition die Negation eine echte Ausschlußbeziehung ist: Was auf der einen Seite steht, kann nicht zugleich zur anderen Seite gehören. Es handelt sich, wie gesagt, um ein räumliches Modell: Was sich an einem Ort im Raum befindet, kann nicht gleichzeitig woanders sein, was sich auf der einen Seite einer Unterscheidung befindet, kann nicht gleichzeitig auf der anderen Seite sein. In dieser Unterscheidung hat die externe Seite keine echte Autonomie. Nach Jonker gab es im alten Mesopotamien keinerlei Interesse an dem, was außerhalb der eigenen ordentlichen Welt lag: Der/das »Andere« (other) war nur von Interesse, wenn er/es erobert, also zum »Eigenen« (own) gemacht werden konnte (Jonker 1995, 35). Das Reflexionsniveau der Unterscheidung ist so niedrig, daß keine Darstellung (und noch weniger ein Begriff) für die Einheit der Unterscheidung nötig ist. Um sich in der eigenen Umgebung zu orientieren, braucht man keinen abstrakten Raumbegriff, oder mit einem Beispiel Luhmanns, man kann ein Rotweinglas von einem Weißweinglas unterscheiden, ohne jede Vorstellung von der Gesamtheit aller Rotweingläser zu besitzen (Luhmann 1997, 642)[4].

Die Schärfe der Ausschließung wird gemildert, wenn man zur Unterscheidung nach dem Modell Christen/Heiden übergeht, welche die Zeitdimension einführt. Sie wird in eine eschatologische Perspektive projiziert, die die Gegenüberstellung aufhebt. Die Negation bleibt scharf: Der Christ ist kein Heide und umgekehrt, daran sind keine Zweifel zugelassen. Ebensowenig steht in der Frage, wer im Recht ist. In zeitlicher Perspektive kann jedoch der Heide als noch-nicht-Christ gesehen werden. Der bekehrte Heide kann auf die andere Seite der Unterscheidung übergehen. Auch der Christ kann allerdings als Häretiker seine Kennzeichnung als Christ verlieren. Die Zeitdimension dynamisiert die Opposition und erzeugt dadurch eine wenigstens potentielle Annäherung der beiden Seiten: Da der Heide zum Christ werden kann, ist seine Perspektive nicht »von Natur aus« von der Perspektive des Christen getrennt. Es handelt sich nicht um zwei unterschiedliche Spezies, sondern um Perspektivunterschiede. Die Trennung ist in dieser Opposition weniger absolut und

---

[4] Deshalb sind unter anderem die von Koselleck mit der Repräsentation der Barbaren assoziierten negativen Konnotationen viel weniger zentral.

fängt an, eine Art »Inkorporation der Andersartigkeit des Anderen« (Luhmann 1997, 667) zu zeigen. Figuren wie der heidnische Held, der tapfer für seine Sache kämpft, signalisieren, daß es möglich wird, eine andere - obwohl zweifellos falsche - Perspektive zu übernehmen.

Aus der eigenen Perspektive fängt man an, die Möglichkeit andersartiger Gesichtspunkte anzuerkennen, obwohl der Rahmen normativ bleibt. Pluralität der Perspektiven heißt noch nicht Pluralität der Kriterien: Es gilt als selbstverständlich, daß die Perspektive der Christen die einzig richtige ist. Es gibt aber verschiedene Grade der Richtigkeit (und der Falschheit): Wie im Fall der Weisen, die vor der Geburt Christi geboren sind, so zeigen auch einige Heiden ein lobenswertes Verhalten, und man kann ihre Perspektive übernehmen. Der Andere wird zu einer Art Alter Ego, der dieselbe Welt anders beobachtet, und die für die Selbstbeschreibung benutzte Unterscheidung ist komplex genug, um das zu berücksichtigen. Die Unterscheidung beginnt, Vollständigkeitsanspruch (und Vollständigkeitsbedarf) zu haben (vgl. Luhmann 1997, 676). Implizit wird zum Beispiel zugegeben, daß der Christ selbst aus der Perspektive des Heiden als ein Heide erscheint. Aber der Christ hat Recht, und diese Sicherheit bietet einen eindeutigen Bezug, der die Fragmentierung in mehrere gleich legitime Perspektiven verhindert. Damit bleibt der Andere also grundsätzlich anders.

Die Struktur der für die Selbstbeschreibung benutzten Unterscheidungen verändert sich nochmals, und zwar radikal, wenn ein »Totalbegriff« wie Menschheit eingeführt wird[5]. Im Laufe des 18. Jahrhunderts wird der Bezug auf den Begriff der Menschheit politisch wirksam, und er gleicht nicht mehr einer neutralen Verweisung auf den genus humanum als implizite Voraussetzung jeder Dualität. Man bezieht sich jetzt auf eine Menge von Individuen, die prinzipiell alle Menschen einschließt: Nur solche nicht-ausschließende Bezeichnungen (wie eben »Menschheit«) gelten jetzt als glaubwürdig und legitim. Jede Unterscheidung muß sich jetzt gegenüber dem umfassenden Begriff von Menschheit rechtfertigen und ist mehr oder weniger explizit eine innere Gliederung davon. Oppositionen wie Mensch/Unmensch oder Unter-

---

[5] Dem entspricht in Luhmanns Terminologie eine »totalitäre Logik« - wie im modernen, auf alle Menschen ausgedehnten Inklusionsbegriff. Es handelt sich also um Inklusion ohne Exklusion, mit allen daraus folgenden autologischen Schwierigkeiten (vgl. Luhmann 1997, 625f).

mensch/Übermensch sind also in der paradoxalen Lage, daß sie einen nicht-ausschließenden Begriff voraussetzen, um dann einige Elemente daran zu unterscheiden. Es muß dann spezifiziert werden, wie einige Menschen ihre Menschenqualität verlieren oder auf welcher Basis »Menschheitsniveaus« eingeführt werden, nach denen die Subjekte klassifiziert werden (vgl. Koselleck 1979, 244f). Die Grundeigenschaft des Begriffs »Menschheit« ist auf jeden Fall seine Neutralität: »Quantitativ gesehen, besagt ›Menschheit‹ nichts anderes als ›alle Menschen‹, worin per definitionem kein inneres Unterscheidungskriterium enthalten ist« (Koselleck 1979, 245).

Der Übergang zu einem Begriff mit diesen Eigenschaften bedeutet zunächst eine Veränderung in der Struktur der »asymmetrischen Gegenbegriffe«. Bei den Gegenbegriffen handelt es sich immer um Unterscheidungen, die für die Beobachtung (als Selbstbeschreibung) benutzt werden. Jede solche Unterscheidung hat zwei Seiten, die sich gegenseitig negieren[6]: Das Beobachtete wird immer als »nicht-etwas-anderes« bezeichnet (die Hellenen sind keine Barbaren, die Heiden sind keine Christen usw.). Während jedoch in den früheren Unterscheidungen die Gegenseite irgendwie schon in den benutzten Bezeichnungen impliziert war, verweist sie mit der Einführung von »Globalbegriffen« auf ein zusätzliches Kriterium. Erst dieses Kriterium ermöglicht es, innerhalb der allen gemeinsamen Menschheit (die alle einschließt) dennoch Unterschiede einzuziehen. Man fragt sich dann, wer diese Diskriminierung einführt und warum. Man würde heute von Beobachtung zweiter Ordnung sprechen, die in diesem Fall (wie in vielen anderen) mit Ideologieverdacht verbunden ist. Alle Unterscheidungen, die einen externen Grund voraussetzen und nicht reversibel sind - wie z.B. jeder Bezug auf so etwas wie »Rasse« oder auf christliche Dogmen - verlieren dann sofort ihre Plausibilität[7]. Auf welcher Basis könnte man noch behaupten, daß die eigene Perspektive korrekter ist als die Perspektive der Gegenseite, wenn das Entscheidende doch in

---

[6] Hier folge ich dem Prinzip der Beobachtungstheorie, derzufolge ein System nur dann Objekte beobachten kann, wenn es sich an einer Unterscheidung orientieren kann. Von dieser Unterscheidung hängt auch ab, was dieses System erfassen kann und was ausgeschlossen wird (vgl. von Foerster 1984; Brown 1969).

[7] Das schließt natürlich nicht aus, daß sie (vielleicht gerade deshalb) eine Anziehungskraft ausüben können, wie die neuesten ethnischen und religiösen Konflikte zeigen. Die Universalisierung ist bekanntlich von einer Steigerung der Partikularismen begleitet.

der Gemeinsamkeit liegt, sich (und den Anderen) als Menschen zu bezeichnen?

Es werden dann Formeln mit einer rein perspektivischen Struktur eingeführt, bei denen die Negation bloß formal und reversibel ist, wie eben die Opposition Westen/Osten. Die Opposition ist in diesem Fall gleichsam »leer« und impliziert nichts anderes als die reine Negation der Gegenseite: Der Westen wird nur als Nicht-Osten definiert und umgekehrt, wobei prinzipiell kein Vorrang der einen oder der anderen Seite vorausgesetzt wird. Ohne sich auf zusätzliche Kriterien zu beziehen, kann man die Eigenschaften des Westens weder vom Begriff »Westen« noch vom Begriff »Nicht-Westen« (also von »Osten«) ableiten. Eine solche Neutralität ist notwendig, um die Plausibilität der Unterscheidung zu gewährleisten: Es kann also nicht überraschen, daß die gegenwärtige Gesellschaft eine Unterscheidung mit diesen Eigenschaften eingeführt hat. Man bezieht sich in diesem Fall nicht mehr auf eine natürliche Eigenschaft oder auf eine zeitliche Perspektive, sondern auf die soziale Dimension, die besonders flexibel, polyvalent und mehrdeutig ist. Was Westen und was Osten ist, hängt davon ab, wer beobachtet wird, und zu jedem Zeitpunkt beobachten verschiedene Beobachter anders, ohne daß man allgemein sagen könnte, welche Perspektive die richtige ist: Die Unterscheidung Westen/Osten ist daher inhaltlich völlig neutral[8].

Mit anderen Worten, eine perspektivische Beschreibung setzt keinen privilegierten Gesichtspunkt voraus, der eine »korrekte« Beobachtung ermöglicht, sondern bietet bloß eine Artikulation des grundlegenden unterscheidungslosen Begriffs (wie z.B. »Menschheit«). Diese Artikulation ist notwendig, um beobachten zu können und eine Selbstbeschreibung anzufertigen. Die trotzdem bestehen bleibende Asymmetrie ist prinzipiell reversibel: Was für mich als westlich gilt, gilt für dich so nicht, aber deine Bezeichnung als östlich ist ebenso legitim und mit meiner Perspektive kompatibel. Der Andere beobachtet also anders, ist aber trotzdem als Alter Ego akzeptabel, und dies beeinflußt die Verhältnisse und die gegenseitigen Beobachtungen. In der Opposition Christen/Heiden konnte der Christ akzeptieren, daß der Heide eine

---

[8] Das heißt offensichtlich nicht - wie wir später ausführlicher sehen werden -, daß die Opposition Westen/Osten in der Praxis neutral benutzt wird. Die Struktur der Unterscheidung selbst liefert jedoch keinen solchen Hinweis und kann gerade deshalb benutzt werden.

eigene Perspektive auf die Welt hatte, aber diese Welt war und mußte zuerst eindeutig sein. Beide Gesichtspunkte konnten dann auf die einzige korrekte Perspektive zurückgeführt werden, und die Mehrheit der Perspektiven wurde in einer letzten unbezweifelbaren Ordnung wiederaufgenommen. In einer perspektivischen Begrifflichkeit geht die Univozität der Weltbeschreibung endgültig verloren und die Beobachtung der Beobachtung Anderer ist viel komplexer: Man beobachtet, daß der Andere auf seine Art beobachtet, auf eine Art und Weise, die man nicht kennen und die nicht auf eine einheitliche Perspektive zurückgeführt werden kann. Wessen Perspektive sollte das auch sein? Es handelt sich nicht nur darum zuzulassen, daß der Heide für sich selbst kein Heide ist, und daß er uns seinerseits als Heiden beobachtet, sondern auch anzuerkennen, daß er eine ganz andere Unterscheidung benutzt. Man beobachtet also, daß der Andere eine andere Welt auf eine andere Weise beobachtet, die unbekannt bleibt, die aber zu unserer Art werden könnte, wenn wir an seiner Stelle wären. Der Andere ist also gerade deshalb ein Alter Ego, weil wir nicht wissen, wie er beobachtet. Und dies, wie wir sehen werden, hat weitreichende Folgen für die Form der Selbstbeschreibung.

II.

Die Struktur der Beobachtung ändert sich mit dem Übergang zu dieser Unterscheidungsart radikal, und zwar mit Folgen, die nicht immer angemessen begriffen werden. Die Beziehung zum Außen erfordert nämlich die gleichzeitige Verwendung mehrerer Unterscheidungen. Vor der detaillierten Analyse der Eigenschaften und Konsequenzen der perspektivischen Unterscheidung werden wir hier jedoch einen Blick auf die gesellschaftlichen Voraussetzungen des Übergangs von der einen zur anderen Unterscheidungsform werfen. Warum und wann geht man zu dieser Form von Selbstbeschreibung über? Was sind die gesellschaftlichen Voraussetzungen, die sie erfordern und plausibel machen? Und wie sind sie mit den Interpretationskategorien verbunden?

Niklas Luhmann zufolge besteht ein Zusammenhang zwischen der Struktur einer gegebenen Gesellschaft und ihrer Semantik (vgl. Luhmann 1990, Kap. 1). Mit Semantik ist hier (vgl. Brunner/Konze/Koselleck 1972) der nach Zeitpunkt und Kontext variierende Vorrat an Ideen und Begriffen gemeint, die jeweils in der Kommunikation benutzt werden können. Zu verschiedenen Zeitpunkten und in verschiedenen gesellschaftlichen Lagen kann man in der Kommunikation auf eine verschiedene Menge von Begriffen rekurrieren und dabei erwarten, in dem gemeinten Sinne verstanden zu werden. Einige Begriffe gehen verloren, andere verändern ihre Bedeutung, noch andere werden zu einem gewissen Zeitpunkt eingeführt und waren früher nicht verfügbar. Die Hypothese lautet, daß diese Variation und die Breite der Semantik mit den Bedingungen zusammenhängen, unter denen die Kommunikation stattfindet, die den Umfang der möglichen Verweisungen beeinflußt. Und die Bedingungen der Kommunikation hängen ihrerseits von der Struktur der Gesellschaft, also von ihrer »primären Differenzierungsform« (vgl. Luhmann 1997, 609f) ab.

Jede Gesellschaft differenziert sich in sich selbst aus: Sie reproduziert die Unterscheidung System/Umwelt, um Teilsysteme zu unterscheiden, die füreinander Umwelt sind. Diese Differenzierung kann verschiedene Formen annehmen (vgl. Luhmann 1997, 612f): Sie kann auf dem Unterschied mehrerer Segmente beruhen, die einander ähnlich sind, oder auf dem Unterschied zwischen Zentrum und Peripherie, oder zwischen hierarchisch geordneten sozialen Schichten (stratifizierte Differenzierung). Sie kann schließlich Systeme unterscheiden, die jeweils an einer spezifischen Funktion orientiert sind (Wirtschaft, Recht, Wissenschaft, Politik, Erziehung usw.). Diese Systeme setzten sich gegenseitig voraus, aber operieren nach unabhängigen Kriterien. Man spricht in diesem Fall von funktionaler Differenzierung. In jeder gesellschaftlichen Formation übernimmt eine bestimmte Differenzierungsform die primäre Rolle und bestimmt dadurch die Struktur der Gesellschaft, obwohl andere Formen gleichzeitig gegeben sein können. Eine funktional differenzierte Gesellschaft hat sich im Westen erst mit der Moderne entwickelt (also im 16. und 17. Jahrhundert) - und nur hier.

Die Hypothese einer Korrelation zwischen Gesellschaftsstruktur und Semantik hängt von der Annahme ab, daß die Gliederung in Teilsysteme auf die Bedingungen der Kommunikation einwirkt, also die Begrifflichkeit beeinflußt, die jeweils plausibel und verständlich in der Kommunikation benutzt werden kann. Die Kommunikation zwischen unterschiedlichen Schichten verläuft anders als die Kommunikation zwischen unterschiedlichen Funktionen, wie zum Beispiel Politik und Wissenschaft. Und die allgemeine Artikulation der Gesellschaft wirkt auf die interne Artikulation der Verhältnisse zwischen den Begriffen ein. Die grundlegende Eigenschaft einer funktional differenzierten Gesellschaft ist, daß die Voraussetzung einer korrekten Perspektive entfällt, die die letzte Ordnung der Dinge und der Begriffe sichert. Die Stratifikation setzt zum Beispiel eine hierarchische Ordnung voraus, also eine einheitliche Organisation der Gesellschaft von der Spitze (dem Souverän) bis zur Basis. Solange diese Ordnung von der Religion bestätigt wird, reproduziert sie einen globalen Rahmen der Welt. Es gibt also eine letzte Ordnung der Dinge, nach der alles seinen eigenen Platz hat, und diese Ordnung hängt nicht von dem Beobachtungsstandpunkt oder von den Kriterien ab: Sie ist wahr und unbezweifelbar, und wer sie in Frage stellt, täuscht sich oder ist unredlich. Was die Selbstbeschreibung angeht, kann eine solche Gesellschaft eine ausschließende Formel mit einer nicht bloß formalen Negation benutzen. Sie kann sich z.B. als Gemeinschaft der Christen gegenüber den Heiden - die im Unrecht sind - beschreiben. Der Inhalt der Negation wird von der vorausgesetzten globalen Ordnung gesichert, die aufgrund aller Unterscheidungen existiert.

Diese Eindeutigkeit ist mit der funktionalen Differenzierung nicht mehr möglich. Hier entfällt zuerst die Voraussetzung einer richtigen Perspektive, die die ultimative Ordnung der Dinge und der Begriffe sichert. Jedes Funktionssystem hat einen eigenen Gesichtspunkt und eigene Kriterien, die nicht notwendigerweise für die anderen Teilsysteme gelten und nicht notwendigerweise mit deren Kriterien kompatibel sind. Die Politik hat z.B. andere Prioritäten als die Wirtschaft oder das Recht, und es gibt keine Letztinstanz, die feststellen kann, welches die richtigen sind. Eine solche Instanz kann es auch nicht geben, weil die Systeme unabhängig operieren[9] und es keine Rangordnung gibt, die bestimmt, welche Funktion Vorrang hat. Es geht nicht mehr darum, nach oben und unten oder nach richtig und falsch zu sortieren, sondern bloß darum, verschiedene Perspektiven zu unterscheiden.

Wenn dies die herrschende Kommunikationsform ist, folgt daraus für die Semantik das Fehlen eines einheitlichen Bezugsrahmens: Wichtig ist nicht so sehr, Trennungslinien zu ziehen, sondern vielmehr, mögliche Anschlüsse herauszufinden. Wichtig ist also die »Anschlußfähigkeit« (vgl. Luhmann 1990,

---

[9] Obwohl sie sich natürlich gegenseitig beeinflussen: man spricht nur von Unabhängigkeit bezüglich der Orientierungskriterien, was keineswegs Interdependenz in den konkreten Operationen ausschließt.

200f; 367f). Die Organisation der Semantik ändert sich von hierarchisch zu »heterarchisch«[10]. Sie folgt gleichzeitig mehreren unabhängigen Hierarchien. Was die Beziehung zwischen verschiedenen Perspektiven angeht, handelt es sich nicht so sehr darum zu zeigen, daß der Andere unrecht hat, oder darum, dessen Perspektive auf die eigene zu reduzieren, sondern eher darum, die Art und Weise zu berücksichtigen, wie er die Welt sieht, obwohl sie anders und im Grunde unzugänglich bleibt. Es handelt sich also nicht darum, die Heterogenität der Perspektiven zu einer Einheit zu führen, sondern darum, die Heterogenität als solche anzuerkennen und trotzdem in der Lage zu sein, sie nicht arbiträr zu behandeln.

Die Form der für die Selbstbeschreibung benutzten Gegenbegriffe entspricht dieser Veränderung. Perspektivische Oppositionen (wie Westen/ Osten) erlauben es, gerade weil sie »leer« sind, eine andere Perspektive ohne Rekurs auf Inhalte zu behandeln: Eine Andersartigkeit wird zugelassen, die noch unbestimmt bleibt. Die Bezeichnung als östlich liefert an sich noch keine Information über die entsprechende Beobachtungsweise, außer der Information, daß es sich eben um eine andersartige Perspektive handelt: Man kennt weder die Beobachtungskriterien noch die Welt, die beobachtet wird. Trotzdem kann man sich darauf beziehen, und das erlaubt zugleich, sich auf die eigene Perspektive zu beziehen und zu berücksichtigen, daß sie weder die einzige noch die richtige ist, sondern bloß diejenige, von der man in der Tat ausgeht. Sie wird sogar durch Rekurs auf einen fremden Gesichtspunkt bezeichnet, d.h. demjenigen, von dem aus man selbst westlich ist. Die daraus resultierende Zirkularität ist die Basis der Leistungsfähigkeit und Offenheit der benutzten Kategorien.

Der implizite Bezug auf einen Totalbegriff wie z.B. »Menschheit« entspricht außerdem einer weiteren Eigenschaft der funktionalen Differenzierung: der Inkompatibilität mit regionalen Grenzen und der weltweiten Verbreitung der Verweisungen. Mit der Autonomisierung der verschiedenen Funktionsbereiche wird die Vorstellung von räumlichen Grenzen zwischen den »Teilbereichen« der Gesellschaft immer unplausibler. Kommunikation und Austausch ereignen sich ohne jeglichen Respekt vor nationalen Gren-

---

[10] Ein Begriff von McCulloch (McCulloch 1945).

zen[11]: in der Wissenschaft, in der Wirtschaft, in den Massenmedien usw. Dies hat dazu geführt, von Weltgesellschaft (vgl. Luhmann 1975, 51-71; 1997, 30f;145f) zu reden, wobei betont wird, daß geographische Innen-/Außen-Beziehungen nicht mehr zentral sind. Die Diskriminierung - in der Form, wie sie noch nötig ist - muß andere Wege suchen. Die Exklusion muß jetzt also gerechtfertigt werden[12].

Was die Semantik betrifft, so sind weniger die aktuellen Verbindungen und Interdependenzen unter den Kommunikationen relevant als die Breite der Möglichkeiten aufgrund der Tatsache, daß die neue gesellschaftliche Lage einen prinzipiell unbegrenzten Verweisungshorizont impliziert, der auch die Verweisung auf das einschließt, was man nicht kennt und nicht kennen kann. Nichts kann ausgeschlossen werden, und auch der Andere (der sowieso bleibt) muß irgendwie berücksichtigt werden. Daraus folgen Angemessenheitserfordernisse an die Begriffe, unter anderem auch die Notwendigkeit, auf alles zu verzichten, was auf eine unveränderbare Letztinstanz verweist, die mit der Öffnung auf verschiedene unbekannte Perspektiven inkompatibel ist. Öffnung heißt eigentlich, daß unbestimmt bleibt, was diese Perspektiven beinhalten müssen oder wie es behandelt wird: d.h., es gibt keine festen Bestimmungen. Auch deshalb scheint die Form der perspektivischen Oppositionen besonders günstig, weil sie es, wie bereits gesagt, ermöglichen, einen »Anderen« (der nötig ist, um irgendeine Kontrolle auf den Verlauf der Operationen auszuüben) zu projizieren, ohne sich dabei an bestimmte Inhalte zu binden.

Trotz der formalen »Leere« der perspektivischen Begriffe, bleibt die Semantik einer funktional differenzierten Gesellschaft selektiv. Das Fehlen einer ultimativen Instanz bedeutet nicht, daß jedes Orientierungskriterium fehlt, und auch nicht, daß man nicht mehr zwischen akzeptablen und nicht-akzeptablen Behauptungen unterscheiden kann. Im Gegenteil, die Kriterien werden immer strenger und enger. Der Bezugspunkt wird jedoch ein anderer: Statt der unabhängigen Außenwelt ist es nun der Zustand der Semantik der betreffenden Gesellschaft. Begriffe und Einstellungen werden nicht deshalb

---

[11] Da es sich um politisch bestimmte Grenzen handelt, scheint es unvermeidlich zu sein, daß sie für andere als politische Funktionssysteme nicht verbindlich sind.

[12] Nicht zufällig geht die Regelung des Verhältnisses von Inklusion und Exklusion auf die Funktionssysteme über (vgl. Luhmann 1997, 630).

unangemessen, weil sie dem tatsächlichen Stand der Dinge nicht entsprechen (der sowieso nicht zugänglich ist), sondern deshalb, weil sie mit dem Reflexivitätsniveau der Semantik der Gesellschaft nicht kompatibel sind. Die Kriterien müssen also in der Reflexion der Gesellschaft und nicht in einem hypothetischen externen Referenten gesucht werden. Der Übergang zur Selbstreferenz ist ein grundsätzlicher Schritt in der Behandlung der Pluralität der Perspektiven, also auch der Beziehung Westen/Osten. Solange das Problem gestellt wird, »die Perspektive des Anderen zu übernehmen«, stößt man auf eine prinzipielle Unmöglichkeit. Wie oft bemerkt worden ist, wäre diese Perspektive, wenn man sie übernehmen könnte, keine fremde Perspektive mehr. Das Risiko des Ethnozentrismus und des Paternalismus ist außerdem immer da. Die Lage wird anders, wenn es darum geht, über die Art und Weise zu reflektieren, wie die eigene Perspektive andersartige Perspektiven berücksichtigen kann, und wieviel Freiheit sie ihnen zugestehen kann[13], ob z.B. beobachtet wird, daß der Andere beobachtet, wie er beobachtet wird und welche Folgen das hat. Auch wenn es um den Anderen geht, verfügt man eigentlich immer nur über die eigene Perspektive. Die Frage ist vielmehr, wie man die Lähmung vermeiden kann, die aus dem Versuch folgt, das Äußere intern zu behandeln.

III.

Kommen wir auf das Thema des Westens zurück. Wir können uns jetzt fragen, welchen Platz dieses Thema im allgemeinen Rahmen der Semantik hat. Wenn es stimmt, daß die Bedeutung der Opposition Westen/Osten für die gegenwärtige Gesellschaft mit der funktionalen Differenzierung verbunden ist, sollte die »Karriere« des Begriffs dieser Korrelation entsprechen. Man sollte zum Beispiel erwarten, daß der »perspektivische« Gebrauch der Gegenüberstellung von Westen und Osten ungefähr bis ins 18. oder 17. Jahrhundert zurückverfolgt werden kann, also bis zum Übergang von der stratifikatorischen zur funktionalen Form der Primärdifferenzierung der Gesellschaft. Man kann außerdem erwarten, daß der Gebrauch des Begriffs einer Reihe von Be-

---

[13] Mit den Worten der Kybernetik zweiter Ordnung: Die Frage ist jetzt, in welcher Beobachtungsordnung man sich befindet.

schränkungen unterliegt, die mit seiner Verbindung mit einer reflexionsorientierten Semantik zusammenhängen.

In der Tat scheint der »Orientalismus«, der im Sinne von Edward Said (vgl. Said 1978) der Projektion einer externen Perspektive zum Zweck der Selbstbeobachtung entspricht, Ende des 17. Jahrhunderts lokalisierbar zu sein und mit den ersten Versuchen zusammenzuhängen, »den Osten zu orientalisieren«, also eine geographische Lokalisation in einen perspektivischen Begriff zu verwandeln. Barthelemy D'Herbelots Bibliotéque orientale zeigt 1697 zum ersten Mal eine Geschichte der Welt aus östlichen Quellen und aus östlicher Perspektive, und 1708 stellt Simon Ockleys History of the Saracens den arabischen Gesichtspunkt auch über das Verhältnis zum Westen dar, und zwar bezüglich der Kriege gegen Byzanz und gegen Persien. So beginnt das Interesse des Westens an einem äußeren Gesichtspunkt, der jedoch immer noch in gewissen Hinsichten analog zu dem westlichen Gesichtspunkt bleibt: Im Laufe der Jahrhunderte bleibt die Vorstellung, daß der Osten nicht in der Lage ist, selbst zu sprechen, unverändert der Hauptpunkt der Darstellungen des Ostens. Der Westen muß ihm dann »eine Stimme verleihen« und das ausdrücken, was sonst nicht offen erscheinen könnte.

Diese »Stimme« kann allerdings mehr oder weniger artikuliert und mehr oder weniger kongruent mit der westlichen Perspektive sein. Im Übergang vom 18. zum 19. Jahrhundert fängt eine »wissenschaftliche« Erkenntnis des Ostens (vgl. Said 1978, 22f) an, wobei Wissenschaftlichkeit heißt, daß die östliche Perspektive nicht direkt den Bedürfnissen und Erwartungen des Westens entspricht, sondern eine gewisse Autonomie und Überraschungsfähigkeit gewinnt. Mit der Entdeckung der Altertümlichkeit der östlichen Sprachen fängt man an, einen Osten mit eigener Zivilisation, eigener Kunst, eigenen Sprachen und Traditionen zu projizieren, und ab Mitte des 18. Jahrhunderts wachsen die europäischen Kenntnisse des Ostens systematisch, auch infolge einer distanzierteren Haltung. Die Säkularisierung der europäischen Kultur - mit der Überwindung einer religiösen Interpretation und dem Übergang zu rein geographischen Referenzen - erlaubt es, die Perspektive der Östlichen als Alter Ego zu übernehmen. Sie zu kennen hilft, sich auch selbst besser zu kennen. Ernest Renans Werke markieren gegen Mitte des 19. Jahrhunderts den Übergang von christlich orientierten historischen Studien hin zur philologischen Orientierung (Said 1978, 130f).

Westlich vom Osten

In diesem Artikel, der vor allem einer »formalen« Analyse der Selbstbeschreibung der Gesellschaft gewidmet ist, können wir sicher keine vollständige historische Rekonstruktion der Semantik der Verhältnisse Westen/Osten entwickeln. Diese knappen Hinweise sollten bloß zeigen, wie im Laufe des 19. Jahrhunderts die Selbstbeschreibung der westlichen Gesellschaft anfängt, die Fähigkeit zu entwickeln, die Perspektive des Ostens als eines »Anderen« zu modulieren, anstatt sich nur auf die eigene Identität zu gründen[14]. 1829 kann Victor Hugo schreiben: »Au siècle de Louis XIV on était helléniste, maintenant on est orientaliste« (Hugo 1964, 580). Worum es hier vor allem geht, ist allerdings die Plazierung des Begriffs »Westen« in der Semantik der funktional differenzierten Gesellschaft, also seine Angemessenheit an das erforderliche Abstraktions- und Reflexivitätsniveau. Mit anderen Worten: Wenn es stimmt, daß Relevanz und Plausibilität der Unterscheidung Westen/Osten für die Selbstbeschreibung der modernen Gesellschaft mit den »perspektivischen« Eigenschaften der Unterscheidung (also mit ihrer »Leere«) zusammenhängen, dann folgt daraus auch ihre Inkompatibilität mit jedem wertbezogenen Gebrauch und jeder ontologischen Annahme. Oder, nochmal anders gesagt, wenn man sich auf die Kategorien Westen und Osten beruft, muß man ein ausreichendes Abstraktionsniveau erreichen, sonst verfällt man einem Wirrwarr von unlösbaren Paradoxien und Widersprüchen[15].

Die Schwierigkeiten der gegenwärtigen Debatte über Orientalismus können auch so gelesen werden: Man kann einen Mangel an Kongruenz zwischen einigen prinzipiellen Erklärungen über das Verständnis des Verhältnisses Westen/Osten und den daraus gezogenen Konsequenzen erkennen, insbesondere in Bezug auf Ideologieverdacht. Edward Said zum Beispiel gibt zu, daß die europäische Kultur nach der Aufklärung den Osten mit einer »enormously systematic discipline« (Said 1978, 3; vgl. auch Turner 1984, 91-104) »produziert« und behandelt hat, wirft ihr aber gleichwohl vor, die Verhältnisse mit dem Osten asymmetrisch zu gestalten: der Orientalismus sei »ein Code geworden, durch den Europa sowohl sich selbst als auch den Osten für sich selbst deuten kann« (Said 1978, 253; Übers. E.E.). Auf der einen Seite er-

---

[14] François Jullien spricht - mit Bezug auf Foucault - von »hétérotopie« (vgl. Jullien 1986, 93).

[15] Im Großen und Ganzen gilt das auch für die Mehrheit der Debatten über »Multikulturalismus«.

kennt man also, daß der Osten eine Projektion des Westens zum Zwecke der Selbstbeschreibung ist, aber auf der anderen Seite verlangt man, daß diese Projektion in der Lage sein soll, eine unabhängige Realität zu erfassen. Man behauptet zum Beispiel, daß neben dem Orientalismus ein symmetrisches Forschungsfeld mit dem Namen »Occidentalismus« entstehen sollte, um sich mit der Art und Weise zu befassen, wie der Westen aus einer östlichen Perspektive rezipiert wird (Said 1978, 50; 204f). Eine zum Teil ähnliche Auffassung findet man bei Bryan Turner, der auf der einen Seite die Unvermeidlichkeit einer Gegenüberstellung innen/außen in der Selbstbeschreibung der Gesellschaft und die Unmöglichkeit der Neutralität in der Beschreibug der West/Ost-Beziehung anerkennt, aber gleichzeitig vorschlägt, den Orientalismus durch einen »discourse of sameness« zu ersetzen, der Kontinuität eher als Gegenüberstellung betont (vgl. Turner 1989, 635). Es könnte sich jedoch nur um eine »sameness« aus der eigenen Perspektive handeln, also wieder um eine Negation der Abhängigkeit der Beobachtungskategorien. Wenn diese Abhängigkeit einmal zugegeben worden ist, erscheint eine solche Auffassung selbst als ideologisch.

Was kann dann die Alternative sein? Der Beobachtungstheorie zufolge ist die Autonomie der externen Perspektive gerade dadurch sanktioniert, daß man ihre Unzugänglichkeit anerkennt. Mit anderen Worten: Man weiß nicht, was der Andere beobachtet noch wie er es beobachtet, aber man weiß, daß er auch beobachtet, und dies ist die einzig mögliche Referenz. Diese Unabhängigkeit ist die Voraussetzung dafür, daß man den Anderen im eigentlichen Sinne als Alter Ego auffassen kann mit der entsprechenden Verbreitung der Verweisungen. Die Frage ist dann: Wie kann man irgendeine Form von nicht zufälligem Kontakt finden? Gibt es Kriterien für die Orientierung der Verhältnisse mit einem Anderen, dessen Perspektive unzugänglich bleibt? Kann man auf diesem Abstraktionsniveau feststellen, was in dem Verhältnis zwischen innerer und äußerer Perspektive, zwischen Westen und Osten akzeptabel und was unakzeptabel ist?

Wie wir schon gesehen haben, scheint die Aufforderung, den Anderen zu »verstehen« und seinen Gesichtspunkt zu übernehmen, nicht realisierbar. Jede Beobachtungsperspektive, auch diejenige des Westens, ist unvermeidlich »geschlossen«. Sie operiert immer aufgrund eigener Unterscheidungen und kann nichts anderes tun. Was dagegen in die eigene Beobachtungsperspektive - wenn sie zureichend komplex ist - eingeführt werden kann, ist nicht der Andere als solcher, sondern das Bewußtsein einer andersartigen Perspektive als Artikulation der eigenen Perspektive. Wenn man über ausreichende Unterscheidungsfähigkeit verfügt, kann man also dazu kommen, einen »Anderen« zu projizieren, der - obwohl es nur der »eigene Andere« ist - es erlaubt, in die eigene Beobachtungsperspektive die Verweisung auf die Unerkennbarkeit der anderen Perspektiven aufzunehmen und damit die Notwendigkeit, sie zu berücksichtigen. Sie können überraschen, stören, zur Revision zwingen, und brauchen dafür dennoch nicht extern zu sein.

Der Bezug auf den Osten ist dafür ein Beispiel, und in der Literatur geht man dazu über, ihn unter diesem Aspekt zu betrachten. Die Verweisung auf die östliche Perspektive innerhalb des perspektivischen Schemas Westen/Osten ist keine Beschreibung dessen, was Andere denken, sondern die Art und Weise, wie es dem Westen scheint, daß Andere denken. Trotzdem kann es eine nützliche und lehrreiche Verweisung sein. Die Vorstellung setzt sich allmählich durch, daß die Bedeutung der Orientalismus-Forschung nicht der neue Gewinn einer die westliche komplementierenden Erkenntnis sei, sondern eher »die konzentrierte Suche nach einer Dezentrierung unserer eigenen Sicht der Dinge« (Jullien 1985, 92; Übers. E.E.). Das Interesse dieses Unternehmens kann jedoch nur selbstreferentiell sein: Der Kontakt mit dem Osten dient dazu, den Westen zu schaffen und zu artikulieren, insbesondere was die subtileren Aspekte der »verfänglichen Alterität« betrifft: diejenige, die mit den impliziten Konditionierungen der eigenen spezifischen Perspektive zusammenhängt (Jullien 1986, 96). Denn der »Andere« ist nicht deshalb ein Anderer, weil er andersartigen Konditionierungen unterliegt, sondern vor allem wegen einer anderen Art, die Konditionierung selbst zu verstehen: nicht so sehr also, weil er eine andere Welt beobachtet, sondern weil er sie anders beobachtet. Die Schwierigkeit zum Beispiel, sich mit Chinesen über Begriffe wie das cogito zu verständigen, hänge, so Jullien, nicht davon ab, daß sie ihn anders interpretieren, sondern eher davon, daß sie ihn schlicht nicht begreifen. Sich mit Chinesen über das cogito auseinanderzusetzen, hieße dann nicht, sich ihre Interpretation zu eigen zu machen, sondern von ihrer Perspektive auszugehen und die eigene zu reinterpretieren (Jullien 1986, 100f).

Daraus folgt den Vorschlag, neben der chinesischen Sinologie eine »aktiv und positiv westliche Sinologie« zu entwickeln (Jullien 1986, 99). Parallel dazu ist der Vorschlag eines »Occidentalismus« zu verstehen, der keine spekulative (Gegen-) Disziplin zum gängigen Orientalismus wäre, sondern sich den westlichen Texten zuwendet, die die östliche Behandlung des Westens und ihre Folgen betrachten (Rahimieh 1990). Der Hauptpunkt in der Analyse der östlichen Behandlung des Westens - so die Behauptung - sei nämlich nicht die Suche nach Symmetrie, sondern die Fähigkeit, die Komplexität der westlichen Reflexion zu steigern. »Der Punkt ist nicht, Äquivalente für die Stereotypen des Westens zu finden, sondern den Eurozentrismus des Austauschs zwischen islamischem Osten und dem Westen zu modulieren« (Rahimieh 1990, IX). Es handelt sich im Grunde um die Anerkennung, daß die Forderung nach Symmetrie nur ideologisch sein kann, während die Asymmetrie nicht umgangen werden kann, daß also der Beobachter unausweichlich nur aus der eigenen Perspektive beobachten und sie nicht transzendieren kann. Auch eine perspektivische Unterscheidung impliziert eine Direktionalität: Aus der Perspektive des Westens kann der Osten bloß zu einem andersartigen Gesichtspunkt ohne werthaltige Konnotationen werden, aber der einzige fest bleibende Inhalt besteht darin, daß er ein gegenüber dem Westen verschiedener Gesichtspunkt ist. Und man geht vom Westen aus. Man bräuchte also eine Disziplin, die die Folgen dieser Lage behandelt.

Die Dringlichkeit dieser Forschung wird mit der westlichen Unfähigkeit motiviert, die islamischen Antworten auf den Einfluß des Westens zu behandeln (Rahimieh 1990, 100 f). Schon seit Ende des 19. Jahrhunderts entwickelt sich eine wachsende Spannung zwischen der Rigidität eines auf aprioristische und ahistorische Bilder orientierten Orientalismus und den tatsächlichen Beschreibungen eines dynamischen und überraschungsreichen Osten. Der Anspruch, den Osten zu verstehen, kommt zu demjenigen hinzu, ihn »operieren zu lassen«, ihm also zu erlauben, seine Potentialitäten zu entwickeln (Said 1978, 238). Diese Operationen jedoch, wenn sie überhaupt erfaßt werden können, entwickeln sich in einem vom Westen beobachteten Osten, und diese Beobachtung hat offensichtlich Folgen. Die Erforschung der östlichen Literatur über den Westen zeigt in der Tat, daß »östliche Forscher und Schriftsteller die Notwendigkeit verstanden und berücksichtigt haben, sich mit dem Westen und noch mehr mit der Wahrnehmung ihrer selbst durch den Westen auseinanderzusetzen« (Rahimieh 1990, 111; Übers. E.E.). Die auf die unreflektierte Gegenüberstellung von Westen und Osten konzentrierte Forschung der Orientalisten hat nicht immer die Komplexität der Lage erkannt.

Diesbezüglich ist z.B. die Affäre Rushdie interessant. Sich auf die islamische Intoleranz zu beziehen, ist sicher unzureichend. In der arabischen Literatur gibt es viele Fälle von Satire und von Abweichung, die jedoch keine vergleichbaren Reaktionen ausgelöst haben. Besonders im Fall Rushdie ist dagegen die Art und Weise, wie Rushdie selbst und seine Ankläger, die zwei Aspekte der islamischen Zivilisation vertreten, in einer Auseinandersetzung engagiert sind, die sich schließlich auf die westliche Welt bezieht. Die fatwa gegen Rushdie ist keine innere Frage der islamischen Welt, sondern eher ein Aspekt des Bildes des Islams von sich selbst in Bezug auf den nicht moslemischen Westen. Das gilt auch für die neuere Entwicklung: Die schwierige und umstrittene Rücknahme der fatwa gegen Rushdie durch die neue iranische Regierung Mohammed Khatamis wird von der Mehrheit der Kommentatoren nicht (oder nicht primär) als Folge einer Zunahme der Toleranz der islamischen Welt, sondern eher als symbolische Geste gegenüber dem Westen interpretiert, mit dem man Kooperationsverhältnisse aufbauen möchte. »Die Stellung beider Seiten ist also auch in Bezug auf den dritten Teilnehmer definiert« (Rahimieh 1990, 115), nämlich den Westen, der das allerdings nicht immer zu berücksichtigen scheint.

Die eigentümliche Zirkularität der Lage, in der der Einfluß auf den Westen durch den Einfluß des Westens auf den Osten beobachtet wird, ist eine Folge der Beobachtungsordnung der Beschreibung. Man kann sagen, daß hier zwei Selbstreferenzstufen eingebaut sind. Was der Beobachter beobachtet, hängt von seiner eigenen Beobachtung ab (und das ist Heisenbergs bekannter Unbestimmtheitssatz), aber außerdem beobachtet sein »Objekt«, daß es beobachtet wird, und der Anfangsbeobachter weiß das. Indem der erste Beobachter einen Anderen beobachtet, beobachtet er seine eigene in einer anderen Perspektive reflektierte Beobachtung und muß den Kurzschluß vermeiden.

Dies - so könnte man sagen - ist das Problem der Beziehungen der sich als westlich selbstbeschreibenden Gesellschaft mit ihrem Osten. Man könnte den Eindruck haben, daß es sich bloß um eine Tautologie handelt, aber dann würde man die Schwierigkeit und Prägnanz der Lage verkennen. Es stimmt wohl, daß der beobachtete Osten nur der »eigene« Osten ist, aber nichtsdestoweniger hängen die künftigen Bedingungen des Westens von den Beziehungen mit diesem Osten ab. Es wäre nötig, das berücksichtigen zu können. Was erforderlich wäre, ist die Fähigkeit vorauszusehen, wie der Einfluß des Westens auf den Osten auf den Westen selbst zurückwirken wird, ausgehend von der Tatsache, daß die Entwicklung des Ostens mit diesem Einfluß zusammenhängt. Das Problem liegt in der Frage der Rationalität, wie sie von der Systemtheorie gestellt wird (vgl. Luhmann 1984, 640f; 1977, 171f; Esposito 1995): Es ist die Frage der Kriterien, die unter Bedingungen der Zirkularität und der Schließung als Orientierung gelten können. Öffnung auf den Anderen kann aus dieser Sicht nicht heißen, die Perspektive der Gegenseite abstrakt zu übernehmen (deren Unzugänglichkeit zugleich anerkannt wird). Die Öffnung wird dagegen in eigenen Formen innerhalb der Schließung selbst gesucht: also durch Vermehrung und Diversifizierung der für die Beobachtung benutzten Unterscheidungen. Auch die Unterscheidung Westen/Osten dient dazu. Der Osten erscheint noch einmal als eine Konstruktion des Westens, um sich selbst zu beobachten - eben als Westen.

Literatur

Brunner, O/Conze, W./Koselleck, R.: Geschichtliche Grundbegriffe: Historisches Lexikon zur politisch-sozialen Sprache in Deutschland, Stuttgart 1972.

Esposito, E.: Ad occidente dell'oriente: concetti prospettici e autodescrizione della società, Studi urbinati, LXVI, 1993.

Esposito, E.: Die Orientierung an Differenzen: Systemrationalität und kybernetische Rationalität. In: Jahrbuch Realitäten und Rationalitäten, Selbstorganisation, 6, Berlin 1995, 161-176.

Foerster, H.v.: Observing Systems, Seaside (Cal.) 1984.

Hugo, V.: Oeuvres poétiques, Paris 1964, Bd.1.

Jonker, G.: The Topography of Remembrance. The Dead, Tradition and Collective Memory in Mesopotamia, Leiden/New York/Köln 1995.

Jullien, F.: Le plus long détour. De la sinologie comme discipline occidentale. In: Communications, n.43, 1986, 91-101.

Koselleck, R.: Zur historisch-politischen Semantik asymmetrischer Gegenbegriffe. In: Vergangene Zukunft. Zur Semantik geschichtlicher Zeiten, Frankfurt am Main 1979, 211-259.

Luhmann, N.: Die Weltgesellschaft. In: Soziologische Aufklärung 2. Aufsätze zur Theorie der Gesellschaft, Opladen 1975, 51-71.

Luhmann, N.: Gesellschaftsstruktur und Semantik. Studien zur Wissenssoziologie der modernen Gesellschaft, Band 1, Frankfurt am Main 1980.

Luhmann, N.: Soziale Systeme, Frankfurt am Main 1984.

Luhmann, N.: Die Wissenschaft der Gesellschaft, Frankfurt am Main 1990.

Luhmann, N.: Die Gesellschaft der Gesellschaft, Frankfurt am Main 1997.
McCulloch, W.S.: A Heterarchy of Values Determined by the Topology of Nervous Nets. In: Bull.Math.Biophys., 7, 1945, 89-93.
Rahimieh, N.: Oriental Responses to the West. Comparitive Essays in Select Writers from the Muslim World, London 1990.
Said, E.W.: Orientalism, London 1978.
Simmel, G.: Soziologie. Untersuchungen über die Formen der Vergesellschaftung. In: Gesamtaufgabe, Frankfurt am Main 1992.
Spencer Brown, G.: Laws of Form, London 1969.
Turner, B.S.: Une interprétation des représentations occidentales de l'Islam. In: Social Compass, XXXI/1, 1984, 91-104.
Turner, B.S.: From Orientalism to Global Sociology. In: Sociology, 23, 4, 1989, 629-638.

Henning Schmidgen

Enthauptet und bewußtlos:
Zustände der lebenden Maschine in der Psychologie um 1900

In einem klassisch gewordenen Aufsatz über das Verhältnis von »Maschine und Organismus« hat sich Georges Canguilhem mit der Rolle von technischen Metaphern und Modellen in den Lebenswissenschaften befaßt (Canguilhem 1952). Seit Descartes hat man, so führt Canguilhem aus, immer wieder versucht, Organismen mit Hilfe mechanischer Modelle zu erklären. In La Mettries L'homme machine habe die Maschinentheorie des Lebens umfassenden Ausdruck gefunden. Neueren Datums sei hingegen der Versuch, biologische Metaphern zu verwenden, um die Entwicklung technischer Realitäten zu beschreiben. Erst die Anthropologie des 19. und 20. Jahrhunderts habe begonnen, das Theorem der Organprojektion auszuarbeiten, und detaillierte Analogien von inneren und äußeren Werkzeugen finden sich, so Canguilhem, erst neuerdings in der Ethnologie und, vor allem, in der vitalistischen Philosophie.

In seinem Vortrag von 1952 beschreibt Canguilhem die Figur eines Umschlagens: Die mechanizistische Erklärung des Organischen wird gedoppelt durch eine organizistische Erklärung des Mechanischen. So anregend diese Figur ist, in ihrer Beschreibung gehen mögliche Zwischenstufen des Verhältnisses von Maschine und Organismus verloren. So bleibt zum Beispiel unklar, warum der Ausdruck »organon« seit der Antike gleichermaßen technologisch wie biologisch konnotiert wurde. Denkbar ist zudem, daß Organismen nicht nur in Analogie zur Maschine gesetzt werden, sondern auch tatsächlich in Mechanisches verwandelt oder diesem doch so weit angenähert werden, daß die Angabe von Unterschieden schwer fällt.

Im folgenden sollen zwei Prozeduren vorgestellt werden, durch die Organisches, Lebendiges, in Mechanisches, Nicht-Lebendiges, verwandelt worden ist. Es geht, genauer gesagt, um zwei Verfahren, die merkwürdige Übergangswesen zum Resultat haben: Wesen, die zwischen Lebendem und Totem situiert sind, in den Abstand der beiden Reiche fallen, bevor sie einerseits in den Tod übergehen oder andererseits wieder ins Leben zurückkehren.

Eines der Verfahren, durch die Organisches solchermaßen in Mechanisches überführt wurde, wird hier mit dem Stichwort »Enthauptung« belegt. Seit Flourens und Magendie gehört die Ablation, die operative Entfernung eines Organs oder einer Gliedmaße, zu den anerkannten Methoden der physiologischen Forschung. Folgerichtig gehört auch das Dekapitieren, die Enthauptung oder Enthirnung von Lebewesen, zu den Vorgehensweisen, die in der Erforschung der Funktionen von Gehirn und Nervensystem angewandt worden sind. Dabei handelte es sich zumeist darum, an Tieren wie Fröschen, Vögeln oder Hunden, bei denen Teile des Hirns abgetragen oder das Hirn ganz entfernt wurde, Verhaltensbeobachtungen oder Experimente durchzuführen, um Rückschlüsse auf die Funktionen der verbleibenden Teile des Nervensystems zu machen und, umgekehrt, Aufschluß über die entfernten Teile zu erlangen (vgl. Rothschuh 1953, 101-111).

Ein anderes Verfahren, das hier vorgestellt werden wird, ist mit dem Begriff »Bewußtlosigkeit« verbunden: Gemeint sind psychische Erscheinungen, die aus der Hypnose, dem Somnambulismus, aber auch aus dem normalen Schlaf bekannt sind und die seit dem Mesmerismus in der dynamischen Psychiatrie erkundet worden sind. Ende des 19. Jahrhunderts erreicht die Beschäftigung mit den Phänomenen der Bewußtseinsspaltung, der doppelten Persönlichkeit, des Unterbewußten (Janet) und des Unbewußten (Freud) in der Psychologie einen Höhepunkt; zugleich werden in der klinischen Forschung verstärkt Phänomene wie Tics, Zwangsvorstellungen und Obsessionen exploriert (vgl. Ellenberger 1985, 350-448).

Den beiden genannten Prozeduren ist gemeinsam, daß die mit ihnen untersuchten Lebewesen im Sinne von Maschinen aufgefaßt werden. Dies ist bei der Rede von den »psychischen Automatismen«, mit denen die Zustände der Abwesenheit von Bewußtsein belegt werden, offensichtlich; es gilt aber auch, wie gezeigt werden wird, für die enthaupteten Tiere.

Die folgenden Ausführungen nehmen ihren Ausgang in den 1930er Jahren bei Arbeiten von Roger Caillois, die im Umkreis des Surrealismus entstanden sind. Von da aus wird zurückgegangen auf korrespondierende psychologische Forschungen aus den 1860er-1890er Jahren. Dort wird das Bewußtlosigkeitsthema aufgenommen und über die klinische Psychologie wieder in die 1920er Jahre zurückgeführt. Ziel bei der Ausschreibung dieser kreisförmigen Bewegung ist es, im Blick auf zwei Formen lebender Maschinen eine Aussage über das Verhältnis von Repräsentation und Identifikation zu treffen: Den psychologischen Repräsentationen der lebenden

Enthauptet und bewußtlos

Maschine um 1900 liegen Produktionen unheimlicher Zwischenwesen zugrunde.

I

Mantis ist die Gattungsbezeichnung für sogenannte Fangheuschrecken. Eine bestimmte Art dieser Fangheuschrecken wird mantis religiosa, Gottesanbeterin genannt. Dieses Insekt ist ein wichtiges Motiv der surrealistischen Kunst. Darstellungen der mantis finden sich in Gemälden von Salvador Dalí, in Zeichnungen und Aquarellen von André Masson, ebenso im Werk von Max Ernst. Es wird auch berichtet, daß André Breton und Paul Éluard Exemplare dieser Heuschrecken zu Hause, im Terrarium, gehalten haben, um ihr Verhalten aus der Nähe studieren zu können (vgl. Pressly 1973).

Die Faszination der Surrealisten für die Gottesanbeterin hat ihren Anlaß in einem besonderen Merkmal ihres Sexualverhaltens: Nach oder schon während des Geschlechtsakts mit einem Artgenossen beginnt die weibliche mantis, ihren männlichen Partner aufzufressen. Im Zusammenhang mit den psychoanalytischen Theorien, die die Surrealisten rezipiert haben, wurde die mantis religiosa schnell zu einem Symbol für die latente Aggressivität sexuellen Verhaltens, für das Zusammenspiel von Eros und Thanatos. Sie verkörperte darüber hinaus die alles verschlingende, kastrierende Frau, die phallische Mutter (vgl. Hollier 1985).

In einem Artikel, der 1934 in der Surrealisten-Zeitschrift Minotaure erschien, ist Roger Caillois den Hintergründen der »lyrischen Wirksamkeit« des Motivs der Gottesanbeterin nachgegangen. In einer teils mythologisch und ethnologisch, teils sozio-biologisch orientierten Studie zeigt Caillois nicht nur, daß die Faszination für die mantis bis in die Antike zurückreicht und in vielen Weltkulturen zu finden ist, er versucht zugleich, eine eigenständige Erklärung für diese Faszination zu geben. Caillois zufolge ist das ausschlaggebende Moment für das ausgeprägte Interesse an der mantis ihr »anthropomorphes Äußeres«. Die Identifikation, die durch ihre menschenähnliche Gestalt befördert werde, sei eine »unfehlbare Quelle der Einwirkung auf das menschliche Gefühl« (Caillois 1974, 342).

Caillois ist nun der Auffassung, daß die »Kastrationsangst« als Motiv für die ambivalente Attraktivität der mantis religiosa nicht ausreiche. Das Sexualverhalten der mantis zeige, daß die Angst des Mannes, von der Frau verschlungen zu werden, der Sonderfall eines allgemeineren Phänomens ist. Wenn man von der Psychoanalyse zur Biologie übergehe, erkenne man, daß diese Angst der Restbestand einer Verhaltensweise ist, die bei vielen anderen Lebewesen nachweisbar ist (vgl. Caillois 1974, 351f.).

Im Verlaufe seiner Darstellung kommt Caillois auch auf wissenschaftliche Studien über die Gottesanbeterin zu sprechen, die teils in der Entomologie, teils in der Physiologie unternommen worden sind. Er beobachtet, daß die anthropomorphe Gestalt der mantis sich in den wissenschaftlichen Diskursen oft ins Mechanomorphe wandelt: Die menschenähnliche Gestalt der Heuschrecke wird roboterähnlich. Im Anschluß an eine Arbeit von Eugène-Louis Bouvier über das psychische Leben der Insekten referiert Caillois, es stehe fest, daß die Gottesanbeterin »auf fast alles genauso gut reagiert, wenn sie geköpft ist, das heißt, wenn das Zentrum der Vorstellung und willentlichen Aktivität wegfällt: Sie kann unter diesen Umständen herumlaufen, ihr Gleichgewicht ausbalancieren, die Autotomie eines bedrohten Gliedes vollziehen, ihre Geisterstellung einnehmen, sich paaren, Eier legen, den Kokon bauen, und, was wirklich irre ist, angesichts einer Gefahr oder nach leichter Reizung in eine falsche Totenstarre verfallen.« (Caillois 1974, 349) Zum Verhalten der enthaupteten Gottesanbeterin zitiert Caillois auch den Physiologen Léon Binet. Dieser schreibt: » ›Das Insekt wirkt wie eine Maschine mit einem vollkommenen, automatisch funktionierenden Räderwerk.‹ « (Caillois 1974, 348)

Daß die zitierten Wissenschaftler das Maschinenartige am Verhalten der geköpften mantis betonen, steht für Caillois im Zusammenhang mit den schon erwähnten ambivalenten Gefühlen gegenüber dieser Heuschreckenart. Die »schwachen Stellen« (ebd.) in den zitierten Texten, an denen die Gleichsetzung von Insekt und Maschine vorkommt, seien Ausdruck eines Aussetzens wissenschaftlicher Gelassenheit: Letztlich sei auch der Forscher durch die Vorstellung eines künstlichen, mechanischen und seelenlosen Weibchens zutiefst beunruhigt (ebd.).

Ob diese psychologische Interpretation von Caillois zutreffend ist, bleibe dahin gestellt; Tatsache ist, daß sowohl die Experimente mit enthaupteten Tieren als auch die Vergleiche der so zugerichteten Lebewesen mit Maschinen in der Physiologie und Psychologie des 19. Jahrhunderts so weit verbreitet waren, daß man geradezu von einer Routine sprechen kann. Caillois selbst verweist auf die Arbeiten des Physiologen Friedrich Goltz, der in den 1930er Jahren längst durch seine Versuche mit dem »Hund ohne Grosshirn« (Goltz 1892) berühmt geworden war; zu erwähnen wären hier ferner Schraders Untersuchungen zu den Auswirkungen der Großhirnentfernung bei Vögeln, oder, um ein Beispiel aus dem französischen Kontext zu nehmen, Alfred Binets psychologische Experimente zu den Bewegungsreaktionen geköpfter Insekten (vgl. Loeb 1899, 152-167).

Einer der vielleicht unerwarteten Orte, an denen die Vorzüge der Dekapitierungsmethode geschildert werden, ist William James' 1890 erschienenes zweibändiges Werk The Principles of Psychology (James 1950). Das zweite Kapitel dieses Lehrbuchs ist den Funktionen des Gehirns gewidmet. Am Beispiel des Frosches versucht James dort zu zeigen, welche Wirkung die Abtrennung und Abtragung von mehr oder weniger großen Hirnteilen auf das Verhalten eines Lebwesens hat. Sein Ziel ist dabei, ausgehend vom Frosch erste Prinzipien oder Formeln zu finden, die dann im aufsteigenden Vergleich mit Vogel, Hund, Affe und Mensch präzisiert werden können.

James geht bei seiner Darstellung schrittweise und systematisch vor. Er beginnt mit der durch einen Schnitt hinter der Schädelbasis des Frosches bewirkten Abtrennung des Hirns vom Rückenmark, diskutiert dann die Wirkung einer Sektion genau hinter den optischen Zentren, anschließend die des Schnitts zwischen Thalamus und optischen Zentren und schließlich die Auswirkungen eines Schnitts zwischen den beiden Hemisphären des Froschhirns.

James berichtet: Beim radikalsten Eingriff, der Reduzierung des Frosch-Nervensystems auf das Rückenmark, lebt der Frosch zwar weiter, aber sein Verhalten ist auf merkwürdige Weise verändert. »Er hört auf zu atmen und zu schlucken, liegt flach auf dem Bauch, Fortbewegung und Stimme sind verschwunden« (James 1950, 15). Allerdings, so fährt James fort: »Wenn wir ihn an der Nase aufhängen und verschiedene Teile der Haut durch Säure reizen, zeigt er eine Anzahl von bemerkenswerten ›abwehrenden‹ Bewegungen, die darauf abzielen, das Reizmittel wegzuwischen. (...) [Diese Bewegungen] variieren (...) so wenig, daß sie in ihrer maschinenhaften Regelhaftigkeit den Darbietungen eines Hampelmanns ähneln, dessen Beine jedesmal zucken müssen, wenn man an der Schnur zieht.« (James 1950, 15)

Gleich am Anfang von James' Lehrbuch taucht also der Vergleich des enthaupteten Tieres mit einer Maschine auf. Und wenn da zunächst noch, gleichsam etwas zögerlich, von der »maschinenhaften Regelhaftigkeit« gesprochen wird, ist kurz darauf schon von der »Reflex-« und »Nervenmaschinerie« die Rede. Bezeichnenderweise wird genau dann, wenn dem Frosch die mildeste Form der Enthirnung zugefügt wird, nämlich die Trennung der beiden Hemisphären voneinander, der Vergleich von Frosch und Maschine explizit.

James schreibt, daß ein Frosch, an dem eine Sektion zwischen den Hemisphären vorgenommen wurde, einem ungeübten Betrachter zunächst ganz normal vorkommen könne, denn Fortbewegung, Orientierung und Sexualverhalten seien im Prinzip erhalten. Näheres Hinsehen ergebe aber bald, daß dem Frosch jede spontane Bewegung unmöglich geworden sei.

Er agiere eigentlich nicht mehr, er re-agiere nur noch: Der Frosch sei also »eine äußerst komplexe Maschine, deren Aktionen, so weit sie reichen, auf die Selbsterhaltung gerichtet sind; dennoch ist er eine Maschine, in dem Sinne, daß er kein unberechenbares Element zu enthalten scheint. Wenn wir ihn dem richtigen sensorischen Stimulus aussetzen, sind wir fast so sicher, eine bestimmte Antwort zu bekommen, wie ein Organist sicher sein kann, einen bestimmten Ton zu hören, wenn er eine bestimmte Taste drückt.« (James 1950, 17)

James bringt bei dieser Beschreibung des Frosches als Maschine Kriterien in Anschlag, die zum Teil schon in der antiken Philosophie verwendet wurden, um Lebendiges von Nicht-Lebendigem zu unterscheiden. Die Fähigkeit zur spontanen Bewegung ist seit Aristoteles eines der Kriterien für das Lebendige; später hat Descartes nachhaltig auf die Komplexität der biologischen im Gegensatz zu den mechanischen Automaten hingewiesen (vgl. hierzu z. B. Ablondi 1998). Aber es sind nicht die Verbindungen zu einer Ideengeschichte der longue durée, denen hier nachgegangen werden soll. Auch die Tatsache, daß James an beiden angeführten Stellen eine merkwürdige Doppelung der Vergleiche vornimmt (Frosch - Maschine - Hampelmann; Frosch - Maschine - Orgel) soll unkommentiert bleiben. Vorerst ist nur dem Eindruck entgegenzuwirken, James' Vorgehen und Audrucksweise seien ungewöhnlich, eine Ausnahme, die vielleicht bloß den pragmatistischen Kontexten in den Vereinigten Staaten referiert.

Daß James sein Lehrbuch von 1890 mit einem Frosch-Maschinen-Szenario eröffnet, ist aber keineswegs etwas Besonderes, und James war auch nicht der erste Psychologe, der Experimente an enthirnten Tieren in sein Lehrbuch aufnahm. Schon in den Vorlesungen über die Menschen- und Thierseele, die Wilhelm Wundt 1863, also knapp dreißig Jahre vor James' Lehrbuch veröffentlicht hatte, findet sich der nämliche Topos. In der letzten der insgesamt 57 Vorlesungen stellt Wundt »Vergleichende Beobachtungen enthirnter und behirnter Tiere« an und thematisiert die »Reflex- und Instinktbewegungen nach der Enthauptung« (vgl. Wundt 1990, 425-449).

Die Fragestellung, die der spätere Begründer der Experimentalpsychologie dabei verfolgt, ist letztlich schon die, um die es später auch James gehen wird. Zur Debatte stehen die Funktionen des Gehirns und seiner verschiedenen Teile. Aus psychologischer Sicht geht es, wie Wundt formuliert, um »die Grenze« zwischen den instinktiven (reflexartigen, mechanischen) und den willkürlichen (bewußt gesteuerten, »freien«) Handlungen (vgl. Wundt 1990, 425). Allein, die Art und Weise, wie Wundt das Thema angeht und welche experimentellen Befunde er dabei heranzieht, unterscheidet sich deutlich von der Art und Weise, wie James später vorgehen sollte. Wundt ist stärker theorieorientiert, er argumentiert auch distanzierter als James. Zugleich entbehren die Untersuchungen, die er präsentiert, nicht der Drastik.

Es ist der 1860 von Goltz vorgelegte »Beitrag zur Lehre von den Funktionen des Rückenmarks der Frösche«, den Wundt - neben Arbeiten von Pflüger und Lotze - am ausführlichsten diskutiert.[1] Am Anfang einer langen Goltz-Passage, die Wundt vollständig in seinen Text übernimmt, heißt es: »Von drei gleichzeitig gefangenen gleich grossen und reizbaren Fröschen schnitt ich zweien mit der Glühschlinge die Köpfe ab, dem dritten sonst unversehrten blendete ich die Augen, um unnütze willkürliche Bewegungen desselben möglichst auszuschliessen.« (Goltz 1860, 218; vgl. Wundt 1990, 429)

Bei seinem Experiment setzt Goltz einen der geköpften und einen geblendeten Frosch in ein Gefäß mit Wasser, das er dann anfängt zu erhitzen. Der blinde Frosch versucht, dem heißer werdenden Wasser zu entkommen. Der Versuchsleiter vereitelt das. Goltz kommentiert: »Immer wilder werden die Schmerzensäusserungen und endlich (...) verendet das gequälte Tier unter tetanischen Krämpfen« (Goltz 1860, 219; vgl. Wundt 1863/ 1990, 430).

Der enthirnte Frosch hingegen sitzt - »bei 33 Gr. Réaumur« - nach wie vor starr im Wasser. Das Rückenmark des Frosches ist mit Säure immer noch reizbar. Nach einem weiteren Anstieg der Temperatur steigt der Frosch flach an die Wasseroberfläche. Goltz: »Verwundert hebt man die scheinbar wiederbelebte Leiche aus dem Wasser und findet das ganze Thier hart und steif wie ein Brett. Der letzte Vorgang gehörte nicht mehr dem Leben an, es war das Resultat der Wärmestarre der Muskeln.« (Goltz 1860, 220; vgl. Wundt 1990, 431)

Claude Bernards Wort vom Frosch als dem »Hiob der Physiologie« will mit Blick auf dieses Experiment ohne weiteres einleuchten (vgl. Bernard 1961, 166; insgesamt Rothschuh 1973), und zwar umso mehr, als Wundt sich nicht sicher zu sein scheint, worin seine Aussagekraft besteht: Der Versuch könne das Fehlen eines Bewußtseins im Rückenmark »nicht strenge« beweisen, zeige jedoch, »wie außerordentlich das Verhalten der enthirnten von demjenigen der normalen Thiere abweicht« (Wundt 1990, 429).

---

[1] Wundt schließt also an die sich um 1850 entspinnende Debatte über die »Rückenmarksseele« an (vgl. dazu ausführlich Fearing 1930, 161-186; Gauchet 1992, 85-103).

II

Ein Übergang von der Enthauptung zur Bewußtlosigkeit findet sich in den Wundtschen Vorlesungen über die Menschen- und Thierseele schon vorgezeichnet. Bei der Frage nach der Grenze zwischen instinktiven und willkürlichen Handlungen streift Wundt auch das Problem der Bewußtlosigkeit beim Menschen. Beim Tier hörten die selbständigen Bewegungen nach der Enthirnung auf, das Rückenmark, so formuliert Wundt, trete in einen »traumähnlichen Zustand« ein. Doch auch beim Menschen stünden die bewußtlosen Zustände mit dem Hirn in Verbindung: »sie bestehen bald in einem mechanischen Druck auf die Hirnoberfläche, bald in einer chemischen Alteration der Hirnsubstanz (nach dem Genuß narkotischer Gifte), bald endlich in inneren Veränderungen der Hirnmasse, wie in Folge von Entzündungen und krankhaften Neubildungen. (Wundt 1990, 428)

Wundt schreibt dies Anfang der 1860er Jahre. Rund 25 Jahre später werden die »bewußtlosen Zustände« des Menschen zu einem bevorzugten Studienobjekt von Psychiatern und Psychologen, vor allem im französischen Kontext; und dort werden die bewußtlosen Zustände dann auch zusammengebracht mit dem Motiv der »Reflex- oder Nervenmaschinerie«, des »Mechanismus«, das drei Jahrzehnte zuvor so ausführlich in der Tierphysiologie behandelt worden war. Der klassische Ort dafür ist Pierre Janets Doktorarbeit L'Automatisme psychologique (Janet 1889), deren Untertitel lautet: »Experimentalpsychologischer Versuch über die niederen Formen der menschlichen Aktivität.«

Janet rückt seine Darstellung fast vollständig aus dem physiologischen Register heraus und überträgt sie in das psychologische: Er spricht nicht länger von »Reflexmechanismus« oder »Nervenmaschinerie«, sondern nur noch vom »psychologischen Automatismus«. Darunter versteht er Körperbewegungen, die anscheinend vom Subjekt selbst ausgehen, die aber so regelmäßig seien, daß bei ihnen nicht vom freien Willen die Rede sein könne. Janet hält dafür, daß man »Automatismus« in dem Sinne denken kann, daß er nicht einem bloß neurologischen Mechanismus gleichgesetzt wird. Er schreibt: »Wir glauben, daß man gleichzeitig sowohl den Automatismus als auch das Bewußtsein annehmen kann und dadurch denjenigen Befriedigung verschafft, die im Menschen eine Form elementarer Aktivität feststellen, die so vollständig determiniert ist wie diejenige eines Automaten« (Janet 1889, 2).

Diese psychologische Konzeption des Automatismus erlaubt Janet, den Aufbau des Bewußtseins zu erklären aus Akten der Imitation von Bewegungen, ihrer Wiederholung, Verlängerung oder Fortsetzung, ihrer Verallgemeinerung und Assoziation. Umgekehrt werden pathologische Erscheinungen von ihm angesehen als Resultate einer désagrégation psychologique, eines psychischen Auseinanderfallens, eines Zerfalls und einer Desintegration der vorher automatisch kombinierten Teile (vgl. Janet 1889, 366f.).

In der Monographie Névroses et idées fixes (1898) analysiert Janet in diesem Sinne eine Patientin namens Marcelle, die keinerlei Willensäußerung zeigt, eine »Abulikerin«. Zunächst untersucht er das Bewegungsverhalten von Marcelle: die reflexartigen Bewegungen, die instinktiven, die suggerierten, die gewohnheitsmäßigen, die impulsiven und die unwillkürlichen. Daraus entwickelt er eine Typologie der Bewegungen, die in folgender Weise auf eine elementare Struktur zurückgeführt wird: »die automatischen Handlungen sind solche, bei denen es genügt, eine ältere Gruppierung von schon miteinander verbundenen Bildern zu wiederholen, in einem Wort: schon früher gewollte Handlungen zu wiederholen (...) [Umgekehrt gilt:] Eine Handlung ist nur durch ihre Neuigkeit willkürlich.« (Janet 1898, 13)

In genau diesem Sinne ist Marcelle ein Automat: Sie kann nur früher schon vollzogene Handlungen wiederholen; ein spontanes Verhalten, das Neuartiges hervorbrächte, ist ihr nicht möglich. Ein Psychoanalytiker würde sagen können, sie sei auf die Ebene eines Repetitionsautomaten »regrediert«. Für Janet wird sie durch ihre Trägheit und Passivität zum Paradigma für jene »niederen Formen der menschlichen Aktivität«, die durch ihren Drang zur Wiederholung gekennzeichnet sind und deren experimentalpsychologische Untersuchung er sich zum Ziel gesetzt hat. Der so verstandene »psychologische Automat« residiert also innerhalb des Subjekts, und er ist mehr oder weniger ausgeprägt, je nach dem Grad der Erkrankung.

Janet wollte mit seiner Terminologie an die von Prosper Despine (1880) anschließen; vor Janet war es jedoch Jean Martin Charcot, der den Begriff »Automatismus« in der französischen Psychopathologie prominent gemacht hat. Ähnlich wie bei Janet sind die Krankheitsphänomene, für die Charcot sich interessiert hat, unwillkürliche Verhaltensweisen, die eine Person teilweise oder vollständig erfassen. Absencen, Traumzustände, mehr oder weniger ausgedehnte Unterbrechungen der Kontinuität des Bewußtseins sind die subjektiven Ausdrücke solcher Zustände. Wie sich zeigen wird, versteht auch Charcot diese Erscheinungen als Produkte einer im Menschen wirksamen Maschine. Anders jedoch als Janet, der seine Auseinandersetzung mit diesen Phänomenen bei der Katalepsie und der Abulie beginnt, findet Charcot seinen Zugang zum Thema über das Phänomen extremer motorischer Unruhe. Mitte der achtziger Jahre führt er den Begriff automatisme ambulatoire ein, um einen als Krankheit aufgefaßten Zustand zu beschreiben, der durch Umherschweifen, Herumirren, Vagabundieren gekennzeichnet ist (vgl. Ellenberger 1985, 182-186; s. insgesamt Beaune 1983).

Interessanterweise wird dieses Krankheitsbild an männlichem Material entwickelt. In seinen berühmten Leçons du mardi präsentiert Charcot mit folgenden Worten einen gewissen Monsieur Klein: »Ich stelle Ihnen einen echten Abkommen Ahasvers oder Cartaphilus vor, wie Sie wollen. Tatsache ist, daß er - ganz nach dem Vorbild der reisenden Neuropathen, über die ich schon gesprochen habe - durch einen unwiderstehlichen Drang dazu getrieben wird, sich zu bewegen, fortwährend zu reisen, ohne irgendwo zur Ruhe zu kommen. Seit drei Jahren hat er deswegen unaufhörlich Europa durchreist, auf der Suche nach einem Glück, das er bisher noch nicht gefunden hat.« (Charcot 1889, 147)

Nachdem Charcot den »Herumtreiber« dazu gebracht hat, »seine Geschichte« zu erzählen, kündigt der Neurologe in der Leçon vom 31. Januar 1888 an: »Ich werde versuchen, die Auffassung zu begründen, daß die Störung, von der Herr Klein betroffen ist, epileptischer Natur ist. Sie gehört zum Automatismus der ambulierenden Form, gemäß einem Ausdruck, den ich andernorts schon verwendet habe, um diejenige Situation zu konkretisieren, die darin besteht, automatisch zu wandern, ohne daß irgendein äußeres Merkmal am wandernden Individuum diesen Automatismus offenbart.«[2] (Charcot 1889, 161)

Charcot beruft sich in seiner Krankenvorstellung auf Ahasver, auf die Legende des Ewigen Juden. Solche mythologisch-literarischen Bezugnahmen sind für den Charcotschen Diskurs nichts Ungewöhnliches. Das Vagabundieren ist im 19. Jahrhundert allerdings auch eine soziale Wirklichkeit, die mit den Figuren des Armen, des Ausgestoßenen und des Verbrechers verbunden war. Das gehäufte Auftreten von Nicht-Seßhaften und scheinbar Beschäftigungslosen ist der Hintergrund für das Heraufkommen der workhouses, der ersten Armenhäuser und Kliniken: Die von Foucault beschriebene Bewegung der großen Einschließung reflektiert auch dies (vgl. Foucault 1973). Doch es sind weder die mythologischen noch die sozialen Aspekte, die bei den rund 13 von Charcot präsentierten Fällen im

---

[2] Ambulant heißt im Französischen »umherziehend, wandernd, reisend«; ambulatoire bedeutet »wandernd«, auch »veränderlich, wandelbar«. Im Deutschen ist ambulieren ein veraltetes Wort für »Spazierengehen, Lustwandeln«. Der Ambulierautomatismus ist kein Automatismus, der selbst wandern würde (der, im Sinne einer »Wanderniere« etwa, mal in der Sprache, mal in der Gestik auftauchen würde). Gemeint ist ein automatisches Wandern, ein Drang umherzureisen, zu nomadisieren.

Vordergrund stehen. Die Mauern der Salpêtrière erlauben es, die neurologischen Aspekte in den Vordergrund treten zu lassen.

Charcot behauptet also, daß die Grundlage für die Verhaltensstörung seines ambulierenden Patienten in der Epilepsie liege; doch kaum hat Charcot diese Diagnose vorgebracht, relativiert er sie schon wieder. Mit den üblichen Erscheinungen der Wutanfälle und Gewaltausbrüche, die beim Epileptiker durch »angsterregende Träume« hervorgerufen werden und die den Kranken suizidal werden lassen, habe der Ambulierautomatismus nämlich nichts zu tun: An den von ihm Betroffenen seien weder die Übererregtheit noch die Gewalttätigkeit der Epileptiker zu erkennen (vgl. Charcot 1889, 166).

Statt weitere nosologische Klärungen anzubringen, führt Charcot nun abermals einen Vergleich aus der Literatur an: Er verweist auf die schlafwandelnde Lady Macbeth. So wie Shakespeare, den Charcot für einen »tiefschürfenden Beobachter« des Schlafwandelns hält, glaubt auch er selbst, daß der Wandelnde die Augen während seiner Wanderungen offenhält. Und das gibt ihm, Charcot, einen Schlüssel zur Erklärung des Ambulierautomatismus in die Hand. Denn auch der zwanghaft Vagabundierende ist, so argumentiert Charcot, eine Art Nachtmensch: Er sei in der wundersamen Lage zu schlafen und zugleich die Handlungen auszuführen, die eigentlich der Wachheit zugehören. Der vom Ambulierautomatismus Betroffene schlafe also, und trotzdem sei sein Körper in der Lage zu handeln; er bewahre den äußeren Anschein der Normalität. Laut Charcot verhält er sich korrekt, er stolpert nicht, fällt nicht hin, zerreißt sich nicht die Kleider, ißt und trinkt. In gewisser Hinsicht sei er das Gegenteil des gefährlichen Verrückten: Er fällt unter anderen Passanten kaum auf. Er schlafe während seiner Wanderungen, und wenn er irgendwann aufwache, habe er fast die Gesamtheit seiner »nächtlichen« Abenteuer vergessen (vgl. Charcot 1889, 166f.)

Obwohl Charcot also versucht, das in Frage stehende Krankheitsbild im Rekurs auf die Epilepsie zu erfassen, scheint es bei der Lektüre der Leçons so, als ob der Arzt nicht recht an die Gültigkeit dieser Erklärung glauben würde. Es ist schließlich auch eine anders fundierte psychopathologische Terminologie, die sich durchsetzen wird, und ebenso wird die Klientel, auf die sie abgestimmt ist, eine andere sein: Nicht im Hinblick auf die männliche Epilepsie, sondern hinsichtlich der weiblichen Hysterie wird mit Stichworten wie »psychologischer Automatismus« (Janet) oder »Wiederholungsautomatismus« (Lacan) die Bilderwelt des Maschinellen in den Diskurs der Psychologie aufgenommen.[3]

Die Aufnahme und Ausgestaltung der Figur des ewigen Spaziergängers und Vagabunden, der offenen Auges, aber bewußtlos umherwandert, fand an anderer Stelle statt. Und hier sei nicht zuerst gedacht an die von Georg Büchner beschriebenen Wanderungen von Lenz »durch's Gebirg«, nicht an »Le Vagabond« von Maupassant, auch nicht an den Flaneur, wie er von Walter Benjamin mit Blick auf Baudelaire beschrieben worden ist. Statt dessen soll daran erinnert werden, daß der Surrealismus den Nachtwandler zur typischen Figur gemacht und den automatischen Gang durch eine Stadt zur psychologisch aufschlußreichen Bewegung stilisiert hat. Dies zeigt sich an Büchern wie Louis Aragons Paysan de Paris, André Bretons L' Amour fou oder an Banalité von Léon-Paul Fargue, der sich selbst den »Fußgänger von Paris« nannte. Kopflose Spaziergänge durch das nächtliche Paris, dies verdeutlicht die Lektüre solcher Bücher, waren für die Surrealisten eine wichtige Übung, um sich die Stadt auf eigene Weise zu assimilieren (hierzu und zum Folgenden vgl. Krauss 1981).

Das prominenteste Beispiel ist dabei zugleich das vielsagendste. Das zentrale Kapitel von Bretons L'Amour fou gilt dem »Tournesol«. Es zeigt, wie Breton durch das nächtliche Paris einer ungewöhnlich schönen Frau folgt, die ihm in einem Café aufgefallen war. Dreh- und Angelpunkt dieser Verfolgungsjagd zu Fuß ist der Turm Saint-Jacques, der das räumliche, das zeitliche und das psychische Zentrum der von den beiden Spaziergängern beschriebenen Bewegung bildet: Räumliches Zentrum ist der Turm in bezug auf die Stadt Paris und in bezug auf den Parcours Bretons und der von ihm verfolgten Schönen, der hier ungefähr seine Hälfte erreicht hat; zeitlicher Angelpunkt ist der Turm insofern, als er zurückverweist auf ein Gedicht, das Breton mehr als zehn Jahre zuvor auf dieses Monument gemacht hatte; und eine psychische Achse bildet er insofern, als Breton sich mehrere Tage nach dem nächtlichen Spaziergang dabei ertappt, wie er unwillkürlich Zeilen aus ausgerechnet diesem alten Gedicht zitiert.

Die Überraschung dabei ist, daß der Text des Gedichts antizipiert, was in der fraglichen Nacht tatsächlich passieren sollte. Nicht nur die Gefühle

---

[3] Historiker der Psychologie, Psychiatrie und Psychoanalyse haben sich darin gefallen, die Geschichte der Bewußtlosigkeit mit Frauenfiguren auszustatten: Janet und Léonie, Freud und Anna O., Lacan und Aimée. Es wäre selbst eine psychohistorische Untersuchung wert herauszufinden, warum dem so ist: Nicht nur, weshalb die Beziehung von Psychiater und Patientin für den Psychiater so oft zum Erfolg werden konnte, sondern auch, warum die Historiker diese »Erfolge« so erfolgreich nacherzählt haben.

Bretons, die sich von Nervosität und Angst in Verliebtheit wandeln, sind dort vorgezeichnet, auch der Weg, den das Paar bei seiner Durchquerung von Paris eingeschlagen hat, findet sich beschrieben. Für Breton ist die Tatsache, daß sich die Ereignisse dieser Nacht allesamt buchstäblich um diesen Turm drehen (tourne-sol), ein schlagendes Beispiel für das, was in der surrealistischen Begrifflichkeit als »objektiver Zufall« bezeichnet wurde (vgl. Breton 1994, 47-83).

Wichtig für das hier erörterte Thema ist, daß sich durch die unwillkürlich wandernde Bewegung um den Turm bei Breton eine Art Zusammenschluß von Innenwelt und Außenwelt vollzieht. Die scheinbar ziellose Promenade durch die Stadt eröffnet den Zugang zum Unbewußten. Sie tut dies einerseits, indem sie Breton unverhofft auf ein Gedicht zurückführt, in dem der Schriftsteller versucht hatte, in bezug auf bestimmte Orte in Paris eine subjektive »Topographie des Begehrens« zu entwerfen. Andererseits wird auch Breton selbst, während er geht, durch die Stadt interpretiert, von ihr gewissermaßen analysiert. Durch die Straßen, die Gebäude und die Plätze, die sich dem Gehenden darbieten, liefert die Stadt Schlüssel zu seinem Unbewußten.

III

Wie verhalten sich die durch Enthauptung und Bewußtlosigkeit hervorgebrachten Formen lebender Maschinen zum Begriffspaar »Repräsentation und Identifikation«? Eine einfache Formel, die sich hier aufdrängt, lautet: Der Rede vom psychischen Automatismus liegt eine Identifikation zugrunde. Der an einem Automatismus Leidende mag zwar seine Identität oder einen Teil davon verlieren; das hindert den Psychologen aber nicht, in ihm das Vorhandensein einer mechanischen Instanz zu konstatieren, zu diagnostizieren, zu identifizieren.

Der Diskurs über die Enthauptung scheint hingegen auf einer Repräsentation zu beruhen. Das geköpfte Tier ähnelt einer Maschine, stellt sie in gewissem Sinne dar, ist sozusagen ihr Modell. Doch diese Formulierung erweist sich als unzureichend, führt man sich vor Augen, daß im Fall der menschlichen Bewußtlosigkeit dieselbe Repräsentationsfunktion wirksam ist. Auch der kopflos Umherirrende ähnelt einer Maschine, stellt sie dar, repräsentiert sie. Auf dieser Ebene ist der Unterschied zwischen Bewußtlosigkeit und Enthauptung demnach lediglich, daß der Frosch sein Maschine-Werden nicht überlebt, der Mensch hingegen sehr wohl, dafür allerdings Gefahr läuft, hospitalisiert zu werden.

163

Aus dem Blickwinkel der Wissenschaft sind Frosch und Mensch zudem schon vor ihrem Maschine-Werden in gleichem Maße »Repräsentanten«: Beide sind Exemplare. Diese Art der Repräsentation ist z. B. die Voraussetzung dafür, daß der Frosch zum Versuchstier werden kann. Innerhalb des physiologischen Laboratoriums interessiert er nicht als individuelles (zu identifizierendes) Lebewesen, sondern nur als allgemeines, austauschbares Exemplar. Das Versuchstier wird zum biologischen token: Im Prinzip ist jeder Frosch in der Lage, den anderen zu ersetzen.

Die klinische Praxis der Psychiatrie scheint von dieser Willkürlichkeit gegenüber dem »Exemplar« weit entfernt zu sein, interessiert sie sich doch ausdrücklich für den Einzelfall. Sie ist dies aber nur auf den ersten Blick. Denn auch in der Klinik hat man es letztlich nicht mit Individuen (als Individuen) zu tun, sondern wiederum mit Repräsentanten, Exemplaren. Nicht ihre Gattung repräsentieren sie, aber sie stehen auf exemplarische Weise für bestimmte Krankheitsformen: Marcelle ist genauso »ein Fall« von Abulie wie Herr Klein »ein Beispiel« für den Ambulierautomatismus ist. Im Hinblick auf diese Repräsentationsfunktion gibt es also kaum einen Unterschied zwischen dem physiologischen Labor und dem Amphitheater der Salpêtrière (zur Kritik am »Exemplarismus« in der Psychopathologie vgl. Derrida 1976).

»Die Wissenschaft des Gehens und die Wissenschaft des Denkens sind im Grunde genommen eine einzige Wissenschaft«, wird in einem Roman von Thomas Bernhard behauptet: »Wenn wir einen Gehenden genau beobachten, wissen wir auch, wie er denkt. Wenn wir einen Denkenden genau beobachten, wissen wir auch, wie er geht« (Bernhard 1971, 85f.).

Zumindest für die eine Seite dieser Behauptung scheint das hier ausgebreitete Material eine Bestätigung zu liefern: Bewußtlosigkeit und Enthauptung lassen die Bewegung des Gehens zu einer überaus aufschlußreichen werden. Aus größerer Distanz betrachtet scheint kaum ein Unterschied zu bestehen zwischen einem Wissenschaftler, der im Labor Insekten köpft, sie über berußtes Papier laufen läßt und später die so entstandenen Spuren auf ihren psychologischen Gehalt hin analysiert, und einem Schriftsteller, der die Route eines ungeplanten nächtlichen Spaziergangs rekonstruiert und daraus Schlußfolgerungen auf die Formationen des Unbewußten zieht.

Werden Enthauptung und Bewußtlosigkeit auf diese Weise angenähert, entsteht ein Effekt, den man mit Freud als »unheimlich« bezeichnen kann. Das Unheimliche kann in beiden Fällen darauf zurückgeführt werden, daß, wie es bei Freud heißt, im »Zuschauer Ahnungen von automatischen - mechanischen - Prozessen geweckt werden, die hinter dem gewohnten Bild der Beseelung verborgen sein mögen« (Freud 1982, 250). Sowohl das enthauptete Tier, das sich noch regt, als auch der bewußtlos sich bewegende Mensch fallen unter diese Bestimmung. Ihr Anblick erweckt, um mit Freud zu sprechen, »Zweifel an der Beseelung eines anscheinend lebendigen Wesens« (ebd.).

Canguilhem hat in dem anfangs zitierten Aufsatz zu bedenken gegeben, daß die Maschinenmodelle, die im Diskurs der Lebenswissenschaften Verwendung finden, nicht unabhängig vom Entwicklungsstand der Technik sind. Dem muß man, etwa mit Blick auf die Molekularbiologie, sicher zustimmen. Zugleich muß man festhalten, daß das technische Wissen, das sich im 19. Jahrhundert, zum Beispiel bei James oder bei Janet, mit solchen Begriffen wie »Mechanismus« oder »Automatismus« verbindet, nur schwach armiert gewesen ist. Es gibt dort z.B. weder direkte, noch erkennbare indirekte Bezugnahmen auf die Technologie der Dampfmaschine; auch das Modell des Telegraphen ist merkwürdig weit entfernt. In den vorgestellten Schriften hat man es mit diffusen Maschinenvorstellungen zu tun, die auf allgemeinste Kennzeichen wie Wiederholung oder Determinismus abheben. Der Versuch, die Geschichte dieser Maschinenmodelle enger an die Technikgeschichte anzubinden, scheint daher wenig vielsprechend zu sein. Aufschlußreicher wäre es wohl, den von Freud angesprochenen »Zweifel« an der Beseelung von lebendigen Wesen zum Leitfaden dieser Geschichte zu machen. Woher kommt dieser Zweifel? Wie übersetzt er sich in ein Motiv wissenschaftlichen Arbeitens? Kann er ausgeräumt werden?

Es führt demnach also in die Irre, die Geschichte der Lebenswissenschaften im Blick auf die Dialektik eines Paares »Maschine - Organismus« schreiben zu wollen. Das würde unterstellen, daß Wissenschaftler in der Vergangenheit ein klares Bild von zumindest einer der beiden Seiten gehabt hätten. Das ist aber wahrscheinlich kaum der Fall gewesen. Relativ klare Vorstellungen haben diese Wissenschaftler, um es zuzuspitzen, von keiner der beiden Seiten gehabt, sondern nur von den Misch- und Übergangsformen: den Frosch-Maschinen und den Wander-Automaten. Ihr Interesse war darauf gerichtet, in bezug auf solche Wesen den Grenzverlauf zwischen Mechanischem und Organischem zu bestimmen.

Wissenschaft kommt, so scheint es, ohne diese unheimlichen Mischwesen nicht aus; aber sie kann sich mit ihnen auch nicht abfinden. Sie geht darauf aus, die Zweifel an der Identität solcher Wesen auszuräumen.

Literatur

Ablondi, F.: Automata, Living and Non-Living: Descartes' Mechanical Biology and His Criteria for Life. Biology and Philosophy, 13 (1998), 179-186.
Beaune, J.-C.: Le vagabond et la machine. Essai sur l'automatisme ambulatoire. Médécine, technique et société en France, 1880-1910, Paris 1983.
Bernard, C.: Einführung in das Studium der experimentellen Medizin [1865], Leipzig 1961.
Bernhard, Th.: Gehen, Frankfurt am Main 1971.
Breton, A.: L'Amour fou, Frankfurt am Main 1994.
Caillois, R.: Die Gottesanbeterin. In: S. Dalí: Gesammelte Schriften, Frankfurt am Main 1974, 338-352.
Canguilhem, G.: Machine et organisme. In: Ders: La connaissance de la vie, Paris 1952, 124-159.
Charcot, J. M.: Policlinique de la Salpêtrière. Leçons du mardi à la Salpêtrière, Paris 1889.
Derrida, J.: Die soufflierte Rede. In: Ders.: Die Schrift und die Differenz, Frankfurt am Main 1976, 259-301.
Despine, P.: Étude scientifique sur le somnambulisme, Paris 1880.
Ellenberger, H.F.: Die Entdeckung des Unbewußten. Geschichte und Entwicklung der dynamischen Psychiatrie von den Anfängen bis zu Janet, Freud, Adler und Jung, Zürich 1985.
Fearing, F.: Reflex Action. A Study in the History of Physiological Psychology, Baltimore 1930.
Foucault, M.: Wahnsinn und Gesellschaft, Frankfurt am Main 1973.
Freud, S.: Das Unheimliche (1919). In: Ders.: Psychologische Schiften, Studienausgabe, Band IV, Frankfurt am Main 1982, 241-274.
Gauchet, M.: L'inconscient cérébral, Paris 1992.
Goltz, F.: Beitrag zur Lehre von den Funktionen des Rückenmarks der Frösche. Königsberger medicinische Jahrbücher, 2 (1860), 189-226.
Goltz, F.: Der Hund ohne Grosshirn. Archiv für die gesamte Physiologie des Menschen und der Thiere, 51 (1892), 570-614.
Hollier, D.: Mimesis and Castration 1937. October, 31 (1985), 3-15.
James, W.: The Principles of Psychology [1890]. Authorized Edition in two volumes, New York 1950.
Janet, P.: L'automatisme psychologique: Essai de psychologie expérimentale sur les formes inférieures de l'activité humaine, Paris 1889.
Janet, P.: Névroses et idées fixes, I: Études expérimentales sur les troubles de la volonté, de l'attention, de la mémoire; sur les émotions, les idées obsédantes et leur traitement, Paris 1898.

Krauss, R.: Nightwalkers. College Art Journal, 41 (1981), 33-38.
Loeb, J.: Einleitung in die vergleichende Gehirnphysiologie und vergleichende Psychologie. Mit besonderer Berücksichtigung der wirbellosen Thiere, Leipzig 1899.
Pressly, W.L.: The Praying Mantis in Surrealist Art. Art Bulletin, 55 (1973), 600-615.
Rothschuh, K.E.: Geschichte der Physiologie, Berlin/Göttingen/Heidelberg 1953.
Rothschuh, K.E.: Laudatio ranae exploratae. Sudhoffs Archiv, 57 (1973), 231-244.
Wundt, W.: Vorlesungen über die Menschen- und Thierseele [1863]. Eingeleitet und mit Materialien zur Rezeptionsgeschichte versehen von Wolfgang Nitsche, 2 Bände, Berlin u.a. 1990.

Thanos Lipowatz

Der Begriff der Identifizierung bei Freud und Lacan

I

Freud hat in den letzten Seiten von »*Totem und Tabu*« versucht, die psychische Verarbeitung des Todes bei den Primitiven zu schildern: das Opfer und das gemeinsame Mahl sind der Existenzgrund der Gruppe, sie stiften die totemistische Bindung unter den Lebenden vermittels eines Toten, den sie einverleiben. Es geht also um die Ähnlichkeit der Mitglieder mit ihrem Gott (vgl. Freud 1912/13, IX:167-170; 9:422-425)[1].

Freud schildert drei Phasen des Dramas: a) gemeinsames Töten und verzehren des Totemtieres; b) Trauer infolge der Schuldgefühle und c) orgiastisches Fest. Die Trauer ist die Folge der Triebambivalenz gegenüber dem totemistischen Vater, und sie hat zum Ziel die Strafe und die Reinigung, die Katharsis. Die (symbolische) Identifizierung durch Einverleibung wird also durch Trauer und Zügellosigkeit begleitet. Letztere wird aber durch eine vierte Phase abgelöst: durch die Wiederkehr des Verdrängten und die Instituierung der zwei Verbote des Totemismus; der tote Vater ist somit wieder da (vgl. ebda., IX:173; 9:427). Das Paradox der totemistischen Identifizierung liegt in der Vermeidung des Objekts (der Mütter), das der Anlaß der Revolte der Söhne war. D.h. diese Identifizierung führt den Mangel ein vermittels der Wiederkehr des Vaters in den Seelen der Söhne und deren nachträglichem Gehorsam: nach der Orgie und der Anarchie wird das Gesetz wiederhergestellt. Es wird umso strenger sein, je stärker der Haß der Söhne auf den Vater gewesen ist. Der Wiederholungszwang der Reihe: Tötung - Trauer - Orgie - Wiederkehr des Gesetzes zeigt, daß

---

[1] Auf Freuds Schriften wird wie folgt verwiesen: Nach der Jahreszahl wird erst der Band der Gesammelten Schriften mit römischer Ziffer genannt, gefolgt von der Seitenzahl, sodann der Band der Studienausgabe mit arabischer Ziffer, gefolgt von der Seitenzahl.

die Eliminierung des Vaters etwas *unmögliches* ist, und daß die Einverleibung immer auch einen magischen Aspekt hat, d.h. ein Wunschdenken bleibt.

Die Vatersehnsucht brachte jeden der Söhne dazu, den Wunsch zu haben, dem Vater gleich zu werden, aber trotz der Einverleibung blieb der Wunsch in der Realität unerfüllt, denn niemand konnte oder durfte die Allmacht des Vaters erreichen (vgl. ebda., IX:179; 9:432). Die Einverleibung bewirkte somit eine Triebtransformation vermittels einer Substitution: aus dem Ressentiment wurde *nachträglich* eine Nostalgie, der Vater wurde zum *Ichideal* und letzteres Träger seiner Allmacht. Dadurch sollte aber der kriminelle Akt überwunden werden: In der Negation des Todes des Vaters vermittels seiner Idealisierung feierte der Narzißmus der Söhne seinen Triumph.

Wichtig ist hier das Zitat Frazers durch Freud (vgl. ebda., IX:185 FN 1; 9:436 FN): Das Hauptziel des trauernden Menschen ist die Ablehnung, die Verwerfung der Schuld an der Ermordung Gottes. Und der Verlust dieses Objekts ist die Bedingung für die Identifizierung mit ihm, d.h. die (symbolische) Identifizierung ist jene besondere psychische Leistung, die das Ziel hat, die Beziehung zum verlorenen Objekt aufrechtzuerhalten. Dabei spielt der tragische Held den »Doppelgänger« der Masse, d.h. denjenigen, der mit dem Vater versöhnt, wobei die tragische Identifizierung viel wirksamer ist als die magische.

Diese Ausführungen bedürfen einer Ergänzung bezüglich des Status der »totemistischen« Identifizierung, weil diese immer mit der »magischen« Identifizierung zusammen auftritt (was sich oft als barbarische Regression und Menschenopfer manifestiert). Der tragische Held kann selbst zum einen oder anderen Pol neigen, d.h. er kann ein magischer Urvater, ein Tyrann, oder ein sublimiertes Substitut desselben (ein Prophet oder Tribun) werden. Diese Problematik setzt schon etwas voraus: die Existenz jenes Ideals. Bei Freud wird dessen Fundierung von den anderen Momenten strukturell nicht deutlich unterschieden: Damit die Scheidung der symbolischen von den imaginären Momenten möglich wird, muß vorher das Symbolische schon real, als »Mangel im Realen« verankert sein. Wie wird dieser Mangel hergestellt? Es ist auffallend, daß hier die Oralität der Einverleibung sich nicht auf die Mutterbrust, sondern auf den Vater bezieht. Das ist eine wesentliche Bedingung des Symbolischen: denn den Vater kann man *nur* symbolisch sich aneignen, auch wenn man ihn »ißt«. Der Vater ist für das Kleinkind etwas »Unfaßbares«, Störendes: durch das Opfer wird das Unfaßbare negiert, also wird der Mangel als »bestimmte Negation« (Hegel) positiv hergestellt.

Die Einverleibung bedingt auch eine Verwerfung. In der *Verneinung* schreibt Freud über die eine der zwei Entscheidungen jeglicher Urteilsfunktion: »Das ursprüngliche Lust-Ich will [...] alles Gute sich introjizieren, alles Schlechte von sich werfen. Das Schlechte, das dem Ich Fremde, das Außenbefindliche, ist ihm zunächst identisch.« (Freud 1925, XIV:12f; 3:374) D.h. durch die Einverleibung wird überhaupt ein »guter«, psychischer Raum geschaffen: die Bühne, auf der sich das Drama wiederholen wird, denn »der erste und nächste Zweck der Realitätsprüfung ist also nicht, ein dem Vorgestellten entsprechendes Objekt in der realen Wahrnehmung zu finden, sondern es wiederzufinden, sich zu überzeugen, daß es noch vorhanden ist.« (Ebda., XIV:14; 3:375) Das Objekt ist ein für allemal abhanden gekommen, denn die Einverleibung ist die Folge der Nichtung des Objekts, daher auch die endlose Wiederholung aus der Sehnsucht heraus.

Dennoch ist die Einverleibung als Gründungsakt, d.h. als imaginäre Verankerung des Symbolischen im Realen, absolut notwendig. Freud spricht auch in Zusammenhang mit dem Tabugewissen, das viel von der Natur der Angst hat, von der »Verwerfung bestimmter in uns bestehender Wunschregungen«. (Freud 1912/13, IX:85; 9:358) Diese Verwerfung bezieht sich auf den hypothetischen Ursprung, ähnlich wie die Urverdrängung: *Etwas* muß *verworfen* werden, damit der erste Mangel im Realen ermöglicht wird, und dieser muß aber *gleichzeitig* als »Einverleibung« von etwas imaginärerweise *positiviert* werden, sonst bleibt nur der negative Akt, d.h. die Angst, allein bestehen, und das Subjekt findet nicht seine notwendige Konsistenz als Sein-zum-Mangel, sondern bricht in der Psychose entzwei.

Man muß also hier *zweierlei* »totemistische« Identifizierungen unterscheiden: die ursprüngliche und die nachträgliche. Beide sind symbolischer Natur, aber die erste ist die strukturelle Grundlage der Subjektivität, während die zweite ihre Funktionsweise darstellt.

II

In »*Massenpsychologie und Ich-Analyse*« (Freud 1921) unternahm Freud zum ersten Mal den Versuch, die Identifizierung explizit mit der Triebtheorie zu verbinden. Insbesondere stellt das Kapitel VII diesen Versuch dar (vgl. Florence 1984). Denn das ganze Werk ist eine Rekapitulation der Arbeiten seit 1899 und insbesondere eine Ergänzung von »*Zur Einführung des Narzißmus*« (Freud 1914)[2]. In diesem Werk hat Freud die Entdeckung des Todestriebes nicht explizit berücksichtigt, weswegen »*Das Ich und das Es*« ein theoretisch interessanteres Buch ist.

Freud hat dennoch den Versuch unternommen, das Verhältnis des Einen zu den Vielen zu analysieren, und gegen die oberflächlichen, soziologistischen Annahmen eines »Herdentriebs«, eines »sozialen Triebs« oder eines »kollektiven Unbewußten« Stellung bezogen. Er definierte als das Objekt der Psychoanalyse die *Triebverhältnisse*, gleichgültig ob diese in der Menge oder im Individuum Gestalt annehmen. Demgemäß ist das Unbewußte transindividuell, weder individuell noch kollektiv (vgl. Freud 1921, XIII:73f, 100; 9:65f., 87; Lacan 1966a, 147). Freud kritisiert in diesem Text nicht nur den soziologischen Begriff der Nachahmung, sondern ebenfalls den der Suggestion; beide erklären nichts, denn sie müssen ihrerseits erklärt werden (vgl. Freud 1921, XIII:97f; 9:84f).

Dennoch kann der Vergleich zwischen Familie und Masse zu trügerischen Schlüssen führen. Wer Freud aufmerksam liest, wird sehen, daß zwischen diesen beiden Formen der Sozialität ein struktureller Unterschied besteht: Die Familie (in ihrer modernen, reduzierten Form) ist die Basis für die (widersprüchliche) Entwicklung der Individualität, während die Masse (oder Gruppe) *gegen* diese Entwicklung gerichtet ist (vgl. Lacan 1980a).

Das Hauptphänomen, das Freud interessiert, ist der Prozeß der *Transformation* eines Subjekts, sobald es in der Masse »untertaucht«. Es ist der Zustand der Verliebtheit, der in der Zweier- oder in der Massenbeziehung die Subjekte verwandelt. Freud untersucht im Gegensatz zu Le Bon eine organisierte Masse (traditionelle Armee und Kirche), denn diese ist vollständiger in ihrer Struktur. Damit füllte er die Lücke aus, die Le Bon offen gelassen hatte (vgl. Freud 1921, XIII:86f; 9:75f). Die Masse bleibt stabil dank der Illusion der Mitglieder, die in der Präsenz eines sie liebenden Führers besteht (vgl. ebda, XIII:105; 9:91). Es ist dies eine notwendige Illusion, da sie vor Panik und dem Zerfall des Kollektivs schützt. Die Bindung in der Masse ist für jedes Subjekt eine doppelte: einerseits Liebe zum Führer, andererseits - *und* infolge dessen - Bindung an den anderen in der Masse.

---

[2] Vgl. dort die Funktion des Ich-Ideals (Freud 1914, X:169; 3:68).

Diese libidinöse Bindung, diese Liebe zum anderen ist das einzige Mittel, um den Egoismus jedes einzelnen, d.h. seine Selbstliebe und seinen Haß gegen den anderen, den Fremden, zu überwinden (vgl. ebda., XI-II:109-112; 9:94-96; Lacan 1966b). Das Verliebtsein bedeutet dann eine Beeinträchtigung des eigenen Ich, und die Liebe ist der Umschlag von Egoismus in Altruismus. Aber Freud stellt dann fest, daß es außer der sexuellen Verliebtheit noch eine andere Art der Bindung an den anderen gibt, in der die Libido von ihrem sexuellen Ziel abgelenkt wird. Dieser andere Mechanismus der Gefühlsbindung ist dann die Identifizierung der Massenmitglieder untereinander (vgl. ebda., XIII:113ff; 9:97f). Dabei ist es gleichgültig ob die Libido hetero- oder homosexueller Natur ist.

Freud stellt im Kapitel VII der »*Massenpsychologie*« einen Katalog von Identifizierungstypen auf. Er beginnt mit einem Typ, über den er bisher nie etwas geschrieben hatte: mit der *primären* Identifizierung des kleinen Knaben mit dem Vater als der frühesten Äußerung einer Gefühlsbindung an eine andere Person (vgl. ebda., XIII:115; 9:98). Es ist die Identifizierung »aus der Vorgeschichte des Ödipuskomplexes«, bei der das noch nicht existierende »Ich« sich mit dem Vater total identifiziert, sich ihm unterwirft, indem es ihn zum Vorbild, zum Ideal nimmt, also so *sein* will wie der Vater, und ihn nicht als Objekt »haben« will. Gleichzeitig mit jener Identifizierung investiert der kleine Knabe seine Mutter als das »Objekt«, was *später* zur sexuellen Objektwahl führen wird. Am Anfang der Lebensgeschichte stellt sich die *Differenz* zwischen dem Objekt der Identifizierung und dem Objekt des Begehrens ein, deren Verdopplung, Überlappung und Inversion die Abenteuer des Subjekts darstellen werden.

Diese *erste* Identifizierung, die während der oralen »Phase« durch *Einverleibung* funktioniert, wird auch von der vollen Triebambivalenz getragen, die sich erst *nachträglich* ausdifferenzieren wird, nämlich während der eigentlichen ödipalen »Phase« (vgl. ebda., XIII:116; 9:98f). An dieser Stelle muß auf »*Totem und Tabu*« hingewiesen werden, weil auch dort die »Einverleibung« eines Körperteils des getöteten Totems zu einer Identifizierung mit ihm führt: Sie ist *nicht* die ödipale Identifizierung, sondern ihre notwendige, zeitlich ihr voraufgehende Bedingung.

Im *zweiten* Fall der Identifizierung durch die Bildung des hysterischen Symptoms rekapituliert Freud das, was er schon früher zu diesem Thema geschrieben hatte, und präzisiert dies gleichzeitig. Es handelt sich dabei um eine *partielle, sekundäre* Identifizierung vermittels des Symptoms, welche sich auf beide Elternteile bezieht. Bei dieser Identifizierung kopiert das Ich das eine Mal die geliebte, das andere Mal die ungeliebte Person (vgl. ebda., XIII:116ff; 9:99f). Beide Male ist die Identifizierung eine partielle und höchst beschränkte, und sie entlehnt von der Objektperson nur *einen einzigen Zug*. Es ist bemerkenswert, daß Freud, wenn er von »Objekt« spricht, es zunächst in der Schwebe läßt, bis klarer wird, um welches Objekt es sich handelt. Aus dem hypnose-ähnlichen Verhältnis zwischen dem Führer und den Geführten vermittels der suggestiven Wirkung seines *Blicks* und seiner *Stimme* kann man aber entnehmen, daß es sich um Blick und Stimme als Partialobjekte der Triebe handelt. Lacan hat andererseits im »einzigen Zug« den Signifikanten lokalisiert, der in der hysterischen Identifizierung des gespaltenen Subjekts mit dem Herrn die Hauptrolle spielt. Diese Identifizierung hat einen regressiven Charakter: eine partielle Modifizierung des »Ich« gemäß dem »einzigen Zug«, der die Beziehung zum abgelehnten bzw. geliebten Objekt beibehalten wird. Freud erwähnt jedoch hier nicht die Problematik der Bisexualität.

Der *dritte* Fall bezieht sich auf die Identifizierung im »Pensionat«, durch psychische Ansteckung und durch Einfühlung (vgl. ebda., XIII:118; 9:100). Sie basiert auch auf einem hysterischen Symptom, aber, und das ist entscheidend, unter Absehung jeglicher Objektbeziehung mit der nachgeahmten Person bzw. deren Objekt, so daß diese Identifizierung keine Regression einer Objektwahl darstellt. »Einfühlung«, »Sympathie« und »Mitleid« entstehen für Freud *nur als Folgen* einer vorausgehenden Identifizierung, die auf einem unbewußten Syllogismus basiert. »Der Mechanismus ist der der Identifizierung auf Grund des sich in dieselbe Lage Versetzenkönnens oder Versetzenwollens.« (Ebda.) Es ist also, wie bei der »witzigen Patientin«, eine im Hintergrund stehende sexuelle Bedeutungsanalogie in einem Punkt, und die stattfindende Nachahmung ist ihrerseits die Folge der Sympathie. Aber die »Gefühle« oder die »Liebe« sind sekundäre Erscheinungen, die erst die Identifizierung voraussetzen. In der Gruppe ist der »liebende«/geliebte Führer der gemeinsame Bezugspunkt der Identifizierung der Subjekte untereinander. Der Ort aber der Identifizierung ist weder »subjektiv« (Gefühle) noch »sozial« (Rollen, Nachahmung).

Freud erwähnt anschließend noch zwei Fälle, die nicht auf der gleichen Linie mit den oben erwähnten liegen. Den Fall der männlichen Homosexualität hat er schon früher behandelt. Es handelt sich um eine globale Identifizierung mit der Mutter und um eine narzistische Regression (vgl. ebda., XIII:119; 9:101).

Der Fall der Identifizierung in der Melancholie wurde von Freud ebenfalls früher behandelt (vgl. ebda., XIII:120; 9:102; Freud 1914; Freud 1917). Das »Ich« wird hier nicht bloß transformiert, es wird vielmehr zerrissen, radikal gespalten, indem das Gewissen das hassende Objekt darstellt. Im Gegensatz zur Homosexualität hört hier jede Suche nach dem Objekt auf. Die Melancholie berührt sich dann mit der Psychose und dem Sadomasochismus, wobei sie zugleich eine globale Identifizierung und das Versagen der ersten Identifizierung darstellt, indem sich hier der Mangel *im* Realen verselbständigt, ohne die psychische Einheit des Subjekts zu seiner Voraussetzung zu haben. Freud wirft hier die Frage nach dem Status und der Herkunft des Ichideals auf (das er mit dem Über-Ich noch ineins setzt), wobei er alle Instanzen wie das Gewissen, die Realitätsprüfung usw. noch als »Institutionen des Ich« bezeichnet. Das Ichideal ist aber der Erbe des ursprünglichen Narißmus und des Einflußes der elterlichen Autoritäten.

Aus dem bisherigen kann man folgern, daß das »Ich« sich aus der Reihe der alten aufgegebenen Objekte konstituiert. Die erste und die dritte Identifizierung sind die einzigen nicht regressiven Identifizierungsformen: Es ist die Liebe zum Vater (Vorbild) und die Liebe zum Nächsten (Einfühlung), beide vom Anspruch nach dem Sein, nicht vom Begehren nach Haben getragen, und dies noch bevor irgendeine (imaginäre) Rivalität auftaucht. Beide sind im Symbolischen zu situieren, wobei die erste eine globale und die andere eine partielle ist. Die erste ist mit dem Begriff der Verneinung, Urverdrängung und Verwerfung in Verbindung zu setzen: Sie bedeutet die Einführung in das Symbolische, den Mangel als Ganzes. Dies wird bei Lacan mit der Metapher des toten Vaters, mit dem *»Namen des Vaters«*, wiedergegeben: Wird dieser nicht einverleibt, sondern verworfen, dann führt der Mangel des (symbolischen) Mangels zur Psychose, zur Dominanz der Angst und der Gewalt an Stelle des Begehrens.

Die anderen Identifizierungen sind als imaginäre Identifizierungen zu bezeichnen, wobei natürlich alle Identifizierungen auf der Basis der *Metapher* der oralen Einverleibung funktionieren und ein narzistisches Element haben. Hier geht es jedoch um die Qualität und die strukturelle Wertigkeit dieses Narißmus.

In der gespaltenen Struktur des Ich sieht Freud das Verhältnis zwischen dem Ich und dem Ichideal, das auch als ein Phänomen des Narißmus zu verstehen ist, denn der Verliebte ist hypnotisiert durch sein Objekt (unabhängig davon, welchen Geschlechts dieses ist), das er mit seinem ganzen Narißmus investiert und »idealisiert«: Das Objekt hat eben den Platz des Ideals eingenommen (wobei unter »Objekt« das Partialobjekt zu verstehen ist) (vgl. Freud 1921, XIII:124ff; 9:105ff). Hierbei wird die Sexualität ausgeschlossen. In der Entwicklung der Subjektivität kann man dann folgende

Konstellationen unterscheiden: Die primäre Identifizierung ermöglicht die Bedingung zur Entstehung des Ichideals, das der erste Objektbezug des Ich wird. Anschließend wird das Ich noch ein Objekt des Begehrens davon unterscheiden müssen. Aber wenn jene »Stufe im Ich« (ebda.), jene Ausdifferenzierung zwischen Ichideal und Ich, *nicht ausreichend* durchgeführt wurde (d.h. wenn die symbolische Differenz nicht dominiert), dann neigt das Ich dazu, sich einem anderen, äußeren oder inneren Objekt zu unterwerfen, weil dieses Objekt auf regressive Weise eine Konfusion des Objekts des Begehrens mit dem Objekt der Identifizierung bedeutet. Die äußere Unterwerfung bedingt alle Herrschaftsverhältnisse in der Horde, insbesondere die Herrschaft von charismatischen Führern (zweite Identifizierung bei Freud). Die innere Unterwerfung (die jede äußere begleiten kann) führt aber zur Herausbildung des strengen und sadistischen Über-Ich aus dem Ichideal (wobei letzteres zum positiven Vorbild avanciert). Im letzteren Fall aber, insbesondere in der Melancholie, bedeutet die »Stufe im Ich« eine Dominanz des Todestriebes, der gegen das Ich wütet.

Freud läßt an einer Stelle ahnen, was eine utopische Lösung sein könnte: indem die Mitglieder einer Masse das Muster »Liebe zum Führer, also sich miteinander identifizieren« umkehren und ergänzen mit: »sich mit dem Führer identifizieren, also sich untereinander lieben« (ebda., XIII:150; 9:125). Dadurch wird die imaginäre Abgeschlossenheit der Masse und ihre Ausgrenzung gegen die anderen in Frage gestellt. Der erste Fall kann als »Liebe I«, der zweite als »Liebe II« bezeichnet werden, denn es sind zwei strukturell *verschiedene* Fälle, und ihre Vermischung führt in theoretische und praktische Sackgassen. Liebe I ist die Begleiterscheinung jeder »naturwüchsigen« Unterwerfung unter Massen- und Personenzwänge (imaginäre Identifizierungen mit Führerfiguren oder mit seinesgleichen usw.), bei denen das Begehren des Subjekts verdrängt und verleugnet wird, indem es regrediert. Liebe II ist der »Ausgang« aus der Sackgasse sowohl der Liebe I als auch aus dem »unglücklichen« Begehren (zweite, dritte, homosexuelle Identifizierung und Melancholie), also die Annahme des Mangels des Anderen.

III

In »*Das Ich und das Es*« hat Freud die letzte und differenzierteste Formulierung der Identifizierungstheorie geliefert, ausgehend von der zweiten

Topik, welche ohne den Todestrieb nicht adäquat zu verstehen ist. Dadurch wird auch der Ödipuskomplex in ein neues Licht gestellt, denn es geht eben *nicht* um eine »harmonische«, gelungene sexuelle Identität, weil es sie nicht geben kann: Der Ödipuskomplex mißlingt nämlich immer. Freud hat im III. Kapitel von »*Das Ich und das Es*«: »Das Ich und das Über-Ich (Ichideal)«, zum ersten Mal das Über-Ich vom Ichideal differenziert (vgl. Freud 1923, XIII:256; 3:296). Er versucht weiter, in diesem Kapitel den Ursprung des Ich aus dem »Es« (neuer Begriff!) zu verstehen, und zwar unter Rückgriff auf das alte monologische, biologistische Modell, für das das System Wahrnehmung-Bewußtsein den Kern des Ich ausmacht. Aber dieses Schwanken Freuds wird dadurch kompensiert, daß er deutlich feststellt: Das Ichideal ist noch stärker im Unbewußten verankert als das Ich und hat eine weniger enge Beziehung mit dem Bewußtsein (dadurch werden die erste und die zweite Topik miteinander verknüpft) (vgl. ebda., XIII:254ff; 3:295ff). Diese neue Akzentsetzung ist wichtig: Die zweite Topik ist *kein* hierarchisches Modell der Psyche mit einer »Basis« (Es) und einem »Überbau« (Ich, Über-Ich, Ichideal).

Freud schreibt zum Verhältnis zwischen Ich, Ichideal und Es: »Ein anderer Gesichtspunkt besagt, daß diese Umsetzung einer erotischen Objektwahl in eine Ichveränderung auch ein Weg ist, wie das Ich das Es bemeistern und seine Beziehungen zu ihm vertiefen kann, allerdings auf Kosten einer weitgehenden Gefügigkeit gegen dessen Erlebnisse. Wenn das Ich die Züge des Objektes annimmt, drängt es sich sozusagen selbst dem Es als Liebesobjekt auf, sucht ihm seinen Verlust zu ersetzen, indem es sagt: ›»Sieh, du kannst auch mich lieben, ich bin dem Objekt ähnlich.‹« (Ebda., XIII:258; 3:298)

Die Umsetzung von Objektlibido in narzißtische Libido, die hier vor sich geht, bringt offenbar eine Aufgabe der Sexualziele, eine Desexualisierung mit sich, also eine Art Sublimierung. »Wie immer sich aber die spätere Resistenz des Charakters gegen die Einflüsse aufgegebener Objektbesetzungen gestalten mag, die Wirkungen der ersten, im frühesten Alter erfolgten Identifizierungen werden allgemeine und nachhaltige sein. Dies führt uns zur Entstehung des Ich-Ideals zurück, denn hinter ihm verbirgt sich die erste und bedeutsamste Identifizierung des Individuums, die mit dem Vater der persönlichen Vorzeit.« (Ebda.) Und Freud ergänzt den Text weiter: »Diese scheint zunächst nicht Erfolg oder Ausgang einer Objektbesetzung zu sein, sie ist eine direkte und unmittelbare und frühzeitiger als jede Objektbesetzung. Aber die Objektwahlen, die der ersten Sexualperiode angehören und Vater und Mutter betreffen, scheinen beim normalen

Ablauf den Ausgang in solche Identifizierungen zu nehmen und somit die primäre Identifizierung zu verstärken.« (Ebda., XIII:260; 3:299)

Die *primäre* Identifizierung (hier zum ersten Mal zitiert) besteht also in der doppelten Operation der *Trennung* des Ich vom Es und, parallel dazu, der Differenzierung zwischen dem Ich und dem Ichideal bzw. dem Über-Ich.

Bei der Realisierung der ödipalen Beziehungen ergeben sich Schwierigkeiten, die aus der Inkongruenz der sozialen (Dreier-) Beziehungsstruktur mit der körperlichen (bisexuellen) Zweideutigkeit resultieren. Freud spricht (beim Mann) von der »Zertrümmerung« (ebda., XIII:260; 3:299) des Ödipuskomplexes am Ausgang des Identifizierungsprozesses. Es handelt sich aber um einen Negierungszustand, der etwas anderes, tieferes darstellt als eine bloße Verdrängung desselben, denn letztere ist der Fall bei der Neurose. Interessanterweise stellt Freud beim Ödipuskomplex fest, daß diese Identifizierungen *nicht*, wie bei den bisherigen Fällen, das aufgegebene Objekt ins Ich einführen (vgl. ebda., XIII:261; 3:300). Freud erweitert aber hier das Modell und spricht vom »vollständigen«, d.h. doppelten Ödipus, den »normalen« und den »inversen«, der zwei extreme Fälle und viele Zwischenlösungen kennt.

Das Über-Ich scheint aber aus einer Transformation der ersten Objektbesetzungen des Es zu entstehen, welche sich dann unabhängig voneinander entwickeln und zu den sekundären (ödipalen) Identifizierungen geführt haben. Freud betont andererseits den doppelgesichtigen Charakter des Über-Ich bzw. des Ichideals: es ist sowohl Residuum der ersten Objektwahlen des Es als auch eine energische Reaktionsbildung gegen dieselben. »Seine Beziehung zum Ich erschöpft sich nicht in der Mahnung: ›So (wie der Vater) *sollst* du sein‹, sie umfaßt auch das Verbot: ›So (wie der Vater) *darfst* du *nicht* sein‹, das heißt nicht alles tun, was er tut; manches bleibt ihm vorbehalten.« (Ebda., XIII:262f; 3:301f) Hier beschreibt Freud in vortrefflicher Weise den symbolischen Charakter des Ichideals (hier ein adäquaterer Ausdruck als Über-Ich): Er führt die *Differenz* (sollst versus darfst nicht) und den *Mangel* (nicht-alles ist möglich) ein, indem er die Identifizierung von der bloßen Nachahmung unterscheidet. Das ist genau das, was Lacan unter dem symbolischen *Gesetz* zusammenfaßt, etwas, was sich in der Doppelstruktur der Sprache äußert: »sein und nicht sein«. Die Frage des Neurotikers (sein oder nicht sein) bereitet ihm Angst, weil er aus ihr ein unentrinnbares Dilemma konstruiert, worum es aber hier geht, ist die Differenz zwischen dem Subjekt der (bewußten) Aussage und dem

Subjekt des (unbewußten) Aussagens. Diese Differenz konstituiert jedes Subjekt als gespaltenes, jenseits der Pathologie.

Um die ursprünglichen Objekte zu verlassen, findet das infantile Ich die Kraft im Hindernis, das ihm der Vater gegen die volle sexuelle Befriedigung in den Weg stellt: Das infantile Ich richtet den Vater in sich auf, »und je stärker der Ödipuskomplex war, je beschleunigter [...] seine Verdrängung erfolgte, desto strenger wird später das Über-Ich als Gewissen, vielleicht als unbewußtes Schuldgefühl über das Ich herrschen.« (Ebda., XIII:263; 3:302) Bezeichnenderweise spricht hier Freud nicht von der äußeren Kastrationsdrohung wie in »*Totem und Tabu*«. Er sieht die Entstehung des Ichideals bzw. des Über-Ich (er benutzt oft die zwei Ausdrücke synonym) in der ursprünglichen Hilflosigkeit des Neugeborenen und in dem zweiphasigen Ansatz der menschlichen Sexualität: Das Ichideal bzw. das Über-Ich ist das Erbe des Ödipuskomplexes, die Instanz des Höheren. Darunter sind Religion, Moral und Sozialität zu verstehen, die von Lacan alle mit dem Begriff der symbolischen Schuld (Erbschaft), des Namens des Vaters und des symbolischen Gesetzes zusammengefaßt werden.

Man muß weiter die Frage nach der Struktur und dem Ursprung des Ichideals stellen: Letzterer ist im Narzißmus zu situieren. Aber es gibt mehrere Schicksale und Formationen des Narzißmus, die man voneinander unterscheiden muß. Das Ichideal ist nicht ohne die Existenz der Sprache denkbar; davon sind einerseits das »Idealich« und andererseits das Über-Ich strukturell zu unterscheiden. Der Mechanismus der Verdrängung existiert immer im Zusammenhang mit einem Ideal, mit dem das Subjekt sein aktuelles Ich mißt (vgl. Freud 1909). Aber die Verdrängung ist etwas anderes als die Sublimierung: »Die Ichidealbildung wird oft zum Schaden des Verständnisses mit der Triebsublimierung verwechselt. Wer seinen Narzißmus gegen die Verehrung eines hohen Ichideals eingetauscht hat, dem braucht darum die Sublimierung seiner libidinösen Triebe nicht gelungen zu sein.« (Freud 1914, X:161ff; 3:61) Und vorher schreibt Freud, daß dem Idealich die Selbstliebe gilt, welche in der Kindheit das wirkliche Ich genoß (vgl. ebda., X:160; 3:60). Die Idealisierung geht immer mit Verdrängung einher, und außer dem Ichideal impliziert sie das Idealich, während die Sublimierung das Ichideal nur zum Ausgangspunkt nimmt.

IV

Hier hat Lacan vieles zur Klärung der Begriffe geleistet, indem er feststellte, daß das Wesen des Ich imaginärer Natur ist und seinen Ausgang im »Spiegelstadium« nimmt (vgl. Lacan 1973; 1966c, 655f, 671), das zur Herausbildung des Idealichs führt, jener Vorstellung vom »schönen, ganzen« Körper-Ich, das den Mangel nicht kennt. Lacan hat aber in der Version des Spiegelstadiums, die er im Text über Lagache (Lacan 1966c, 678) veröffentlicht hat, die wesentliche Korrektur hinzugefügt, die noch im Text zum »Spiegelstadium« fehlt: Das Kind jubiliert über die Entdeckung seines Bildes im Spiegel, aber es tut dies im Angesicht des Anderen, dessen Anerkennung es erwartet. Der Andere, der Ort des Symbolischen und des Mangels, ist auch der Ort des Ichideals, wenn dieses *nicht* mit dem rein imaginären Idealich verwechselt wird.

Lacan betont, daß das Symbolische *von Anfang an* da ist, das Imaginäre ist nicht von ihm unabhängig und existiert zeitlich nicht vor ihm (ebda., 668): Es gibt schon vor der spekulären Begegnung mit dem eigenen Bild die Introjektion/Einverleibung eines Signifikanten des Begehrens. Das Kind »wird begehrt«, bevor es selbst begehrt, es »wird gesprochen« (von seinen Eltern), bevor es selbst spricht, und so wird es auch nach der symbolischen Introjektion dieses Signifikanten ein Signifikat (Bild) imaginär nach außen projizieren, wodurch es zum Erben des Narzißmus der Eltern wird. Dabei orientiert sich das Ichideal an der Stimme und am Hören, während das Idealich vom Blick gefangengenommen wird. Die imaginäre (sekundäre) Identifizierung bedeutet, daß das Ich ein Mechanismus der Verkennung und der Abwehr gegen die *Angst* ist: die Angst vor dem Mangel *des* Anderen (im doppelten Sinne), d.h. seinem Versagen bzw. seinem Verschwinden. Aber der begehrende Andere wird eben durch das adäquate Verhältnis zum Mangel bestimmt: So ist jede Angst als Angst vor dem Mangel des Mangels zu verstehen.

Was den Ursprung des Ich/Ichideals betrifft (vgl. Laplanche/Pontalis 1964), so muß die psychische Tätigkeit, die jene rätselhafte »Urverdrängung« einführt, eine »Hilfe« beim Vater der persönlichen Vorgeschichte suchen: Es ist der Name des Vaters, der zum Träger der primären Identifizierung wird, welche die Urverdrängung etabliert, womit die Reihe der weiteren, sekundären Verdrängungen und Identifizierungen inauguriert wird. Das Phantasma des Ursprungs ist aber eine notwendige imaginäre Formation, die die erste Entsagung des Autoerotismus darstellt. Die Motive der Verdrängung sind primär intrapsychischer Natur, auch dann, wenn sie sich an externe, soziokulturelle Faktoren anlehnen. Hier hat Laplanche eine zutreffende Kritik an Marcuse formuliert (vgl. Laplanche 1970), der die englische Übersetzung des Wortes »Verdrängung« mit dem zweideutigen Wort »repression« auch inhaltlich übernommen hat (wohl auch aus politischen Gründen).

Lacan hat die Unterscheidung zwischen »Subjekt« und »Ich« eingeführt, um zu zeigen, daß das Subjekt als *Verhältnis* (Metapher) zweier Signifikanten zueinander zu verstehen ist, während das Ich ein imaginäres Signifikat bedeutet. Die primäre Identifizierung, die dies (in ihrer Nachträglichkeit) bewirkt, gewährleistet *sowohl* die Einheit des Ich (gegen die Psychose) *als auch* seine Spaltung als begehrendes Subjekt: Der Vater als Garant des Signifikanten ist auch Träger des Phallus, des Objektes des Begehrens der Mutter (vgl. Lacan 1975a), und dieser ist in seiner Abwesenheit wirksam. Diese symbolische Abwesenheit darf aber nicht mit der »Nichtexistenz« verwechselt werden, wie dies oft der Fall bei alleinstehenden Müttern ist. Wenn das Verdrängende der Signifikant ist (desexualisierte Libido), so hat dies nur dann einen Sinn, wenn es das Verdrängte, den Phallus, als das Signifikat des Begehrens bzw. des Mangels, einführt. D.h. wenn die Mutter in ihrem Kind *nicht* die Realisierung all ihrer Wünsche erblickt.

V

Im Unterschied zu den Schriften Freuds aus der zweiten Periode seines Schaffens, liegt das Neue in den 20er und 30er Jahren in der Betonung des ökonomischen (energetischen) Aspekts der Triebe, eines Aspekts, der zusammen mit der Einführung des Todestriebes zu sehen ist, und worin Lacan den Signifikanten situiert. Der Todestrieb muß durch den Liebestrieb »gebunden«, mit ihm gemischt werden, wie umgekehrt eine Triebentmischung die regressive Befreiung und Stärkung des Todestriebes bedeutet. Aber Freud führt hier einen rätselhaften »desexualisierten« Eros ein, der quasi als narzißtische Triebreserve (des Ich) zwar dem Todestrieb entstammt, aber tendenziell auch dem Erostrieb dient, aber indem er ihn einschränkt (vgl. Freud 1923, XIII:273; 3:311). Dieser der Sublimierung dienende Trieb ist als der »Logos«, als der Signifikant (und die Denkvorgänge) zu verstehen, der *zwischen* Eros und Thanatos vermittelt und die Triebdifferenzierung, die Triebverschränkung und die Triebmischung einführt. (Logos bedeutet im Griechischen u.a. das Verhältnis, das Maß.) Der Logos führt also aus der blinden »Ananke«, der Herrschaft der Not, der nackten Triebe in ihrer unmittelbaren Ambivalenz, heraus.

Das Ich muß nach alledem ein Tribut an das Es zahlen: Es »rettet« den Eros vor dem Chaos nur um den Preis seiner Einschränkung. Diese Triebeinschränkung führt zum Rätsel des unbewußten »Schuldgefühls«, so wie dies z.B. bei negativen therapeutischen Reaktionen hervortritt, welche aus einer Spannung zwischen dem Ich und dem Über-Ich resultieren. Freud schreibt dazu: »Eine besondere Chance der Beeinflussung gewinnt man, wenn dies *unbewußte* Schuldgefühl ein *entlehntes* ist, das heißt das Ergebnis der Identifizierung mit einer anderen Person, die einmal Objekt einer erotischen Besetzung war.« (Ebda., XIII:279; 3:317)

Freud unterstreicht aber das Paradox, das das moralische Leben kennzeichnet: »Vom Standpunkt der Triebeinschränkung, der Moralität, kann man sagen: Das Es ist ganz amoralisch, das Ich ist bemüht, moralisch zu sein, das Über-Ich kann hypermoralisch und dann so grausam werden wie das Es. Es ist merkwürdig, daß der Mensch, je mehr er seine Aggression nach außen einschränkt, desto strenger, also aggressiver in seinem Ichideal wird. Der gewöhnlichen Betrachtung erscheint dies umgekehrt, sie sieht in der Forderung des Ichideals das Motiv für die Unterdrückung der Aggression. Die Tatsache bleibt aber, wie wir sie ausgesprochen haben: Je mehr ein Mensch seine Aggression meistert, desto mehr steigert sich die Aggressionsneigung seines Ideals gegen sein Ich.« (Ebda., XIII:283ff; 3:320f; vgl. auch Freud 1924; 1930; 1916; vgl. auch Lacan 1966a) Unter bestimmten Bedingungen neigen Menschen mit starken unbewußten Schuldgefühlen dazu, ein Verbrechen zu begehen, um endlich diesen maßlosen Schuldgefühlen nachträglich eine bestimmte Form zu geben (vgl. Freud 1923, XIII:282; 3:319).

Das Über-Ich (das hier vom Ichideal zu unterscheiden ist) hat aber einen doppelten Ursprung: Es stammt aus Wortresten (Signifikanten), aus den elterlichen Stimmen, aber seine *Besetzungsenergie* entstammt den Quellen im Es (vgl. Klein 1973, 157-186). Jedoch ist die Identifizierung der Prozeß, wodurch das Über-Ich entsteht: Sie ist eine Schaltstelle von Affektänderungen (in Angst), Vorstellungen (das Gewissen entsteht aus den elterlichen Verboten) und Trieben (Verdrängung, Sublimierung). Diese strategische Eigenschaft der Identifizierung wird in »*Unbehagen in der Kultur*« erläutert. Freud schreibt:

»Gegen die Autorität, welche das Kind an den ersten, aber bedeutsamsten Befriedigungen verhindert, muß sich bei diesem ein erhebliches Maß von Aggressionsneigung entwickelt haben, gleichgültig welcher Art die geforderten Triebentsagungen waren. Notgedrungen mußte das Kind auf die Befriedigung dieser rachsüchtigen Aggression verzichten. Es hilft sich aus dieser schwierigen ökonomischen Situation auf dem Wege bekannter Mechanismen, indem es diese unangreifbare Autorität durch Identifizierung in sich aufnimmt, die nun das Über-Ich wird und in den Besitz all der Aggression gerät, die man gern als Kind gegen sie ausgeübt hätte.« (Freud 1930, XIV:488; 9:255)

Der sadistische Charakter des Über-Ich (vgl. Lacan 1975b; 1996) hat Freud vor Probleme gestellt. Wenn das Kind durch Identifizierung mit dem Vater eine Verdrängungsleistung vollbringt, dann meint Freud, daß »das Über-Ich den Charakter des Vaters bewahren wird.« (Freud 1923, XIII: 263; 3:302). D.h. die Strenge des Über-Ich scheint der Strenge des Vaters proportional zu sein. Aber das letzte Zitat aus »*Unbehagen in der Kultur*« weist auf das Gegenteil hin. Dies erklärt sich aus dem Schwanken Freuds zwischen seiner ursprünglichen Konzeption in »*Totem und Tabu*« (wonach der Ursprung des Schuldgefühls im Vatermord liegt) (vgl. Freud 1930, XIV:489ff; 9:256ff) und der Position von M. Klein, welche im Gegenteil das Über-Ich in der ersten Identifizierung der oralen und analen Phase situiert, in denen das »Objekt«, die Mutter, auch den Charakter des »Bösen« annehmen kann: Das Kleinkind hat eine phantasmatische Angst, von den Eltern zerstückelt und aufgefressen zu werden, und es begehrt selbst, das Objekt zu zerstören, indem es es beißt (vgl. Klein 1973, 165). Das introjizierte Objekt wird dann mit der ganzen Macht des Todestriebes des Kindes besetzt. Hieran schließen sich auch die Vorstellungen von der phallischen Mutter mit dem Penis sowie vom tyrannischen, ebenfalls »zwiegeschlechtlichen« Urvater.

Im Fall der Phobie aber »introjiziert« das Kind nicht den reellen Vater, der die Mutter verbietet, sondern einen phantasmatischen, imaginären Vater, der ein narzißtischer Doppelgänger der eigenen Triebe des Kindes ist. Die Angst vor der äußeren Autorität entstammt also nicht (nur) ihrer Strenge, sondern *vor allem* der Intensität der eigenen aggressiven Triebe, und sie verwandelt sich durch die Identifizierung mit ihnen in eine Angst vor der inneren Autorität des Über-Ich. (Ist dann das sadistische Über-Ich ein Produkt der Aggression, so ist das Ichideal ein Produkt der Liebe.) Freud hat aber unter dem Einfluß von M. Klein eingesehen, daß die Theorie vom Ursprung des Schuldgefühls im reellen Vatermord nicht mehr (ausschließlich) aufrechterhalten werden kann: Es genügt das *Phantasma* der Tat (vgl. Freud 1930, XIV:492; 9:258).

Die Verdrängung des Ödipuskomplexes kommt beim Manne unter dem Einfluß der Kastrationsdrohung und der Angst zustande. Diese Verdrängung mißlingt immer und damit auch die Identifizierungen, die mit ihr einhergehen (vgl. Lacan 1973; 1968). Die Identifizierungen schließen nichts ab, sondern sie öffnen den Raum der persönlichen Geschichte, der in einer Pluralität von »Szenen«, von »Ichs« besteht. Das Ich wird dabei dreifach bedroht; und wenn die Angst (eine ihrer Formen) einen Rückzug vor der Gefahr, die vom Über-Ich ausgeht, darstellt, dann ist das Ich die eigentliche Angststätte (vgl. Freud 1923, XIII:287; 3:323).

Das Ich versucht andererseits, durch Identifizierung mit dem Objekt sich dem Es »anzubiedern«. Aber »zwischen beiden Triebarten hält es sich nicht unparteiisch. Durch seine Identifizierungs- und Sublimierungsarbeit leistet es den Todestrieben im Es Beistand zur Bewältigung der Libido, gerät aber dabei in Gefahr, zum Objekt der Todestriebe zu werden und selbst umzukommen.« (Ebda.)

Das Ich kämpft also gegen die Gefahr der Überwältigung durch das Es bzw. die Außenwelt, während es vor dem Über-Ich Kastrationsangst empfindet. Aber der Kampf gegen das Es zieht die Schläge des Über-Ich nach sich. Auch die Todesangst in der Melancholie funktioniert wie eine Kastrationsangst: Das Ich opfert sich selbst, weil es sich durch das Über-Ich verfolgt fühlt. Diese zentrale Rolle des Phantasmas der Kastration (im Gegensatz zu Freud ist bei Lacan die Kastration eine symbolische Operation), führt dann zu der Frage nach der sexuellen *Differenz* (und der sexuellen »Identität«): Die Hauptform, die der »symbolische Mangel eines imaginären Objekts« (Lacans Definition der Kastration) annimmt, liegt in der Unmöglichkeit, beides - Mann und Frau - zu sein, d.h. *alles* zu sein bzw. zu haben (imaginäres Objekt). Die symbolische Kastration ist somit etwas jenseits von Kastrationsphantasmen, und der Phallus ist der Signifikant (nicht das Ding und nicht das Bild) jener Operation. Eine »gelungene« sexuelle Identität im Sinne der Ich-Psychologie einer »reifen« Person gibt es nicht: Das Subjekt muß sich unbewußt entscheiden, ob es Mann oder Frau ist, ohne daraus eine geschlossene »Identität« zu machen.

VI

Das Subjekt schwankt ständig zwischen der imaginären und der symbolischen Identifizierung, ein Schwanken, das um eine »Leerstelle« stattfindet und einen *Rest* übrigläßt: die Frage des Subjekts nach dem *Begehren* des Anderen (vgl. Lacan 1975c, 90). Bisher war die Rede vom *Anspruch* des Anderen. Aber dieser Anspruch läßt Fragen und Argwohn bezüglich der »wahren« Absichten des Anderen entstehen. »Was will der Andere von mir wirklich«? Die Frage konfrontiert das Subjekt mit der Angst. Denn es gibt einen Abstand zwischen der Aussage und dem Aussagen des Anderen, woraus der Mangel und das Begehren entspringen. Dies äußert sich in der Unsicherheit bezüglich des »unheimlichen« Begehrens des Anderen (vgl. Demertzis 1985).

Die Antwort des Subjekts auf die Frage, die das Begehren des Anderen entstehen läßt, ist das *Phantasma*. Also jenes unbewußte »Drehbuch«, das die unheimliche Lücke, die das Begehren des Anderen manifestiert, ausfüllt (vgl. Lipowatz 1986). Für die Rassisten und Antisemiten ist das Begehren der Juden unheimlich, weil es um das Begehren des Anderen par excellence geht, um den Gott (Vater) des Monotheismus, der radikal jegliche imaginäre Identifizierung (mit Bildern und Idolen) verbietet und die radikale Konfrontation mit der *Leere* und dem Mangel verlangt, die das Begehren durch das *Gesetz* garantieren. Die imaginäre Antwort des Antisemiten ist, daß die Juden »Komplotte schmieden«, um die Weltherrschaft zu erringen. Im politisch-sozialen Raum dominieren die aggressiven neben den unbewußt erotischen Phantasmen (vgl. Lipowatz 1987).

Das Phantasma als *Abwehr* bedeutet etwas anderes: Es *schützt* das Subjekt davor, »zu nah« an das (absolute) Ding (vgl. Lacan 1997; Zizek 1994) zu kommen, deren erste Figur die Mutter der Kindheit, das unerreichbare und verbotene Objekt par excellence für beide Geschlechter darstellt. Das Phantasma aber funktioniert immer mit Resten und Ersatzelementen des Dings, sonst »erstickte« das Subjekt. Das Begehren erlischt, wenn das Subjekt zu nah an das Ding tritt: Dies bedeutet dann jede totale und endgültige Wunscherfüllung, in der der Mangel, die Differenz und die Abwesenheit fehlen. Ein »vollkommenes« erotisches Verhältnis und eine »vollkommene« Gesellschaft bedeuten genau dies. Aber sie sind strukturell unmöglich und praktisch katastrophal, weil das Ding (das Reale) das *Unmögliche* ist. Paradoxerweise aber ist es auch verboten, untersagt (vgl. Juranville 1990; Lipowatz 1986).

Die Leere des Dings (vgl. Lacan 1996) deutet das *höchste Genießen* an, wenn es dieses gäbe. Das Genießen ist der Schlüsselbegriff, der die bisherigen Analysen über die Identifizierung und das Begehren ergänzt. Das Genießen, das ein »normaler Sterblicher« haben kann, ist möglich *nur, weil* das höchste Genießen des Dings das *Unmögliche* ist. Dies ist nicht selbstverständlich, denn das Subjekt dreht sich ständig um den Punkt des Unmöglichen herum, indem es Ersatzfiguren dafür findet und erfindet. Die verschiedenen *Fetische* der Macht, der Erotik, des Geldes, der Religion, der Kunst oder der Wissenschaft versuchen in allen Kulturen, die Fragmente des Dings zu er-pressen und zu materialisieren mittels der Verleugnung des Mangels. Andererseits bedeutet in der Neurose die Verdrängung der eigenen Wünsche und ihre partielle Rückkehr mittels der Symptome etwas: Für die Individuen funktionieren die Symptome und die Phantasmen, die sie begleiten, als »Sicherheitsventile«, und der Versuch ihrer radikalen (terroristischen, bilderstürmerischen) Aufhebung führt die Subjekte immer zu angstbeladenen Situationen, denn sie werden dann unmittelbar mit dem Todestrieb in seiner reinen, nihilistischen Form konfrontiert.

Die Subjekte »lieben« ihre Symptome, ihr Elend und ihre Unterdrükkung, so wie die Bürger einer korrupten Gesellschaft Angst haben, sie zu verändern, denn dies würde für sie unvorhergesehene und beunruhigende Folgen haben. Die Entlarvung der Ideologien und Phantasmen verlangt immer viel Mut und einen Preis. Die korrupte und gewalttätige Gesellschaft, in der jeder Komplize von jedem ist, in der das Gesetz, die Grenze und der Mangel nicht respektiert werden, in der »alles möglich ist«, ja in der das Gesetz selbst pervers und sadistisch geworden ist, bedeutet, daß das Ding, das höchste Genießen oder die Erfahrung des Entsetzens und des Schreckens unterschiedslos zu nah an die Subjekte herangetreten und in den Alltag eingegangen sind. Hier scheint die Möglichkeit einer Krise des Gesetzes und der Kultur durch, begleitet von apokalyptischen und destruktiven Phantasmen von unnennbarer Gewalt, von Terror und Anomie. Dieser Kulturzustand erzeugt das perverse Phantasma des Dualismus zwischen dem »Geist« und dem »Körper«, wobei diese beliebig mit dem »Bösen« gleichgesetzt werden. Diese imaginäre Polarisierung entsteht aus dem Vergessen der Tatsache, daß zwischen dem realen Genießen und dem symbolischen Begehren keine strukturelle Identität existiert, sondern eine Differenz (vgl. Lacan 1975c).

Aber das eine ist dem anderen nicht fremd. Daß jedes Genießen partiell eine »Unterwanderung« des Gesetzes und des Wortes impliziert, bedeutet nicht, daß letztere nicht der Dialektik des Begehrens und des Genießens dienen. Die Nicht-Identität des Genießens mit dem Begehren um-schreibt das *Unmögliche* eines sexuellen »*Verhältnisses*«, d.h. die strukturelle Unmöglichkeit ihrer Einschreibung in ein vollständiges und vollkommenes Modell von Beziehungen, in dem der Mangel fehlt (die Kontingenz, das

Unerwartete, die Unsicherheit). Das sexuelle Verhältnis kann in seiner reellen Unvollkommenheit und Endlichkeit nie den Charakter eines Gegenstandes bekommen, den das wissenschaftliche Wissen beschreibt, denn es impliziert immer das unberechenbare Element der Kontingenz und wird durch die latente Präsenz des Realen unterminiert.

Die mystische Erkenntnis (Gnosis) (vgl. Lipowatz 1986, 75f) und die »Weisheit« der traditionellen Kulturen entspringen jedoch der Illusion eines möglichen »harmonischen« Verhältnisses. Das sexuelle »Verhältnis« impliziert in seiner Tatsächlichkeit die Existenz der Differenz zwischen den zwei Geschlechtern, d.h. dessen, was in der Perversion zum Objekt der Verleugnung wird (siehe die Ideologien gewisser homosexueller und feministischer Gruppen), während es im ideologischen Diskurs auch im Rassismus erscheint. Ohne die erotischen Phantasmen aber würden die Subjekte nichts begehren. Wenn sie ihnen jedoch total nachgeben, dann müssen sie dafür einen hohen Preis entrichten.

Für das Subjekt geht es um den eigenen Körper, den »blinden« und »stummen« Sitz des Genießens (auch des »geistigen«), des Schmerzes und des Todes. Hier geht es um das *»Jenseits des Lustprinzips«* von Freud (vgl. Freud 1920), d.h. um die Formen, die der Tod und der Todestrieb für die Existenz annehmen, jenseits der Identifizierung, des Begehrens und des Symbolischen, aber immer in Bezug auf sie.

Wenn das Symptom eine Verdichtung darstellt, dann kann es »gelesen«, »interpretiert«, »erklärt« und gelegentlich »geheilt« werden. Die Insistenz vieler Symptome zeigt jedoch ihren realen Kern auf, denn sie sind organisiert um ein Fragment des Realen, d.h. des Genießens und des Leidens, und das bedeutet auch immer einen »historischen Kompromiß« für die Psyche des Subjekts. Jedes Symptom manifestiert die Identität des Subjekts, jenen Punkt, in dem es ein relatives Gleichgewicht bezüglich der notwendigen Illusionen gefunden hat, damit es »leben« kann. Während die symbolische Dimension die Dialektik impliziert, d.h. den Widerspruch und die Vermittlung, konstituiert das Reale jenseits der Dialektik jenes Element, das von keiner Vermittlung absorbiert werden kann und einen trägen, störenden Charakter hat.

Alle sozialen und politischen Beziehungen enthalten als konstitutives Element eine unbewußte Illusion, sonst könnten sie nicht funktionieren (vgl. Lacan 1996; Lipowatz 1998). So verdecken sie den fundamentalen Mangel, der das Reale ausdrückt, der per definitionem außerhalb des Sozialen bleiben muß, und welcher die Unfähigkeit eines »Schließens« des Sozialen im Sinne eines selbstreferentiellen oder totalitären Systems bestimmt. D.h. die Annahme der symbolischen Differenz, des symbolischen Mangels und des symbolischen Gesetzes bedeutet jene Entscheidung, welche dem Nihilismus des »reinen Realen« entkommt und das (nicht neurotische, nicht perverse) Begehren in einer offenen, unvollkommenen Gesellschaft garantiert.

Literatur

Demertzis, N.: Cultural Theory and Political Culture, Lund 1985.
Florence, J.: L'Identification dans la théorie freudienne, Bruxelles 1984.
Freud, S. (1909): Der Familienroman der Neurotiker, GW (= Gesammelte Werke, chronologisch geordnet, hrsg. V. Anna Freud u.a., Bd. I-XVII, London/Frankfurt am Main 1940-1952) VII, 225-231; SA (= Studienausgabe, hrsg. v. A. Mitscherlich u.a., Bd. 1-10 u. Erg.-Bd., Frankfurt am Main 1969-1975) 4, 221-226.
Freud, S. (1912/13): Totem und Tabu, GW IX; SA 3.
Freud, S. (1914): Zur Einführung des Narzißmus, GW X, 137-170; SA 3, 37-68.
Freud, S. (1916): Einige Charaktertypen aus der psychoanalytischen Arbeit, GW X, 363-391; SA 10, 229-253.
Freud, S. (1917): Trauer und Melancholie, GW X, 427-446; SA 3, 193-212.
Freud, S. (1920): Jenseits des Lustprinzips, GW XIII, 1-70; SA 3, 213-272.
Freud, S. (1921): Massenpsychologie und Ich-Analyse, GW XIII, 71-161; SA 9, 61-134.
Freud, S. (1923): Das Ich und das Es, GW XIII, 235-289; SA 3, 273-330.
Freud, S. (1924): Das ökonomische Problem des Masochismus, GW XIII, 369-383; SA 3, 339-354.
Freud, S. (1925): Die Verneinung , GW XIV, 9-15; SA 3, 371-377.
Freud, S. (1930): Das Unbehagen in der Kultur, GW XIV, 419-506; SA 9, 191-270.
Juranville, A.: Lacan und die Philosophie, München 1990.
Klein, M.: Psychoanalyse des Kleinkindes, München 1973.
Lacan, J.: Introduction théorique aux fonctions de la psychoanalyse en criminologie. In: Ecrits, Paris 1966a.
Lacan, J.: L'agressivité en psychoanalyse. In: Ecrits, Paris 1966b.
Lacan, J.: Remarque sur le rapport de Daniel Lagache: »Psychoanalyse et structure de la personnalité« In: Ecrits, Paris 1966c.
Lacan, J.: Das Spiegelstadium als Bildner der Ichfunktion. In: Schriften I, Frankfurt am Main 1973.

Lacan, J.: L'étourdit. In: Scilicet No 4, Paris 1973.
Lacan, J.: Die Bedeutung des Phallus. In: Schriften II, Olten 1975a.
Lacan, J.: Kant mit Sade. In: Schriften II, Olten 1975b.
Lacan, J.: Subversion des Subjekts und Dialektik des Begehrens im Freudschen Unbewußten. In: Schriften II, Olten 1975c.
Lacan, J.: Die Familie. In: Schriften III, Olten 1980.
Lacan, J.: Die Ethik der Psychoanalyse. Das Seminar Buch VII, Weinheim/Berlin 1996.
Lacan, J.: Die Psychosen. Das Seminar Buch III, Weinheim/Berlin 1997.
Laplanche, J./Pontalis, J.-B.: Fantasme originaire, fantasme des origines, origine du fantasme. In: Les Temps Modernes, 1964, No 215, S. 1833-1868.
Laplanche, J.: Marcuse und die Psychoanalyse, Berlin 1970.
Lipowatz, Th.: Das Heilige und das Geweihte. In: Kamper, D./Wulf, Ch. (Hg.): Das Heilige. Seine Spuren in der Moderne, Frankfurt am Main 1987.
Lipowatz, Th.: Der Name des Vaters. In: Riss No 3, Zürich 1986.
Lipowatz, Th.: Die Verleugnung des Politischen, Weinheim und Berlin 1986.
Lipowatz, Th.: Politik der Psyche, Wien 1998.
Zizek, S.: Denn sie wissen nicht, was sie tun. Genießen als ein politischer Faktor, Wien 1994.

Alfred Schäfer

Identifikation und Ver-Anderung

I.

Das Lernen am Modell ist eine Vorstellung, die das pädagogische Denken seit den ersten Veröffentlichungen Banduras nicht in Ruhe läßt. Nicht nur steuert diese Vorstellung die Perspektive auf Medien und die altersbezogene Zensur: den Ausschluß von ›sex and crime‹. Sie ist vor allem auch im Zentrum des pädagogischen Denkens bedeutsam geworden: im Verhältnis des Erziehers zu seinem Adressaten. Und sie ist dort mit den typischen pädagogischen Illusionen befrachtet worden.

Das Modell Banduras geht von einer Verhaltensänderung aus, die aus der Beobachtung des Verhaltens bei einem hochgeschätzten anderen Menschen folgt (vgl. Bandura 1986): einer Nachahmung, für die eine kognitive Verarbeitung im Nachahmenden Voraussetzung ist, die die Identifikation und motivationale Umsetzung dieser Kognition impliziert. Wenn man nun etwa davon ausgeht, daß das »Lernen von Vorbildern [...] auch bei kooperativem und moralischem Verhalten« (Bauer 1996, 1046) nachweisbar ist, so folgt daraus für eine pädagogische Betrachtung, daß etwa der Lehrer als Erzieher ein solches kooperatives und moralisches Verhalten zeigen muß, damit die Schüler ihn zum einen als Vorbild akzeptieren können (was als pädagogische Strategie übrigens moralische Urteilsmaßstäbe bereits voraussetzt) und zum anderen bemüht sind, in ihrem Verhalten so zu werden, wie der Lehrer immer schon ist. Der Lehrer allerdings - so mit Hilfe dieses Verständnisses einmal als Vorbild bestimmt - gilt nun immer als Vorbild: sowohl in seinen als gut wie als schlecht bewerteten ›Eigenschaften‹. Da er aber immer Vorbild ist, erhält er damit eine universale Verantwortlichkeit für den Personbildungsprozeß seiner Adressaten, der er unmöglich entfliehen kann.

Nun aber enthält die so konstituierte symbolische Gewalt des Modells eines Lernens am Vorbild über den Erzieher Verkürzungen bzw. idealisierende Unterstellungen, die der pädagogischen Sichtweise als solcher geschuldet sind. So wird immer schon davon ausgegangen, daß etwa der Lehrer wirklich ein Modell und daher als Person relevant für den Schüler sei. Es wird unterstellt, daß der Schüler - trotz der internen Verarbeitung - so etwas wie eine abhängige Variable darstellt. Dies ist umso verwunderlicher, als es - wie das Beispiel moralischen Lernens am Modell zeigt - nicht um ein behavioristisches Programm geht. Dennoch löst der behavioristische Kurzschluß, der das ›Innere‹ als komplexes Informationsverarbeitungssystem zwischen zwei Verhaltensweisen denkt, ein zentrales pädagogisches Problem. Der Pädagogik geht es gegenüber der Vorstellung einer bloßen Wissensvermittlung immer schon um mehr: um die Übertragung der Bedeutung, die das Wissen für den Vermittelnden hat, auf den Adressaten, der damit eben nicht nur Inhalte lernen soll, sondern auch deren persönliche, soziale, ökologische oder andere, in jedem Fall aber verbindliche Bedeutung für ihn. Diese die Persönlichkeit konstituierende Verbindlichkeit wird seit Rousseau nach dem Modell der Authentizität gedacht: als Einheit von Wissen, Wollen und daraus resultierender Handlung beim Adressaten. Eben diese Perspektive einer Verfügung über die (persönliche) Bedeutung erschleicht man sich mit der Adaption des Lernens am Vorbild. Von Erschleichung ist deshalb zu sprechen, weil das übernommene behavioristische Modell etwas leisten soll, von dem schon Rousseau wußte, daß es nur als Wirkungsmythos erzählt werden kann: einen vom Pädagogen kontrollierten Persönlichkeitsaufbau, dessen Bedeutung weit über eine bloße Verhaltensänderung hinausweist.

Daß die Identifikation etwa mit den moralischen Attitüden des Lehrers zur unproblematischen Übernahme durch den Schüler führen könne, ist nun allerdings eine Perspektive, die als äußerst problematisch angesehen werden muß. So wäre zunächst hervorzuheben, daß schon das ›Identifizieren von etwas als etwas‹, das dem ›Identifizieren mit etwas‹ vorausliegt, als ein äußerst diffiziles Problem angesehen werden muß. Verkürzt gesagt: Ob man Gödels Unvollständigkeitstheorem, Adornos Kritik am identifizierenden Denken, das dem identifizierten Gegenstand Gewalt antut, die gestaltpsychologische Bestimmung des Figur-Hintergrund-Verhältnisses, die auf das nichteingeholte Abwesende in der Bestimmung verweist, die Bedeutung und endlose Verschiebbarkeit der Rahmen für die Identifikation in der phänomenologischen Soziologie Goffmans, die ebenfalls endlose Verschiebbarkeit der Beobachterposition und damit Neubestimmung des Gegenstandes in der Soziologie Luhmanns und im Konstruktivismus, ob man die Unmöglichkeit, das Signifikat dem Spiel der Signifikanten zu entziehen, hervorhebt - gemeinsam ist diesen Perspektiven der Verweis auf die unbestimmbare, sich immer aufs Neue entziehende Grundlage der Be-

Identifikation und Ver-Änderung

stimmung. Gerhard Gamm faßt das Problem der Identifikation in folgende, apodiktisch klingende, aber für die hier angestrebte Zusammenfassung ausreichende Aussage: »Fast zwangsläufig bricht sich in Philosophie und Wissenschaft das Bewußtsein der Unbestimmtheit Bahn. Allgemein gesagt ist die Unbestimmtheit das Indiz für eine ›Lücke‹ im kohärenten Begründungszusammenhang, die gebietet, von der Identitäts- und Bestimmungslogik Abschied zu nehmen. Die Identitätslogik des vergegenständlichenden und festsetzenden Denkens taugt nicht (mehr) als Grundlagentheorem der Philosophie« (Gamm 1994, 19).

Das Problem »unbestimmter Bestimmtheit« (ebda., 219) ist nun allerdings nicht nur ein erkenntnistheoretisches in dem Sinne, daß in die Identifikation von Gegenständen in der Welt immer schon uneinholbare Voraussetzungen eingehen. Vielmehr ist damit auch die Identifikation des Selbst gemeint. Auch hier mögen wiederum einige Hinweise ausreichen: Daß das sich selbst identifizierende Ich in diesem Selbst nicht enthalten ist, bildet eine häufig bemerkte Grenze der Reflexionsphilosophie. Doch auch eine Korrektur aus der Perspektive des Anderen erscheint prekär. Wie der Symbolische Interaktionismus (vor allem Goffmans) gezeigt hat, bildet die Übernahme der Perpektive des Anderen nicht nur eine Leistung des Subjekts, sondern zugleich eine diese Subjektivität pervertierende Aktion insofern, als der Interpretierende sich seiner Interpretation niemals sicher sein kann: Was er interpretiert, ist die unterstellte (virtuelle) Perspektive des Anderen auf das, was er (Ego) von diesem erwartet. Goffman betont, daß diese Interpretation letztlich nicht zu bestätigen ist: Zwischen den unterstellten Erwartungserwartungen des Anderen und seinen aktualisierten Äußerungen, die ebenfalls wiederum nur von Ego interpretiert werden können, klafft eine nicht schließbare Lücke - der Einbruchspunkt für Stigma- und Eindrucksmanagement. Ego ›weiß‹ also immer erst nach der Reaktion Alters, als was er gesehen wurde. Dies bedeutet zweierlei: Zum einen weiß er um seine Identität aus der Perspektive Alters nicht zum Zeitpunkt seiner Handlung, sondern erst im Nachhinein. Er entwirft seine Identität im Modus des Futur II und weiß um sie immer erst, wenn sie schon nicht mehr aktual ist. Zum zweiten ist selbst diese Perspektive auf das eigene Selbst, die zwischen Vorgriff und Nachträglichkeit eine Lücke läßt, noch eine vom Individuum interpretierte: das heißt eine fragile Sicht, die nicht auf die Objektivität der Perspektive Alters bauen kann. Lacan hat gezeigt, wie in diese Perspektive imaginäre Vollkommenheitsvorstellungen eingehen, die den Anderen als Spiegel ebenso konstituieren wie verzerren.

Alfred Schäfer

Wenn nun aber die (identifizierende) Sicht auf die Identität des Anderen, des Modells, ebenso prekär bleibt wie die Sicht auf das eigene Selbst, so macht dies zum einen die letztlich mit einer (vermittelt über die kognitive Verarbeitung) kausalen Wirkungsannahme rechnende Vorstellung eines Lernens am Modell problematisch. Andererseits aber könnte man auf den Gedanken verfallen, daß eben dieses Lernen am Modell dennoch so vorkommen könnte, - und zwar als Kompensation jener prekären Sicht auf den Anderen wie auf das eigene Selbst. Der Andere als Bezugspunkt, über den ich mich sehe, müßte in einer solchen Sicht soweit idealisiert werden, daß eine angestrebte Übereinstimmung nicht nur die Probleme der Identifikation von Anderem und Selbst auflöst, sondern auch noch als relevant angesehen werden kann für den Versuch einer Motivation zur praktischen Nachfolge des Ideals. Eine solche Perspektive aber wäre nicht nur pädagogisch bedenklich: Sie würde gleichsam die Pathologie in der Identifikation zum Mittel verkennender Selbstheilung stilisieren.

Hier soll ein anderer Weg gewählt werden. Gegenüber einer linearen Perspektive der ›Identifikation mit einem Modell‹ soll betont werden, daß ein solcher Prozeß nicht auf der Basis eines Fetischismus verläuft, für den das Einziehen der Differenz von Repräsentation und Repräsentiertem typisch ist und der damit - wie Pouillon schreibt - die Unfähigkeit zu symbolischem Denken unterstellt (vgl. Pouillon 1975). Ich werde also zu zeigen versuchen, daß für den (Sich-) Identifizierenden die Differenz zwischen dem, als was er den Anderen wie auch sich selbst identifiziert, und der ›Realität‹ des Identifizierten immer schon gegeben ist. Anders formuliert: daß das Verhältnis von Identifikation und Verkennung nicht nur ein erkenntnistheoretisches Problem darstellt, sondern im Vollzuge dessen, was wir eine ›Identifikation mit‹ nennen können, auch ein praktisch gehandhabtes Problem. Dies impliziert auch eine Abgrenzung gegenüber der Kompensationsthese insofern, als ich auf jene pathologisierende Auffassung verzichte, die der Kompensationsthese zugrundeliegt und letztlich auf das Modell des souveränen Subjekts verweist. Goffman hat darauf hingewiesen, daß Menschen mit dem Problem der Uneinholbarkeit der Perspektive des Anderen und damit: der Uneinholbarkeit der eigenen Identität so umzugehen versuchen, daß sie den vermeintlichen Gegensatz von ›Realität‹ und ›Täuschung‹ soweit relativieren, daß er seine Bedrohlichkeit verliert. Ich werde zu zeigen versuchen, daß auch in jenen Prozessen des ›Sich-Identifizierens-mit‹ jene Differenz von ›Realität‹ und ›Täuschung‹ gehandhabt wird. Diese Entgegensetzung verflüssigt sich in solchen Prozessen soweit, daß ihre Grenze verschoben werden kann. Es wäre falsch zu sagen, daß mit dieser Grenze gespielt werden könnte, weil dies ein souveränes, über die Grenze (und sich selbst) verfügendes Subjekt voraussetzen würde. Das Subjekt selbst richtet sich in eben dieser Differenz von Identifikation und Verkennung ein: Es weiß um bzw. handhabt die unaufhebbare Differenz zum Anderen schon in dessen Identifikation wie auch in der eigenen Angleichung an diese.

Dennoch - könnte man einwenden - haben solche Identifikationen mit Anderen eine Verbindlichkeit, die einer solchen Handhabung von Differenz zu widersprechen scheint. Nimmt man einmal das Beispiel Freuds vom Untergang des Ödipuskomplexes, der (im gelungenen Fall) darin besteht, so wie der Vater sein zu wollen und doch zu wissen, daß man so wie der Vater nicht sein kann, so kann man darauf verweisen, daß ein solcher Einwand, der die Verbindlichkeit gegen die Differenz in der Identifikation auszuspielen versucht, nicht sehr weit trägt. Das, was das Beispiel Freuds zeigt, besteht darin, daß man selbst bei einer als biographisch entscheidend angesehenen Identifikation nicht sagen kann, inwieweit das (kindliche) Individuum durch die Identifikation mit dem Vater so wird wie eben dieser Vater. Die Differenz in der Identifikation, die von Freud immer auch als Ver-Anderung des Identifikationsobjekts verstanden wird, zieht die Differenz von Selbst und Anderem noch einmal in das sich mit dem Vater identifizierende Individuum selbst ein und läßt das Gelingen und damit die nachvollziehbare Verbindlichkeit der Identifikation selbst ebenfalls als Problem erscheinen. Dieses Problem legt inszenierte Dokumentationen der Übereinstimmung oder auch kultische Ver-Anderungen des Eigenen nahe.

Ich werde das im folgenden an zwei Beispielen zu zeigen versuchen. Am Beispiel der Koma werde ich einen rituellen Kontext skizzieren, in dem die Identifikation mit der Ver-Anderung des Vaters eine Einheit bildet, deren Verbindlichkeit sozial wie religiös abgesichert ist (II). An der Selbst-Bestimmung über die Identifikation mit Pop-Musikern werde ich anschließend zu zeigen versuchen, inwieweit auch hier Ver-Anderungen sowohl für die identifizierende Konstruktion wie auch für die wahrgenommene Differenz in der Identifikation mit diesen Heroen bedeutsam sind (III).

II.

Die Koma sind ein Volk, das sich vor den Islamisierungsversuchen der Fulbe in die Alantika-Berge zurückgezogen hat, die heute im Grenzgebiet zwischen Kamerun und Nigeria gelegen sind und einen relativ unzugänglichen Lebensraum darstellen. Da über die Koma bisher nur wenige Artikel eines schwedischen Ethnologen (vgl. Paarup-Laursen 1987; 1991) und keine systematische Ethnographie vorliegen, stützt sich die folgende Darstellung nur auf einen kurzen Besuch um die Jahreswende 97/98 und die Schilderung eines lokalen Führers, die zwar systematisch erörtert, aber nicht durch weitere Gespräche oder die Teilnahme am geschilderten Prozeß gestützt werden konnte. Dennoch scheint mir die Logik des geschilderten Verfahrens typisch für ähnliche Vorgänge zu sein, wie sie im Rahmen der ethnologischen Forschung beschrieben worden sind, und in ihrer Dramatik einen didaktischen Wert für die hier verfolgte Absicht zu haben.

Wie die Dowayos, die von Nigel Barley (1983) beschrieben wurden, kennen auch die Koma den Brauch, daß Toten ein halbes Jahr nach ihrer Beerdigung der Schädel vom Rumpf gebrochen und in Töpfen aufbewahrt wird. Dieser Hinweis läßt vielleicht die folgende Schilderung in einem weniger grellen Licht erscheinen, in der ebenfalls eine bestimmte Beziehung zu einem verstorbenen Vorfahren etabliert wird. Man versucht, sich der überlegenen Kräfte eines Toten zu versichern, indem man ein Orakel einrichtet, das gleichzeitig den Verstorbenen in den Rang eines bedeutenden Ahnen hebt und ihn für eine konkrete Kommunikation mit seinen Nachkommen, in der es um mögliche Gefahren bei zukünftigen Vorhaben geht, zugänglich macht.

Es ist die Identifikation der Nachfahren mit dem Toten bzw. mit seinen Fähigkeiten, in die Zukunft zu sehen und ihnen das Gesehene kundzutun, die hier ermöglicht wird. Zur Etablierung dieser Beziehung ist es aus Sicht der Koma erforderlich, daß einer der Söhne des Verstorbenen dem toten Vater die Augen und die Zunge entfernt. Er wird dann damit zu einem Mann mit magischen Fähigkeiten (bounou nock) gehen und ihm gleichzeitig eine Ziege bringen. Der Magier wird die Ziege einer Bronzemaske, die er in Verwahrung hat, opfern und die Maske (deren repräsentative Funktion ich nicht kenne, die aber im vorliegenden Zusammenhang auch nicht von Bedeutung ist) anrufen, ihm bei seinem Vorhaben behilflich zu sein und ihm die Kraft für ein Gelingen zu geben. Anschließend wird er Augen und Zunge des Verstorbenen mit anderen pulverisierten Substanzen mischen und zermahlen. Das Ergebnis wird vom Magier in einem kleinen Ledersack (gnacssa oder koutèné) aufbewahrt. Wenn die - männlichen wie weiblichen - Nachkommen des Toten etwas über ihre Zukunft - etwa bei einer bevorstehenden Reise - wissen wollen, können sie zum Magier gehen, diesem eine Gabe bringen und ihn bitten, ihren Ahnen über die Unternehmung zu befragen. Der Magier wird dann den Beutel hervorholen und den Ahnen ansprechen, ihm den Namen des Ratsuchenden sagen und ihn in dessen Namen nach einer Auskunft über das bevorstehende Vorhaben befragen. Im Namen des Ahnen wird er schließlich dem Fragenden Auskunft geben.

Auf den ersten Blick sieht der geschilderte Vorgang nach einer simplen Identifikation aus, die sich auf zwei Ebenen abspielt. So wird der Ahn in den für die Voraussage konstitutiven Funktionen nicht nur identifiziert, sondern auch materialisiert: Es sind seine Augen, mit denen er in die Zukunft zu sehen vermag, und sein Mund, mit dem er über das Gesehene Auskunft geben kann. Die Verbindung zwischen ihm als Person und der Funktion ist nicht einmal metaphorisch, sondern direkt: Auge und Zunge sind ihm entnommen und stehen für die Möglichkeit einer direkten Verbindung der Nachkommen zu ihm. Dabei ist - die zweite Ebene der Identifikation: der Identifikation mit dem Ahnen - diese Beziehung exklusiv: Nur die Nachkommen können (über mehrere Generationen hinweg) kommen, um ihn zu befragen. Gestiftet wird ein identifikatorisches Band, das die Verbindlichkeit der Aussagen des Ahnen für das Verhalten der Nachkommen bedeutet - auf der Grundlage der Identifikation der Substanz als Substanz des Ahnen.

Bei näherem Hinsehen wird dieser scheinbar lineare Identifikationsprozeß nicht nur komplexer, sondern die Identifikationen selbst scheinen sich in einem Prozeß der Verschiebungen in ihrer Eindeutigkeit aufzulösen. So setzt bereits die Erhebung des Vaters in den Status eines für die Nachkommen relevanten Ahnen eine Umkehrung eben seines Status als Vater in einer patrilinearen Gesellschaft voraus. Er muß dazu nicht nur im Lichte des anvisierten Ziels auf seine funktionalen Bestandteile (Augen und Zunge) reduziert werden, sondern diese lassen sich zudem nur in einem Gewaltakt gegenüber seinem Leichnam entfernen, der von dem ihm normalerweise untergeordneten Sohn ausgeführt wird. Für diesen Sohn wiederum ist die Gewalt gegenüber seinem Vater die Bedingung einer über dessen Tod fortwährenden Unterordnung und Abhängigkeit im Bereich der Zukunftsbewältigung.

Doch auch eine solche Betrachtung ist noch zu einfach, weil sie den zum Ahnen erhobenen Vater noch als Vater behandelt und nicht den Umwidmungsprozeß berücksichtigt, der seine Identität unscharf werden läßt. Dieser betrifft nicht nur seine bereits angesprochene Reduktion auf die zur Vorhersage der Zukunft relevanten Körperteile und damit das Verhältnis seiner personalen Identität zu einer materialisierten Funktion. Es betrifft auch den Sachverhalt, daß eben diese Materialisierung als solche noch nicht über die Kraft verfügt, die ihr zugedachte Aufgabe lösen zu können. Es sind Substanzen erforderlich, die als mit magischen Wirkkräften ausgestattet gedacht werden, und die in ihrer Vermischung mit den zermahlenen Körperteilen die Frage aufwerfen, wessen Identität denn nun die Zukunft vorauszusagen in der Lage ist. Ist es noch der verstorbene Vater, der diese Funktion erfüllt, oder sind es die magischen Substanzen oder die Einheit beider, die eigentümlich bestimmungslos bleibt. Hinzu kommt noch, daß weder beide einzeln noch in ihrer Mischung über die geforderten Kräfte zu verfügen scheinen. Vielmehr ist ein Opfer und eine Anrufung der Bronzemaske als Repräsentanz einer transzendenten Macht erforderlich, um das Gelingen der Mischung beider Substanzen und ihre so gewonnene Kraft zu garantieren.

Opferung und Anrufung aber liegen ebenso wie die Herstellung jener magischen Substanzen in den Händen eines Dritten: des Magiers, der sowohl über ein esoterisches Wissen um die Wirkung und Mischung von Substanzen verfügt wie auch durch den Besitz der Bronzemaske über einen priviligierten Zugang zum Transzendenten. Ohne ihn ist das ganze Verfahren nicht möglich. Ohne ihn ist aber nicht nur die Etablierung des individuellen Ahnen als einer für die Nachkommen wichtigen Weissagungsinstanz nicht möglich, sondern auch die konkrete Befragung des Ahnen. Er bleibt der Hüter der Kräfte des Ahnen und muß für dessen Befragung entlohnt werden. Nur er ist in der Lage, im Namen des Ahnen zu sprechen. Als Dritter zwischen dem Ahnen und seinen Nachkommen garantiert er die Transzendenz und die Kraft des Ahnen. Damit steht er zugleich für die Unmöglichkeit einer direkten Bindung an oder Identifikation der Nachfahren mit dem Ahnen: Er steht für die Unmöglichkeit einer solchen Identifikation und garantiert eben damit den transzendenten, nicht einholbaren Status des Ahnen. Anders formuliert: Er steht als Dritter für jene Differenz, die zwischen der Identifikation mit dem Ahnen und der Unmöglichkeit, so zu sein wie dieser (d.h. über die Kenntnis der zukünftigen Ereignisse verfügend), besteht.

Identifikation und Ver-Anderung

Dieser Differenz trägt auch die nicht greifbare Identität des Ahnen Rechnung. Durch die angerufene und über ein Opfer wohlwollend gestimmte Kraft der Maske wie auch durch die Beimengung der magischen Substanzen ist es unmöglich zu sagen, was denn nun jene Identität ist, die den Nachfahren weissagt. Wer wollte sagen, ob der Ahn schon in seiner reduziert materialisierten Form noch er selbst ist, ob er sich nicht durch die Beimengung magischer Substanzen noch einmal verändert, ob die Kraft der Maske nicht das Entscheidende und ›er‹ nur noch eine Form dieser Kraft darstellt. Ihn mit seinem Namen anzurufen, bedeutet, ein Wesen anzurufen, dessen Identität sich vor dem Hintergrund solcher Verschiebungen kaum mehr ausmachen läßt. Als transzendente Macht verliert sich der Ahn in der Differenz von Identität und Nichtidentität. Konsequenterweise kann er sich dann auch nicht mehr direkt äußern: Seine durch den Mund des Magiers getätigten Aussagen über die Zukunft des Fragenden sind daher auch ebensogut seine Aussagen wie sie es nicht sind.

Die Substanz im Beutel repräsentiert den Ahnen und doch zugleich etwas Anderes, Unzugängliches. Und es ist genau diese Differenz, die dem väterlichen Ahnen jene Macht verleiht, die den Weissagungen Verbindlichkeit gibt. Es ist also die Unmöglichkeit der Identifizierung des toten Vaters als personale Einheit, die dazu führt, daß eine verbindliche Identifikation mit seinen Aussagen zustande kommt, deren Dignität paradoxerweise dann wiederum gerade in der personalen Abstammung liegt. Andere Personen werden diesen Ahnen nicht befragen und seine Äußerungen als für sich verbindlich ansehen.

III.

Daß eine Identifikation mit jemandem, mit seinen Äußerungen, Handlungen oder zugeschriebenen Eigenschaften eine wahrgenommene Differenz zu eben diesem Anderen voraussetzt, trifft auch für Verhältnisse zu, in denen diese Differenz nicht über einen sozial definierten Kontext und religiös abgestützte Mechanismen der Ver-Anderung deutlich wird. Es trifft - wie ich im folgenden am Beispiel der ›Identifikation‹ mit Helden der Popmusik zu skizzieren versuche - auch auf Verhältnisse zu, in denen Identifikation wie Ver-Anderung eher als Leistungen eines selbstverantwortlichen Subjekts verstanden werden. Dabei muß aber das bereits betrachtete Beispiel vorsichtig machen im Hinblick auf eine Gegenüberstellung von Autonomisierung und Unterwerfung: Eher wird man davon ausgehen müssen, daß die Ver-Anderung nicht nur eine Differenz in das als ›Modell‹ identifizierte Gegenüber einzieht, sondern auch jenen Raum konstituiert, in dem sich das Individuum ebenso subjektiviert wie es sich als Subjekt (im Sinne souveräner Selbstverfügung) verfehlt.

Das normative Modell souveräner Selbstverfügung steht quer zum Umgang mit jener unbestimmten Transzendenz (vgl. Schäfer 1999), die für das Koma-Beispiel kennzeichnend war. Dort wurde ja gerade die Identität des Vaters (und damit auch die des transzendenten Wesens, der magischen Substanz) soweit verschoben, daß eine für das Individuum uneinholbare und gerade dadurch verbindliche Andersheit entstand, die als Andersheit zugleich das Eigene bezeichnet. In der Perspektive subjektiver Selbstverfügung geht man demgegenüber davon aus, daß das Individuum noch über die Bedingungen der Einsehbarkeit verbindlicher Andersheit selbst entscheiden kann. Das Andere gilt als subjektiv Konstituiertes - auch dann noch, wenn es als Subjekt-konstitutiv anzusehen ist. Ob man sich etwa religiös festlegt oder nicht, gilt als souveräne Entscheidung. Vor dem Hintergrund einer solchen normativen Konstruktion wird man davon ausgehen müssen, daß sich das Individuum sowohl die Identifikation von etwas als etwas wie auch die Identifikation mit etwas nicht nur zurechnen lassen muß, sondern auch sich selbst zurechnen wird. Aus dieser Vermutung ergibt sich die These, daß die Ver-Anderung des ›Identifikations-Objekts‹ hier gleichsam eine säkulare Form annehmen wird, die es erlaubt, sich das Andere zugleich als ein Eigenes zuzurechnen, das nicht jenen Riß im Subjekt konstituiert, wie er für traditionelle Kulturen typisch zu sein scheint. Diese These soll im folgenden in vier Schritten am Beispiel der ›Identifikation mit‹ Popstars entfaltet werden.

In einem ersten Schritt möchte ich zeigen, daß der Bezugspunkt der Ver-Anderung das Individuum ist: Die Ver-Anderung erscheint als seine Leistung und daher als reversibel. Zweitens betrifft dies auch den Gegenstand der Ver-Anderung, der als Identifikationsgegenstand noch der Logik des normativen Subjektmodells unterliegt. Drittens ist damit verbunden, daß schon in die ›Identifikation als‹ in ihren bestimmenden und verkennenden Momenten eine Verfügungslogik eingeht, die sich in einer Logik der Unterscheidung ausdrückt. Und viertens schließlich bedeutet dies, daß noch die ›Identifikation mit‹ nur als eine über subjektive Leistungen gebrochene vorstellbar ist.

Identifikation und Ver-Anderung

1. Jene Ver-Anderung des Gegenübers, die für eine ›Identifikation mit‹ ebenso erforderlich zu sein scheint wie die damit einhergehende Konstitution wahrnehmbarer Differenz zu diesem Anderen, ist im Falle der Pop-Heroen keine Ver-Anderung, die ihre Verbindlichkeit für das Individuum aus dem Einbezug Dritter erhält. Dies mag befremdlich klingen, wenn man an die mit dem Pop-Business verbundene Kulturindustrie denkt: den Apparat der Vermarktung von Musikkonserven, zu Musikrichtungen gehörigen Accessoires, Zeitschriften, Fernsehsendern usw. Dabei scheint es sich um einen zunehmend effektiver arbeitenden Apparat zu handeln, der, ausgehend von den zum Teil mit wissenschaftlichen Methoden erhobenen Bedürfnisprofilen junger Menschen, sich darum bemüht, diesen gerecht zu werden. So werden etwa alters-, geschlechts- und bedürfnisspezifizierte Angebote wie etwa die sogenannten Boy-Groups installiert und vermarktet, wozu ein Markt von Zubehör gehört, der dem Devotionalienmarkt in der Nähe bekannter Kirchen nicht nachsteht.

Der mit solchen Perspektiven gegebene und, was die Vermarktungsmechanismen angeht, wohl angemessene Zungenschlag sollte über eines nicht hinwegtäuschen: Eine Identifikation der Adressaten als gesteuerte, an der Nase herumgeführte Marionetten verkennt deren Unbestimmbarkeit. Diese läßt sich zumindest auf zwei verschiedenen Ebenen einsehen. Zum einen bleibt die marktförmige Ver-Anderung des Pop-Heroen an die unterstellten Bedarfsprofile des Publikums gebunden. Dies bedeutet insofern ein Problem, als in der marktgerechten (Selbst-) Repräsentation dieser Heroen die Grenze zwischen der Andersheit und dem Selbst der Adressaten so gezogen werden muß, daß diese Heroen gleichsam auf beiden Seiten zu Hause sind. Sie sind so wie wir, sagen das, was wir denken; zugleich aber sind sie etwas konsequenter - so wie wir gerne sein möchten. Die Repräsentation hat damit das Problem, die Heroen als zugleich anders wie auch wiederum nicht anders darzustellen. Dies schließt nicht aus, daß auch das ganz Andere als in sich geschlossener (aber eben auch real möglicher) Lebensstil inszeniert wird, wie dies etwa im Bereich des Heavy Metal eine Rolle gespielt hat - auch wenn dessen Repräsentanten mittlerweile Familienväter sind, die die übliche Grenze zwischen Arbeit und Privatleben einziehen.

Die zweite Ebene der Unbestimmtheit des scheinbar bestimmten Adressaten wird durch die Marktmechanismen geradezu selbst konstituiert: Es ist dies mehr als die bloße Wahlmöglichkeit des Konsumenten, der sich zwischen verschiedenen Angeboten entscheiden und seine Vorlieben im wechselnden Strom immer wieder erneuerter Angebote wechseln kann. Die auf das Selbst marktförmig bezogene Andersheit eben dieses Selbst, das diese als seine annehmen soll - diese Figur bestimmt das Individuum als souveränen Bezugspunkt seiner eigenen Andersheit, die es mit seiner Entscheidung annimmt. Diese Entscheidung ist dabei immer schon mehr als eine Konsumentscheidung. Das Individuum wählt mit der repräsentierten Andersheit seines Selbst zugleich ein Selbstverhältnis, in das diese Differenz eingelassen ist. Selbst wenn man einmal annimmt, daß die meist weiblichen 10-12jährigen Fans der sogenannten Boy-Groups bereit sind, die Lücke zwischen Repräsentation und Repräsentiertem punktuell einzuziehen, so wird man dennoch davon ausgehen müssen, daß dies von den Betreffenden als ein Glaubensakt gegen eine verständnislose oder anders orientierte Mitwelt verteidigt werden muß - als etwas, für das ich mich gegenüber anderen Alternativen entschieden habe. Fan zu sein, bedeutet daher auch, immer etwas ver-rückt zu sein und darum zu wissen, es zum Bezugspunkt der eigenen Andersheit, der Differenz zu Anderen zu machen. Es bedeutet eben auch die Bereitschaft, über Unstimmigkeiten der Repräsentation des ver-anderten Bezugspunkts der Identifikation hinwegzusehen oder sie gegenüber böswilligen Kritikern als dennoch konsistent zu verteidigen.

2. Man kann sich das damit zusammenhängende Problem der Einheit von Repräsentation und Repräsentiertem bezogen auf Pop-Heroen an einem Beispiel verdeutlichen, das eine medienwirksame Umsetzung im letzten Jahr erfahren hat, und das zeigt, daß eben die ›Identifikation als‹ als Bedingung für die ›Identifikation mit‹ bereits eine äußerst problematische Angelegenheit ist. Die Einheit von Repräsentation und Repräsentiertem erscheint dabei als zentraler Bezugspunkt der Ver-Anderung ebenso wie als Orientierungspunkt für den individuellen Selbstentwurf der Sich-Identifizierenden.

Die weibliche deutsche Gesangsgruppe ›Tic Tac Toe‹, die ihre Anhänger vorwiegend in einem weiblichen Publikum im Alter von vielleicht 13 bis 16/17 Jahren findet, konnte ihren Erfolg wohl zum einen durch die Adaption der Musikrichtung Rap, zum anderen aber auch gerade durch deutsch gesungene Texte sichern, die eine weiblich-aggressive Gegenwehr gegen männliche und soziale Dominanz- und Erwartungshaltungen signalisierten. Die betonte Herkunft der drei jungen Frauen aus proletarischem Milieu, aus dem sie sich ›hochgearbeitet‹ haben, diente dabei sowohl zur Betonung der ›Echtheit‹ ihrer Texte wie zugleich zur Bestätigung der Möglichkeit, daß man es ›schaffen‹ kann. Auf diese Gruppe stürzten nun über die Medien verbreitete Berichte ein, die sowohl ihre Glaubwürdigkeit

Identifikation und Ver-Änderung

wie auch ihre moralische Dignität in Frage stellten. Es handelte sich zunächst darum, daß den Frauen der Vorwurf gemacht wurde, ihr Alter nach unten, d.h. unter 20 Jahre korrigiert zu haben. Dieser Vorwurf ist insofern schwerwiegend, als er die Glaubwürdigkeit in einem entscheidenden Punkt in Frage stellt: nicht hinsichtlich des Alters, sondern hinsichtlich einer Marktförmigkeit von Girl-Groups, deren Mitglieder nun einmal unter 20 Jahren zu sein haben, damit sie einen hinreichend sicheren Identifikationspunkt abzugeben vermögen. Der Vorwurf war also, daß ›Tic Tac Toe‹ selbst nur eine Retortenband, ein bloßes Produkt der Medienindustrie sei. Eine zweite Entlarvungswelle wies nach, daß die von den Fans besonders verehrte Sängerin nicht nur nach dem Beginn ihrer Karriere ihren Ehemann verlassen hat, der sich daraufhin das Leben nahm, sondern auch, daß sie für eine kurze Zeit in einem Bordell gearbeitet hat.

Entgegen der meisten Vorhersagen, die damit das Ende der Karriere der Gruppe gekommen sahen, und die die Werbeagentur, die der Gruppe den Namen ›verliehen‹ hatte, zur Klage um die Rückerstattung des Warenzeichens führten, ging die Gruppe eher gestärkt aus diesen Skandalen hervor. Es wäre nun falsch, dies auf jene zynische Marketing-Strategie zurückzuführen, nach der jede Medienpräsenz (ob unter positiven oder negativen Gesichtspunkten) zur Verkaufssteigerung führt. Auch jene Sicht, dies selbst wiederum einer medialen Produktion zuzuschreiben: dem vorher angekündigten und effektvoll inszenierten Interview mit der beschuldigten Sängerin in einem Musiksender des Fernsehens, bei dem diese weder mit Tränen über ihre Vergangenheit noch mit Klagen über die Angriffe aus den Medien sparte, dürfte verkürzt sein. Dennoch trifft sie einen entscheidenden Punkt: den Aspekt der Authentizität und damit der Einheit von Repräsentiertem und Repräsentanz hinsichtlich des Pop-Heroen. Die Vorwürfe gegen die Gruppe und ihre Sängerin hatten für die Fans nur eines dokumentiert: ›Tic Tac Toe‹ singen nicht nur über die schwierige Situation von jungen Frauen und die Notwendigkeit der Gegenwehr; sie haben diese Situation selbst erlebt - und zwar in einer Intensität, die ihren Erfolg (auch gegen das Marketing und jede Standardisierung) rechtfertigt. Sie waren - wie eine Anhängerin das in einem Fernsehinterview ausdrückte - ›ganz unten‹. Es ist die Authentizität, die Übereinstimmung der Aussage, für die die Gruppe steht, mit ihrer persönlichen Realität, die von der Sängerin in ihrem Interview noch einmal dokumentiert wurde. Und es ist auch diese Authentizität, die als konsequent gelebte die jungen Frauen zu Kultur-Heroen macht: zu Gestalten, die eine normativ hoch bewertete Form individuellen Seins leben, wozu den meisten in einer verlogenen, dem Schein frönenden Gesellschaft einfach der Mut fehlt. Insofern verkörpern sie die Andersheit als eine (gegen Widerständigkeiten des erfahrenen Alltagslebens) gelingende Form des Selbstseins.

Dieses Selbstsein aber ist nichts anderes als ein traditionelles Muster: Zu wissen, was man sagt, und aufrichtig zu meinen, was man sagt, dies auch für praktisch relevant zu halten und gegen Widerständigkeiten durchzuhalten, ist kennzeichnend für die aufklärerische Idee der Selbstpräsenz des Individuums und seine Qualifizierung als Vernunftinstanz, die jenseits sozialer Überformungen nach eigenen Maßstäben urteilt und lebt. Es wäre aber einseitig, wollte man den Status der ver-anderten Kulturheroen der Pop-Musik nun darauf zurückführen, daß sie das ungebrochene Gelingen dieses aufklärerischen Subjektverständnisses verkörpern. Dazu ist nicht nur das, was dort als inhaltlicher Bezugspunkt von Authentizität angebbar ist, einfach zu heterogen: das heißt, nicht allein auf Vernunftgründe reduzierbar. Die inszenierten Harmonievorstellungen etwa des deutschen Schlagers oder der ›Kelly Family‹, die Apotheose des aggressiven Anklägers, selbst noch eine rassistische Variante scheinen eine solche Vorstellung zu widerlegen. Jedoch ist anzumerken, daß der Authentizitätsaspekt offensichtlich für alle diese Richtungen gilt: Wenn eine Punk-Band rechtsradikale Lieder singen würde, wäre sie eben keine Punk-Band mehr. Der Authentizitätsaspekt, verstanden ganz im Rousseau'schen Sinne als Kritikfolie zur Verlogenheit einer Gesellschaft von Funktionsträgern, die ihre Strategien mit Moral zu verdecken suchen, scheint noch jenseits von Moral und dem, was Kant unter Vernunft verstehen würde, von zentraler Bedeutung zu sein. Auch wenn inhaltliche Gesichtspunkte zur Differenzerzeugung zwischen unterschiedlichen Fan-Gruppen führen mögen, so ist das Verhältnis von Fan und Gruppe doch eher über den Authentizitätsgesichtspunkt zu problematisieren. Eben deshalb ist es seit dem Beginn einer sich als Jugendkultur verstehenden und vermarkteten Rock-Musik ein zentrales Problem, ob erfolgreiche, zu Millionären mutierte Stars noch authentisch das Andere des eigenen Selbst zu repräsentieren vermögen: Der Mythos der Garagen-Band, die damals noch authentisch und nun durch den Erfolg weniger authentisch oder gar von ihren Ursprüngen abgefallen sei, drückt das ebenso aus wie das Altersproblem: too old for rock'n roll, too young to die (J. Anderson).

Die Auszeichnung des Authentizitätsgesichtspunktes etwa gegenüber demjenigen einer praktischen, auf Universalisierbarkeit drängenden Vernunft verweist zugleich auf eine vernunftkritische romantische Tradition des Selbstbehauptungsgedankens. Die eigene Individualität konsequent und auch gegen einen immer dieser entgegenstehenden gesellschaftlichen Normenzusammenhang auszuprägen, zu dem auch die Festlegung auf das Vernünftige gehört, kann man wohl (ohne dies hier näher begründen zu können) als ein entscheidendes Ver-Anderungs- wie Identifikationsmotiv für die Etablierung von Musikern als Kultur-Heroen ansehen. Diese Heroen repräsentieren jenes Spannungsverhältnis des modernen Subjekts, dessen Selbstbehauptung sich zwischen der (kritischen) Option auf Vernunft und der romantischen Kritik an der möglichen Einheit von Vernunft und Subjektivität, in der das Individuelle zugrunde gehe, bewegt.

3. Die Authentizität, ein gegen die öffentliche Meinung und gegen die Normalität eines als ungenügend, deformiert oder verlogen eingeschätzten Alltagslebens formulierter Entwurf einer mit sich identischen individuellen Identität - dies ist nicht nur eine historisch nachvollziehbare Folie eines normativen Selbstentwurfs. Sie ist zugleich damit sehr nah an den sozialen Zumutungen an eine individuelle Subjektivität. Anders gesagt: Die Ver-Anderung hat Probleme mit ihrer Andersheit und die Identifikation mit ihr läuft Gefahr, sich mit dem Selbstentwurf zu identifizieren. Die Nähe, die die Transzendenz des Anderen bedroht, muß nun vom sich identifizierenden Subjekt selbst noch gehandhabt werden, d.h. das Individuum muß immer wieder aufs Neue die Grenze von Selbst und Anderem einziehen - und hat damit notwendig die (sozialisationstheoretisch sicherlich bedeutsame) Möglichkeit, sich als konstruktives, scheinbar über die Grenze von Selbst und Anderem verfügendes Subjekt zu erfahren.

Um dies zu verdeutlichen, reicht es nicht hin, nur von einer Idealisierung des als konstant vorgestellten und durch die Pop-Heroen repräsentierten Lebensentwurfs zu sprechen. Eine solche Redeweise unterstellt eine naive Gefolgschaftsbeziehung. Die Identifikation dieser Heroen als Heroen erfolgt zwar über eine idealisierte Konsistenz und zugerechnete Authentizität, aber sie handhabt immer jene Verkennung, die darum ›weiß‹, daß eben diese Konsistenz und Authentizität jenseits einer medial inszenierten Simulation einer ›Ästhetik der Existenz‹ nicht zu fassen ist. ›Ästhetik der Existenz‹ ist dabei durchaus im Sinne Foucaults zu verstehen als nicht nur ästhetisches, sondern ethisches Konzept. Diese Einheit von idealisierender Ver-Anderung und Verkennung formiert nun einen (auch in den entsprechenden Medien geführten) Diskurs, in dem es nicht nur um das Verhältnis der möglichen Identität mit dem Anderen (das als ›normal‹ vorgestellt wird) und einer dramatisierten Ver-Anderung geht. Zentral erscheint auch hier das Verhältnis von Repräsentation und Repräsentiertem - und dies nicht nur als Authentizitätsproblem auf der Gegenstandsseite, sondern vor allem als ein Problem der eigenen Identifikation des Anderen als Anderen. Diese arbeitet sich an der Frage nach dem Verhältnis von Sein und Schein ab und damit an der Frage nach der Möglichkeit von Bestimmbarkeit. Dieser Diskurs darum, ob die Selbstinszenierung der Pop-Heroen mit ihrem ›wirklichen Sein‹ übereinstimmt, begründet eine kognitiv-affektive Beziehung zum Identifikationsobjekt, die für die Koma etwa unvorstellbar wäre. Was permanent zur Verhandlung steht, sind die Geltungsbedingungen für die Akzeptanz der Andersheit vor dem Hintergrund der Unsicherheit von Identifikationen. Es ist dabei dieser Diskurs um eine Authentizität im Spannungsbereich von Sein und Schein, der gerade dadurch, daß er geführt wird, für das Individuum eine Verbindlichkeit der Identifikation im Angesicht anderer Möglichkeiten konstituiert. Zugleich stellt dieser Diskurs die Differenz zwischen Repräsentation und Repräsentiertem auf Dauer und verweist so letztlich auf das Individuum als jenen Ort, an dem beides punktuell und kontrafaktisch zur Einheit gebracht werden kann. Es ist die Unlösbarkeit der Frage, ob den Zeichen, der repräsentierten Wirklichkeit, eine dahinter stehende wahre Wirklichkeit entspricht, die diesen Diskurs ebenso endlos macht wie sie das Individuum in eine Subjekt-Funktion einsetzt, deren Medium eine Differenz zum Anderen ist, die dieses immer auch als bestimmbare (und damit: verfügbare) Gegenständlichkeit betrachtet.

4. Ein Beispiel mag das Gemeinte veranschaulichen. Auf einer Zugfahrt saßen mir zwei etwa 11 bis 13jährige Kinder gegenüber: ein Junge und ein Mädchen. Die beiden demonstrierten in einer längeren Unterhaltung mit der neben mir sitzenden Mutter, die sich um schulische Angelegenheiten drehte, ein hohes Maß an schulisch gefordertem Konkurrenzbewußtsein und Leistungsbereitschaft. Nach einer gewissen Zeit holte der Junge einen Walkman aus seiner Tasche und legte ihn vor sich auf den Tisch. Er steckte sich die Kopfhörer in die Ohren und holte dann aus seiner Tasche zwei Photographien in üblicher Größe. Eine zeigte eine Pop-Gruppe, die andere ihren Sänger in Großaufnahme. Diese beiden Bilder plazierte der Junge nun so, daß er sie - während des Hörens - betrachten konnte: Er stellte sie in schrägem Winkel an den Walkman. Mir kam das Ganze wie eine religiöse Inszenierung vor, in der ein Altar aufgestellt wird, ein Gegenstand zur Dokumentation und Intensivierung der Verehrung eines transzendenten Anderen. Nach kurzer Zeit fragte er aber dann seine Schwester, indem er auf die Photographie des Sängers und dessen dauer-

gewelltes Haar verwies, ob sie sich vorstellen könne, wie dieser Sänger wohl mit Lockenwicklern aussehe.

Das Beispiel kann dreierlei zeigen: Zum einen verweist es darauf, daß die Transzendenz des Anderen jederzeit in die Immanenz einer die Andersheit des Anderen immer schon relativierenden Bestimmung geholt werden kann. Zum zweiten führt dies nicht zu einer Aufgabe der transzendenten Funktion der Andersheit. Das Bild bleibt an seinem Ort und der Junge wirft es nicht (jedenfalls nicht sofort) weg. Drittens aber zeigt sich, daß die Problematisierung der Ver-Anderung, die hier über diejenige der Authentizität einer Repräsentation läuft, nicht als Prozeß verstanden werden muß, der an die Ausbildung eines erkenntniskritischen Reflexionsvermögens gebunden wäre. Die Ver-Anderung bleibt eine subjektiv kontrollierbare Leistung, die ihre Bedeutung für eine ›Identifikation mit‹ vielleicht gerade aus der erfahrbaren Differenz in der Bestimmung des Anderen herleitet. Diese setzt das Individuum in eine Funktion ein, die es (im doppelten Sinne) subjektiviert, indem es sich die Ver-Anderung zwar als von der eigenen Anerkennung abhängige zurechnen kann, diese als Andersheit aber dennoch akzeptieren muß, um sich in der Differenz situieren zu können.

Dies kann auch ein anderes Beispiel zeigen: dasjenige der Adaption der Insignien eines bestimmten Lebensstils, einer Ästhetik der Existenz, wie sie von Pop-Heroen repräsentiert wird. Gemeint ist die Übernahme von Frisuren, Kleidung, Anhängern – das Styling des eigenen Selbst. Goffman bezeichnet dies als ›Identitätsaufhänger‹, über die ein Entwurf persönlicher Identität nach außen dokumentiert werden soll (vgl. Goffman 1967). Von Goffman aber kann man auch lernen, daß die Differenz von Identitätsaufhängern und ›wahrer Identität‹ weder als klar abgegrenzte Differenz noch als Einheit oder Übereinstimmung jemals einholbar ist. Es ist gerade in dieser Differenz zwischen den Identitätsaufhängern und dem, was sie repräsentieren sollen, in der sich das Eindrucksmanagement ebenso wie die Entfremdungserfahrungen des Individuums und die Möglichkeit seiner Selbst- wie Fremdstigmatisierung abspielen. Insofern spielen auch und gerade jene Identitätsaufhänger noch mit jener Differenz von Sein und Schein, wie sie für das Problem der Identifikation von Authentizität typisch ist. Dies bedeutet nicht, daß der ›Identifikationsgrad‹ mit der Inszenierung (gerade auch in Abgrenzung zu anderen Inszenierungen) unterschiedlich hoch sein kann: Aber selbst bei einer ›starken Identifikation‹, die die Differenz von Repräsentiertem und Repräsentation einziehen und daher ›wahrhaft authentisch‹ sein möchte, kommt der sich so Identifizierende nicht aus jenem Diskurs der Differenz von Sein und Schein heraus: Er macht sich gleichsam zum Material eines solchen Diskurses.

Identifikationsprozesse sind - wie man in einer Verschiebung des Bezugspunktes mit den Rolling Stones sagen könnte - ›Bridges to Babylon‹. Sie verweisen auf Sprachverwirrungen, in denen sich Unbestimmtes und Bestimmtes, Repräsentiertes und Repräsentation in Verweisungszusammenhänge auflösen, in denen das Individuum seinen Ort zwischen Selbst und Anderem finden kann. Dieser Ort kann - wie die beiden Beispiele vielleicht zu zeigen vermögen - sehr unterschiedlich bestimmt werden.

Literatur

Bandura, A.: Social Foundations of Thought and Action, New Jersey 1986.
Barley, Nigel: Symbolic Structures. An Explication of the Culture of the Dowayos, Cambridge 1983.
Bauer, M.: Lerntheorien. In: Hierdeis, H./Hug, T. (Hg.): Taschenbuch der Pädagogik (4 Bände), Baltmannsweiler 1996, 1038-1049.
Gamm, G.: Flucht aus der Kategorie. Die Positivierung des Unbestimmten als Ausgang aus der Moderne, Frankfurt am Main 1994.
Goffman, E.: Stigma. Techniken zur Bewältigung beschädigter Identität, Frankfurt am Main 1967.
Paarup-Laursen, B.: The Meaning of Illness among the Koma of Northern Nigeria. In: Westerlund, D. (ed.): Cultural Interpretations of Health and Disease in Africa, Uppsala 1987.
Paarup-Laursen, B.: The Body as Symbol. An Example from the Koma. In: Jacobson-Widding, A. (ed.): Body ans Space. Symbols of Unity and Division in African Cosmology and Experience, Uppsala 1991.
Pouillon, J.: Fétiches sans Fétichisme, Paris 1975.
Schäfer, A.: Unbestimmte Transzendenz. Bildungsethnologische Betrachtungen zum Anderen des Selbst, Opladen 1999.

Bernhard Streck

Maskierte Expression
Zur Kommunikation des bloßen Anschauens

Einer der neueren Ansätze in der Ethnologie begreift ihren Gegenstand in Anlehnung an Karl-Otto Apel als Kommunikationsgemeinschaft (vgl. Apel 1973; Bargatzky 1985), deren Mitglieder nach anerkannten Regeln sich untereinander austauschen. In der Höflichkeitstheorie von Brown und Levinson stehen diese Kommunikationsregeln primär im Dienste der gegenseitigen Gesichtspflege: verboten, verpönt oder nur unschicklich ist, was dem Gesicht des Gegenüber schaden könnte (vgl. Brown/Levinson 1987). Ivo Strecker konnte aufzeigen, daß in Stammesgesellschaften mit ihrer ungebrochenen Akzeptanz prahlerischer Präsentation die von Brown und Levinson herausgearbeiteten Regeln zur Vermeidung von Gesichtsbedrohungen teilweise anders aussehen (vgl. Strecker 1988). Gemeinsam aber scheint allen Gesellschaften der Konsens zu sein, den Mitgliedern ein Minimum an Gesicht zuzugestehen. Wer das Gesicht eines anderen mutwillig zerstört, muß ebenso ausscheiden wie der, der sein Gesicht nicht bewahren konnte.

Der in der heutigen Theateranthropologie (vgl. Turner 1986; Schmitt/Münzel 1998) diskutierte Begriff der Präsentation beleuchtet die Kommunikationsakte innerhalb einer Gesellschaft aus einem etwas anderen Winkel. Nicht das Gesicht des Gegenüber wird gesalbt, sondern das eigene, allerdings mit ausdrücklichem Bezug zum Betrachter. Man macht ihm etwas vor oder eine Wir-Gruppe macht den Außenstehenden etwas vor. Die Zweiteilung der Gesellschaft in Bühne und Zuschauerraum strukturiert die Kommunikation in asymmetrischer Weise; sie besteht aus absichtlich und strategisch Handelnden, die sich demonstrieren, und aus Rezipienten, die als nicht oder schlecht Informierte sich vom Schein der Darstellung blenden lassen und denen nach Carl Schmitt (vgl. Schmitt 1923) vor allem die Aufgabe der Akklamation zukommt. Der übertriebene Dank, den Akteure ihrem Publikum für diese Gegenleistung zollen, suggeriert ein Austauschverhältnis, weil die Asymmetrie geradezu bedrohlich wirkt.

»Das Kollektiv ist die Chance des Einzelnen zu handeln«, sagt Max Weber (Weber 1958) und meint das auch aristokratisch, dezisionistisch, autoritär und elitär. Der Prophet, der in seiner eigenen Gruppe nicht ankommt, weil seine Präsentation nicht überraschend genug wirkt, ist das Paradigma für asymmetrische Kommunikation dieses Typus. Die ethnologische Beschäftigung mit Masken, die weder das Gesicht des anderen noch das eigene salben, sondern dasselbe verzerren, um das andere zu erschrekken, hat zu weiteren Einblicken geführt, wie Verhüllung und Verstellung die Austauschprozesse auch in segmentären, akephalen Gesellschaften regieren, ja wie im Anfertigen und Tragen von »Falschgesichtern«, wie die Waldlandindianer ihre hölzernen Masken nennen (vgl. Krusche 1975), eine Art Institutionalisierung der Lüge, des Betrugs, ja des Terrors gesehen werden kann, die mit den im Gefolge von Habermas gesammelten Vorstellungen von der herrschaftsfreien Kommunikation (vgl. Habermas 1981) schwer in Einklang zu bringen ist.

Das in den heutigen Sozialwissenschaften weitgehend durchgesetzte Konzept von der relationalen Identität, nach der das Gegenüber über meine Selbstdefinition entscheidet (vgl. Streck 1996), setzt allerdings wiederum auf Symmetrie des Austausches bis hin zur Buberschen Ethik von der Notwendigkeit des Anderen (vgl. Buber 1923) für das Ich. »Selbstauslegung im Anderen« betreibt nach Fritz Kramer (vgl. Kramer 1979) auch die Ethnologie; über die Autonomie dieses Anderen aber läßt sich streiten. Kramer hat am Beispiel afrikanischer Besessenheitskulte (vgl. Kramer 1987) aufgezeigt, daß der Andere, Fremde Teil der Selbstpräsentation ist und daß jede kulturelle Konzeption feste Orte des Anderssein vorsieht, mit dem dann der sogenannte interkulturelle Austausch probiert wird. Ich werde im dritten Teil meiner Ausführungen auf diese virtuosen Beispiele von Entstellung als Identifizierung zu sprechen kommen. Zuvor aber möchte ich einiges über die Maske als »Ur-Sache«, die nicht einmal in der modernen Gesellschaft restlos beseitigt ist, und im zweiten Teil über die Maske als Botschaft, die hauptsächlich Verwirrung stiftet und die Maskenlosen in Wissende, unwissende Zuschauer und vom Zuschauen gänzlich Ausgeschlossene auseinanderdividiert, ausführen.

Maskierte Expression

I.

Die Ethnologie ist von den anderen Sozialwissenschaften dadurch getrennt, daß sie vom Allgemeinen spricht, wo diese das Besondere oder Abweichende sehen, und daß sie die moderne Gesellschaft mit ihrem Demaskierungsauftrag, von dem aus Soziologie und Philosophie als einer Selbstverständlichkeit ausgehen, als einen Sonderweg betrachtet, dessen Ende ebenso siegreich wie katastrophal sein könnte. Zum Allgemeinen in ethnologischer Sicht, nämlich den archaischen Verkehrsformen, gehört die »Ehrfurcht vor der Maske«, die Nietzsche zwar der »feineren Menschlichkeit« (Nietzsche 1976; 191) zurechnet, von aufklärerischer Warte aber den vorverbalen und vorbewußten Kommunikationsmustern zugerechnet werden muß. Zwar läßt sich der moderne Begriff der Person von der antiken Maske als einer durchtönenden Form (vgl. Mauss 1978) ableiten, das Primäre der Maske ist aber nicht ihre akustische Wirkung, sondern ihre optische. Sie ist eine lebendige Metapher, aber ihre Worte bleiben kryptisch. Die Kommunikation zwischen Maskierten und Nichtmaskierten besteht im wesentlichen aus Anschauen, und zwar in extrem asymmetrischer Weise. Es steht der ungeschützte, nackte Blick dem versteckten und verzerrten gegenüber. Im Unterschied zur ebenfalls wortlosen Betrachtung eines Bildes oder einer Photographie, in der eine Anschauung dem Betrachter versteinert entgegentreten kann, erscheint die Maske lebendig, zumindest solange sie am Ort des Ursprungs gebraucht wird und noch nicht in einer Museumsvitrine sichergestellt ist.

Annemarie Schweeger-Hefel, eine der genauesten Beobachterinnen in der neueren deutschsprachigen Ethnologie, hat die Maske »Ur-Sache« genannt, weil in dem polysemischen Begriff sowohl die Verdinglichung als auch die Wirkung eingefangen werden kann. In Stammesgesellschaften und Geheimbünden mit Masken stehen diese für den Anfang, sie sind Dokumente des Anfangs, die deswegen schon für heilig gelten und für die rituellen Erinnerungen an den Anfang gebraucht werden. Dieser Anfang ist aber nach den Zeugnissen aus unterschiedlichsten Regionen und Zeiten der Tod, und zwar ein Göttertod. Die Maske ist das, was von dem furchtbaren Ereignis übriggeblieben ist. Eine ethnographische Provinz, aus der dieser Ursprung der Maske bestens dokumentiert ist, stellt die nordamerikanische Nord-West-Küstenregion dar. Die Menschenfressermaske des Hamatsa-Bundes bei den durch ihre Institution des Potlatch berühmt gewordenen

Kwakiutl erinnert an einen furchtbaren Dämon, nach dessen Ermordung die Bundgründer die Maske geerbt haben (vgl. Sydow 1929).

Die Maske als unsterblicher Körper für Verstorbene oder als demonstrierte Unsterblichkeit war schon das Thema der ersten ethnologischen Untersuchung auf diesem Gebiet, der von Leo Frobenius aus dem Jahre 1894 (Frobenius 1894). Schweeger-Hefel hat bei den Nyonyosi in Burkina Faso eine Herkunftsmythe aufgezeichnet, die den Bezug der Maske zu Tod und Unsterblichkeit auf eine andere, mit dem Thema Präsentation eng verbundene Weise herstellt: Die Schöpfergottheit zeigt dem ersten Menschen seine Maske und fordert ihn auf, sie nachzubilden, um ebenfalls Unsterblichkeit zu erlangen. Da die Masken der Menschen denen der Götter zwar ähnlich, aber nicht gleich kämen, würde man zwar alt, aber nicht unsterblich (vgl. Schweeger-Hefel 1980, 427; 1986, 71).

Zur Ur-Sache Maske kann also ihre Eigenschaft als Totengesicht - im Sinne eines revitalisierbaren Erinnerungszeichens - gehören, aber auch ihre Eigenschaft als Appell zur Imitation und Wiederholung. Masken sind immer Nach-Bilder eines Ur-Bildes, die sich an diesem möglichst genau orientieren und damit ein Paradigma für traditionsgeleitete Kunst abgeben. Die Geschichte begann in der Deutung der Nyonyosi mit einer Demonstration oder göttlichen Präsentation, einer aesthetischen Ur-Offenbarung, die die Menschen zur Imitation verpflichtete. Damit perpetuierte sich die durch die Maske als Ur-Sache ausgelöste Mischung aus Erschrecken und Staunen, da das Angesicht der Gottheit immer unter ihnen weilte und sie sogar dafür Sorge tragen mußten, daß dessen Präsenz und Präsentation nicht aufhören.

Maskenträger und Maskentänzer sind weder die Götter oder Toten, die sie darstellen, noch sind sie die Menschen, die sie ohne Maskierung repräsentieren. Antonio Palmisano, der über Besessenheit in Äthiopien gearbeitet hat, spricht von einer »dritten Ontologie«, in die die Mimesis als unvollständige Ontologisierung münde (vgl. Palmisano 1996, 187). Vielleicht war es diese Unbestimmtheit des Zwischenfeldes zwischen Mensch und Gottheit, das die Stifter eschatologischer Religionen gegen das Maskenwesen einschreiten ließ. Auch die Rückfälle in die maskierte Expression wurde von den jeweiligen Erneuerern immer im Namen der Eindeutigkeit und Ehrlichkeit bekämpft. So wollten die Reformatoren von Wittenberg »dem Schauspielhaus des Papstes« (Greenblatt 1995) ein Ende bereiten, und das bürgerliche Theater entledigte sich bald gänzlich dieser ehrwürdigen Requisite Gesichtsmaske (vgl. Baumbach 1995).

Maskierte Expression

Die Moderne am Ende eines langen Ganges durch das Purgatorium hat andere Ur-Sachen, sie braucht gleichbleibende, eindeutige Persönlichkeiten, die sich ihrer Botschaften bewußt sind, sie unverschlüsselt überbringen und verantwortungsbewußt für sie einstehen. Schweigen, Irritieren und Erschrecken - die Hauptwirkungen der archaischen Ur-Sache Maske - sind bei der Organisation der vernünftigen Gesellschaft kontraproduktiv. Masken wurden in die Ghettos der Karnevalsumzüge und der Völkerkundemuseen eingesperrt, wo sie zwar immer noch Erstaunen und Erschrecken auslösen können, von den relevanten Kommunikationsprozessen aber ausgeschlossen bleiben.

II.

Wer das Maskenwesen in seiner archaischen Lebendigkeit studieren möchte, ist also auf die Nischen der Weltgeschichte angewiesen, wie sie sich an den Peripherien der gemäßigten Zonen erhalten haben und von denen wir schon zwei Beispiele, die amerikanische Nordwestküste und die Inselberge des Sudangürtels, erwähnt haben. Ob diese zeitgenössischen Maskenprovinzen weiter im Schwinden begriffen sind oder eher expandieren, werden wir gleich noch überprüfen. Zunächst wollen wir noch etwas genauer nach der Botschaft der Maske fragen, nachdem wir über ihren Ursprung in Tod und Wiedergeburt der Götter und Ahnen durch glaubhafte Dokumente unterrichtet wurden. Es wurde oben betont, daß in der Kommunikation der Masken die visuellen Signale dominieren. Doch fehlen Reize anderer Sinnesorgane keineswegs; insbesondere ist ein Maskenauftritt auch ein akustisches Ereignis, allein schon wegen der Begleitmusik - und hier in erster Linie der Trommeln, die auf der ganzen Welt die Bewegung der Geister rhythmisieren. Was aber sagt die Maske selbst? Gibt es eine akustische Botschaft dieses Misch- und Zwischenwesens, das in kommunikativem Sinne gedeutet werden könnte, oder läßt die Aura des verlebendigten Todes nichts als das schon angesprochene Schweigen zu?

Masken in Indianeramerika, in Afrika oder Melanesien äußern sich durchaus akustisch, aber selten semantisch. Himmelheber, der sich mit Masken der Dan in Liberia unterhalten hat, erwähnt ihre gurrende Stimme (vgl. Himmelheber 1979), konnte aber ihren Argumenten folgen. Viel typischer aber scheinen für Masken elementare Lautäußerungen ohne Wortbedeutung zu sein. Die Menschenfressermaske der Hamatsa wird charakterisiert durch ihren Schrei »Hap! Hap!« (Sydow 1929, 82; 85) Er unterstreicht den Schrecken dieser Gottheit und ihrer Nachbildungen oder Darstellungen und bedarf offensichtlich keiner weiteren Kommentierung. Ihr ganzes Sinnen und Trachten ist auf das Verschlingen von Menschen gerichtet, das keine Begründung oder Umschreibung vorsieht, vielmehr potenziert das Fehlen einer Erläuterung die schreckliche Wirkung des Maskentreibens.

Schweeger-Hefels Masken schreien ebenfalls, und wieder ist dieser Schrei nicht funktional, sondern einzig mythologisch verbürgt. Der Schrei des maskierten Ahnengeistes bringt Himmel und Erde wieder zusammen, so wie am Anfang der Urzeit (vgl. Schweeger-Hefel 1986, 289; 305). Es ist ein Urschrei, den die Maske von sich gibt, vielleicht auch verwandt mit dem Brunftschrei, den andere Sudanbauern im Rahmen ihrer Altersklassenkultur pflegen (vgl. Faris 1989), oder mit dem unheimlichen Summen des Schwirrholzes, das in vielen archaischen Kulturen die göttliche Stimme und Stimmung repräsentiert. Insofern wird das bloße Anschauen der maskierten Expression akustisch komplementiert; der Schrei der Masken trägt aber wenig zur Demaskierung bei; er stellt eher eine zusätzliche akustische Vermummung dar, die die Wirkung des Aussehens intensiviert und ein weiteres Rätsel aufgibt. Wohlgemerkt, was Schweeger-Hefel, Himmelheber und andere Maskenforscher über ihr Objekt in Erfahrung gebracht haben, ist Frucht eines langjährigen Fragens und Insistierens beim innersten Kreis der jeweils Eingeweihten, es sind nicht die Assoziationen des Publikums, dem allein Furcht und Zittern, bisweilen auch Komik und Heiterkeit beigebracht wird. »Seht, wie gut die Knochen der Toten wieder zusammengesetzt sind« - aus diesem Yoruba-Wort Egungun gun leitet sich der Egungun-Bund ab, dessen Geheimnis die Wiederkehr der Toten ist (vgl. Gleason 1992).

Es gibt allerdings auch ethnographische Beispiele, in denen Geheimsprachen entdeckt wurden, die der Kommunikation innerhalb des Maskenbundes, zwischen Maskenträger und Begleitung oder zwischen Helfern und höheren Geheimnisträgern dienen. Schließlich läßt die Komplexheit des Geschehens eines Maskenauftritts keinen gänzlichen Verzicht auf Regieanweisungen, Ermunterungen oder Warnungen zu; sie müssen aber codiert gegeben werden, wie etwa in der Geheimsprache Miyambo des berühmten Nyau-Bundes in Malawi (vgl. Kubik 1993). Aber an das Publikum werden im archaischen Maskentanz selten Worte gerichtet, und wenn, dann sollen sie unverständlich sein, da Götter und Tote mit den Menschen nonverbal verkehren und sich eher durch Zuschlagen äußern als durch ethische Formeln wie in den sogenannten Weltreligionen (vgl. Fortes 1969).

Das Wort, bei den legislativen Gottheiten und ihren Propheten von exklusiver, ja unduldsamer Bedeutung, tritt im Maskenkult hinter anderen Kommunikationsformen zurück, insbesondere hinter die der bloßen Anschauung. Der Maskenträger ist Kraftträger, Ort der Emanation von Kraft, die aus seiner Gesichtsmaske wie aus den anderen Teilen des Kostüms strömt. Das ist eine andere Qualität als das, was mit dem unsicheren Begriff Symbol eingefangen werden kann. Nach Schweeger-Hefel (vgl. 1986, 293) verstärken sich die Kostümteile gegenseitig, so daß sowohl der Maskentänzer selbst, erst recht aber die ihn von außen Betrachtenden diesem Bann hilflos ausgeliefert sind. Masken wirken durch ihre elementare Wucht, an der viele verschiedene Einzelsymbolisierungen teilhaben, die aber nur in ihrer Gesamtheit und im Kontext der Aufführung zur vollen Geltung kommen.

In der kulturmorphologischen Religionsethnologie wurde die Paradoxie als die eigentliche Kraft der Hierophanien herausgearbeitet (vgl. Jensen 1951); für die Maske als übernatürliche Erscheinung ist hier an Eckart von Sydows »Doppelzustand« (Sydow 1929, 87) zu erinnern, in dem die Maske einerseits das Chaos in die Gesellschaft hineintreibt, andererseits der »Formsprache des Geistes«, also der künstlerischen Bewältigung unterliegt. Auch soziologisch läßt sich an der Maske eine Doppelrolle erkennen, indem der Maskenträger einerseits mit seinen Bundesbrüdern emotional und verbal kommuniziert und von ihrem Beistand auch abhängig ist, andererseits auf die Nichteingeweihten nur über jene elementaren visuellen und akustischen Kanäle wirkt und von deren Angstreaktionen in seiner Wirkmächtigkeit noch bestätigt wird.

Paradoxie und Irritation sind die wichtigsten Signale in dieser asymmetrischen Kommunikation. Die oben als Zwischenwesen bezeichneten Masken bewegen sich nicht nur zwischen Mensch und Gottheit, Lebenden und Toten, Mensch und Tier, häufig bringen sie auch Mehrgesichtigkeit, Janusköpfigkeit oder Zweigeschlechtlichkeit zum Ausdruck. Damit läßt sich die Botschaft der Maske sicher negativ bestimmen: statt Information Desinformation, statt Identifikation Irritation, statt Offenbarung Verschleierung und Verblendung. Insbesondere aber wirkt die Inszenierung des Todes unter den Lebenden, bzw. die Verlebendigung des Todes mit einer unheimlichen Wucht. Die Nyonyosi setzen Stelen auf ihre Gräber und auf ihre Masken; die kunstvoll geschnitzten Holzstelen sind die Bindeglieder in der Tod-Lebensgemeinschaft, und in den Maskentänzen wird diese Verbindung gezeigt durch Bewegung.

Für das aufgeklärte Bewußtsein mag es nicht viel bedeuten, was archaische Masken zu sagen haben. Sie sagen nichts, sie irritieren optisch, sie schrecken emotional. Zwar sagt Nietzsche: »Alles, was tief ist, liebt die Maske« (Nietzsche 1976, 49), andererseits vermissen wir in der Botschaft der Maske einen tieferen Sinn. Die »Falschgesichter« bekunden nicht nur Falsches, sondern oft auch einfach nichts, sind Nullbotschaften oder bloße Selbstdarstellungen. »Das Leben der Hysterischen ist nichts als eine ununterbrochene Falschheit«, sagte Jule Falset über die Schauspielkunst der Patientinnen in der Pariser Salpêtrière, derer Louis Aragon und André Breton 1928 zum »50jährigen Jubiläum der Hysterie« gedachten (vgl. Aragon/Breton 1928). Beichtstuhl und Couch als Orte der verbalen Demaskierung oder Enthüllung hatten im Abendland immer auch theatralische Entsprechungen und diese ähneln den Maskentänzen der Archaiker in vieler Hinsicht.

Flucht in die Falschheit und in den Pomp muß der puritanische Betrachter hysterischer oder maskierter Auftritte konstatieren. Während den armen Frauen in der Salpêtrière für ihre Botschaft nur die Körpersprache blieb (vgl. Bourneville 1875, 1878, 1880; Schneider 1988), steht den archaischen Gesellschaften eine reiche Tradition der Schnitzkunst und der Kostümierung zur Verfügung. Thema der in beiden Fällen spektakulären Expressionen ist aber - von einem substantivistischen Gesichtspunkt aus gesehen - häufig wenig mehr als Nichts, oder die »Ver-Nichtung« im Sinne Heideggers (vgl. Heidegger 1986) oder das Alles, das nach mystischer Erkenntnis mit dem Nichts identisch ist (vgl. Bergmann/Leisegang 1926), oder, wie Heiner Müller dichtete: »Aus der Geschichte lernen heißt das Nichts lernen.« (Müller 1998). Maskentänze sind Welttheater zum Anschauen, zum Gruseln und Erschrecken vor der Nähe zwischen Leben und Tod. Darüberhinaus gibt es keine Lektionen oder Informationen.

In der Lehre, daß es mit der Maske im Grunde genommen nichts auf sich hat, gipfeln aber in vielen archaischen Gesellschaften die aufwendig gestalteten Initiationsrituale. Mehr noch als der schmerzhafte Eingriff in die körperliche Unversehrtheit, den sich die Initianden gefallen lassen müssen, stellt das Lüften des Geheimnisses der Maske den Höhepunkt vieler Reifefeiern dar. Im Duk-Duk-Bund Neukaledoniens wird das Maskenkostüm sukzessive abgenommen (vgl. Zelz 1995), um den Einzuweihenden die Wahrheit schonend beizubringen. Und diese besteht in der Leere der Erkenntnis, daß die gefürchtete Maske überhaupt nicht existiert, daß sich niemand anderes als der Mutterbruder oder der Nachbar dahinter verborgen hielt. Wie um ihre Enttäuschung über diese Nullbotschaft zum Ausdruck zu bringen, werden Masken nach den Ritualen oft vernichtet, verbrannt oder weggeworfen - oder man verkauft sie dem anwesenden Ethnologen oder an einen durchreisenden Sammler, der sie auf den internationalen Kunstmarkt bringt und dem unvermeidlichen Prozeß der Rekontextualisierung überantwortet.

III.

Zum Verständnis der wortlosen, vornehmlich visuellen Kommunikation zwischen Darsteller und Publikum lohnt es sich, auf den Passio-Begriff sich zu besinnen, mit dem in der Ethnologie Godfrey Lienhardt (vgl. Lienhardt 1964), Fritz Kramer (vgl. Kramer 1985) u.a. gearbeitet haben, um dem Menschenbild in nichtcartesianischen Gesellschaften einigermaßen gerecht zu werden. Wo der erkennende und handelnde Geist also nicht prinzipiell triumphal sich einer toten Materie gegenüber weiß, sondern diese vielmehr selbst Subjekt ist, scheint ein den Abendländer befremdender Passivismus vorzuherrschen, der wohl verantwortlich für den Ausdrucksreichtum gerade auf solchen Gebieten wie dem Maskentanz sein dürfte. Konzeptionelle Passivität und emotioneller Hyperaktivismus bedingen zusammen die aktive Teilhabe an der Rückkehr der Toten, an der Visualisierung der Geister und an der Nachahmung der Götter. In allen Ausnahmezuständen wie Schlaf, Traum, Ritual, Tanz scheint hier die Relation zwischen Subjekt und Objekt sich umzukehren. Aus den Sachen werden Ur-Sachen, wie wir das hier für die Maske schon ausgeführt haben.

Mimetische Einstellung zur Natur erlaubt Verwandlungen, von denen die Mythen der Völker voll sind, an deren Faktizität modernes Denken aber nicht glauben darf. Archaische Gesellschaften kennen diese Beschränkung nicht; deswegen wechseln dort Identitäten zwischen Mensch, Tier, Toten und Geistern leicht. Solche Metamorphosen werden im Maskentanz zum Ausdruck gebracht; oft ist es die Verwandlung ins Gegenteil, die Vollkommenheit inszeniert, wie es die mythischen Vorbilder lehren, z.B. die im alten Mittelmeerraum verehrte bärtige Magna Mater, die in der bärtigen Iyanla des Gelede-Tanzes der Yoruba weiterzuleben scheint. »Die Augen, die Gelede gesehen haben, haben den stärksten Eindruck bekommen«, lautet das Motto dieser Götterveranschaulichung, die dem Menschen eine vornehmlich rezeptive Rolle zuweist (vgl. Drewal 1983, XV).

Wie oben angedeutet, sind derartige Konzeptionen mit Mimesis und Passio nicht nur im Rückzug begriffen, sondern können auch expandieren. Das läßt sich insbesondere auf drei Feldern nachweisen: am Fall des afrikanischen Straßentheaters, das den Maskentanz direkt weiterführt (vgl. Probst 1997), an den sogenannten afro-amerikanischen Kulten, die sich mit großer Dynamik ausbreiten (vgl. Bastide 1960) und an der afrikanischen Fremdgeistbesessenheit (vgl. Kramer 1987; Wendl 1991), die in vielen, formal monotheisierten Regionen expandiert. Von letzterer, auch wenn sie in der Regel nicht mit Masken arbeitet, möchte ich einige Züge hervorheben, die zur Kommunikation des bloßen Anschauens passen und einiges des bisher Gesagten illustrieren können. Ich folge der ausgezeichneten Studie Gabriele Böhringer-Thärigens über den Zâr, die im Rahmen der von Fritz Kramer und mir geleiteten Sudanforschung an der FU-Berlin entstand (vgl. Kramer/ Streck 1991).

Mit dem wohl aus dem Persischen stammenden Begriff Zâr werden am Nil und in Äthiopien Geister bezeichnet, die die voradamitische Eva geboren hat, mit dem Auftreten des Vatergottes verstecken mußte, und die seither Kontakt zu ihren Halbgeschwistern suchen. Der Zâr-Kult gehört im muslimischen Sudan der weniger geachteten weiblichen Kultur an; er gilt den Orthodoxen als heidnisch und wurde von den Fundamentalisten immer wieder bekämpft. Denn ihnen sind die Zâr gleichbedeutend mit den Jinn, den Teufeln, die zwar im Koran erwähnt werden, die man aber trotzdem exorzieren muß, am besten mit Suleimans Siegel, dem sechszackigen Stern. Die Frauen aber glauben, mit ihrem Trillern (dem zagharîd) die bösen Geister fernhalten zu können, und lassen sich mit den für gut gehaltenen ein. Angeleitet werden sie bei diesem Treiben von dunkelhäutigen Ex-Sklavinnen, die die Mehrzahl der Zeremonienmeister stellen.

Bis eine Frau am Nil ihren Geist erkannt hat und sich mit ihm vermählt, d.h. ihn darstellen kann, macht sie Not und Krankheit durch. Diese treiben sie in den Kreis eingeweihter und erfahrener Zâr-Bräute, die unter Anleitung der Sheikha das entscheidende Ritual vorbereiten. Zu ihm gehören nächtelange Sitzungen, Tieropfer, Flußzeremonien - und vor allem Besessenheitstänze, in denen sich die Bräute mit ihrem jeweiligen Zâr eins wissen. Dann stellen sie diesen dar, bekennen sich zu ihm, indem sie ihn zeigen, ohne Worte, allein mit Körpersprache und Accessoires. Nur synekdochische Andeutungen läßt das asketische Milieu des islamischen Sudan zu, wo andernorts eine Kostümkultur und reiches Maskenwesen blühen könnte.

Der Geist ist oben, sagen die Frauen, wenn sich eine auf die entsprechende Erkennungsmelodie hin erhebt und mit verklärtem Lächeln mit den ersten Tanzschritten beginnt. Zuvor wurden die für den speziellen Geist notwendigen Zutaten auf einen Altar gestellt: Ein Europäergeist z.B. verlangt teuren Import-Whisky, westliche Zigaretten, Cola-Dosen, Macintosh-Bonbons, dänische Butterkekse, französische Parfums etc. Ist die Besessene mit der Sammlung zufrieden, beginnen die dazugehörige Musik und der Tanz, dem sich auch andere initiierte Frauen anschließen. Alle Aktivistinnen versuchen nun, Europäer zu sein:

»Eine der Frauen hält einen runden Taschenspiegel in der Hand, während sie mit der anderen Hand Gesten vollführt, die eine Europäerin beim Schminken imitieren; sie zieht ihre Lippen nach, schwärzt sich die Lidränder und die Wimpern, zupft die Augenbrauen, wirft eitle Blicke in den Spiegel, während ihr Gesicht zu einem Grinsen erstarrt zu sein scheint. [...] Die Prozession schreitet fort und wieder fragt die Leiterin die Zâr-Braut nach ihrer Zufriedenheit. Ein halbvolles Whiskyglas in der Hand, im Mundwinkel eine qualmende Zigarette, antwortet der ›Herr‹ diesmal mit einer betont tiefen, süffisanten Stimme, wobei ›er‹, offenbar leicht angetrunken, die Anwesenden hochmütig anschaut. Immer mehr Frauen reihen sich unter Anfeuerungen des Publikums ein, entledigen sich ihrer tôb, tanzen aufreizend und schamlos, zum Teil mit entblößter Brust, und nippen reihum am Whisky.« (Böhringer-Thäringen 1996)

Der Grad, in dem sich eine Zâr-Braut mit ihrem Geist einläßt, kann verschieden sein. Am intensivsten gelingt es der Sheikha, die darum in der Regel geschieden lebt, während ihre Anhängerinnen nach der einwöchigen Zeremonie wieder in ihren Haushalt zurückkehren und versuchen, in gewohnter Manier den rechtgläubigen Männern untertan zu sein. Am Herd hockend singen sie dann aber immer noch die Lieder ihres Zâr, von denen Frau Böhringer-Thärigen einige übersetzt hat. Die Darstellung des Fremden im Zâr geschieht also nicht wortlos; neben die gestische Präsentation tritt die lyrische, die aber insbesondere die geistspezifischen Accessoires besingt, etwa die Bezüge des Derwisch-Geistes zu Mekka, Schwert und Haarkamm des stolzen Hadendawi, das Kamel des Arabers, Blut für die als Kannibalen dargestellten Schwarzen aus dem Süden, die spärliche Bekleidung der Nuba-Frau, die nur billige Glasperlen verlangt, die Gewehre des Türken, die Arznei des Europäers und seine Trunksucht, die Wasserpfeife des Ägypters oder die Freizügigkeit der äthiopischen Prostituierten.

Was die Zâr-Frauen am Nil zelebrieren, ist ein Völkerzirkus, eine lokale Interpretation der ethnischen und kulturellen Vielfalt, die den heutigen Sudan prägt. Aus wissenschaftlicher Sicht sind es Klischees, die hier ausgemalt werden, karikaturartige Überzeichnungen, plumpe Anspielungen mit hohem Unterhaltungswert. Das spektakuläre am Zâr-Kult darf sicher nicht übersehen werden, wie jeder Tanz, ganz besonders der Maskentanz, auch ein Ereignis ist, das Zuschauer anlockt. Doch wäre, wie Kramer schon 1987 nachgewiesen hat, Fremdgeistbesessenheit mit den Begriffen Karikatur und Entertainment nicht erschöpfend beschrieben. Die Besessenen begreifen ihre Darstellung nicht als zweck- oder wertrationales Handeln, sondern »als Folge eines Zwangs, den die Mächte auf sie ausüben.« (Kramer 1987, 243) Fremde Mächte aus dem In- und Ausland werden in der besessenen Expression mimetisch hereingeholt, nicht erklärt oder abgehandelt, sondern schlicht dargestellt: in Bewegungen, Andeutungen und lyrischen Formen.

Böhringer-Thärigen betont, daß gegenüber den Ausdrucksformen der sudanesischen Männlichkeit, ihren eintönigen Dhikr-Sitzungen mit den endlosen Litaneien, die das Göttliche z.B. gerade in den letzten Buchstaben des Namens Allah konzentrieren, die Feste der Zâr-Bräute von überwältigender Sinnlichkeit sind. Erst gegenüber den richtig heidnischen Expressionen, wie sie im Sudan in den Nuba-Bergen oder in Süd-Funj vor dem zweiten Bürgerkrieg noch miterlebt werden konnten, fallen auch die Zâr-Sitzungen an Anschaulichkeit zurück. Der oben angesprochene Rationalisierungsprozeß frißt sich auch am Nil weiter, hat Bemalung und Lokalmusik an vielen Orten merklich reduziert und die Kommunikation der bloßen Anschauung sukzessive durch die jetzt per Megaphon verbreiteten Verbalbotschaften ersetzt.

Schluß

Maskentanz und Besessenheit sind Formen, in denen sich eine »Selbstfremdheit« des Subjekts ausdrückt, die nur anschaulich, nicht reflexiv vermittelbar ist. Vom Medium der Maske, die kaum mehr als sich selbst kundtut und deren Demaskierung Ver-Nichtung bedeutet, führt ein direkter Weg zum Leben der Metaphern, das in älteren Ansätzen der Ethnologie, z.B. bei Heinrich Schurtz oder deutlicher noch bei Fritz Krause, bereits begriffen war (vgl. Schurtz 1891; Krause 1931), in der postmodernen Ethnorhetorik aber erneut zum zentralen Thema geworden ist. Es gibt nichts außerhalb des Redens darüber. Die Erzählungen von den Dingen sind ihr ganzes Leben. Und, was wiederum Nietzsche schon vorformuliert hatte (vgl. Nietzsche 1976, 198), jedes Wort ist auch eine Maske, die soviel verhüllt, wie sie erklärt, und die Tradition des alten Schwirrholzes weiterführt. Kulturelle Expression - der Maskentanz hat das für andere Domänen des gesellschaftlichen Lebens stellvertretend gezeigt - ist Drapierung, Gestaltung, Kostümierung, Verhüllung. Dan Sperber konnte in seiner Kritik der ethnologischen Symboltheorie (vgl. Sperber 1975) zeigen, daß es nicht darum gehen kann, hinter den Symbolen die richtigen Zusammenhänge zu enthüllen. Symbole wirken in der Regel schweigend; Sperber hat das am Händedruck verdeutlicht. Es ist unterhaltsam, über seine wirkliche Bedeutung zu spekulieren, es hat aber nichts mit tieferer Wahrheit zu tun.

Wo keine Masken mehr zugelassen sind, treten die Worte an ihre Stelle. Werner Schiffauer (vgl. Schiffauer 1987) hat bei den türkischen Bauern von Subay gelernt, daß Männer entweder schweigen oder repräsentativ reden, weil ihr Wort sehr viel gilt. Frauen, deren Reden nicht viel gilt, tun sich hier keinen Zwang an. Sie äußern sich direkt und sagen, was sie denken. Auch im afrikanischen Maskenwesen gibt es einen merkwürdigen Geschlechterunterschied. Zwar wurde mittlerweile eine ganze Reihe von Frauenbünden entdeckt und beschrieben, maskierte Expressionen sind dort aber äußerst selten. Umgekehrt scheint das weibliche Geschlecht aber in den anderen Ausdrucksweisen des Ausnahmezustandes, vor allem in Tanz und Gesang zu dominieren, wie das Zâr-Beispiel gezeigt hat.

In der postmodernen Ethnologie spielt der Begriff Evokation eine überragende Rolle (vgl. Tyler 1987). Der Ethnograph evoziert aus dem Informanten eine ihm verständliche Deutung des Geschehens. Dieses selbst evoziert im Ethnographen einen Text, der über das Beobachtbare ebenso Auskunft gibt wie über die Seelenlage des Autors. Dieses Gewebe kann dann im wissenschaftlichen Diskurs weitere Texte evozieren. Wir haben gesehen, daß Masken weniger eine Evokation sind, da sie im Grunde nichts an Semantik transportieren, dafür aber eine umso deutlichere Provokation. Mit der Maske bricht die andere Wirklichkeit in die vertraute Wirklichkeit hinein, der Tod in das Leben. Der Maskentanz steht daher im Mittelpunkt der Religionen vom lebendigen Tod, die es an vielen Stellen der Erde noch gibt, trotz des proselytistischen Eifers der Schrift- und Erlösungsreligionen.

Wenn archaische Gesellschaften etwas ausstellen, muß es in Bewegung sein. Der Tod, die Geister und Götter, die in den Masken toben, zeigen sich höchst lebendig. Diese Lebendigkeit kann bedrohlich wirken, und die Angst der Nichtwissenden ist, wie wir gesehen haben, ein wesentlicher Bestandteil des Maskenkults. Wenn die moderne Gesellschaft etwas ausstellt, ist es in der Regel tot. Reinhard Heydrich richtete im besetzten und gesäuberten Prag ein »Jüdisches Zentralmuseum« ein (vgl. Greenblatt 1995, 18); Völkerkundemuseen wissen, daß die ausgestellten Kulturen so nicht mehr existieren. Im Mittelalter waren die größten Ausstellungen die Knochen in den Beinhäusern, und die Reliquien in den Schreinen zogen die Massen durch ganz Europa an. Wenn wir nach dem Gemeinsamen suchen zwischen den lebendigen Ausstellungen der Archaiker und den toten Ausstellungen des Abendlandes, muß nach dem gemeinsamen Bezug zum Tod, der hier versiegelt und dort revitalisiert wird, das Staunen genannt werden als die adäquate Antwort auf allzu verhüllte Botschaften. Stephen Greenblatt hat die Museen »Tempel des Staunens« genannt und davor gewarnt, sie in »Tempel der Resonanz« zu deformieren (Greenblatt 1995, 26). Die afrikanischen, indianischen oder melanesischen Inszenierungen des Staunens und Erschreckens sind nicht von dieser Rationalisierungsgefahr bedroht. Masken lassen sich nicht rationalisieren, nur verbieten.

Literatur

Apel, K.-O.: Transformation der Philosophie, Bd. II: Das Apriori der Kommunikationsgemeinschaft, Frankfurt am Main 1973.

Aragon, L./Breton, A.: La Révolution Surréaliste, Nr. 11, 4, 15.3.1928, Paris.

Bargatzky, Th.: Einführung in die Ethnologie. Eine Kultur- und Sozialanthropologie, Hamburg 1985.

Bastide, R.: Les religions africaines au Brésil, Paris 1960.

Baumbach, G.: Seiltänzer und Betrüger? Parodie und kein Ende. Ein Beitrag zu Geschichte und Theorie vom Theater, Tübingen 1995.

Bergmann, E./Leisegang, H.: Weltanschauung, 2 Bde., Breslau 1926.

Böhringer-Thärigen, G.: Besessene Frauen. Der zâr-Kult von Omdurman, Wuppertal 1996.

Bourneville, R.: Iconographie photographique de la Salpêtrière, Paris 1875/1878/1880.

Brown, P./Levinson, S.: Politeness: Some Universals in Language Use, Cambridge 1987.

Buber, M.: Ich und Du. Leipzig 1923.

Drewal, M.Th.: Gelede. Art and female power among the Yoruba, Bloomington 1983.
Faris, J.C.: Southeast Nuba Social Relations, Aachen 1989.
Fortes, M.: Kinship and Social Order, London 1969.
Frobenius, L.: Die Geheimbünde Afrikas, Hamburg 1894.
Gleason, J.: Oya - in Praise of an African Goddess, San Francisco 1992.
Greenblatt, St.: Schmutzige Riten, Frankfurt am Main 1995.
Habermas, J.: Theorie des kommunikativen Handelns, 2 Bde., Frankfurt am Main 1981.
Heidegger, M.: Was ist Metaphysik? Frankfurt am Main 1986.
Himmelheber, H.: Masken und Beschneidung, Zürich 1979.
Jensen, A.E.: Mythos und Kult bei Naturvölkern, Wiesbaden 1951.
Kramer, F.: Nachwort zu Malinowski, B.: Argonauten des westlichen Pazifik (orig. engl. 1922), Frankfurt am Main 1979, 558-570.
Kramer, F.W./Streck, B. (Hg.): Sudanesische Marginalien. Ein ethnographisches Programm, München 1991.
Kramer, F.W.: Der rote Fes. Über Besessenheit und Kunst in Afrika, Frankfurt am Main 1987.
Kramer, F.W.: Notizen zur Ethnologie der Passiones. In: Kölner Zeitschrift für Soziologie und Sozialpsychologie, Sonderheft 26, 297-313, Opladen 1985.
Krause, F.: Maske und Ahnenfigur: Das Motiv der Hülle und das Prinzip der Form. Ethnologische Studien I, 1931, 344-364.
Krusche, R.: Zur Genese des Maskenwesens im östlichen Waldland Nordamerikas. In: Jahrbuch des Museums für Völkerkunde in Leipzig XXX, 1975, 137-190.
Kubik, G: Makisi Nyau Mapiko. Maskentraditionen im bantu-sprachigen Afrika, München 1993.
Lienhardt, G.: Social Anthropology, Oxford 1964.
Mauss, M.: Soziologie und Anthropologie (1950), 2 Bde. (orig. frz.) Frankfurt am Main 1978.
Müller, H.: Die Gedichte. Hg. v. Frank Hörnigk, Frankfurt am Main 1998.
Nietzsche, F.: Jenseits von Gut und Böse (1886). In: Werke, hg. v. Karl Schlechta, Bd. III, Frankfurt am Main 1976.
Palmisano, A.: Sein und Mimesis. In: Fleerackers, F. et al. (eds.): Law, Life and the Images of Man. Modes of Thought in Modern Legal Theory. Festschrift for Jan M. Broekman, Berlin 1996, 186-200.
Probst, P.: Auf der Suche nach dem Publikum. Prolegomena zu einer Anthropologie der Öffentlichkeit im Subsaharischen Afrika, Berlin 1997 (Mskr.).
Schiffauer, W.: Die Bauern von Subay, Stuttgart 1987.

Schmitt, B./Münzel, M. (Hg.): Ethnologie und Inszenierung. Ansätze zur Theaterethnologie, Marburg 1998.

Schmitt, C.: Soziologie des Souveränitätsbegriffs und politische Theologie. In: Palyi, M. (Hg.): Hauptprobleme der Soziologie. Erinnerungsgabe für Max Weber, Vol. 1, München 1923, 3-36.

Schneider, M. (Hg.): Jean Martin Charcot/Paul Richer: Die Besessenen in der Kunst (orig. frz. 1887), Göttingen 1988.

Schurtz, H.: Grundzüge einer Philosophie der Tracht, Stuttgart 1891.

Schweeger-Hefel, A.: Masken und Mythen, 2 Bde., Wien 1980.

Schweeger-Hefel, A.: Kinkirsi - Boghoba - Saba. Das Weltbild der Nyonyosi in Burkina Faso, Wien 1986.

Sperber, D.: Rethinking Symbolism, Cambridge 1975.

Streck, B.: Messungen der Zeitrelation von Arbeit und Nichtarbeit außerhalb der Industriegesellschaft. In: Elwert, G. et al. (Hg.): Kulturen und Innovationen. Festschrift für Wolfgang Rudolph, Berlin 1996, 245-260.

Strecker, I.: The Social Practise of Symbolization. An Anthropological Analysis, London 1988.

Sydow, E.v.: Form und Symbol. Grundkräfte der bildenden Kunst, Potsdam/Zürich 1929.

Turner, V.: The Anthropology of Performance, New York 1986.

Tyler, St.A.: Das Unaussprechliche. Ethnographie, Diskurs und Rhetorik in der postmodernen Welt, (orig. am.) München 1987.

Weber, M.: Wirtschaftsgeschichte, hrsg. von Hellmann, S. und Palyi, M., erg. v. Winckelmann, J.F, Berlin 1958.

Wendl, T.: Mami Wata, oder ein Kult zwischen den Kulturen, Münster/Hamburg 1991.

Zelz, C.E.: Masken auf Neukaledonien, Münster/Hamburg 1995.

Rainer Kokemohr

Zur Funktion propositionaler und semi-propositionaler Repräsentationen in Bildungsprozessen

Ethnographische Felderfahrungen sind besondere Herausforderungen interkulturellen Verstehens. Als Fremde sind wir mit dem Fremden und mit dem Eigenen zugleich konfrontiert. Das Fremde ist kein Gegebenes, das sich beschreibend formulieren ließe. Es ist, wie B. Waldenfels betont (vgl. Waldenfels 1997)[1], ein Anspruch, der die Reflexion des Eigenen herausfordert.

Eigenes und Fremdes sind Korrelationsbegriffe. Eigenes ist nur artikulierbar im Blick auf Fremdes. Dies gilt auch dann, wenn das Fremde sich nicht in gut bestimmten Propositionen artikulieren, sondern nur als Anspruch figurieren läßt, der Deutungsräume öffnet. In der Regel begreifen wir eine Opposition als Beziehung zweier Begriffe, deren Gehalt wir als bestimmt vorstellen. Eine Besonderheit der Relation von Eigenem und Fremdem liegt dagegen darin, daß mindestens einer der Begriffe deutungsoffen ist, weil er keinen vollständig bestimmten Gehalt hat. Denn wäre der Gehalt des Fremden vollständig bestimmt, wäre es kein Fremdes.

Man kann diesen Sachverhalt mit dem von D. Sperber vorgeschlagenen Begriff semi-propositionaler Repräsentationen erläutern (vgl. Sperber 1989, 86ff). Unter propositionalen Repräsentationen versteht Sperber solche, deren propositionaler Gehalt vollständig, unter semi-propositionalen solche, deren propositionaler Gehalt nicht vollständig bestimmt ist (vgl. ebda., 88). Eine Repräsentation sei propositional, wenn sie ausreiche, einen Satz eindeutig zu identifizieren. Sie sei semi-propositional dann, wenn sie sich der Propositionalität nur annähere, weil ihr Sinngehalt unsere be-

---

[1] Waldenfels baut auf dieser Einsicht, wenngleich phänomenologisch und nicht kognitionstheoretisch interpretiert, seine »Topographie des Fremden« auf. Vgl. auch die verwandte soziologische Argumentation zur Korrelation von Kulturen bei J. Matthes (1992).

grifflichen Fähigkeiten übersteige. Semi-propositionale Repräsentationen seien wichtig, weil sie uns erlauben, »auch unvollständig verstandene Ideen zu Glaubensinhalten zu machen« (ebda., 89). Der Anspruch des Fremden kann - in Sperberschen terms formuliert - als ein semi-propositional repräsentierter Glaubensinhalt aufgefaßt werden.

Die Unterscheidung von propositionaler und semi-propositionaler Repräsentation bietet sich der Analyse und Interpretation ethnographischer Erfahrungen des Fremden in zwei Hinsichten an. Zunächst ist offensichtlich, daß meine Repräsentation des Fremden semi-propositional ist. Ich glaube, im fremden Feld etwas wahrzunehmen, von dem ich nicht oder noch nicht weiß, was es ist. Es könnte aber auch das Fremde selbst so beschaffen sein, daß es nicht vollständig propositional repräsentierbar ist. Genauer: Es ist zu vermuten, daß die fremde soziokulturelle Welt selbst von den in ihr lebenden Menschen nicht nur propositional gedacht, sondern auch in semi-propositionalen Repräsentationen geglaubt wird. In diesem Fall ist der (semi-propositionale) Glaube der Anderen Inhalt meines (semi-propositionalen) Glaubens, so daß meine semi-propositionale Repräsentation doppelt unbestimmt ist.

Die Annahme der Semi-Propositionalität ist trivial. Denn keine soziale Welt ist vollständig propositional repräsentierbar. Nicht nur die Dynamik sozialer Systeme schließt die Vollständigkeit ihrer propositionalen Bestimmung aus. Wenn ich dennoch in der Analyse einer ethnographischen Erfahrung dieser Lesespur folge, dann deshalb, weil ich in ihr angesichts einer fremdkulturellen Erfahrung gleichsam ex negativo ein wichtiges Strukturmoment von Bildungsprozessen aufweisen zu können glaube, von dem ich annehme, daß es durch das Verhältnis von propositionalen und semi-propositionalen Repräsentationen erläutert werden kann. Seine Kenntnis kann helfen, Probleme interkultureller Kooperation im Bildungsbereich besser zu begreifen.

Die anthropologische Funktion semi-propositionaler Repräsentationen ist ambivalent. Bildungstheoretisch interpretiert können sie ein Potential des Vorscheins von Deutungen sein, die, herausgefordert durch neue Problemerfahrungen, zur Transformation von Welt- und Selbstverhältnissen führen. Sie können aber auch in die Abschattung möglicher Interpretationen führen, so daß Transformationsprozesse blockiert sind. Da die produktive Funktion semi-propositionaler Repräsentationen empirisch nur schwer erfahrbar ist, liegt es nahe zu versuchen, sie aus negativen Beispielen ihrer Blockade zu erschließen.

Zur Funktion propositionaler und semi-propositionaler Repräsentationen

Eine Erfahrung aus meinem Arbeitszusammenhang in Kamerun, die Interaktion zwischen einem polygamen Familienchef und seinem Adoptivsohn, läßt mich die These erproben, daß semi-propositionale Repräsentationen so beschaffen sein können, daß ein Potential der Transformation von Welt- und Selbstverhältnissen nicht wirksam wird.

Zunächst (1) skizziere ich den historisch-politischen Kontext des Beispiels, dann (2) den familiären Referenzrahmen. In einem weiteren Abschnitt (3) diskutiere ich den im Beispiel erkennbaren Erziehungsdiskurs zwischen dem Familienchef und seinem Adoptivsohn und versuche anschließend mit gesprächsanalytischen Mitteln (4), dessen Struktur im Diskurs des Familienchefs selbst aufzuweisen. Die gefundene Struktur reinterpretiere ich (5) in Anlehnung an Lacans Unterscheidung von symbolischem und imaginärem Register, um sie schließlich (6) auf das Problem der Repräsentation zu beziehen.[2]

1.

Auf das gemeinte und andere Beispiele sind wir - Kameruner Kollegen-Freunde und ich - im Rahmen eines Bildungsreformprojektes im westlichen Hochland von Kamerun gestoßen, in dem ich seit dreizehn Jahren regelmäßig arbeite.[3] Ort des Projektes ist das Dorf Mbô in der Gemeinde Bandjoun in der Nachbarschaft der Stadt Bafoussam, Hauptstadt der Westprovinz und zentraler Ort des Siedlungsgebietes der Bamiléké.

Kamerun war von 1916 bis 1959 französische Kolonie. In den 40er Jahren hat sich eine Unabhängigkeitsbewegung gebildet. Die Bamiléké gehörten zu jenen Ethnien, die den Kampf für sofortige und unbedingte Unabhängigkeit unterstützt haben. Frankreich hat durch den Aufbau einer kamerunischen Statthalter-Armee gegen die Unabhängigkeitsbewegung gekämpft. Diese stellvertretende Herrschaft ist immer noch wirksam. Die

---

[2] Um diese Studie nicht zu überlasten, verzichte ich auf einen Ausweis der These durch die Analyse weiterer mir vorliegender Beispiele.

[3] Die Abschnitte 2 - 5 erscheinen weitgehend textgleich als Teil einer etwas anders orientierten Studie unter dem Titel »Transgenerative Bildungshemmungen durch traumatische Bürgerkriegserfahrungen« in einem Sammelband, in dem die Ergebnisse eines Symposions zu Grundproblemen interkultureller Kooperation veröffentlicht werden, das vom 23. - 25. September 1998 in der Universität Hamburg stattgefunden hat (vgl. Kokemohr/Koller, in Vorb.).

politische Partei der Statthalterschaft trägt heute den Namen RDCP. Seit der Unabhängigkeit Kameruns, also seit 1960, bis heute ist sie die Partei der Staatsmacht. Zwar hat Kamerun formal eine Präsidialverfassung und seit den Unruhen Anfang der 90er Jahre formal ein Mehrparteiensystem. Doch nach wie vor ist die vormalige Einheitspartei RDCP die allein herrschende Partei des staatlichen Machtapparates.

Der Bürgerkrieg zwischen der Vorläuferformation jener RDCP und der UPC als Gruppierung der Kräfte, die für die sofortige und bedingungslose Unabhängigkeit von Frankreich kämpften, ist 1958 ausgebrochen. Er hat bis in die frühen 70er Jahre angedauert. Durch die ethnisch-ideologische Aufladung des Konflikts galten »die« Bamiléké als staatsgefährdende Ethnie.

Obwohl wir, Kameruner Kollegen und ich, etliche kulturtheoretische Feldstudien betrieben haben, hat der Bürgerkrieg im Aufbau unseres Projektes lange keine Rolle gespielt. Wir hatten stillschweigend angenommen, daß die weit zurückliegenden Bürgerkriegserfahrungen unser Reformprojekt nicht fühlbar beeinflussen würden. Dies sehen wir inzwischen deutlich anders. Wir erfahren zunehmend, daß historische Tiefenstrukturen, auch solche, die noch viel weiter zurückreichen, zu den entscheidenden Bedingungen gehören, von deren Wirksamkeit, Wahrnehmung und Aufarbeitung der Erfolg eines Bildungsreformprojektes abhängt. Erfahrungen wie die eines Bürgerkrieges scheinen sich strukturell in Identitätsformationen niederzuschlagen, die noch in intergenerativer Interaktion tradiert werden können. Ein Schulreformprojekt, das, wie es oft geschieht, nichts anderes täte als Modelle eines ›guten‹ Unterrichts zu vermitteln, liefe Gefahr, an jenen historischen Tiefenstrukturen zu scheitern.

Die Hauptfiguren meines Beispiels sind der Adoptivvater François und sein Adoptivsohn Rémi.[4] Zum Verständnis der Untersuchung ist anzumerken, daß mir François auf Dauer wichtiger geworden ist als Rémi. In ihm sehe ich einen spezifischen Sozialisationshabitus repräsentiert, der für manche Angehörige seiner Generation mit gemeinsamem Erfahrungshintergrund charakteristisch zu sein scheint und unter dessen Einfluß Kinder wie Rémi aufwachsen. Die anfängliche Auffälligkeit Rémis hat mich also auf den Sozialisationshabitus seines Adoptivvaters aufmerksam gemacht. Natürlich kann dieser nicht monokausal für das Verhalten des Rémi haftbar gemacht werden. Neben François' Einfluß wären u.a. Rémis frühkindliche Geschichte, sein Leben bei der Großmutter, die offizielle Abwesen-

---

[4] Die Namen sind selbstverständlich Pseudonyme.

heit seines unehelichen leiblichen Vaters oder seine Position im großfamiliären Gesamtgeflecht zu berücksichtigen (vgl. Widmer, in Vorb. A).

Mir geht es um ein etwas anders gewendetes und eingeschränkteres Thema. Rémi hat mich zu François geführt. Damit steht, nach einer Skizze der aktuellen Familien- sowie der biographischen Situation des François (2), die Kommunikationsstruktur zwischen François und Rémi in Frage (3). Diese kann als Ausdruck eines Sozialisationsmilieus gelten, das auf lebensgeschichtlich mitgebrachte Dispositionen des Rémi einwirkt. Der Qualität dieses Einflusses gilt meine erste Frage. In welcher Beziehung steht das Kommunikationsverhalten des François zu Rémi, so wie dieser sich in seiner Problematik zeigt? Meine Antwort wird sein, daß die aufrichtig bemühte Erziehungspraxis des François, statt zur Heilung des Kommunikationsproblems des Rémi beizutragen, dieses eher verstärkt und Rémis Entwicklungsmöglichkeiten blockiert.

Die zweite Frage (4) gilt dem Versuch einzuschätzen, ob das analysierte Kommunikationsverhalten des François singulär ist oder ob es verallgemeinerbar über die beobachteten Situationen hinausweist. Deshalb ist im weiteren Verlauf zu fragen, ob sich für das gefundene Verhalten spezifische Bedingungen erschließen lassen. Hier wird die Antwort sein, daß der identifizierte Kommunikationshabitus vermutlich nicht singulär ist und auf ähnliche, vor allem durch die Kolonialgeschichte und den Bürgerkrieg geprägte Lebenserfahrungen zurückgeht.

Auf das thematische Problem dieser Studie bin ich also durch Rémi aufmerksam geworden. Er ist ein sehr schwacher Schüler, der seine schulische Laufbahn zwar mit 5 Jahren begonnen hatte, mit 14 Jahren aber immer noch in jener Klasse war, die im deutschen Schulsystem etwa der 3. Klasse entspricht. Auffällig wurde er durch seinen Widerstand gegen eine neue Klassenlehrerin. Das daraufhin mit den Eltern aufgenommene Gespräch führte zur Aufdeckung einer anderen Auffälligkeit: Rémi verweigerte weitgehend das Gespräch mit den Erwachsenen. Nicht selten verbrachte er die Nächte draußen, schlief irgendwo im Gras, was die Gefahr hochgiftiger Schlangen sowie, im Glaubenssystem der Bamiléké bedeutsamer, die Bedrohung durch nächtens wiederkehrende Ahnen mit sich bringt. Meine Studie gilt also einem Kommunikationsproblem, das sich zwischen einem 14-jährigen Adoptivsohn und seinem Adoptivvater zeigt.

2.

François, zum Zeitpunkt unseres ersten Gesprächs 56 Jahre alt, ist der Chef einer polygamen Familie. Als *chef de quartier* (etwa: Ortsbürgermeister) kommt ihm ein besonderer sozialer Status zu. Er hat lange in Yaoundé, der Hauptstadt Kameruns, also im ethnischen Exil gelebt und dort seine erste Frau, eine Nicht-Bamiléké, geheiratet. Ins heimische Mbô ist er zurückgekehrt, als sein Vater, der vormalige Chef der Großfamilie, gestorben war und er, François, als der vom Vater bestimmte Nachfolger sein Amt als neuer Familienchef antreten mußte. Seine erste Frau hat sich geweigert, ihm ins ferne Dorf - gut 300 km von Yaoundé und damals vor dem Fernstraßenbau weit mehr als eine Tagesreise von Yaoundé entfernt - zu folgen. Vermutlich durch seine Mutter gedrängt, dem Status eines Familienchefs gerecht zu werden, hat François seine zweite Frau und einige Jahre später seine dritte Frau, Marguérite, geheiratet. Mit Marguérite hat François 3 Kinder, deren jüngstes zum Gesprächszeitpunkt 3 Jahre alt war. Marguérite hat ein uneheliches Kind mit in diese Ehe gebracht, eben Rémi.

Das Leben der Großfamilie vollzieht sich auf einem großen Anwesen, der *concession* (engl. *compound*) mit den umliegenden Feldern, die von den Frauen bearbeitet werden. Anlässe zu Familiengesprächen, etwa anläßlich gemeinsamer Mahlzeiten, gibt es traditionell kaum. Die Frauen wohnen und essen zusammen mit ihren Kindern im jeweils eigenen Haus, der Familienchef wird in seinem Haus jeweils von einer der Frauen versorgt. Das Verhältnis zwischen den Ehefrauen ist, wie in vielen der polygamen Familien der Region, neidgespannt.

An unserem Gespräch über die Erziehungsprobleme des Rémi, auf das wir gleich eingehen werden, nehmen auf Wunsch des Familienchefs François die beiden in der concession lebenden Ehefrauen, eine Freundin der Ehefrau Marguérite, andere Kinder des François sowie, als stummer und für uns Gäste nicht identifizierter Beobachter, der leibliche Vater des Rémi teil. Ein solches Gespräch unabhängig von rituell markierten Zeitpunkten im Familienkreis zu führen, ist in der Bamiléké-Kultur eher ungewöhnlich.[5] Traditionell gibt es dafür allerdings einen Ort: den Vorabend

---

[5] Die Auskünfte der heimischen Interpreten zu dieser Frage sind, wie in so vielen Fragen, die die Tradition betreffen, durchaus unterschiedlich und widersprüchlich. Neben der Aussage, daß nur am Vorabend der Initiation ein solches Gespräch möglich sei, gibt es die andere, daß ein solches Gespräch regelhaft zu einem bestimmten Zeitpunkt innerhalb des Jahresablaufs stattfinde.

Zur Funktion propositionaler und semi-propositionaler Repräsentationen

der Initiation. Man kann deshalb sagen, daß unser Gespräch in einer Situation stattfindet, die strukturell dem Ort einer Initiation ähnelt, deren Funktion darin liegt, den Knaben in den Status des jungen Erwachsenen zu überführen.

Der 1938 geborene François hat als 10-jähriger das Haus der Mutter und die elterliche concession verlassen, um bei seinem 13 Jahre älteren Bruder in Yaoundé zu leben. Zu jener Zeit war es den Menschen verboten, ihren Siedlungsraum zu verlassen. Deshalb war das Reisen zwischen Mbô und Yaoundé nur nachts möglich. Wie eine Grenze trennte der damals nur in Pirogen zu überquerende Fluß Sanaga die West- von der Zentralprovinz. Da wegen der militärischen Überwachung des Flusses manchmal erst nach Tagen bzw. Nächten ein Fischer zu finden war, der Passagiere heimlich überzusetzen bereit war, konnte die Reise zwischen Mbô und Yaoundé mehr als vier Wochen dauern. Die Distanz, seit dem guten Ausbau der Straße mit dem Auto in drei Stunden zu überwinden, bedeutete für den jungen François eine radikale Trennung von der Familie, unter der er nach eigenem Bekunden sehr gelitten hat. Der größere Bruder habe Vaterfunktion für ihn übernommen.

Als der Bürgerkrieg ausbrach, war François 20 Jahre alt. Sein Leben in Yaoundé sei mit dem Ausbruch des Bürgerkriegs schwierig geworden. Der Bruder habe sich auf die Seite der UPCisten gestellt, jener Guerilla, die für die bedingungslose Unabhängigkeit gekämpft habe. Er, François, sei immer wieder von Soldaten aufgegriffen und bedroht worden, um ihn zu bewegen, das Versteck des Bruders zu verraten. Einmal habe man ihn auf nächtlicher Flucht mit Schußwaffen verfolgt. Obwohl Nichtschwimmer habe er sich den verfolgenden Soldaten in Todesangst durch den Sprung in einen See entzogen. Deren MP-Salven sei er nur dadurch entkommen, daß er sich während der Nacht unter überhängendem Wurzelwerk im Wasser versteckt habe.

Als für den Bruder die Situation in Yaoundé zu gefährlich geworden sei, habe man sich auf die elterliche *concession* in Mbô durchgeschlagen. Als der Bruder dort im Bamileké-Stammland eines Abends mit Freunden in ein Bistro gegangen sei, hätten ihn Soldaten aufgegriffen, verschleppt und vermutlich umgebracht. Seine Leiche sei nie gefunden worden.

Dieser hier nur angedeutete Hintergrund ist mir erst im Laufe der Jahre bekannt geworden. In manchmal dramatischen Intimgesprächen, ihrem Genre nach fast Beichten, hat Fançois mir von schlimmen Szenen seines Lebens erzählt. Regelmäßig waren in diesen Gesprächen drei Themenbe-

231

reiche miteinander verknüpft, das Verschwinden und der Tod des Bruders, die Eltern und der eigene Tod.

3.

In jenem Gespräch über die Probleme des Rémi sitzen Familie und Gäste in einer Runde im Hause des François. Eröffnet wird das Gespräch vom ehemaligen Lehrer Rémis. Nachdem Rémis Mutter geschildert hat, wie Rémi sich den familiären Anordnungen entzieht, unerlaubt die *concession* verläßt oder im Freien übernachtet, merkt der Lehrer an, daß die Probleme Rémis offenbar nicht schulischer, sondern familiärer Natur seien. An dieser Stelle greift der Familienchef François in das Gespräch ein. Er stellt zunächst fest, daß es in unmittelbarer Nachbarschaft einen gleichaltrigen Jungen gebe, der, intelligent, aber verdorben, Rémi vom rechten Wege abbringe. Erziehung, so François weiter, habe dagegen die Aufgabe, die nachwachsende Generation auf jenen Weg zu führen, der zum traditionell guten Zusammenleben der Gruppe führe.

3.1

Der Diskurs des François kann durch den Umstand charakterisiert werden, daß Sequenzen in ihm vorherrschen, die entweder direkt normativer Natur sind (a) oder an normative Instanzen appellieren (b), etwa:

(a) *Und ... ich habe auch gefunden, daß in der Erziehung nicht Schlagen das ist, was wichtig ist.* (A-1, 134 f.)
(»Et moi, je trouve que c'est / parce que moi, j'ai trouvé aussi l'éducation, ce n'est pas de taper qui importe.«)

sowie, in positiver Form, an Rémi gerichtet, der seine Pflicht als zukünftiger Mann wahrnehmen und für seine kleine Schwester sorgen solle:

Du mußt dich um dieses Kind kümmern. (A-1, 179 ff.)
(»Tu dois t'occuper de cet enfant ...«)

oder, in negativer Form dort, wo François die mangelnde Fürsorge in der eigenen Kindheit beklagt:

(b) *Wir haben uns allein durchgeschlagen. Es gab niemanden hinter uns.* (A-1, 187 f.)
(»On se débrouillait seul. Il n'y avait personne derrière nous.«)

In struktureller Hinsicht ist bemerkenswert, daß Sequenzen, in denen von individuellen Erfahrungen gesprochen wird, normativen Sequenzen untergeordnet sind:

Also, da gab es einen Freund, der ... - ihr Haus ist dort gegenüber -, ein Freund, ein verdammt intelligenter Bursche, der aber die Schule nicht liebt. ... - ... Wenn man ihm sagt, er solle zur Schule gehen und den Schulweg nehmen, »geh!« - dann zweigt er ab, und Rémi folgte ihm. (A-1, 124 ff.)

(»Alors, il y avait un ami qui ... - leur maison est en face-là -, un ami / un garçon bougrement intelligent, mais qui n'aime pas l'école. ... - ... Quand on lui dit d'aller à l'école, arriver en route: ›Allez!‹ - il bifurque. Et Rémi le suivait.«)

Die Sätze, scheinbar narrative Äußerungen, die von individuellen Erfahrungen sprechen, sind tatsächlich, indem im Hinweis auf ein falsches Verhalten das richtige evoziert wird, normativ getönt. François bezieht sich so auf eine negative Instanz, daß der Gegensatz zwischen dem Guten und dem Schlechten ins Spiel gebracht wird. Dieser Gegensatz prägt den weiteren Diskurs.

Bevor ich genauer auf den Diskurs des François eingehe, ist der mythologische Kontext zu skizzieren, dem sich seine Erziehungsphilosophie einschreibt. In der Bamiléké-Kultur wird die hiesige Welt als Ort verstanden, der mit dem Raum der Toten korrespondiert. Die Ahnen gelten als abwesend anwesend. Die Lebenden bemühen sich, ein gutes Verhältnis zu den Ahnen aufrechtzuerhalten, damit diese sie im Leben schützen. Ein schlechtes Verhältnis berge die Gefahr, daß die Toten den Lebenden schaden.

Ein Kind, das geboren wird, gilt traditionell als Wesen, in dem ein Ahne in die Welt der Lebenden zurückkehrt. Angesichts der guten und der bösen Kräfte der jenseitigen Welt kommt es darauf an, das Kind so auf dem rechten Wege zu führen, daß es zum guten Mitglied der Gemeinschaft - der Familie, des Clans, des Dorfes - wird. Der traditionell entscheidende Zeitpunkt auf diesem Weg ist die Initiation, die, von François zwar als nicht mehr zeitgemäß gedeutet, dennoch weiterhin als Tiefenstruktur der Erziehung wirksam ist, wie sich im Initiationsarrangement der Gesprächsrunde andeutet.

Rémi war zum Zeitpunkt unseres ersten Gesprächs 14 Jahre alt, also im normalen Alter der Initiation. Auf dem Gespräch liegt damit der starke

Druck, Rémi vom falschen auf den richtigen Weg zurückzuführen. Wenn François davon spricht, daß der schlechte Freund Rémi dazu verführe, vom richtigen Wege abzuweichen, dann ist dies mehr als eine Aussage über ein momentanes Ereignis. Es ist die Sorge um das Gelingen einer Erziehung, deren Aufgabe es ist, Rémi in den Kosmos der Gruppe zu integrieren.

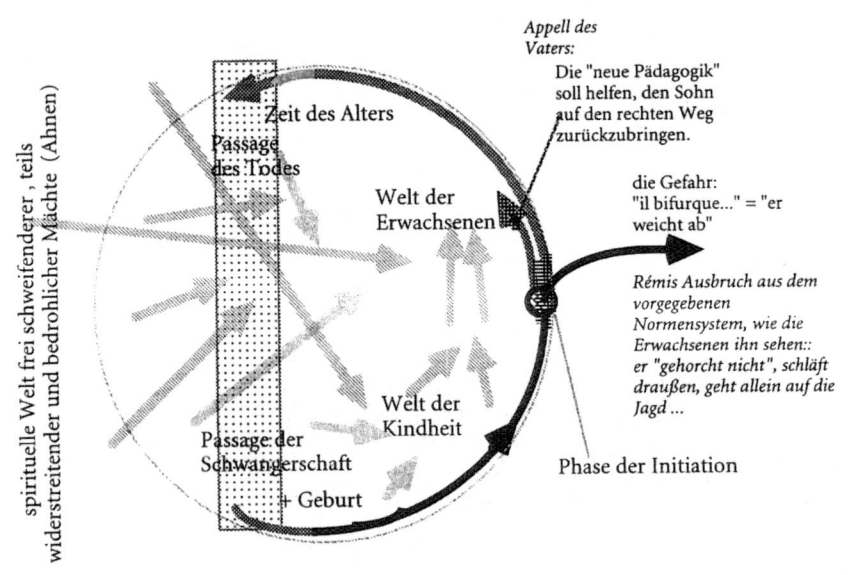

Appell des Vaters:
Die "neue Pädagogik" soll helfen, den Sohn auf den rechten Weg zurückzubringen.

Zeit des Alters
Passage des Todes
Welt der Erwachsenen

die Gefahr:
"il bifurque..." = "er weicht ab"

spirituelle Welt frei schweifender, teils widerstreitender und bedrohlicher Mächte (Ahnen)

Rémis Ausbruch aus dem vorgegebenen Normensystem, wie die Erwachsenen ihn sehen:: er "gehorcht nicht", schläft draußen, geht allein auf die Jagd ...

Welt der Kindheit
Passage der Schwangerschaft
+ Geburt
Phase der Initiation

Der soziokulturelle Kreislauf - Rémi an der Schwelle des Erwachsenenalters und die Gefahr, (vom rechten Wege) abzuweichen - danger de »bifurquer«

3.2

François hat seine Erziehungsphilosophie nicht nur im Gespräch vorgetragen. Er hat sie auch mehrfach mir gegenüber praktiziert. Einmal hat er Rémi aufgefordert, mir in die Hand zu versprechen, sein Verhalten zu ändern. In diesem Akt, einem rituellen in seinem Transformationsmoment ähnelnd, hat er Rémi aufgefordert, Sätze des Versprechens zu äußern und sich einer höheren Instanz, dem Repräsentanten der »neuen Pädagogik« zu unterstellen, als den er mich eingeführt hatte.

Um die performative Kraft seines sprachlichen Handelns aufzudecken, kann man sich fragen, welche Möglichkeiten zu antworten Rémi in einer solchen Situation hat. Er kann nur »ja« sagen und stumm oder explizit die vorgegebenen Sätze wiederholen: ›Ja, ich will mein Verhalten ändern!‹ Sich, zumal als Erziehungsabhängiger, in jener traditionsbestimmten Gesellschaft anders zu äußern und die Maximen kommunikativer Kooperation entsprechend zu nutzen (vgl. Grice. 27ff; Sperber/Wilson 1986, 33f) würde vermutlich zum Abbruch des Gesprächs mit dem Vater führen[6].

Betrachtet man also den Diskurs des François pragmalinguistisch, dann kann man ihn grob dadurch charakterisieren, daß eine normative Ebene die narrative Ebene dominiert. Rémi als ein sich sprachlich artikulierendes Wesen ist dieser normativen Dominanz unterworfen[7]:

François: *»Du mußt dein Verhalten ändern...«*
  Rémi: *»Ja, ich verspreche, mich zu ändern!«*
    François: *»Wirklich, du mußt dich anstrengen!«*

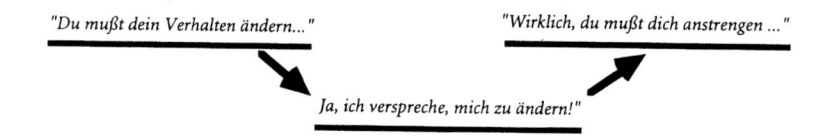

"Du mußt dein Verhalten ändern..."   *"Wirklich, du mußt dich anstrengen ..."*

                    Ja, ich verspreche, mich zu ändern!"

Schema der Kommunikationsdominanz des François gegenüber Rémi, vereinfacht

---

[6] Ich danke Tobias Klass für die kritische Überlegung, ob die von Grice formulierten Maximen kommunikativer Kooperation auch in einer Gesellschaft gelten, die dem Individuationsprinzip weniger Gewicht verleiht als westliche Gesellschaften. Doch da Grice nicht die faktische Geltung jener Maximen, sondern nur deren kulturspezifische Unterstellung als normative, aber durchaus verletzbare Folie behauptet, deren Unterstellung Kommunikation unabhängig vom Individuationsprinzip ermöglicht, scheint uns die hier gegebene kulturrelative Interpretation gerechtfertigt.

[7] Eine Entgegensetzung von narrativer und normativer Ebene ist natürlich zu einfach, wie Peter Widmer mir zurecht sagt (vgl. Widmer, in Vorb. B). Narrative Textfiguren sind oft normativ getönt, so daß die kontrastierende Unterscheidung systematisch problematisch ist. Hier gilt es jedoch, präziser formuliert, zu sehen, daß Rémi praktisch keine narrativen Bewegungsmöglichkeiten gegenüber dem Normensystem zugestanden werden, das den Diskurs des François prägt. Es geht also nicht um einen Gegensatz zwischen normativer und nicht-normativer Rede, sondern um die Dominanz eines bestimmten normativen Diskurses in einer sozialisatorischen Beziehung.

Der hier typisiert dargestellte Dialog bezieht sich, wie schon angedeutet, auf eine besondere, initiationsähnliche[8] Szene. Der Adoptivater spricht im Kreise seiner Familie und unter den Augen des »weißen Erziehungsspezialisten«, als der ich ihm ausdrücklich gelte, in erzieherischer Absicht mit Rémi. Man könnte also vermuten, daß sich die normative Diskursstruktur der besonderen Situation verdankt und nicht verallgemeinert werden darf. Gegen diese Vermutung läßt sich jedoch einwenden, daß François gegenüber den Beobachtern die intentionalen Momente seines Erziehungsverhaltens artikuliert, so daß diese deutlich hervortreten und sich sein idealisierter Erziehungswille in der normativen Struktur seines Diskurses manifestiert. Berücksichtigt man zudem, daß François als »chef de famille« und »chef de quartier« in besonderer Weise den Normenkodex der Gruppe repräsentiert, darf man vermuten, daß sich in der normativen Struktur ein übersituatives Moment artikuliert.

Dennoch darf man nicht, wie schon eingangs angemerkt, das Sozialisationsverhältnis zwischen François und Rémi monokausal deuten. Rémis aktuelles Gesprächsverhalten geht auf mehr Bedingungen zurück als die, für die François hier und jetzt verantwortlich ist. Deshalb ist vorsichtiger zu interpretieren. Ich behaupte nur, daß Rémi mit seinen lebensgeschichtlich erworbenen Dispositionen sich unter anderem einem Kommunikationshabitus seines Adoptivvaters und dessen Einfluß auf das Leben der Familie gegenübersieht, das nicht geeignet ist, Rémis kommunikativem Rückzug entgegenzuarbeiten. Denn sofern Rémi sich auf den Adoptivvater bezieht, ist er genötigt, seine Identität als Reflex der vorgegebenen Normen zu konstruieren.

Eine solche, für konventionelle Erziehungssituationen in vermutlich vielen Gesellschaften mögliche Beobachtung ist für sich genommen nicht sehr aufregend. Gewicht bekommt sie aber, wenn man wahrnimmt, daß Rémi mit dieser Forderung abverlangt wird, all jene Erfahrungen aus dem familiären Diskurs auszuschließen, die sich nicht bruchlos jenen Normen subsumieren lassen, aber auf Artikulation drängen. Rémi sieht sich vor der Forderung, gerade jene Erfahrungen aus dem Gespräch auszuschließen, die, da sie sich den normativen, vom Vater repräsentierten Vorgaben nicht einfach einordnen lassen, der Konstruktion einer Identität dienen könnten, die mehr als ein durch den sozialen Druck geprägter Reflex ist. Eine narrative Artikulation könnte auf das Bedürfnis nach Überwindung der Diffe-

---

[8] Wenngleich die Transformationsstruktur, wie V. Turner sie herausgearbeitet hat, hier natürlich nicht gegeben ist (vgl. Turner 1995, 61ff).

renz von normativem Gruppendruck und sperrigen Individualerfahrungen antworten. Unter den gegebenen Umständen kann sich dieses Bedürfnis vielleicht nur in der Sprachlosigkeit sowie in den kleinen Fluchten Rémis manifestieren. Die Rigidität der von François realisierten Erziehung dürfte Rémis lebensgeschichtliche Dispositionen verstärken und zur Erklärung seines Schweigens sowie seines Ausreißens aus dem häuslichen Milieu beitragen. Entzieht sich Rémi den Erwachsenen, um sich nicht ihrem normativen Korsett unterwerfen zu müssen? Nur gegenüber den Erwachsenen schweigt er. Mit seinen Freunden kommuniziert er, wie Verwandte und Lehrer bezeugen, - auch in französischer Sprache - frei und flüssig.[9]

Zunächst ist Rémi ein Einzelfall. Doch an seiner Situation läßt sich ein grundsätzliches Problem verdeutlichen. Die Bamiléké-Gesellschaft Kameruns ist durch viele Traditionsbrüche gekennzeichnet, die vor allem politökonomisch begründet sind. Auch Rémi steht unter ihrem Einfluß, wie sich in Indizien seiner kulturspezifischen Interpretation andeutet. Wenn er etwa die neue Klassenlehrerin angreift und die Klassenkameraden mit dem Argument gegen sie aufhetzt, daß sie nicht das Bild einer Bamiléké-Autorität erfülle, dann wird darin sein Konflikt zwischen der Traditionsvorgabe einer statusbezogenen Position und einem diskursivem Austausch

---

[9] Entspricht der Identitätsbegriff angesichts der kulturellen Differenz dem hier angesprochenen Sachverhalt? Oder ist er ein Begriffskonstrukt, das sich nicht auf Rémis Situation beziehen läßt? Ich verstehe Identität mit J. Straub (Straub1991) als Kontinuitätsleistung, durch die ein Individuum oder Gruppenmitglied sich in Raum und Zeit als ein bestimmtes, möglicherweise auch bestimmten Transformationen unterworfenes verstehen kann. Identität im Sinne einer Kontinuitätsleistung scheint mir in jeder Gesellschaft notwendig und unabhängig vom neuzeitlichen Individuationsprinzip zu sein. In Termen der lacanianischen Psychoanalyse gesprochen liegt die Identität verbürgende Kontinuitätsleistung darin, die Impulse des imaginären Registers, des Ortes des Begehrens, und die Momente des symbolischen Registers, des Ortes des Anderen und der sozial auferlegten Normativität, aufeinander zu beziehen.
An diesem Sachverhalt ändert sich m.E. auch nichts durch den normativen Gehalt, den der Identitätsbegriff in die Analyse einführt, indem er das Schweigen des Rémi als Ausdruck eines Leidens verstehen läßt, das zu heilen ist. Denn jede Gesellschaft ist auf Kommunikation angewiesen, und Nicht-Kommunikation, sofern sie nicht in besonderen Regeln gefaßt ist, denen etwa Mitglieder von Geheimgesellschaften gegenüber anderen Gesellschaftsmitgliedern unterworfen sind, muß als ein nicht tolerierbares Problem gelten, das, wenn es nicht geheilt wird, den Bestand der Gesellschaft gefährdet.

vertrauenden Verhalten manifest.[10] Sofern nun dieser Konflikt unter die normative Kommunikationsdominanz des François gebracht und durch die formelhaft autoritative Berufung auf die »neue Pädagogik« der Modellschule ins Register traditioneller Sozialisation eingeschrieben wird, kann er nicht als Konflikt bearbeitet werden. Verallgemeinert bedeutet dies, daß der Kommunikationshabitus, wie er sich an François beobachten läßt, tendenziell notwendige Entwicklungen blockiert und die nachfolgende Generation mit ihren gesellschaftlichen Umbrucherfahrungen allein läßt, indem er sie aus seinem diskursiven Kosmos exkommuniziert.

4.

Das Interaktionsproblem zwischen François und Rémi scheint strukturell schon innerhalb des François-Diskurses selbst zu bestehen.[11] Auch François gelingt es kaum, normative und narrative Momente seines Erziehungsdiskurses in nicht-subsumtiver Weise aufeinander zu beziehen.[12] Um aber Identität zu konstruieren und das eigene Leben im Kontext normativer sozialer Instanzen zu organisieren, ist es unabdingbar, individuelle Erfahrungen mit den Figuren sozialer Normierung in eine Beziehung wechselseitiger Interpretation und Korrektur zu setzen. Eine solche Beziehung erfordert jedoch die Lockerung und Modalisation der den normativen Sätzen

---

[10] Er verleumdet die neue Klassenlehrerin als »mince« (mager, dünn): Als schlanke Frau entspricht sie nur wenig dem tradierten Bild der tüchtigen Bamiléké-Frau, deren Wert sich jenem Bild zufolge vor allem in der Mutterrolle und in der Feldarbeit erweist. Daß die junge Lehrerin, den Vorstellungen des Schulmodells folgend, sich mehr dem Gespräch und der Argumentation als der Anordnung verpflichtet, wird von Rémi in traditioneller Perspektive ebenfalls als Schwäche ausgelegt.

[11] Kritische Ko-Autorin dieses Abschnitts ist Michaela Kuchenreuther. Sie hat sorgfältige und umfangreiche Prüfungen der riskanten Analyse-These innerhalb der uns verfügbaren Dokumente durchgeführt und in hartnäckigen Diskussionen Irrwege zu vermeiden geholfen. Bei dieser Gelegenheit möchte ich meine Erfahrung unterstreichen, daß Mikro-Analysen im fremdkulturellen Feld nicht nur der Kooperation mit heimischen Interpreten bedürfen, sondern darüber hinaus sehr von pluraler, auch kulturexterner Prüfung profitieren. Ich danke Michaela Kuchenreuther für die widerständig-produktive Kritik, mit der sie den Kern dieser Studie begleitet hat.

[12] Im gegebenen Fall bedeutet dies, daß François »Erfahrungen«, statt sie auf mögliche Deutungen hin zu erproben, gleichsam a priori unter das vorausgesetzte Normensystem zwingt.

Zur Funktion propositionaler und semi-propositionaler Repräsentationen

zugrunde liegenden Kategorien einerseits, der der narrativen Sätze andererseits. Normative Aussagen müssen evtl. zu Fragen modalisiert (›*Was kann das Schlagen, was kann das Strafen in der Erziehung bewirken?*‹) oder narrative Aussagen auf normative Momente hin ausgelegt werden, die ihnen innewohnen mögen (›*Wir haben den toten Bruder nie gefunden. Meine Mutter ist daran irre geworden. Wie kann man das verstehen?*‹).
   Die tatsächlich von François geäußerten Aussagen erlauben eine solche Modalisation jedoch nicht. Ein Gesprächspartner, aber auch er selbst als sein eigenes alter ego, könnte deren Striktheit nur unter Verletzung der Maximen kommunikativer Kooperation auflösen. François müßte einen Selbstwiderspruch eingehen und seiner Rolle als Familienchef widersprechen, wie er sie vor dem Hintergrund seiner Biographie sich abverlangt sieht. Er müßte jenen Toten widersprechen, die ihm die Rolle als Familienchef zugedacht haben: seinem Vater und dem verschwundenen Bruder. Sofern er ihnen nicht widersprechen kann, können die narrativen Sequenzen auf den normativen Diskurs und die zugrunde liegenden Kategorien seiner Welt- und Selbstkonstruktion nicht so einwirken, daß aus dem Zusammenspiel beider Ebenen ein anderes Welt- und Selbstverhältnis emergieren könnte.

4.1

Die skizzierte Opposition zwischen berichtenden und normativen Diskursmomenten läßt sich genauer durch den Umstand charakterisieren, daß die normativen Momente tendenziell erstarren, während berichtende Elemente den Diskurs des François »überschwemmen«. Auch dafür sei ein Beispiel gegeben:

... er ist im Unterricht starrköpfig gewesen, die Lehrerin hat ihn nach Hause geschickt, um seinen Vater zu holen. Er ist gekommen, morgens. Er hat mir das gesagt. Ich bin zur Schule gegangen. Er ist / er hatte / das heißt, wenn ihn etwas packt, wenn man :: • • • / selbst wenn du, man / • • • sein Freund ihn dort schlägt, verhält er sich wie / • • • verhält er sich wie ein Verrückter. Er ist außer sich vor Wut • • • Er / er ist dann ganz da wie • • • (A-1, 150 ff.)

Als es darum geht zu sagen, was geschehen ist oder geschieht, äußert François eine ganze Folge abgebrochener Satzanfänge, die die Aufmerksamkeit metonymisch fließend verschieben, ehe er mit dem Hinweis »wie ein Verrückter« einen passenden Satzschluß findet. Erst nach vielen Anläufen kommt die Suchbewegung für einen Moment im metaphorischen Moment *wie ein Verrückter* zur Ruhe, um sich jedoch sogleich wieder in neue Bewegung aufzulösen.

Doch die Einmündung der Suchbewegung in die Metapher bleibt folgenlos für François' Interpretation des an Rémi beobachteten Verhaltens. Sie löst sich in seiner Komplizenschaft mit der Lehrerin auf, mit der als Repräsentantin des Erziehungssystems er sich verbündet habe:

Er / er ist dann ganz da wie ••• das heißt / das heißt man würde meinen, daß das Gehirn ••• nicht richtig arbeitet. Aber es ist ganz in Ordnung. Gut, mh, ich habe mit seiner Lehrerin gesprochen [...] Wir haben uns gut miteinander verstanden ••• (A-1, 155 ff.)

Gestützt durch den Hinweis auf die Solidarität der Erwachsenen hält François die normativen Elemente des Diskurses aufrecht, während die berichtenden Elemente in fortgleitender Aufmerksamkeitsverschiebung fragmentiert bleiben. Die normativen Aussagen erscheinen gleichsam wie Fixsterne der etablierten Erwachsenenwelt, zwischen denen die darstellenden Elemente des abweichenden Verhaltens wie die Brocken zerbrochener Asteroiden flottieren:

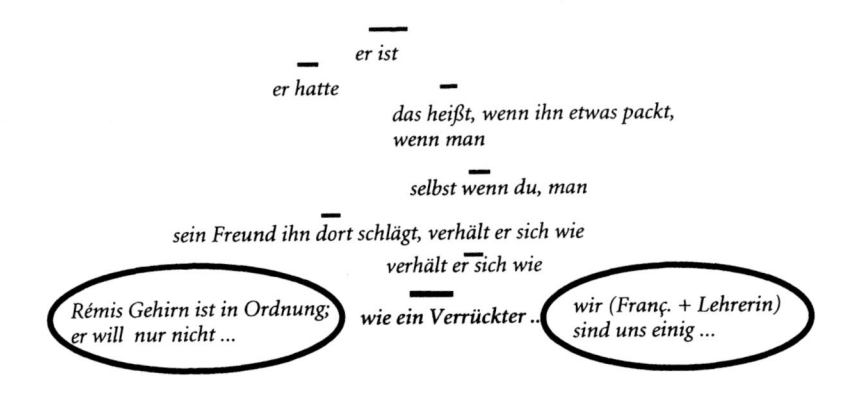

```
                            ―
                        er ist
            ―
         er hatte          ―
                    das heißt, wenn ihn etwas packt,
                              wenn man
                                 ―
                        selbst wenn du, man
                ―
   sein Freund ihn dort schlägt, verhält er sich wie
                              ―
                       verhält er sich wie
  ⎛                  ⎞          ―          ⎛                     ⎞
  │Rémis Gehirn ist in Ordnung;│ wie ein Verrückter..│wir (Franç. + Lehrerin)│
  │ er will nur nicht ...      │                     │sind uns einig ...     │
  ⎝                  ⎠                     ⎝                     ⎠
```

Flottierende und fixierende Elemente im Diskurs des François

In der Zuschreibung »wie ein Verrückter« werden die Diskursfragmente in die normative Ordnung zurückgeholt. Mit dem französischen Wort »*le fou*« bezeichnen die Bamiléké jene verlorenen Menschen, die wegen tatsächlicher Geisteskrankheit oder schwerwiegender Abweichung vom sozialen Normenkodex oft exkommuniziert leben und von Abfällen sich nährend durch das Land streifen. François' flottierende Diskursfragmente stellen die normative Struktur nicht in Frage. Sie verstärken sie vielmehr, indem sie das Angstbild des exkommunizierten fou evozieren.[13]

4.2

Eine andere Stelle des François-Diskurses erlaubt, die Interpretation zu präzisieren. Dort spricht François vom älteren Bruder. Zum Verständnis ist daran zu erinnern, daß die Verschleppung des älteren Bruders eine Trennungserfahrung markiert, in der sich für François eine vorangegangene Trennungserfahrung - die Übersiedlung des 10-jährigen François nach Yaoundé - verschärft. Die Bedeutung der Trennungserfahrung vom älteren Bruder drückt sich im François-Diskurs wiederum so aus, daß sie durch nachfolgende Sätze - geäußert durch François oder den Zuhörer - nicht in Frage gestellt, nicht modalisiert, sondern nur mit einem »ja« quittiert werden könnte. Ein erstes Beispiel dieser Art findet sich, als ich François frage, ob sein älterer Bruder, der Erstgeborene der Familie, der »successeur«, der dem Vater nachfolgende Familienchef hätte sein müssen. François antwortet:

Je ne sais pas, hein, •• parce que •• les affaires de ••, non, s'il était là, il ne pouvait pas, parce que le grand-frère • c'était comme l'ami de papa. ... Le premier, le premier fils! ... A l'âge où papa est mort il devait être • plutôt •, euh, c'est son ami ... c'est son ami.

In deutscher Übersetzung:

Ich weiß nicht, hm, •• weil •• die Angelegenheit der ••, nein, er / wenn er da wäre, konnte er nicht, weil der große Bruder • das war wie der Freund von Papa ... Der erste, der erste Sohn! ... In dem Alter, in dem Papa gestorben ist, sollte er • eher •, äh, das ist sein Freund ... das ist sein Freund.

---

[13] Vgl. unten S. XX François' Schilderung der Mutter, die wie eine »folle« durchs Land gezogen und ihren verschollenen ältesten Sohn gesucht habe.

François antwortet mir hier als dem Fremden, der die kulturspezifischen Zusammenhänge nicht ganz versteht und eine Frage stellt, die kulturintern kaum zu stellen ist. Er antwortet auf eine in diesem Sinne ihn überraschende Frage.

Zum Verständnis des Hinweises auf die Freundschaft zwischen Vater und ältestem Sohn ist zunächst zu sagen, daß die Familie des François sich einer lokalen Tradition verpflichtet sieht, nach der der älteste Sohn zum freundschaftlichen Vertrauten des Vaters wird, der nach dessen Tod über die korrekte Einhaltung des *succession*-Rituals wacht und eben deshalb nicht selbst der *successeur* werden kann. So verstanden ist die eben zitierte Äußerung des François also unauffällig. Auf meine Frage, ob der Bruder der eigentlich vorgesehene *successeur* gewesen sei, sagt François, dies sei traditionsbestimmt unmöglich.

Als nicht selbstverständlich erweist sich dagegen die Syntax der François-Äußerung. Selbst wenn man in Rechnung stellt, daß mündliche Rede nicht einfach nach den Regeln der Schriftsprache beurteilt werden kann, und auch wenn man bedenkt, daß das Französische nicht die Muttersprache des François ist, gibt es eine Auffälligkeit, die besonderer Analyse bedarf. Diese Auffälligkeit ist bemerkenswert, weil François ein relativ gutes, begriffsreiches Französisch spricht und sich aufgrund seiner beruflichen Erfahrungen zunächst als international reisender Händler, dann als Verwaltungsangestellter eines größeren Unternehmens differenziert ausdrücken kann. Sie ist darüber hinaus bemerkenswert, weil sie nur an einigen spezifischen Stellen, dagegen in syntaktischen Parallelszenen nicht auftritt. Es geht bei der Auffälligkeit um François' Umgang mit den Kategorien des Wirklichen, des Möglichen und des Unmöglichen:

Notre / mon grand-frère ... (-) s'il était là, il ne pouvait pas ... (B-2, 29)

François sagt: »... *s'il était là, il ne pouvait pas* ...« Auf deutsch: »... wenn er da wäre, konnte er nicht ...«

Der Satz fällt auf, weil die beiden Teilsätze in einem syntaktischen Mißverhältnis stehen. Es heißt nicht: »... *s'il était là, il ne pourrait pas*« oder: »... *s'il avait été là, il n'aurait pas pu* ...« Auf deutsch: »... wenn er da wäre, könnte er nicht ...« oder: »... wenn er da gewesen wäre, hätte er nicht können ...« Stattdessen heißt es: »... *s'il était là, il ne pouvait pas* ...« Auf deutsch: »... wenn er da wäre, konnte er nicht ...« Zu erwarten wäre die Formulierung des Nachsatzes, der Apodosis, im Irrealis, in der negierten Möglichkeitsform.

Zur Funktion propositionaler und semi-propositionaler Repräsentationen

Formal läßt sich der Satz als *si p, q* darstellen. Das Verständnis des Satzes hängt von der Beziehung der beiden Teilsätze zueinander ab. Die Beziehung besteht in einem inferentiellen Prozeß, in dem aus vorausgehenden Argumenten ein Schluß gezogen wird. Auch wenn man mit O. Ducrot (1972, 168) darauf beharrt, daß alltagssprachliche Inferenzprozesse nicht immer logisch strengen Schlußverfahren verpflichtet sind, wäre zu erwarten, daß der Protasis, dem einleitenden *si*-Satz, der eine mögliche Situation imaginiert, ein Aussagesatz, eine Apodosis folgt, die, der Protasis Rechnung tragend, die imaginierte Situation als Verstehensvoraussetzung in sich aufnimmt.[14] Im gegebenen Fall, in dem der ältere Bruder als ältester Sohn der Tradition entsprechend nicht *successeur* hätte werden können, bedeutet dies, daß die imaginierte Situation möglicher Anwesenheit des Bruders die Tradition nicht hätte brechen können. Zu erwarten wäre gewesen, daß die Imagination sich in einer Irrealis-Form der Apodosis manifestiert hätte: *s'il était là, il ne pourrait pas ... - (selbst) wenn er da wäre, könnte er nicht (successeur werden, da die Tradition das nicht erlaubt).*

Der Satz thematisiert ein Spannungsverhältnis zwischen einer imaginierten Situation und einem möglichen bzw. nicht möglichen, weil durch andere Bedingungen verhinderten Weltzustand. Wenn François die im *si*-Satz vorausgesetzte Verstehensbedingung im Nachfolgesatz nicht aufnimmt, kann das verschiedene Gründe haben. Nahe liegt die Vermutung, es handele sich um eine Übertragung aus der Syntax der Muttersprache, des Ghomala'a. Doch auch im Ghomala'a werden Irrealis-Unterscheidungen syntaktisch vollzogen, wie die Kameruner Kollegen erklären. Die Abweichung scheint also nicht durch eine Strukturübertragung aus der Muttersprache in das Französische motiviert zu sein. Auch linguistische In-

---

[14] Wie O. Ducrot schreibt: »... la thèse principale défendue ici c'est qu'une proposition de type *si p, q* n'a pas pour *signification* première ›p est cause de q‹, ni ›p est condition de q‹ (bien qu'elle puisse servir à indiquer ces relations). Sa valeur fondamentale est de permettre la réalisation successive de deux actes illocutoires : 1° demander à l'auditeur d'imaginer ›p‹, 2° une fois le dialogue introduit dans cette situation imaginaire, y affirmer ›q‹.« (Vgl. Ducrot 1972, 168) Die primäre Leistung des si-Satzes besteht nach Ducrot also darin, dem Hörer die Imagination einer Situation abzuverlangen, ohne welche der nachfolgende Satz, die Apodosis nicht verständlich wäre.
Der Logik des Ducrotschen Imaginationsargumentes ähnlich argumentiert auch K. Hunnius (1960), der die si-Konstruktion im Plusquamperfekt und Imperfekt als Tempus der »Einfühlung« und »lebhaften Vorstellung« deutet, so daß die Apodosis das lebhaft Vorgestellte gleichsam als wirklich nehmend indikativisch fortführt. Für diesen Hinweis danke ich Wolf-Dieter Stempel.

kompetenz scheidet als Grund aus, da die Konstruktion nur an einigen, in bestimmter Hinsicht vergleichbaren Stellen vorkommt, an anderen, syntaktisch vergleichbaren Stellen jedoch nicht. Was also führt zur Abweichung von der Irrealis-Erwartung?

Eine andere Deutung scheint aussichtsreicher. Die Äußerung »... *s'il était là, il ne pouvait pas* ...« muß nicht als ein einheitlicher Satz verstanden werden. Der erste Teilsatz kann als Ellipse verstanden werden, der, gleichsam in neuem Anlauf, ein neuer Satz folgt: »... *S'il était là (non, il n'était pas là, on ne peut pas / on n'a pas le droit d'imaginer cette situation) ... / ... il ne pouvait pas* ...« - »... *Wenn er da wäre (nein, er war nicht da, man kann/darf diese Situation nicht imaginieren) ... / ... er konnte nicht* ...« Dieser Lesart zufolge ist zwischen Protasis und Apodosis ein nicht artikulierter Widerruf der in der Protasis imaginierten Situation anzunehmen. Der folgende Abschnitt nimmt diese Annahme auf und konzentriert die Analyse auf die Frage, was den Widerruf der Imagination motiviert.

5.

Motiv ist zunächst ein allgemeinpsychologischer Begriff. Wenn ich hier vom Motiv spreche, variiere ich eine vielzitierte Redeweise J. Lacans.[15] Ich unterstelle, daß Imagination und Widerruf *als* oder *wie* eine Sprache strukturiert sind. *Als* Sprache strukturiert sind Imagination und Widerruf, wenn der Motivationsimpetus dem symbolischen Register einer Gesellschaft zugehört, das etwa die Vorstellung eines bestimmten Sachverhalts - im gegebenen Fall die Vorstellung, der älteste Sohn könne successeur sein - ausschließt. Nimmt man dagegen an, sie seien *wie* eine Sprache strukturiert, dann unterstellt man unbewußte Prozesse des Sprechenden, die sich im Widerrufsbruch des Satzes artikulieren. Schematisch lassen sich die beiden Möglichkeiten etwa so darstellen, wie im folgenden Schema (s.u.).

Auch das Unbewußte kann nur im Sprechen, dieses im weiten Sinn verstanden, es kann gleichsam nur als Ein-Fluß ins Sprechen erscheinen. Stellt man sich den Zusammenhang topographisch vor, wie die Skizze es andeutet, dann kann man sagen, daß das Unbewußte gleichsam in das

---

[15] Lacan sagt bekanntlich, daß das Unbewußte wie eine Sprache strukturiert sei. Wenn wir hier zwischen als und wie unterscheiden, dann unterscheiden wir zwei Motivationsorte, das imaginäre System des Unbewußten einerseits, das symbolische System der (sprachlich manifesten) Ordnung einer Gesellschaft andererseits.

Zur Funktion propositionaler und semi-propositionaler Repräsentationen

Sprechen hineintreibt, die propositionale Ordnung stört, die sich dem symbolischen Register verdankt, und daß es sich (u.a.) in semi-propositionalen Repräsentationen ausspielt. Sofern sich nun normative Rede innerhalb der symbolischen Ordnung dem sozialen Normensystem einschreibt, artikuliert sie bestimmte (oder bestimmbare) Repräsentationen, die in dem Maße propositional sind, in dem sie Momente des sozialen Normensystems artikulieren. Sofern jedoch das Sprechen von unbewußten Impulsen aus dem imaginären Register gestört wird, geht es über eine Artikulation des sozialen Normensystems hinaus. Es artikuliert dann Repräsentationen, die sich propositionaler Bestimmtheit entziehen und unter dem Aspekt ihres semantisch-kognitiven Gehalts semi-propositional im Sinne Sperbers genannt werden können.[16]

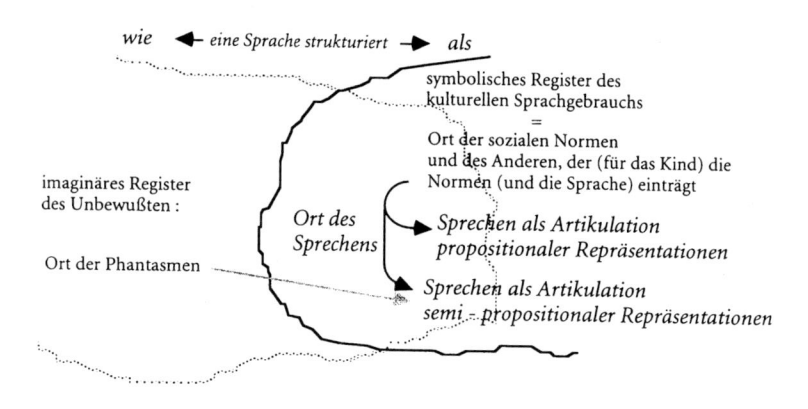

wie ← *eine Sprache strukturiert* → *als*

symbolisches Register des
kulturellen Sprachgebrauchs
=
Ort der sozialen Normen
und des Anderen, der (für das Kind) die
Normen (und die Sprache) einträgt

imaginäres Register
des Unbewußten:

Ort des
Sprechens

*Sprechen als Artikulation
propositionaler Repräsentationen*

Ort der Phantasmen

*Sprechen als Artikulation
semi-propositionaler Repräsentationen*

Das Sprechen, das imaginäre und symbolische Register

Zu fragen ist nun, ob in der normativen Rede des François das symbolische (als-) oder das imaginäre (wie-)Register dominiert.

5.1

Um zunächst in der Spur des imaginären (wie-)Registers zu analysieren, diskutiere ich einen Satz, der der erwartbaren Syntax folgt. François

---

[16] Dies bedeutet natürlich nicht, daß alle semi-propositionalen Repräsentationen Ausdruck eines Unbewußten wären.

spricht an anderer Stelle von der Pädagogik, die gegenwärtig in der Schule von Mbô praktiziert werde:

»Nous, si on avait cette pédagogie / cette pédagogie qu'on vous donne aujourd'hui, nous, on serait parti loin ... « (A-1, 184 ff.)

Übersetzt:

»Wir, wenn man diese Pädagogik gehabt hätte, diese Pädagogik, die man euch heute gibt, wir, man wäre weit gekommen ... «

Der *si*-Satz formuliert eine imaginierte Situation, eine Möglichkeit - nämlich die Existenz einer anderen Pädagogik -, und der nachfolgende Satz stellt die imaginierte Situation in Rechnung, indem er einen möglichen daraus folgenden Sachverhalt formuliert. In den zwei Teilsätzen wird also ein möglicher Sachverhalt A mit einem möglichen Sachverhalt B in Beziehung gesetzt: ›*Wenn man die Situation x gehabt hätte, dann hätte man auch die Folge y haben können ...*‹ formalisiert: ›*wenn p, q*‹.

Im François-Diskurs kommen also zwei Typen von *si*-Sätzen vor, einerseits die Form, in der eine mögliche Welt als mögliche Welt, eine Denkmöglichkeit als Möglichkeit ratifiziert wird, andererseits die abweichende Form, in der eine im Einleitungssatz formulierte Denkmöglichkeit im Nachfolgesatz nicht aufgenommen wird. Der inhaltliche Vergleich der beiden Typen führt zu einer wichtigen Einsicht. Die erwartbare Syntax (der Potentialis) tritt auf, wo die frühere Anwesenheit einer jetzt abwesenden Instanz (»cette pédagogie«) artikuliert wird. Der Widerrufsfall (der Widerruf des Irrealis) findet sich dort, wo vom toten Bruder, von Trennung und von abwesender Anwesenheit die Rede ist. Im gegebenen Beispiel tritt die indikativische Redeform genau dort auf, wo die Logik des *si*-Satzes die denkmögliche Gegenwart des toten Bruders evoziert. Es scheint im Indikativ die Imagination widerrufen zu werden, der tote Bruder könnte anwesend sein. Im Blick auf den toten Bruder scheint das Möglichkeitsdenken des François blockiert zu sein, und zwar derart, daß die Nennung des toten Bruders, die Imagination seiner Anwesenheit, noch die irreale Vorstellung, er hätte *successeur* werden können, aus dem Denken verbannt. Wir hätten es also, so scheint es, mit einer Motivation des Widerrufs im Sinne des *wie* zu tun. Die imaginierte Präsenz des toten Bruders, die sich dem symbolischen System der Sprache verweigert und nicht in bestimmter Form repräsentiert werden kann, würde als Bedrohung erfahren und die möglicherweise unbewußte Bedrohung den Widerruf motivieren.

Zur Stützung dieser möglichen Deutung ist nochmals auf das besondere Verhältnis der Bamiléké zu ihren Toten zu verweisen. In ihrer Glaubenswelt sind die Toten Teil des sozialen Lebens. Sie werden unmittelbar neben oder im Wohnhaus begraben. Ihre Schädel werden nach einigen Jahren dem Grab entnommen und innerhalb des Hauses des Familienchefs oder in einer eigenen Schädelstätte bestattet. So sind die Ahnen anwesende Gesprächspartner, mit denen der Familienchef traditionell in allen wichtigen Familienangelegenheiten kommuniziert. Diese Kommunikation ist notwendig, weil die toten Ahnen das Leben durchherrschen und jederzeit in das Schicksal der Lebenden eingreifen können. Wenn aber der gemeinsame Ort - die Schädelstätte - Bedingung eines Gesprächs ist und wenn, wie im Falle des verschleppten Bruders, der Tote nicht gefunden wird, sein Schädel, die Instanz des sprechenden Anderen, also nicht »da«[17] ist, dann gibt es keinen Ort, an dem mit dem Toten zu kommunizieren wäre. Der Tote verbleibt in einer abwesend anwesenden Allpräsenz, die sich jeder Bestimmtheit entzieht. Er verbleibt in der Präsenz eines imaginären Anspruchs, dem der Lebende nicht antworten kann. Eine abwesende Anwesenheit, die nicht lokal gebunden werden kann, bedroht in diesem Glaubenssystem, zumal, wenn die Umstände des Todes mit der traumatischen Verlust- und Todesangst der ganzen Familie einhergegangen sind, mit einer All-Gegenwart, die, weil man sich nicht an sie wenden und mögliche Interpretationen ihr gegenüber nicht artikulieren kann, den symbolischen Raum der Sprache, indem sie sich ihm in die Unsagbarkeit entzieht. Sie schneidet das symbolische Register vom Austausch mit dem imaginären Register ab, stoppt gleichsam den Zufluß unbewußter Gehalte und läßt so den Raum des symbolisch Denkbaren erstarren. So verstanden könnte die syntaktische Widerrufung des Denkmöglichen ein Ausdruck der kommunikativ nicht zugänglichen All-Gegenwart des toten Bruders sein. Denkmöglichkeiten, die das symbolische System der Sprache u.a. in der Syntax der Möglichkeitsformen bereit hält, würden durch die vorsymbolische Imagination der kommunikativ unerreichbaren Allgegenwart des Toten blockiert, eine Konstellation, die an das erinnert, was Lacan die Blockierung in der Faszination nennt (vgl. Lacan 1991, 68).[18]

---

[17] Verstanden im Sinne eines symbolisch repräsentierbaren »Da«, wie S. Freud es im berühmten »Fort-Da-Spiel« wahrnimmt (vgl. Freud 1975, 225f).
[18] In Anknüpfung an den Wortsinn von Trauma (zerrissenes Gewebe) läßt sich der Sachverhalt auch so formulieren, daß die traumatische Verlusterfahrung darin besteht, daß die entsprechenden Partien des sprachlich-symbolischen Gewebes der

5.2

Doch die Interpretation in der *als*-Spur des Widerrufs ist ebenfalls zu verfolgen. Der Widerruf könnte auch durch Gebote des symbolisch-kulturellen Registers der Bamiléké-Gesellschaft motiviert sein, wie sich schon im eben gegebenen Hinweis auf die Ahnenmythologie vermuten läßt. Zwar ist der Tod radikale Trennung. Durch den traditionellen Glauben der Bamiléké an die abwesende Anwesenheit der Ahnen und durch die Pflichten ihnen gegenüber ist die Todesvorstellung aber so modifiziert, daß das symbolische Register der Lebenden gleichsam zum imaginären Raum des Todes hin geöffnet ist. Im Blick auf die mentale Repräsentation des Verhältnisses zu den Ahnen ist wichtig, daß diese im Schädel symbolisch präsent sind, so daß deren Tod im Glaubenssystem gleichsam repräsentational eingeholt wird.

Zwei Jahre nach dem ersten Familiengespräch hat uns - Julia Fischer-Ortman und mir - François seine Lebensgeschichte erzählt.[19] Es war ihm wichtig, seine Erzählung aufgeschrieben zu sehen, um sich in ihr nach seinem Tode erinnert zu wissen.

In lebensgeschichtlichen Erzählungen ist die explizite Einbindung narrativer in explizit normative Momente normal. Oft ist zu beobachten, daß der Erzähler oder die Erzählerin in der Vergegenwärtigung normativer Aussagen oder, wo diese nicht verfügbar sind, argumentativer Exkurse, die Richtigkeit eines Handelns auszuweisen sucht. Vor dieser Aufgabe steht auch François. Doch die Erfahrungslast des Bürgerkrieges scheint seine Erzählung immer wieder in die ratlose Situation zu führen, Erlebnisse und lebensgeschichtliche Bewegungen nicht orientieren zu können. An die Stelle von Aussagen etwa des Typus ›*Ich habe damals so gehandelt, weil es bei uns Tradition ist, so zu handeln*‹ oder ›*Ich habe so gehandelt, weil ich mir von diesem Handeln einen Gewinn versprach*‹ tritt in seiner le-

---

Denkmöglichkeiten zerrissen, daß seine Bahnungen propositionaler Repräsentation zerschnitten und mögliche Gehalte ins Register unbestimmter Imaginationen verbannt sind.

[19] Der Erzählung gingen mehrere intime Einzelgespräche zwischen François und Rainer Kokemohr voraus. Deren Tonbandaufnahme war mir unmöglich, weil sie François vermutlich verletzt und die intime Gesprächssituation zerstört hätten. Erst als François' Wunsch deutlich wurde, seine Biographie aufgeschrieben zu wissen, haben wir die Situation herbeigeführt, in der Julia Fischer-Ortman als noch nicht informierte Gesprächspartnerin für François jene nicht wissende Zuhörerin sein konnte, der gegenüber ein Erzählmotiv bestand.

bensgeschichtlichen Erzählung rondo-artig wiederkehrend die Frage, die verschiedenen Handelnden in den Mund gelegt wird, was denn zu tun sei: »*Qu'est-ce qu'il faut faire?*«, »*Comment je vais faire?*«, »*Qu'est-ce que je vais faire?*« oder »*Qu'est-ce qu'il faut faire?*«.

Gerahmt von solcher Orientierungsnot vergegenwärtigt François in einer konzentrierten Erzählszene signifikante Mitglieder seiner Elternfamilie. Zunächst spricht er vom jüngeren Bruder, dem der Ausbildungsweg eines Studiums in Frankreich durch den Bürgerkrieg versperrt worden sei und der daraufhin Pilot beim Militär habe werden wollen. Der Vater habe sich diesem Wunsch mit dem Hinweis widersetzt, daß schon der älteste Sohn tot und die Mutter daran irre geworden sei. Es schließt sich eine schwer verständliche Sequenz an:

»*Le père a commencé à dire: ›Si c'est comme ça c'est que c'est fini pour moi, c'est fini! Ton frère est mort. Celui-ci il se débrouille et il te/ il te console, tu es devenu comme ça. Tu vois comment est ta maman?‹ Ma mère/ma mère que vous avez vu la photo avait des cheveux comme, des cheveux comme Monique, mais les cheveux sales, crépis, descendus jusqu'ici. Elle était sale, elle ne se lavait pas. Elle était comme une folle. Bon, le jour où je suis venu, j'ai trouvé à l'hangar de l'hôpital – sale. Je ne l'ai pas reconnue. C'est elle qui m'a appelé. Quand j'ai regardé comme ça, j'ai vu que c'était ma mère. Elle était toujours, toujours en route comme ça, en route pour ...*«

RK: »*... pour vous chercher?*«

F: »*Pour chercher son fils, mon grand frère. Elle nous disait seulement que c'est son fils: ›Si après sa naissance je mourais c'est que c'était mon fils. Si je l'accouchais, je n'accouchais plus c'est que j'avais déjà accouché. C'était mon fils. Vous, vous êtes venus comme ça, c'était mon fils que Dieu avait donné.‹ C'est toujours lui qu'elle pleurait, même le père – même chose. Là maintenant on est arrivé ici et le petit frère m'avait dit: ›Bon, il faut les encadrer.‹ Je les ai encadrés jusqu'à finalement je les ai/je les ai coupé les cheveux. Je les ai, j'ai flatté, je les ai beaucoup flattés avant de/de rentrer, commencer encore ma misère.*«

Zunächst läßt Francois den Vater sagen, er, François, stehe dem jüngeren Bruder zur Seite. Dann lenkt er im Vater-Zitat den Blick auf die Mutter. Doch sofort springt die Szene um. Vermittelt durch den Hinweis auf das Foto, das er zuvor gezeigt hatte, erzählt François vom Umherirren der Mutter, die er, François, in ihrer irren Verwahrlosung nicht erkannt und die ihn angerufen habe. Als ich, die Referenz mißverstehend, fragend deute, die umherirrende Mutter habe zu diesem Zeitpunkt vermutlich ihn, François, gesucht, folgt eine bemerkenswerte Äußerung logischer Nichtvollziehbarkeit, die zugleich imaginären wie symbolischen Gehalts zu sein scheint. Ihren Sohn habe sie gesucht, seinen älteren Bruder. Ihre Suche habe sie mit den Worten erläutert, er sei ihr Sohn in dem besonderen Sinn, daß, stürbe sie nach seiner Geburt, er ihr Sohn sei. Wenn sie gebären würde, würde sie nicht mehr gebären, weil sie schon geboren habe. Er sei ihr von Gott gegebener Sohn gewesen, während François und die anderen Kinder, die »vous«, eben nur so gekommen seien.

Wieder artikuliert François, wenn auch im Modus eines Mutter-Zitates, auf eine Intervention des fremdkulturellen Zuhörers hin, der, die Szene nicht verstehend, das François-Ich an die Stelle des Bruder-Ich setzt, in der schon bekannten Syntax indikativischer Apodosis: »*Si après sa naissance je mourais c'est que c'était mon fils. Si je l'accouchais, je n'accouchais plus c'est que j'avais déjà accouché. C'était mon fils.*« Strukturell analog zum oben zitierten Familiengespräch reagiert François hier auf die Intervention des fremden Zuhörers. Während er sich dort, herausgefordert durch die Frage des Zuhörers nach seiner Rolle als *successeur*, gegenüber dem Verhältnis von Vater und Bruder zurücknimmt, nimmt er sich hier, herausgefordert durch die Intervention des fremden Zuhörers, gegenüber dem Verhältnis von Mutter und ältestem Sohn zurück. Evoziert die mißverstehende Intervention des Fremden eine Konstellation, die dem Normenkosmos widerspricht und deshalb aus dem Blick gebracht werden muß? Erfüllt der Indikativ als Redefigur die Funktion, die latente Bedrohung des Normenkosmos abzuwehren?

Nachdem François der verzweifelten Mutter seine Stimme geliehen hat, wendet sich seine Erzählung der damaligen Beziehung zu, in der er sich gegenüber den Eltern sieht. Mutter und Vater hätten immer nur ihren ältesten Sohn beweint und damit die lebenden Söhne aus der privilegierten Elternbeziehung ausgeschlossen. In dieser Situation habe der eben noch ratlose jüngere Bruder ihn, François, an seine Pflicht erinnert, die Eltern aus ihrem Schmerz zu reißen: »Bon, il faut les encadrer«.[20] Dieser Aufforderung sei er, François, dann auch gefolgt. Er sei so weit gegangen, an den

---

[20] Encadrer - in den (richtigen) Rahmen bringen - ist ein Schlüsselwort für Erziehung in der Bamiléké-Gesellschaft. So wird etwa ein Häuptling anläßlich seiner Beerdigung mit den Worten gerühmt, er habe seine Untertanen immer richtig »encadré« (so bei dem *enterrement* des Häuptlings von Bagam-Fokam 1998, das ich filmen konnte).

Eltern, ihnen vielfältig schmeichelnd, den Trauerkult des Haareschneidens zu vollziehen.

Das Abschneiden des Haupthaars ist im symbolischen Register der Bamiléké-Kultur ein Akt der Anerkennung des Todes enger Verwandter. Indem François den Eltern die Haare schneidet, stellt er symbolisch den Tod des älteren Bruders fest. Damit wird verständlich, daß die Eltern, wie François bei anderer Gelegenheit anmerkt, seit diesem Augenblick nie mehr vom toten Sohn gesprochen hätten. Indem François den Eltern die Haare schneidet, schreibt er deren Repräsentationen vom verschleppten Sohn dem symbolischen Totenregister der Tradition ein. Während sich in dem Schmerz und Irresein sowie in der Suche der Eltern nach dem nicht Auffindbaren ungebundene Phantasmen ausdrücken, scheint François die Instanz zu sein, die die tradierte Ordnung des symbolischen Registers wiederherstellt. Die Motivation dieser Lesart läge also im Versuch der Restitution der symbolisch gebundenen Normalität durch die Ausgrenzung jener den Familienkosmos zerstörenden Phantasmen.

6.

Doch die Interpretation, daß François das Familienleben angesichts katastrophaler Erfahrungen symbolisch renormalisiere, reicht nicht aus, um die der Mutter in den Mund gelegte Äußerung zu verstehen. Zwar enthält die Äußerung einerseits semantische Elemente, die propositional klar formuliert sind (»c'était mon fils«, »je l'accouchais« usw). Doch andererseits erscheinen diese propositionalen Elemente im Kontext einer konfusen, sich propositionaler Repräsentation entziehenden Syntax (»Si je l'accouchais, je n'accouchais plus c'est que j'avais déjà accouché«). In der semantisch-logischen Diffusität scheinen imaginäre Phantasmen zur Sprache zu kommen, die in das semantisch-symbolische Register die Spur eines Grauens eintragen, das sich propositionaler Bestimmbarkeit entzieht. Kaum ist zu entscheiden, ob die Phantasmen auf den Schrecken über die irre gewordene Mutter verweisen oder ob sie von François' Todesbedrohtheit zeugen. Als auf die Mutter verweisende Phantasmen negieren sie die Existenz François'. Als Phantasmen François' verstanden spricht aus ihnen die Nicht-Anerkennung durch die Mutter, deren zitierte Rede ihn, François, aus dem Bunde der Mutter mit dem ältesten Sohn ausschließt. So verstanden ist das Haareschneiden nicht nur der Akt, in dem François die Eltern in den symbolischen Normalitätskosmos zurückholt. Es kann vielleicht auch als Akt eines symbolischen Brudermordes gelten, der, man denke an die Vaterrolle, die der Bruder in François' Jugend übernommen hatte, zugleich als ein symbolischer Vatermord erscheinen kann, der, als unstillbares Schuldphantasma François' Leben durchziehend, den Wiederholungszwang motiviert, mit dem er vom toten Bruder, von den toten Eltern und vom eigenen Tode spricht. Dieser Lesart zufolge ist die Motivation von Imagination und Widerruf zugleich in der *wie*- und in der *als*-Spur zu verstehen. Die *Als*-Motivation der symbolischen Renormalisierung läge im Widerstreit mit der *Wie*-Motivation der Imagination unstillbarer Schuldphantasmen, ein Widerstreit, der sich in der Auflösung propositionaler Repräsentation in die Semi-Propositionalität artikulierte.

Das Tragische dieses komplexen Prozesses deutet sich an, wo François von sich selbst spricht: »*Je les ai encadrés jusqu'à finalement je les ai/je les ai coupé les cheveux. Je les ai, j'ai flatté, je les ai beaucoup flattés avant de/de rentrer, commencer encore ma misère.*« Die Wiederherstellung der sozialen Ordnung mit den Mitteln der Tradition zerstört diese. Sie läßt das getrieben handelnde Subjekt in der »*misère*« ihrer Zerstörung zurück.

Der Widerstreit von Normalität und Imagination, von propositionaler Repräsentation und propositionstranszendierenden Imaginationsspuren scheint gerade in jenem Augenblick in die Rede François' zu drängen, in dem ich, der Kulturfremde, naiv fragend in seine mühsam normalisierte Alltagsrealität einbreche. Zwar darf und kann nie ausgeschlossen werden, daß imaginäre Gehalte ihre Spur im symbolisch artikulierten Raum propositionaler Repräsentationen hinterlassen. Auch kann Widerstreit semipropositional imaginärer und propositional symbolischer Gehalte grundsätzlich produktiv sein. Im guten Fall können semi-propositional imaginäre Gehalte zum Bildungsferment individueller oder sozialer Entwicklung werden.

Doch die geschilderte und ähnliche Erfahrungen lassen mich im Blick auf François vermuten, daß traumatisch belastende Erfahrungen den Austausch zwischen imaginär-semi-propositionalen Gehalten und symbolisch-propositionalen Repräsentationen, daß sie den produktiven Fluß zwischen den Registern blockieren können. Darüber hinaus scheint mir das Beispiel zu zeigen, daß interkulturelle Kooperation vom Risiko des Widerstreits in besonderer Weise betroffen sein kann. Denn als Kooperationspartner aus dem afrikanischen Süden und aus dem europäischen Norden treffen wir im Kontext einer Geschichte aufeinander, deren Elend wir nolens volens für den Anderen repräsentieren. Wir riskieren, daß unsere Äußerungen und Handlungen schmerzliche Imaginationen evozieren, die den symbolischen Raum überfluten und in propositionalen Repräsentationen nicht zu bändigen sind.

Literatur

Ducrot, O.: Dire et ne pas dire. Principes de sémantique linguistique. Paris 1972.
Freud, S.: Jenseits des Lustprinzips (1920). In: Freud, S.: Studienausgabe, Bd. III, Frankfurt am Main 1975, 213-272.
Grice, H.P.: Logic and Conversation, Mimeo o.J.
Grubrich-Simitis, I.: Vom Konkretismus zur Metaphorik. In: Psyche, XXXVIII. Jg. (1984), 1-27.
Hunnius, K.: Der Ausdruck der Konditionalität im modernen Französisch. Bonn 1960 (Romanistische Versuche und Vorarbeiten 6).
Kokemohr, R./Koller, H.-C. (Hg.): Grundlagenprobleme interkultureller Kooperation - Analysen am Beispiel eines Bildungsreformprojekts in Kamerun, Weinheim (in Vorb.).
Lacan, J.: Das Seminar Buch II - Das Ich in der Theorie Freuds und in der Technik der Psychoanalyse, Weinheim/Berlin 1992, 55-71.
Lacan, J.: Das Seminar Buch XI - Die vier Grundbegriffe der Psychoanalyse, Weinheim/Berlin 1987.
Matthes, J.: »Zwischen« den Kulturen? In: ders. (Hg.): Zwischen den Kulturen? Die Sozialwissenschaften vor dem Problem des Kulturvergleichs. Soziale Welt, Sonderband 8, Göttingen 1992, 3-12.
Sperber, D.: Das Wissen des Ethnologen, Frankfurt am Main/New York 1989.
Sperber, D./Wilson, D.: Relevance, Oxford 1986.
Straub, J.: Identitätstheorie im Übergang? Über Identitätsforschung, den Begriff der Identität und die zunehmende Beachtung des Nicht-Identischen in subjekttheoretischen Diskursen. In: Sozialwissenschaftliche Literaturrundschau 23 (1991), 49-71.
Turner, V.: Vom Ritual zum Theater. Der Ernst des menschlichen Spiels, Frankfurt am Main 1995.
Waldenfels, B.: Topographie des Fremden. Studien zur Phänomenologie des Fremden 1, Frankfurt am Main 1997.
Widmer, P.: Das Schweigen des Rémi. In: Kokemohr, R./Koller, H.-C. (Hg.): Grundlagenprobleme interkultureller Kooperation - Analysen am Beispiel eines Bildungsreformprojekts in Kamerun, Weinheim (in Vorb. A).

Widmer, P.: Kommentar zu R. Kokemohr, M. Kuchenreuther. In: Kokemohr, R./ Koller, H.-C. (Hg.): Grundlagenprobleme interkultureller Kooperation - Analysen am Beispiel eines Bildungsreformprojekts in Kamerun, Weinheim (in Vorb. B).

Christoph Wulf

Mimesis in Gesten und Ritualen

1. Mimesis

Wenn ich von Mimesis in Gesten und Ritualen spreche, so gehe ich von den folgenden drei Voraussetzungen aus: Einmal darf Mimesis nicht nur als ein Begriff der Ästhetik begriffen werden, der in erster Linie die Nachahmung der Natur durch die Kunst bezeichnet. Vielmehr ist *Mimesis ein anthropologischer Begriff.* Dies zeigt bereits die Verwendung des Begriffes in der Antike. Zum anderen darf Mimesis nicht als bloße Nachahmung im Sinne der Herstellung von Kopien verstanden werden. Vielmehr bezeichnet *Mimesis eine kreative menschliche Fähigkeit*, mit deren Hilfe Neues entsteht. Schließlich verweist bereits der sprachgeschichtliche Ursprung und der frühe Verwendungszusammenhang von Mimesis auf die Rolle, die *Mimesis für die Inszenierung körperlichen Verhaltens,* für die Kultur des Performativen spielt. Bereits in vorplatonischer Zeit wird als Mimos bezeichnet, wer bei den Feiern der Reichen zu deren Unterhaltung komische Szenen aufführt.

1.1. Mimesis als anthropologischer Begriff

Schon Aristoteles weist darauf hin, daß Mimesis dem Menschen angeboren ist: »sie zeigt sich von Kindheit an, und der Mensch unterscheidet sich von den übrigen Lebewesen, daß er in besonderem Maße zur Nachahmung befähigt ist und seine ersten Kenntnisse durch Nachahmung erwirbt - als auch durch die Freude, die jedermann an Nachahmung hat« (Aristoteles 1984, 11). In anthropologischer Hinsicht ist diese besondere Fähigkeit zur Mimesis gebunden an a) die Frühgeburt des Menschen und seine dadurch bedingte Angewiesenheit auf Lernen, b) seine residuale Instinktausstattung und c) den Hiatus zwischen Reiz und Reaktion.

Greifbar wird diese Fähigkeit in ihren historischen Ausprägungen, so daß es sinnvoll erscheint, sich mit Mimesis in einer historisch-anthropologischen Betrachtungsweise auseinanderzusetzen.

1.2. Mimesis als kreative Nachahmung

Mimesis bedeutet nicht die lediglich kopierende Imitation eines Vorbildes. Mimesis bedeutet, etwas *zur Darstellung bringen*, etwas *ausdrücken*, sich einer Sache oder einem Menschen *ähnlich machen*, ihr oder ihm *nacheifern*. Mimesis bezeichnet die Bezugnahme auf einen anderen Menschen oder auf eine andere »Welt«, in der Absicht, ihm oder ihr ähnlich zu werden. Mimesis kann sich auf das Verhältnis von vorgegebener und dargestellter »Wirklichkeit« beziehen; dann bezeichnet Mimesis ein *Repräsentationsverhältnis*. Mimesis kann aber auch die *Nachahmung* von etwas bezeichnen, das es selbst nicht gegeben hat, etwa die Darstellung eines Mythos, der immer nur in dieser Darstellung gegeben ist und dem kein bekanntes Modell außerhalb dieser Darstellung zugrunde liegt. Mimesis hat hier eine konstitutive Funktion. Entsprechendes gilt, wenn Mimesis den Prozeß der *Vorahmung* bezeichnet, wie das in Formen magischer Mimesis der Fall ist. Mimesis bezieht sich also nicht notwendig auf eine »Wirklichkeit«; sie kann sich auch auf Wort-, Bild- oder Handlungszeichen beziehen, die zum Modell anderer Wort-, Bild-, oder Handlungszeichen werden.

1.3. Mimesis als performative Darstellung und Inszenierung

Mimesis bezeichnet die menschliche Fähigkeit, innere Bilder, Imaginationen, Ereignisse, Erzählungen, den »Plot« einer Handlungsfolge *zur Darstellung zu bringen* und *szenisch zu arrangieren*. Körperlicher Ausdruck und körperliche Inszenierung werden zum Ausgangspunkt für mimetische Prozesse. Mit Hilfe der Wahrnehmung erfolgt eine Mimesis dieser Prozesse, in deren Verlauf sich Anähnlichung und Aneignung vollziehen. Die unterschiedlichen Voraussetzungen der Prozesse mimetischer Anähnlichung an Vorbilder lassen Unterschiedliches entstehen. Die Unterschiedlichkeit ihrer Ergebnisse sichert die Entstehung von Neuem aus der Mimesis des Vorgefundenen. Mimesis wird im weiteren als Fähigkeit zur Darstellung und *Inszenierung von Gesten und Ritualen* sowie als Fähigkeit zur *Anähnlichung* und Aneignung von Gesten und Ritualen begriffen.

2. Gesten

Gesten lassen sich als *Bewegungen des Körpers* begreifen. Sie gehören zu seinen wichtigsten Darstellungs- und Ausdrucksformen. Da menschliche Körper stets in einer historisch-kulturellen Zurichtung in Erscheinung treten, müssen auch ihre Gesten in ihrem jeweiligen Kontext gelesen werden. Der Versuch, Gesten als universelle Körpersprache zu begreifen, hat nicht die in ihn gesetzten Erwartungen erfüllt. Historische und kulturanthropologische Studien zeigen, wie unterschiedlich Gesten in verschiedenen Kulturen und historischen Zeiten verstanden werden (vgl. Bremmer/ Roodenburg 1992). Gesten sind *signifikante Bewegungen des Körpers,* denen eine Intention zugrunde liegt, ohne daß sich ihre Darstellungs- und Ausdrucksformen aus dieser vollständig erklären ließen. Die Differenz zwischen Gesten als körperlichen Darstellungs- und Ausdrucksformen und der sprachlichen, mit Hilfe von Interpretationen ermittelten Bedeutung von Gesten ist unaufhebbar. Gesten enthalten einen über ihre Intentionalität hinausgehenden Gehalt, der nur im mimetischen Nachvollzug erfahrbar wird.

In jeder verbalen Kommunikation und in jeder sozialen Interaktion spielen Gesten eine zentrale Rolle. Sie haben eine Mitteilungsfunktion, deren Bedeutung auch im Rahmen der Sozialpsychologie und Ethnologie zum Thema wird. E.-T. Hall (vgl. 1959) hat interessante Untersuchungen zur *Proxemik* vorgelegt, in denen er gezeigt hat, wie der einzelne mit Hilfe seines Körpers und seiner Gestik symbolische Räume um sich herum entwickelt. In der *Kinesik,* in der Erforschung von Körperbewegungen, hat Birdwhistell (vgl. 1954; 1970) Kodes non-verbaler Kommunikation analysiert. In der Ethologie werden Ähnlichkeiten zwischen menschlichem und tierischem Verhalten, menschlichen und tierischen Ausdrucksformen untersucht. Darwins Studie über den »Ausdruck der Gemütsbewegungen bei dem Menschen und den Thieren« (1986) ist in diesem Zusammenhang nach wie vor eine lesenswerte, diese Forschungsrichtung begründende Schrift. Morris und andere (vgl. 1979) haben den Ursprung und die Verteilung von Gesten in Europa untersucht, Ähnlichkeiten und Unterschiede empirisch erhoben, verglichen und analysiert. Diese Untersuchung aufgreifend, hat Calbris (vgl. 1990) eine Semiotik der Gesten in Frankreich vorgelegt, die detaillierte Informationen über den Umgang mit Gesten enthält. Auch die Sprachwissenschaft hat die Bedeutung körperlicher Gesten seit längerem entdeckt und ihre Funktion für das Sprechen hervorgehoben. Verschiedentlich wird die Vermutung geäußert, daß die Gesten des Körpers Vorformen der Sprache darstellen, die für die Herausbildung des Sprechens wichtig waren, und die für die Entwicklung von Gedanken und Sätzen sowie deren Verständnis nach wie vor unerläßlich sind. Aus allen diesen Untersuchungen wird deutlich, wie zentral Gesten für Darstellung, Ausdruck und Verständnis sozialen Handelns und Sprechens sind. Zugleich zeigen sie, daß Gesten nur in begrenztem Maße bewußt eingesetzt und gesteuert werden können. Im Grenzgebiet zwischen Gestik und Mimik treten weite Bereiche der Gestik nicht ins Bewußtsein und entziehen sich daher einer Steuerung und der Kontrolle.

Gesten sind Versuche, aus Situationen des bloßen Im-Körper-Seins herauszutreten und über den Körper zu verfügen. Voraussetzung dafür ist die exzentrische Position des Menschen. Diese beinhaltet, daß der Mensch nicht wie das Tier ist, sondern daß er aus sich heraustreten und sich zu sich selbst verhalten kann. Imagination, Sprache und Handeln werden durch diese *vermittelte Unmittelbarkeit* der *exzentrischen Position* möglich (vgl. Plessner 1983). Von Gesten, die intentional gehandhabt werden und dabei voraussetzen, daß der einzelne über seinen Körper verfügen und ihn einsetzen kann, lassen sich Formen mimischen Körperausdrucks unterscheiden, die sich der Steuerung und der Kontrolle entziehen. Dazu gehören die mimischen Ausdrucksformen der Freude und des Lachens, des Schmerzes und des Weinens, aber auch weniger eindeutige Ausdrucksformen wie Stirnrunzeln, Kopfschütteln oder die erhobene bzw. die gebeugte Haltung des Kopfes. Während Gesten Intentionen ausdrücken, artikulieren sich im mimischen Ausdruck Gefühle. Der mimische Ausdruck ist unmittelbar und unwillkürlich. Gesten formen das mimische Material und verwenden es für eine Sprache der Gesten, die nicht universell, sondern kultur-, zeit- und situationsspezifisch ist. Gesten haben eine Stellvertreterfunktion und sind repräsentativ.

Im Unterschied zum mimischen Körperausdruck sind Gesten ablösbar, gestaltbar und lernbar. Während in der Mimik Ausdruck und Gefühl, Form und Inhalt, seelischer Gehalt und körperliche Ausdruckserscheinung zusammenfallen, zeigen sich in der Gestik zwischen diesen Aspekten Differenzen, die eine intentionale Gestaltung der Gesten möglich machen. Vollkommene Gesten erreichen ein hohes Maß künstlicher Natürlichkeit und suggerieren die Verschränkung von seelischem Gehalt und körperlicher

Ausdruckserscheinung. Insofern der Mensch Gesten als Ausdruck seiner selbst von innen und außen wahrnehmen kann, gehören sie zu den wichtigsten menschlichen Ausdrucks- und Erfahrungsmöglichkeiten. In Gesten verkörpert sich der Mensch und erfährt sich zugleich in der Verkörperung. Im sozialen Umgang mit Gesten und Ritualen wird körperliches Sein in Haben umgewandelt. Dieser Transformationsprozeß ermöglicht menschliche Existenz. Zur Aufführung und Gestaltung von Ritualen und Rollen bedarf es spezifischer Gesten. Besonders bei Ritualen und Rollen im Bereich von Religion und Politik, in denen das repräsentative Element wichtig ist, kommt der Inszenierung und dem Arrangement entsprechender Gesten erhebliche Bedeutung zu.

Insofern der Mensch ist, ohne sich zu haben, und Gesten Entäußerungen sind, kann er über seine Gesten auch ein Verhältnis zu seinem Körper und zu seinem Inneren gewinnen. In einem mimetischen Verhältnis zu seinen Gesten erlebt er sich in seinen Repräsentationen. In Mimik und Gestik entäußert er sich und erfährt über die Reaktionen anderer Menschen auf seine Entäußerungen, wer er ist bzw. wie er gesehen wird. Die Bilder- und Körpersprache der Gestik ist ein kulturelles Produkt, mit dessen Hilfe der einzelne geformt wird und an dessen Ausarbeitung er selbst beteiligt ist. Mit dem mimetischen Erwerb von Gesten findet eine Einfügung in kulturelle Körper- und Bildtraditionen statt, die im Umgang mit Gesten aktualisiert und auf jeweils gegebene Bedingungen bezogen werden. In Gesten kommt eine körperliche Konfiguration, eine innere Intention und ein vermitteltes Verhältnis zur Welt zum Ausdruck. Organempfindungen und seelische Empfindungen fallen in der Geste zusammen. Daher ist auch die Frage nicht beantwortbar, welche Anteile in einer Geste der Freude ihrer körperlichen und welche ihrer psychischen Seite zukommen. In der Leiblichkeit der Geste findet die Untrennbarkeit der beiden Dimensionen ihren Ausdruck.

Gesten werden aus kulturell geformtem und stilisiertem mimischen Ausdrucksmaterial erzeugt. Wie dieses mimische Rohmaterial der Gestik entsteht, hat die Forschung immer wieder beschäftigt. Verschiedene Erklärungsversuche liegen vor. Ausgehend von dem Funktionsverlust einzelner Organe wie des Blinddarms und ihrer damit verbundenen Rückbildung erklärt Darwin den mimischen Ausdruck als Rest einer einst zweckmäßigen Funktion. Auf der Grundlage dieses Theorems läßt sich dann die Verzerrung der Mundlinie mit der charakteristischen Entblößung der Eckzähne im Falle der Wut damit erklären, daß der frühe Mensch ein ausgebildetes Gebiß hatte, das beim Angriff und bei der Verteidigung für eine Drohgebärde eingesetzt werden konnte. Vermutet wird, daß die mimische Mundbewegung den Rückbildungsprozeß der Eckzähne überdauerte. Die Analogisierung zwischen der aktuellen Mimik und ihrer archaischen Funktion wird als Erklärung für bestimmte in der menschlichen Mimik auftretende Ausdrucksformen angesehen. Entsprechende Erklärungen werden für das Stirnrunzeln bei Zorn oder für die Mimik des bitteren bzw. süßen Gesichts gegeben, die auf bestimmte Geschmacksempfindungen zurückgeführt wird. Weitere Gesichtspunkte zur Erklärung der mimischen Voraussetzung der Gestik lassen sich anführen. Dazu gehören die drei Prinzipien der Assoziation zwischen ähnlichen Empfindungen und Reaktionen, der Abfuhr überschüssiger Energie und des Kontrastes.

Unabhängig von Darwin vertrat Piderit die These, Mimik sei eine Handlung mit fiktivem Objekt. Dieses Theorem verweist auf die Bedeutung von Imagination und Mimesis für Mimik und Gestik. Nach dieser Auffassung bezieht sich der mimische Ausdruck auf etwas Fiktives und bildet sich in Bezug auf diese Fiktion heraus. Das Fiktive kann etwas Vergangenes, etwas Gegenwärtiges oder etwas Zukünftiges sein. Der mimische Ausdruck ist eine mimetische Reaktion auf eine Fiktion. Im Theater werden Mimik und Gestik mimetisch auf den imaginierten »Plot« und seine szenische Darstellung bezogen. Dabei wird die weitgehend unbewußte Mimik in Gestik transformiert und stilisiert. Sie wird zu einem Element im szenischen Arrangement, das für die mimetische Verarbeitung der Inszenierung des Stückes durch den Zuschauer von zentraler Bedeutung ist.

Gesten sind nicht Formen unmittelbaren Ausdrucks. Unmittelbarer Ausdruck artikuliert sich nur in der Mimik. Nur schwer können die sich hier zeigenden Gefühle und Empfindungen verborgen werden. Die Zeichen des Körpers, seine Symptome, seine »Sprache« gelten als unverfälschter Ausdruck des menschlichen Inneren, der menschlichen Seele. Die Physiognomik Lavaters und seiner Nachfolger hat versucht, diesen Zusammenhängen auf die Spur zu kommen. Doch entziehen sie sich dem identifizierenden Zugriff weitgehend, ohne daß dadurch das Interesse an diesen Zusammenhängen aufgehört hätte. Mimik und Gestik des Alltags verweisen auf ein Körperwissen, das sie hervorbringt, gestaltet und verständlich macht. Dieses Wissen entsteht nicht aus der Analyse und Erklärung von Gesten. Im Vollzug sozialer Prozesse wird es mimetisch erworben.

Gesten spielen im Prozeß der *menschlichen Selbstdomestikation* eine wichtige Rolle. In ihnen fallen Innen und Außen zusammen. Der Weltoffenheit des Menschen geschuldet, schränken sie diese Bedingung des Menschseins gleichzeitig durch Konkretisierungen ein. Diese Begrenzung der kulturell und historisch zugelassenen gestischen Ausdrucksmöglichkeiten schafft soziale Zugehörigkeit und Sicherheit. Über die Vertrautheit mit bestimmten Gesten stellt sich Vertrautheit mit einzelnen Menschen und Gruppen ein. Man weiß, was bestimmte Gesten bedeuten, wie sie einzuschätzen, wie sie zu beantworten sind. Gesten machen menschliches Verhalten kalkulierbar. Sie sind Teil der Sprache des Körpers, die den Angehörigen einer Gemeinschaft viel über einander mitteilt. Selbst wenn diese Botschaften eher Teil der unbewußten Fremd- und Selbstwahrnehmung sind, als daß sie zu bewußtem Wissen über den anderen, seine Empfindungen und Intentionen werden, ist ihre soziale Bedeutung äußerst groß. Sie gehen in das soziale Wissen ein, das der einzelne im Laufe seiner Sozialisation erwirbt und das für die angemessene Steuerung seines sozialen Handels eine große Rolle spielt.

Die Bedeutung von *Gesten* ändert sich in Abhängigkeit von *Raum* und *Zeit*. Unterschiede lassen sich im Hinblick auf *Geschlecht* und *Klasse* feststellen. Manche Gesten sind geschlechts- oder klassenspezifisch; andere scheinen keine geschlechts- und klassenspezifischen Differenzen zu enthalten. Wieder andere Gesten sind an soziale Räume, Zeitpunkte und Institutionen gebunden. *Institutionen* wie Kirchen, Gerichte, Krankenhäuser und Schulen verlangen den Gebrauch bestimmter Gesten und sanktionieren deren Vernachlässigung. Über die Forderung, institutionsspezifische Gesten zu vollziehen, setzen Institutionen ihren Machtanspruch durch. Im Vollzug dieser Gesten werden die institutionellen Werte und Normen in die Körper der Angehörigen bzw. der Adressaten der Institutionen eingeschrieben und durch wiederholte »Aufführungen« in ihrer Gültigkeit bestätigt. Zu diesen *institutionsspezifischen Ausdrucksformen des Körpers* gehören noch heute Gesten der Demut (Kirche), der Achtung (Gericht), der Rücksichtnahme (Krankenhaus), der Aufmerksamkeit und des Engagements (Schule). Bleiben diese ritualisierten Gesten aus, empfinden die Vertreter von Institutionen dieses Ausbleiben als Kritik an der sozialen und gesellschaftlichen Legitimität ihrer Institutionen. In der Regel sind Sanktionen die Folge. Da sich in diesen Institutionen häufig Menschen befinden, die von ihnen abhängig sind, hat die Androhung von Sanktionen ihre Wirkung. Über die Mimesis institutionsspezifischer Gesten unterwerfen sich die Angehörigen der Gesellschaft dem normativen Anspruch der Institutionen.

Auch geschlechtsspezifische Unterschiede werden über Gesten inszeniert, wiederholt und bestätigt. So zeigen sich etwa geschlechtsspezifische Unterschiede in der Art, wie Frauen und Männer sitzen, welchen Raum sie beim Sitzen einnehmen und wie sie ihre Beine beim Sitzen arrangieren. Entsprechendes kommt beim Sprechen, Essen und Trinken zum Ausdruck. Auch klassenspezifische Unterschiede zeigen sich in der jeweiligen Verwendung von Gesten. Im Hinblick auf Fragen des Geschmacks hat Bourdieu diese Differenzen untersucht und deutlich gemacht, daß sich über »feine Unterschiede« soziale Hierarchien etablieren und verfestigen. Für die Wahrnehmung dieser Unterschiede spielen Differenzen in den körperlichen Gesten und Ausdrucksformen eine wichtige Rolle. In seinen Untersuchungen zum Zivilisationsprozeß hat Elias gezeigt (vgl. 1979), wie die Gesten des Hofes vom Bürgertum nachgeahmt und allmählich übernommen und dabei verändert werden. Molières Komödien thematisieren die in diesem Transformationsprozeß auftretenden Schwierigkeiten und spotten über die lächerlich wirkenden Gesten der Bürger, die um vermehrte soziale Anerkennung buhlen. Wie sich die Macht in den Körpern festsetzt und auch ihre Ausdrucks- und Darstellungsformen, ihre Gesten in ihrem Sinne zurichtet, hat Foucault in »Überwachen und Strafen« (1977) gezeigt. Körpergesten dienen somit dazu, soziale und kulturelle Differenzen herzustellen, auszudrücken und zu erhalten. Sie vollziehen sich in einem historisch-kulturellen, machtstrukturierten Kontext, aus dem heraus sich erst ihre Bedeutung erschließt.

Gesten geben Auskunft über zentrale Werte einer Gesellschaft und erlauben einen Einblick in *Mentalitätsstrukturen*. Am Beispiel des Gestengebrauchs im Mittelalter läßt sich zeigen, welche Funktion Gesten in unterschiedlichen Bereichen einer Gesellschaft haben und wie sich aus ihrer Verwendung Aufschlüsse über das Verhältnis von Körper und Symbol, Gegenwart und Geschichte, Religion und Alltag gewinnen lassen. Gesten begleiten die gesprochene Sprache, haben aber auch ein »Eigenleben« ohne unmittelbaren Bezug zum Sprechen. Oft sind ihre Bedeutungen nicht eindeutig. Verschiedentlich transportieren sie Botschaften, die das Gesprochene ergänzen, z.B. dadurch, daß sie einzelne Aspekte verstärken, relativieren oder durch Widerspruch in Frage stellen. Häufig sind die in Gesten zum Ausdruck gebrachten Gehalte dichter mit den Gefühlen des Sprechenden verbunden als seine verbalen Aussagen. Sie gelten als deutlich »sicherer« Ausdruck des inneren Lebens eines Menschen als die stärker vom Bewußtsein gesteuerten Worte.

Individuen, Gruppen, Institutionen inszenieren das soziale Leben. Sie entwickeln Choreographien menschlicher Gemeinschaft. Diese Inszenierungen von Körpern, Gesten und rituellen Ausdrucksformen lassen sich wie Texte lesen bzw. entschlüsseln. Clifford Geertz (vgl. 1983). hat diese

Sicht des Sozialen als Text für die Kulturanthropologie fruchtbar gemacht. Sein Versuch, die soziale Realität durch *dichte Beschreibung* zu erfassen, entspricht dieser Auffassung von der *Lesbarkeit des Sozialen*. Innerhalb des Spektrums der sozialen Inszenierungen des Körpers kommt Gesten und Ritualen zentrale Bedeutung zu. Sie sind Teil der Zeichen-, Körper- und Sozialsprache und können wie die abstrakteren Zeichen eines Textes gelesen werden.

Um Gesten lesen und entschlüsseln zu können, müssen sie mimetisch erfaßt werden. Wer eine Geste wahrnimmt, versteht sie, indem er sie nachahmt und so den spezifischen Charakter ihrer körperlichen Ausdrucks- und Darstellungsform begreift. Obwohl Gesten bedeutungsvoll und einer Analyse zugänglich sind, erfaßt erst der mimetische Nachvollzug ihren symbolisch-sinnlichen Gehalt. So wichtig die Differenzierung unterschiedlicher Bedeutungsaspekte von Gesten ist, erst mit Hilfe der Mimesis kann die körperliche Darstellungs- und Ausdrucksweise der Geste aufgenommen werden. Über die *Mimesis der gestischen Inszenierung* erfolgt deren körperliche Verarbeitung, die sich demgemäß in einem anderen Medium als dem der verbalen Kommunikation vollzieht. Über die mimetische Perzeption der Geste wird der spezifische Charakter des körperlichen Selbstausdrucks eines anderen Menschen erfaßt. In der *Anähnlichung* an die Gesten eines anderen werden seine Körperlichkeit und seine Gefühlswelt erfahren. In der Mimesis der Gesten eines anderen Menschen findet eine Überschreitung der personalen Grenzen des sich mimetisch Verhaltenden in Richtung auf die körperliche Darstellungs- und Ausdruckswelt des anderen statt. Die Erfahrung eines Außen wird möglich.

Dieses »Heraustreten« des sich mimetisch Verhaltenden aus seinen Strukturen in die gestische Darstellungs- und Ausdruckswelt eines anderen Menschen wird als bereichernd und lustvoll erlebt. Es führt zur Erweiterung der Innenwelt durch die aisthetisch-mimetische Aufnahme eines Außen und ermöglicht lebendige Erfahrungen. Lebendig sind diese Erlebnisse, weil die mimetischen Kräfte es erlauben, die Eigenart des anderen in der Wahrnehmung zu erfassen. In diesem Prozeß erfolgt weniger eine Reduktion der Gesten des anderen auf den Bezugsrahmen des sich mimetisch Verhaltenden als vielmehr eine Ausweitung der Wahrnehmung auf die Gesten und die Bezugpunkte des anderen. Obwohl beide Bewegungen nicht eindeutig von einander abgrenzbar sind, liegt der Schwerpunkt der Bewegung in einer Erweiterung des mimetisch Wahrnehmenden in die Darstellungs- und Ausdruckswelt anderer hinein. Durch diese Orientierung der mimetischen Bewegung erfolgt weniger eine Einverleibung des Wahrgenommenen als eine Ausweitung des sich mimetisch Verhaltenden auf die Körpergesten des anderen hin. Diese Erweiterung nach Außen führt zu einer lustvollen Bereicherung des Lebens, in der bereits Aristoteles ein besonderes Merkmal der Mimesis sah.

In sozialen Situationen sind Gesten Mittel der Sinngebung. Sie drücken Gefühle aus und artikulieren Stimmungen. Sie lassen sich als deren körperlich-symbolische Darstellungen begreifen. Häufig sind die sich in den Gesten artikulierenden Gefühle und Stimmungen weder denen bewußt, die die Gesten vollziehen, noch gelangen sie ins Bewußtsein derer, die diese Gesten wahrnehmen und auf sie reagieren. In dieser Wirkung unterhalb des Bewußtseins liegt ein wesentlicher Teil ihrer sozialen Bedeutung. Dies gilt auch für die von Institutionen suggerierten Gesten und die in ihnen enthaltenen Werte, Normen und Machtansprüche. Auch sie werden von denen, die mit den Institutionen in Berührung kommen, wahrgenommen und mimetisch verarbeitet, ohne daß dieser Prozeß über das Bewußtsein läuft. Häufig stellen Institutionen Typen von Gesten bereit, die in ihrem Rahmen über lange Zeiträume entstanden sind und mit deren Hilfe ihre Vertreter die gesellschaftlichen Ansprüche der Institutionen zum Ausdruck bringen. Indem die Repräsentanten dieser Institutionen sich der »bereitstehenden« Gesten bedienen, stellen sie sich in die Tradition dieser Institutionen und ihrer sozialen Ansprüche. Dieser Prozeß führt einmal zur *Übernahme der in der Institution bereits vorgeformten sozialen Gesten*. Zum anderen bewirkt sein mimetischer Charakter, daß die zum institutionellen Potential gehörenden Gesten nicht bloß reproduziert, sondern von den Vertretern der Institutionen in der Übernahme gestaltet werden können. Die Mimesis von institutionell vorgeformten Gesten eröffnet den Repräsentanten der Institutionen ein hohes Maß an gestalterischer Freiheit. Dieser Freiheitsspielraum führt zu einer allmählichen Veränderung gestischer Darstellungs- und Ausdrucksformen und ihrer Bedeutung. In der Mimesis institutionell bereitstehender Gesten findet gleichzeitig eine Darstellung vorhandener Traditionen und ihre Veränderung statt. Dieser Prozeß beinhaltet keine bloße Nachahmung der Gesten, sondern ihre kreative Ausgestaltung in Form und Bedeutung. So verändern in der Form gleichgebliebene Gesten im Verlauf neuer gesellschaftlicher Entwicklungen ihre soziale Bedeutung. Untersuchungen zur Geschichte von Gesten und ihrer Entwicklungen haben dies eindeutig belegt (vgl. Starobinski 1994).

Insofern Institutionen ihre Machtansprüche in den Gesten ihrer Repräsentanten *verkörpern*, werden diese Machtansprüche auch über die Mimesis dieser Verkörperungen wahrgenommen und aufrechterhalten. Die

Adressaten dieser Ansprüche werden in den mimetischen Prozeß der Übernahme und kreativen Ausgestaltung der institutionellen Werte und Normen einbezogen. Wie die Adressaten institutioneller Handlungen in der Mimesis institutioneller Gesten deren Wirkungen mitgestalten, wirkt auf Form und Gehalt der Gesten der Repräsentanten der Institutionen zurück. Diesem Wechselverhältnis zwischen den Vertretern und den Adressaten *institutioneller Gestik* kommt für das Verständnis der sozialen Funktion von Gesten eine zentrale Bedeutung zu. Über die Mimesis der institutionellen Gesten stellt sich bei den Vertretern und den Adressaten von Institutionen eine Identifikation mit der Institution her, deren Ansprüche und Geltung durch den Vollzug der Gesten jedesmal bestätigt werden. Gesten werden zu Emblemen von Institutionen, über die sich die Abgrenzung zu anderen Institutionen und sozialen Feldern vollzieht. Wer Form und Bedeutung derartig *emblematischer Gesten teilt*, identifiziert sich mit der Institution, in deren Rahmen sie erzeugt werden. Über den mimetischen Vollzug von Gesten wird eine soziale Gemeinsamkeit erzeugt, in deren Rahmen die sozialen Beziehungen unter anderem mit Hilfe von Gesten geregelt werden. Gefühle der Zugehörigkeit werden durch den rituellen Vollzug von Gesten erzeugt und bestätigt. Dies gilt nicht nur für Institutionen, sondern auch für professionelle, schichten- geschlechts- oder funktionsspezifische Gruppen.

Gesten sind körperliche Bewegungen, deren kulturelle Bedeutung sich im Verlauf historischer Prozesse ändert. So hat das Sitzen in der heutigen Gesellschaft eine andere Funktion als im Mittelalter oder zu Beginn des Seßhaftig-Werdens des Menschen. Bereits innerhalb begrenzterer historischer Zeiträume wie der Zeit des Mittelalters wandelt sich die Bedeutung von Gesten. Soziales Handeln ist gestisch oder wird von Gesten begleitet, die seine Intentionen verdeutlichen. Um Gesten in ihrer körperlichen und symbolischen Beschaffenheit zu erfassen, zu reproduzieren und zu verändern, spielt Mimesis eine entscheidende Rolle. Insofern Mimesis die Fähigkeit ist, ein Verhältnis zur Welt körperlich auszudrücken und darzustellen, bringt sie auch neue Gesten hervor. Für diese Produktion neuer Gesten verwendet sie gestische Elemente, die sie aus ihrem traditionellen Kontext löst und in den neuen Kontext einbringt und entsprechend seinen Erfordernissen verändert. Oder sie erfindet aus dem Potential körperlicher Ausdrucksmöglichkeiten neue gestische Formen. Dies geschieht zum Beispiel bei den Gesten des Telephonierens, Photographierens, Filmens und Video-Machens.

Alle Gesten haben die geringe Instinktgebundenheit und die Ex-zentrizität des Menschen zur Voraussetzung. Sie sind Bewegungen des Körpers, ohne sich auf ihre Körperlichkeit reduzieren zu lassen. Gesten liegt eine Intentionalität zu Grunde, ohne daß sie in ihrer Zielgerichtetheit aufgehen. Gesten sind Ausdruck und Darstellung von Gefühlen und sind auf Gegenstände und andere Menschen bezogen. In Gesten erfährt der Mensch sich und die Welt gleichzeitig. In der Regel erfolgt in ihnen eine für Gesten charakteristische Einschränkung der Perspektive. In Gesten gestaltet der Mensch die Welt und wird gleichzeitig durch sie gestaltet. So gesehen sind Gesten rückbezüglich, d.h. reflexiv.

Gesten sind Ausdruck und Darstellung körperbezogenen praktischen Wissens. Mit Hilfe von Analyse, Sprache und Denken können sie nicht erworben werden. Vielmehr bedarf es zu ihrem Erwerb der Mimesis. Durch die Nachahmung von Gesten und Anähnlichung an sie gewinnt der sich mimetisch Verhaltende eine Kompetenz, Gesten szenisch zu entwerfen, einzusetzen und nach den Umständen zu verändern. Historische Untersuchungen ihrer anthropologischen Funktion verdeutlichen die starke gesellschaftliche und kulturelle Bedeutung szenischen Verhaltens. Mit Hilfe von Gesten werden soziale Kontinuität erzeugt und gesellschaftliche Veränderungen angekündigt und im menschlichen Verhalten durchgesetzt. Unter Beibehaltung des gestischen Arrangements werden häufig tiefgreifende und auf den ersten Blick kaum bemerkbare Bedeutungsveränderungen durchgesetzt. Der historische Wandel von Gesten erstreckt sich auf ihre Bedeutungen, ihr körperlich-sinnliches Arrangement oder auf beides. Der mimetische Erwerb gestischer Kompetenz sichert die Fähigkeit, Gesten mit Hilfe von Körperbewegungen aufzuführen, sie in unterschiedlichen sozialen Kontexten einzusetzen und an die jeweiligen Erfordernisse anzupassen. Im mimetischen Erwerb werden Gesten inkorporiert. Sie werden Teil der Körper- und Bewegungsphantasie und damit eines körperbezogenen praktischen Wissens. Dieses gestische Körperwissen entsteht weitgehend unabhängig vom Bewußtsein und damit von den Distanzierungsmöglichkeiten der Beteiligten, entfaltet aber gerade deswegen nachhaltige Wirkungen.

3. Rituale

In einer ersten Annäherung lassen sich Rituale als Handlungen ohne Worte begreifen, die sich in Gesten ausdrücken. Lévi-Strauss hat sie als eine Sprache neben der Sprache (paralangage) bezeichnet, die als Handlung nicht auf Worte reduzierbar ist. Rituale sind *körperliche Bewegungen*, die einen Anfang und ein Ende haben, die gerichtet sind, und die den Beteiligten eine Position zuweisen. Rituale lassen sich als *symbolische kodierte Körperprozesse* begreifen, die soziale Realitäten erzeugen und interpretieren, erhalten und verändern. Sie vollziehen sich im Raum, werden von Gruppen ausgeführt und sind normativ bestimmt. Sie umfassen standardisierte Elemente und ermöglichen Abweichungen von diesen. Im Vollzug von Ritualen werden durch die Körperbewegungen Emotionen erzeugt, die ichrerseits zur Veränderung der rituellen Handlungen beitragen. Dadurch entsteht das *konstruktive soziale Potential* von Ritualen.

Über rituelles Handeln und Verhalten werden soziale Normen in die Körper eingeschrieben. Mit diesen Einschreibungsprozessen werden Machtverhältnisse inkorporiert. Diese Prozesse verlaufen weitgehend außerhalb des Bewußtseins der Beteiligten und entfalten daher um so nachhaltigere Wirkungen. Ritualisierungen erzeugen komplexe soziale und häufig konfliktreiche Situationen, für deren Entwirrung es oft erheblicher Anstrengungen der Beteiligten bedarf.

Rituale lassen sich als *symbolische Aufführungen* begreifen, die sich von anderen Inszenierungen wie Theater, Oper oder Happening dadurch unterscheiden, daß sie in erster Linie von und für die am Ritual Beteiligten durchgeführt werden. Rituale sind *selbstbezüglich*. Wer sie inszeniert und aufführt, ist auch ihr Adressat. In den differenzierten modernen Gesellschaften greift diese Unterscheidung nicht immer; häufig gibt es auch Bezugspunkte außerhalb der Rituale auffführenden Gruppen, auf die hin sie inszeniert und realisiert werden. Viele Rituale kultureller Minderheiten lassen sich beispielsweise erst dadurch begreifen, daß man ihren Bezug zur Mehrheitskultur berücksichtigt. Die Mehrheitskultur bildet das »Andere« der Minderheitenkultur, von dem sich die Minderheit mit Hilfe ihrer Rituale abgrenzt.

Rituale erzielen ihre soziale Wirkung dadurch, daß sie sich der menschlichen Körper bedienen. Wenn *Rituale symbolisch kodierte Bewegungen des Körpers* sind, finden sie in einem historischen und kulturellen Kontext statt, können jedoch nicht auf ihre symbolische Bedeutung reduziert werden. Sie stellen körperliche Handlungen dar. Als solche sind sie unmittelbar mit der Wahrnehmung, der Aisthesis, verbunden. Es gibt kein Ritual, zu dessen Vollzug und Verständnis es nicht der Sinne bedarf. Rituale stellen gleichsam *Fenster* dar, durch die hindurch die Dynamik betrachtet werden kann, mit deren Hilfe Menschen ihre kulturelle Welt einschließlich Familie und Schule schaffen, erhalten und verändern.

Rituale sind *Konstrukte der Forschung*, deren konstruktiver Charakter manchmal die Gefahr mit sich bringt, das Verhältnis von Handlung und Handlungsdeutung in unzulässiger Weise zu vereinfachen. Konstrukte gehen von bestimmten konzeptuellen Voraussetzungen und den in ihnen enthaltenen Werten und Normen aus. Angesichts dieser Situation kommt der *Kontextualisierung* von Ritualen besondere Bedeutung zu. Sie relativiert deren herausgehobenen Charakter und führt zur Vorsicht gegenüber der Generalisierung von Aussagen über ihre soziale Funktion.

In der kulturanthropologischen Erforschung von Ritualen und Ritualisierungen lassen sich drei Schwerpunkte unterscheiden. Beim ersten stand die Erforschung von Ritualen im Zusammenhang mit Religion, Mythos und Kultus im Vordergrund (Max Müller, Herbert Spencer, James Frazer, Rudolf Otto). Beim zweiten Schwerpunkt dienten Rituale dazu, Werte und Strukturen der Gesellschaft zu analysieren; herausgearbeitet wurde der Funktionszusammenhang zwischen Ritual und Gesellschaftsstruktur (Fustel de Coulanges, Emil Durkheim). Beim dritten Schwerpunkt wurden Rituale als Texte gelesen; Ziel war die Entschlüsselung der kulturellen und sozialen Dynamik der Gesellschaft. Hier richtete sich die Aufmerksamkeit auf die Bedeutung von Ritualen für kulturelle Symbolisierung und soziale Kommunikation (Victor Turner, Clifford Geertz, Marshal Sahlins).

Insofern das Lesen von Ritualen eine mimetische Tätigkeit ist, berühren meine Überlegungen zum Verhältnis von Mimesis und Ritual den dritten Schwerpunkt, der kulturelle Phänomene zunächst als Text zu lesen versucht. Bisher liegt keine mimetische Theorie des Rituals vor. In ihrem Rahmen wäre zu zeigen, daß sich Rituale als Phänomene *sozialer Mimesis* begreifen lassen. Eine solche Betrachtungsweise könnte eine Reihe neuer Perspektiven für das Verständnis von Ritualen und Ritualisierungen und rituellem Verhalten entwickeln. Als *körperliche, sinnliche und imaginäre Inszenierungen sozialer Verhältnisse* werden Rituale zu einem wichtigen Forschungsgebiet historischer Anthropologie.

Um die soziale Bedeutung von Ritualisierungen und rituellem Verhalten zu verdeutlichen, sollen zunächst Rituale anläßlich zentraler Lebenseinschnitte von kalendarischen Ritualen unterschieden werden. Zu den von Ritualen begleiteten zentralen Lebenseinschnitten gehören Geburt, Pubertät, Heirat, Scheidung, Tod. In diesen Zusammenhang gehören auch Rituale der Statuserhöhung, etwa am Ende der Schulzeit, des Studiums oder bei der Übernahme höherer Ämter. In diesen Fällen sind die Rituale an individuelle, familiale und an im Rahmen kleinerer Gruppen begangene Ereignisse gebunden.

Während zu anderen Zeiten die Handlungsspielräume bei der Durchführung von Ritualen relativ gering waren, so stehen heute überlieferte Rituale zur Disposition der Individuen. Individuen können und müssen entscheiden, in welchem Ausmaß sie sich auf Rituale einlassen, sie ändern oder neu gestalten. Trotz Vergrößerung des Handlungsspielraums sind die Handlungsmöglichkeiten des sozialen Subjekts eingeschränkt. In vielen Fällen gelingt es nur unter großer individueller Anstrengung, Rituale bzw. ritualisiertes Handeln zu modifizieren, außer Kraft zu setzen oder gar zu vermeiden.

Bei den kalendarischen Ritualen ist die Situation nicht anders. Im Unterschied zu den anläßlich zentraler Lebenseinschnitte eher individuell oder in kleineren Gruppen vollzogenen Ritualen handelt es sich bei den kalendarischen Ritualen um solche, die von großen Kollektiven gleichzeitig begangen werden. Zwar geht von diesen Ritualen eine starke Aufforderung zum Nachvollzug, zur sozialen Mimesis aus, doch hat sich auch in diesem Bereich der individuelle Entscheidungs- und Handlungsspielraum im Vergleich zu früher erhöht. In Ritualen liegen tradierte *Sozialformen* vor, die Jahr für Jahr, Generation für Generation Familien und Individuen auffordern, sich auf sie einzulassen. Daher bedarf es schon einer ausdrücklichen Entscheidungsanstrengung, in einer Familie mit kleinen Kindern das Weihnachtsfest anders als gewöhnlich zu begehen.

In solchen Situationen kommt es zur Mimesis von Sozialformen mit allen im mimetischen Handeln gegebenen Möglichkeiten individueller Abweichung und Ausgestaltung. Erst der im mimetischen Handeln gegebene Spielraum macht eine individuelle Aneignung von Ritualen möglich. Bestünde dieser unterschiedliche Spielraum zur individuellen Aus- und Eigengestaltung nicht, würde es sich um ein kopierendes oder Simulakren herstellendes, nicht jedoch um ein mimetisches Verhalten handeln. Auch hätte es dann nicht die vom mimetischen Verhalten ausgehenden sozialen Wirkungen. Erst durch die Mimesis kollektiver kultureller Traditionen kommt es zu einer Selbstvergewisserung des Miteinanders, der Gemeinschaft und der Kommunität. Von dieser von den Prozessen sozialer Mimesis ausgehenden Kohäsionswirkung wird erwartet, daß sie auch künftig die Kommunität zusammenhält.

Einen Schritt weiter im Verständnis der Funktion und der Struktur von Ritualen führen van Genneps Überlegungen zu den Übergangsritualen, den »rites de passage« (van Gennep 1960). Van Gennep bestimmt sie als Riten, die einen Orts-, Zustands-, Positions- oder Altersgruppenwechsel begleiten, und unterscheidet drei Phasen: die Trennungs-, die Schwellen- und die

Anbindungsphase. In der ersten Phase erfolgt die Loslösung eines Einzelnen oder einer Gruppe von einem früheren Punkt in der Sozialstruktur oder von einer Reihe kultureller Bedingungen. In der zweiten Phase, der Übergangs-, Transitions- oder Schwellenphase, gerät das Subjekt in eine ambivalente Situation, in der weder die Merkmale der vergangenen noch die der erwarteten zukünftigen Situation gegeben sind. In der dritten Phase ist der Übergang und die Angliederung an die neue Situation vollzogen.

Für das Verständnis von Übergangsritualen ist die Situation des Schwellenzustands, der *Liminalität*, von besonderem Interesse. Unsicherheit und Ambiguität sind für den Zwischencharakter dieser Transitionsphase von einem niederen zu einem höheren Zustand charakteristisch. Häufig sind diese Übergangsphasen durch ihren herausgehobenen Charakter bestimmt. So kommt es in Stammesgesellschaften z. B. in Pubertätsriten zur Einübung von ansonsten nicht geforderten Verhaltensweisen. Zu diesen gehören Demut und Schweigen, Verzicht auf Essen und Trinken, körperliche Torturen und Demütigungen, die Unterwerfung unter die Autorität der Gemeinschaft. Vielfältige Formen der Erniedrigung gelten als Vorbereitung auf die folgende Statuserhöhung. Man könnte von einer eigenen Pädagogik des Schwellenzustands sprechen. In ihrem Mittelpunkt steht die Zerstörung der bisherigen sozialen Identität, die Herstellung eines Zwischenstadiums der Leere mit der Vorbereitung auf eine neue soziale Identität. In modernen Gesellschaften gibt es ähnliche, allerdings in ihrer Ausprägung und Intensität reduzierte Übergangsrituale wie das Abitur in Deutschland oder die Graduierung in den angelsächsischen Ländern. In den mit diesen Ritualen verbundenen Prüfungssituationen lassen sich durchaus Momente einer Übergangssituation mit Formen der Erniedrigung der Prüflinge sehen, für die sie später mit dem neuen sozialen Status des Studenten bzw. des Akademikers belohnt werden. Der in Intensität und Zielrichtung unterschiedliche Charakter dieser Rituale legt die Frage nahe, wieweit man den Begriff des Rituals, des Ritus, des ritualisierten Verhaltens, der Ritualisierung fassen darf.

Prinzipiell läßt sich eine eher »weiche« von einer eher »harten« Definition des Rituals unterscheiden. In einer »harten« Definition sollen die Grenzen der Gültigkeit des Begriffs bestimmt werden. Hier wird nach Beispielen und Modellen für das Gemeinte gesucht, die sich notwendigerweise auf bekannte und in der Regel nicht umstrittene Merkmale beziehen. Bei solchen Definitionsverfahren kommt es darauf an, Rituale, Riten, Ritualisierungen, Zeremonien, Sitten, Gebräuche, Gewohnheiten voneinander abzugrenzen. Ein solches Verfahren ergibt einen Gewinn an Differenzierung und Erkenntnis. Die Nachteile »harter« Definitionen sind die Vorteile »weicher« Bestimmungen. »Weiche« Definitionen ermöglichen es, die Aufmerksamkeit auf die Bereiche »zwischen« den Definitionen, auf die Übergänge zwischen den Phänomenen, auf das ihnen Gemeinsame zu legen. Dadurch werden sie der Komplexität der untersuchten Erscheinungen eher gerecht. Sie gewähren eine größere Offenheit gegenüber neu auftauchenden Phänomenen. Angesichts der Vielschichtigkeit und Vieldeutigkeit von Ritualen werden in der kulturanthropologischen Forschung eher »weiche« Definitionen bevorzugt. Der Vorschlag Wittgensteins, die Aufmerksamkeit auf *Familienähnlichkeiten* zwischen verwandten Phänomenen zu legen und dabei eher die Prozesse der Veränderung zwischen diesen Phänomenen als die Suche nach einem Gemeinsamen im Auge zu haben, weist in die gleiche Richtung.

Victor Turner hat in seinen Arbeiten zur Theorie des Rituals (vgl. 1989) darauf aufmerksam gemacht, daß den Schwellenzuständen in Stammesgesellschaften und in modernen Gesellschaften für die gesellschaftliche Struktur und für die Kommunität erhebliche Bedeutung zukommt. Unter dem Einfluß des angelsächsischen Pragmatismus versteht Turner Gesellschaft zunächst als ein »strukturiertes und oft hierarchisch gegliedertes System politischer, rechtlicher und wirtschaftlicher Positionen mit vielen Arten der Bewegung«, die Menschen im Sinne eines »Mehr« oder »Weniger« trennen. In diesem Verständnis kommt den institutionellen Rollenbeziehungen der Gesellschaftsmitglieder zentrale Bedeutung zu. Da in ihnen vieles ausgespart bleibt, erschöpft sich gesellschaftliches Leben nicht in diesen Stukturverhältnissen. Der in diesem Strukturmodell von Gesellschaft nicht beachtete Bereich wird vor allem in den Schwellenphasen sichtbar. Man kann diesen Bereich als »unstrukturierte oder rudimentär strukturierte und relativ undifferenzierte Gemeinschaft«, als Kommunität bezeichnen. Gesellschaftliches Leben läßt sich dann als dialektischer Prozeß zwischen Kommunität und Struktur, zwischen Homogenität und Differenzierung, zwischen Gleichheit und Ungleichheit, zwischen Gegenwart und Vergangenheit, zwischen Gesetz und Brauch begreifen.

In Schwellenphasen nehmen die Individuen nicht mehr ihren früheren und noch nicht ihren zukünftigen Ort in der gesellschaftlichen Struktur ein. Diese Transitions- oder Liminalphasen bieten der Kommunität die Möglichkeit, Individuen für Veränderungen in gesellschaftlichen Positionen, also auf ihre Rolle in der gesellschaftlichen Struktur vorzubereiten. In diesen aus der Strukturordnung herausgenommenen Übergangsphasen werden häufig intensive Gemeinschaftserfahrungen gemacht. Was unter »Gemeinschaft« zu verstehen ist, ist nicht leicht bestimmbar. Nach wie vor gilt, »daß es außer der Vorstellung, daß Menschen in Gemeinschaft verbunden sind, keine Übereinstimmungen hinsichtlich des Wesens von Gemeinschaft gibt« (Hillery, 1955, 185). Greift man mit Turners Überlegungen über die sich in Schwellenphasen intensiv äußernde Gemeinschaft auf Bestimmungen Bubers zurück, so ergibt sich folgendes Verständnis: »Gemeinschaft aber [...] ist das Nichtmehr-nebeneinander, sondern Beieinandersein einer Vielheit von Personen, die, ob sie auch mitsammen sich auf ein Ziel zu bewegen, überall ein Aufeinanderzu, ein dynamisches Gegenüber, ein Fluten von Ich und Du erfährt: Gemeinschaft ist, wo Gemeinschaft geschieht« (Buber 1984, 185).

Im Unterschied zur normen- und regelgeleiteten, eher abstrakten Sozialstruktur werden in der Gemeinschaft Spontaneität und Unmittelbarkeit artikuliert und entwickelt. Im einzelnen lassen sich mehrere Arten von Kommunitäten unterscheiden. Existentielle oder spontane Gemeinschaften lassen sich identifizieren. Sie entstehen beispielsweise unter Jugendlichen und bleiben unterschiedlich lang bestehen. Mit Hilfe neuer Rituale und Ritualisierungen artikulieren sie Widerstände gegen die Erwachsenenkultur und bilden ihre Gruppenidentität heraus. Von diesen lassen sich unterscheiden eher auf Dauer gebildete Dorf-, Haus- und ideologische Gemeinschaften. Sie haben häufig religiöse, weltanschauliche oder utopische Ziele, grenzen sich mit Hilfe von Ritualen ab und konstituieren sich dadurch als Gemeinschaft.

Versucht man das Verhältnis zwischen Struktur und Gemeinschaft bzw. Kommunität metaphorisch zu fassen, so böte sich vielleicht Laotses Metapher vom Wagenrad an. Danach entsprächen Speichen und Nabe des Rades der festen Struktur der Gesellschaft, die Freiräume zwischen den Speichen der Gemeinschaft bzw. Kommunität. Die Leere zwischen den Radspeichen versinnbildlichte die Unstrukturiertheit des Mit- und Zwischenmenschlichen, in dem Wünsche, Gefühle, spontane Reaktionen wichtig sind. Während Strukturen eine analytisch bestimmbare Ausrichtung haben und auf bereits realisierte Ordnungen und Schemata verweisen, enthält das hier als Kommunität Bezeichnete neben seiner prinzipiellen Unbestimmbarkeit auch ein virtuelles Element, das zu gesellschaftlichen Innovationen führen kann. Der Rückgriff auf eine Metapher verdeutlicht, wie schwierig es ist, den Begriff Kommunität zu präzisieren. Im Falle der gesellschaftlichen Struktur geht es beispielsweise um Rollenverhalten. Für dieses hat die Rollentheorie zahlreiche Kriterien von der Empathie bis zur Rollendistanz entwickelt, mit denen sie komplexes Rollenverhalten beschreibt. Im

Unterschied zu den gesellschaftlichen Strukturen gestaltet sich die Beschreibung von Spontaneität und Unmittelbarkeit in der Kommunität viel schwieriger.

Ein Beispiel für eine Gemeinschaft in einer gesellschaftlichen Randsituation mit eigenen, sie konstituierenden und erhaltenden Ritualen stellen die Kibbuzim in Israel dar. In den Kibbuzim erfolgt eine Verbindung von religiöser Orientierung, ökonomischer Struktur und spezifischem Lebensgefühl, die über bestimmte Rituale ausgedrückt und dargestellt wird, und die über bestimmte Darstellungs- und Ausdrucksformen erfahrbar und vermittelbar wird. Auch innerhalb der Jugend bilden sich existentielle, häufig spontane Gemeinschaften - Jugendkulturen - am Rande der Gesellschaftsstruktur. Ihnen dienen Rituale und rituelles Verhalten zur Selbstinszenierung der Gemeinschaft, zur Abgrenzung in einer liminalen Situation, zur Intensivierung des Gemeinschaftsgefühls. In der Inszenierung und Aufführung ihrer Rituale leisten Jugendliche in diesen Gemeinschaften Widerstand gegen die Ansprüche der Gesellschaft auf Eingliederung und verweisen auf ihre Übergangssituation zwischen Kindheit und Erwachsensein und ihr Recht, anders zu sein (vgl. Hall/Jefferson 1993). Eine Politik der Lebensstile entsteht, in der sich der Widerstand jugendlicher Kommunitäten gegen die Welt der Erwachsenen und deren Eingebundenheit in die Strukturen der Gesellschaft artikuliert. Betont wird das Recht auf Spontaneität, Unstrukturiertheit, Unmittelbarkeit und Freiheit. Mit Hilfe ritueller Inszenierungen werden Gemeinsamkeiten und Unterschiede so in Szene gesetzt, daß sich Selbst-, Welt- und Wir-Gefühl ausdrücken und so darstellen, daß sie zur Mimesis herausfordern. Durch die sich in der Folge ergebenden Prozesse werden Lebensgefühl und Gemeinschaftszugehörigkeit intensiviert.

Mit dem Begriff der *Inszenierung* möchte ich auf den Zusammenhang zwischen Mimesis, Ritual und Theater verweisen, der weitere Aufmerksamkeit und Entfaltung verdient. *Kulturelle Aufführungen* wie Rituale, Zeremonien, Gewohnheiten sind Darstellung und Ausdruck sozialen Lebens. Sie sind Selbstdarstellungen von Gemeinschaften und Individuen, die in ihrem szenischen Charakter nicht auf sprachliche Erklärungen reduzierbar sind. Ihre leibliche und szenische Darstellung enthält etwas, das nicht anders als körperlich und szenisch ausdrückbar ist. Über die *Mimesis der leiblichen und szenischen Darstellung* können diese Ausdrucksformen erfaßt, verstanden und weitergegeben werden. Durch Prozesse der Ausweitung und der Anähnlichung an das szenische Verhalten anderer Menschen werden Erfahrungen mit deren spezifischer, nicht hintergehbarer Leiblichkeit gemacht. Ihre symbolisch kodierten leiblichen Darstellungs- und Ausdrucksformen werden gelernt, mit den dem Einzelnen bekannten Kodierungen in Verbindung gebracht und individuell unterschiedlich verarbeitet. Innerhalb symbolisch kodierter körperlicher Darstellungs- und Ausdrucksformen kommt Ritualen eine besondere Bedeutung zu. Rituale sind *szenische Aufführungen* von Kommunitäten, die ihren Charakter weitgehend mit Hilfe der Rituale inszenieren, erhalten und transformieren.

Über die Mimesis sozialer Handlungen und sozialen Verhaltens wird auch die ludische, eng mit dem Mimetischen verbundene Seite menschlichen Verhaltens erfahren. Da die *ludische Komponente* ritueller Handlungen Raum für individuelle Ausgestaltung und Variation, aber auch für Distanz und grundlegende Veränderung gewährt, trägt sie viel zur Erhaltung und Wirkung von Ritualen bei. Die ludische Seite gewährt Entscheidungsmöglichkeiten, ohne daß die Rituale Teile ihrer Funktion und Macht verlören. Mit einem sich innerhalb fester gesellschaftlicher Strukturen vollziehenden Handeln steht das ludische Element in Spannung. Es zeigt sich daher auch eher an den Rändern gesellschaftlicher Arbeit und Struktur, also im Bereich von Kommunität und Gemeinschaft. Dies ist um so mehr der Fall, als das Ludische von der Unsicherheit und Unentschiedenheit, Spontaneität und Unmittelbarkeit »lebt«, für die in gesellschaftlichen Rollenzusammenhängen und Strukturen wenig Platz ist.

Soziales Handeln, das eher vom Zusammengehörigkeitsgefühl einer Kommunität motiviert und bedingt wird, wird wie das *Ludische* häufig durch ein inneres Fließen getragen. Die Qualität des Fließens vermittelt dem Handelnden Intensität und innere Befriedigung. Für kreative Tätigkeiten ist dieses innere Fließen eine wichtige Voraussetzung. Diese Bedingung gilt für künstlerische und wissenschaftliche, soziale und kommunikative Tätigkeiten gleichermaßen. Mihaly Csikszentimihalyi hat diese Prozesse näher untersucht (vgl. 1985), ihren autotelischen Charakter herausgearbeitet und für sie den Begriff »Flow-Erlebnis« geprägt. Für das szenische Arrangement und die Kontinuität der szenischen Aufführung von Ritualen ist dieses »Fließen« im Inneren der Handelnden von zentraler Bedeutung. Das im *Erlebnis des Fließens* liegende Gefühl der Zufriedenheit stellt das Gefühl der Zusammengehörigkeit her. Dieses ergibt sich auch in ritualisierten Handlungen. Für das Erlebnis des Fließens und seine Kommunität stiftenden Wirkungen sind die mimetischen Fähigkeiten der Mitglieder einer Gemeinschaft wichtig. Diese Fähigkeiten ermöglichen eine Anähnlichung der Handelnden aneinander und lassen dadurch das gemeinsame bzw. Gemeinschaft stiftende Fließ-Erlebnis entstehen. Das Einanderähnlich-Werden im gemeinsamen Vollzug von Ritualen geschieht über eine sinnlich-körperliche (mimetische) »Ansteckung«, die sogar zur Zurückstellung individueller Verhaltenssteuerung und Verantwortung führen kann. In solchen Situationen droht Mimesis in Mimikry umzuschlagen und das Gemeinschaft stiftende Ritual zum bloßen Anpassungszwang für Individuen zu verkommen.

Insofern sich Rituale auf vorausgehende Muster beziehen und diese in jeder Aufführung neu gestalten, enthalten sie Elemente der Nachahmung und sind mimetisch. Da die Mehrzahl von Ritualen in einer Gruppe bzw. Gemeinschaft vollzogen wird, ist es gerechtfertigt, im Zusammenhang mit der Aufführung von Ritualen von sozialer Mimesis zu sprechen. Als Formen sozialer Mimesis verweisen Rituale auf die sinnliche Dimension. Rituale inszenieren Körper und mit den körperlichen Bewegungen Empfindungen und Gefühle, Wünsche und Sehnsüchte. In diesen Inszenierungen verbinden sie Aisthesis und Ausdruck, Handeln und Verhalten zu einem sozialem Geschehen, das zur Nachahmung und Mitwirkung auffordert. Sich körperlich ausdrückende Handlungen, Verhaltensweisen und Reaktionen werden nachgeahmt und als Bilder, Lautfolgen, Bewegungssequenzen im sich mimetisch Verhaltenden erinnerbar. Sie werden Teil der inneren Vorstellungs-, Klang- und Bewegungswelt, werden der Einbildungskraft verfügbar und können in neuen Zusammenhängen aktiviert und transformiert werden. Mit Hilfe sozialer Mimesis werden Verhaltensweisen und Handlungsformen durch neue überlagert und erweitert.

Rituelle Prozesse vollziehen sich in sozialen Institutionen wie Familie, Schule und Betrieb, deren Strukturen die Möglichkeiten und Grenzen dieser Prozesse bestimmen. Über das mimetische Einbezogenwerden in diese entstehen die in den institutionellen Strukturen enthaltenen *Machtverhältnisse*. Die mimetischen Fähigkeiten nehmen die in den symbolischen Kodierungen der institutionellen Strukturen enthaltenen Widersprüche gleichzeitig auf und verarbeiten sie. Über die mimetische Beteiligung an den institutionellen Ritualen werden die Werte und Normen der Institutionen in die Körper der Beteiligten eingeschrieben. Diese Transmission institutioneller Werte, Strukturen und Handlungsformen gibt den sozialen Institutionen Dauer und Kontinuität und ermöglicht ihren Wandel und ihre Weiterentwicklung.

Durch die Mimesis von Ritualen und Ritualisierungen wird praktisches Wissen erworben. *Praktisches Wissen ist habituelles Wissen*, das sich wesentlich über Ritualisierungen bildet. Es ist das Ergebnis von Erfahrungen, die aus früherem Handeln stammen und die zum Ausgangspunkt künftiger

Handlungen werden. Praktisches Wissen ist kein regelgeleitetes oder analytisches Wissen, sondern Handlungswissen. Es läßt sich daher logisch und begrifflich nur unzulänglich erfassen. Versuche, Eindeutigkeit zu schaffen, scheitern daran, daß praktisches Wissen nicht ausreichend definierbar ist. Jede Deutung und Interpretation schreibt ihm eine Eindeutigkeit und Logik zu, die es im Augenblick des Handelns nicht hat, und derer es zu diesem Zeitpunkt auch nicht bedarf. Mit Hilfe ritueller Mimesis wird ein *praktisches Körperwissen* erzeugt, das zur Gestaltung der vielschichtigen, widersprüchlichen und theoriewiderständigen Lebenspraxis beiträgt.

Mit Hilfe von Riten und Ritualisierungen werden Vorbilder und Modellsituationen erzeugt, die zum Ausgangspunkt von Mimesis werden. Mimetische Prozesse können sich auch auf Repräsentationen beziehen, die aus Kunst, Dichtung oder Wissenschaft stammen. Reale Rituale und imaginäre Ritualisierungen, rituelle Handlungen und Szenen können also in gleicher Weise zu Bezugspunkten *sozialer Mimesis* werden.

Rituale und Ritualisierungen können bei Neurotikern leere Handlungsformen mit Zwangscharakter sein. Sie können Kompromißbildungen zwischen kontroversen Bestrebungen darstellen und eine Ordnungsfunktion erfüllen. Rituale und Ritualisierungen erlauben unterschiedliche Empfindungen, Gefühle und Deutungen und stellen über ihren körperlichen Vollzug trotz seiner Mehrdeutigkeit eine Gemeinsamkeit her. Rituale und Ritualisierungen können daher einen starken Beitrag zur Konfliktregelung leisten.

Der mimetische Charakter von Ritualen und Ritualisierungen gewährt den an ihnen Beteiligten die Erfahrung von Sinn. Über die Wiederholung ritueller Handlungen versuchen Organisationen und Institutionen, Sinn zu erzeugen und den Anschein zu erwecken, als seien ihre Organisationsformen und Strukturen unveränderbar. Erst in Krisensituationen wird diese Selbstgewißheit der Institutionen erschüttert.

In solchen Krisensituationen kann die soziale Kraft von Ritualen so erschüttert werden, daß sie nicht mehr die Kommunität zusammenbinden. Die Situation wird so verworren, daß sich die Gemeinschaft bedroht fühlt. In solchen krisenhaften Momenten kann ein Verantwortlicher gesucht werden, dem die Schuld zugewiesen wird und auf dessen Kosten die Kommunität ihre Ordnung wieder herstellt. Durch die Schaffung eines *Sündenbocks* (vgl. Girard 1987; 1988) entsteht ein neues *Ritual der Krisenbewältigung*. Die Mimesis dieses Rituals der Schuldübertragung führt dazu, daß ein Opfer für die Probleme der Gemeinschaft gesucht und gefunden wird. Der Stellvertretercharakter des Opfers darf der Kommunität nicht bewußt werden, denn sonst funktioniert der rituelle Mechanismus der Krisenbewältigung durch die Schaffung eines Sündenbocks mit der damit verbundenen Entlastung der Kommunität von ihrer Veranwortung für die Krise nicht. Derartige Rituale der Produktion und Opferung von Sündenböcken spielen für die Erhaltung des Zusammengehörigkeitsgefühls der Gemeinschaft eine große Rolle. Nur wenn diese Mechanismen durchschaut werden, besteht eine Möglichkeit, die in ihnen enthaltene Gewalt zu reduzieren oder sogar außer Kraft zu setzen.

Bildungsinstitutionen nutzen diese Möglichkeiten von Ritualen und Ritualisierungen in besonderem Maße. Rituale ermöglichen es den Institutionen, ihre gesellschaftlichen Funktionen zu erfüllen, ohne daß diese vollständig durchschaubar sind. Angesichts dieser Situation läge in der ethnographischen Erforschung von Ritualen und Ritualisierungen in Familie, Schule und in außerschulischen Bildungsinstitutionen eine lohnende Aufgabe.

Literatur

Aristoteles: Poetik, hrsg. v. M. Fuhrmann, Stuttgart 1984.
Barasch, M.: Gestures of Despair in Medieval and Early Renaissance Art, New York 1976.
Barasch, M.: Giotto and the Language of Gestures, Cambridge 1987.
Bell, C.: Ritual Theory, Ritual Practice, New York/Oxford 1992.
Birdwhistell, R. L.: Introduction to Kinesics, Louisville 1954.
Birdwhistell, R. L.: Kinesics and Context. Essays on Body Motion Communication, Philadelphia 1970.
Bourdieu, P.: Sozialer Sinn. Kritik der theoretischen Vernuft, Frankfurt am Main 1987.
Bourdieu, P.: Esquisse d'une Théorie de la Pratique, précédé de trois études d' ethnologie kabyle, Genève 1972.
Bremmer, J./Roodenburg, H. (Eds.): A Cultural History of Gesture, Ithaca 1992.
Buber, M.: Das dialogische Prinzip, 5. Aufl., Heidelberg 1984.
Calbris, G.: The Semiotics of French Gestures, Bloomington and Indianapolis 1990.
Centlivres, P./Hainard, J.: Les Rites de Passage Aujourd'hui, Lausanne 1986.
Csiksentimihalyi, M.: Das Flow-Erlebnis, Stuttgart 1985.
Darwin, Ch.: Der Ausdruck der Gemütsbewegungen bei dem Menschen und den Thieren, Nördlingen 1986.

Eickhoff, H.: Himmelsthron und Schaukelstuhl. Die Geschichte des Sitzens, München 1993.
Elias, N.: Über den Prozeß der Zivilisation, 2. Bde., Frankfurt am Main 1979.
Flusser, V.: Gesten. Versuch einer Phänomenologie, Düsseldorf/Bensheim 1991.
Hall, E. T.: The silent Language, Garden City 1959.
Gebauer, G./Wulf, Ch.: Mimesis. Kultur-Kunst-Gesellschaft, Reinbek 1992.
Gebauer, G./Wulf, Ch. (Hg.): Praxis und Ästhetik, Frankfurt am Main 1993.
Gebauer, G./Wulf, Ch.: Spiel, Ritual, Geste. Mimetisches Handeln in der sozialen Welt, Reinbek 1998.
Gennep, A. v.: Übergangsriten, Frankfurt am Main 1986.
Geertz, C.: Dichte Beschreibung. Beiträge zum Verstehen kultureller Systeme, Frankfurt am Main 1983.
Girard, R.: Der Sündenbock, Zürich 1988.
Girard, R.: Das Heilige und die Gewalt, Zürich 1987.
Hillery, G.A.: Definitions of Community. Areas of Agreement, Rural Sociology, Bd 20, 1955.
Morris, D./Collett, P./Marsh, P./O'Saughnessy, M: Gestures. Their Origins and Distribution, London 1979.
Paragrana, Internationale Zeitschrift für historische Anthropologie, Bd. IV, H. 1, Thema: Aisthesis; Bd. IV, H. 2, Thema: Mimesis-Poiesis-Autopoiesis.
Plessner, H.: Conditio humana, Gesammelte Schriften, Bd.8, Frankfurt am Main 1983.
Plessner, H.: Lachen und Weinen. Eine Untersuchung der Grenzen menschlichen Verhaltens. In: Ders.: Gesammelte Schriften, Bd.7, Frankfurt am Main 1982, S.201-387.
Rivière, C.: Les Rites Profanes, Paris 1995.
Schmitt, J.-C.: Die Logik der Gesten im europäischen Mittelalter, Stuttgart 1992.
Starobinski, J.: Gute Gaben, schlimme Gaben. Die Ambivalenz sozialer Gesten, Frankfurt am Main 1994
Turner, V.: The Ritual Process. Structure and Anti-Structure, New York 1969; dt. Übers. 1989.
Vigarello, G.: Le Corps redressé, Paris 1978.
Wellendorf, F.: Schulische Sozialisation und Identität, Weinheim 1973.
Wulf, Ch./Kamper, D./Gumbrecht, H. (Hg.): Ethik der Ästhetik, Berlin 1994.
Wulf, Ch. (Hg.): Vom Menschen. Handbuch Historische Anthropologie, Weinheim 1997.

Die Autorin/en

Olaf Breidbach, Prof. Dr. Dr., Professor für Geschichte der Naturwissenschaften am Institut für Geschichte der Medizin, Naturwissenschaft und Technik der Friedrich-Schiller-Universität Jena und Direktor des Museums Ernst-Haeckel-Haus der Universität Jena.

Carsten Colpe, Prof. Dr. Dr., Professor emeritus für Allgemeine Religionsgeschichte und Historische Theologie an der Freien Universität Berlin.

Elena Esposito, Dr., Soziologin an der soziologischen Fakultät der Universität Urbino / Università di Bologna (Italien) und Stipendiatin an der Freien Universität Berlin.

Rainer Kokemohr, Prof. Dr., Professor für Erziehungswissenschaft am Institut für Allgemeine Erziehungswissenschaft der Universität Hamburg.

Thanos Lipowatz, Prof. Dr., Professor für Politische Psychologie an der Panteion Universität Athen (Griechenland).

Alfred Schäfer, Prof. Dr., Professor für Systematische Erziehungswissenschaft am Institut für Pädagogik der Martin-Luther-Universität Halle-Wittenberg.

Henning Schmidgen, Dr. phil., als Psychologe Stipendiat am Max-Planck-Institut für Wissenschaftsgeschichte in Berlin.

Bernhard Streck, Prof. Dr., Professor für Ethnologie am Institut für Ethnologie der Universität Leipzig.

David. E. Wellbery, Prof. Dr., Professor für Literaturwissenschaft am Department of German der Johns Hopkins University in Baltimore (USA).

Michael Wimmer, Dr. phil., Wissenschaftlicher Assistent am Institut für Pädagogik der Martin-Luther-Universität Halle-Wittenberg.

Christoph Wulf, Prof. Dr., Professor für Erziehungswissenschaft am Fachbereich Erziehungswissenschaft, Psychologie und Sportwissenschaft und am Interdisziplinären Zentrum für Historische Anthropologie der Freien Universität Berlin.

Danksagung

Für die Förderung und Unterstützung des interdisziplinären Kolloquiums »Identifikation und Repräsentation«, das im Juni 1998 an der Leucorea in Lutherstadt Wittenberg stattfand, möchten die Herausgeber der Vereinigung der Freunde und Förderer der Martin-Luther-Universität, dem Kultusministerium des Landes Sachsen-Anhalt, der Leucorea - Stiftung des öffentlichen Rechts an der Martin-Luther-Universität sowie dem Institut für Pädagogik der Martin-Luther-Universität Halle-Wittenberg danken.

Printed by Books on Demand, Germany